Visuelle Geschichtskultur

eine Reihe des Leibniz-Instituts
für Geschichte und Kultur
des östlichen Europa (GWZO)

herausgegeben von Arnold Bartetzky
und Maren Röger

begründet von Stefan Troebst

Gefördert durch die Beauftragte der Bundesregierung für Kultur und Medien – Projekt: Grüße aus der Bukowina: (Selbst-)Bilder einer Habsburger Peripherie während des goldenen Zeitalters der Postkarten

Die Beauftragte der Bundesregierung
für Kultur und Medien

Gedruckt mit Unterstützung des Leibniz-Instituts für Geschichte und Kultur des östlichen Europa (GWZO) e.V. in Leipzig. Diese Maßnahme wird mitfinanziert durch Steuermittel auf der Grundlage des vom Sächsischen Landtag beschlossenen Haushaltes.

Der Titel ist als Open-Access-Publikation verfügbar über www.sandstein-verlag.de, DOI: 10.25621/sv-gwzo/VG-20

Dieses Werk ist lizenziert unter der Creative Commons Attribution-Non Commercial 4.0 Lizenz (BY-NC). Diese Lizenz erlaubt unter Voraussetzung der Namensnennung des Urhebers die Bearbeitung, Vervielfältigung und Verbreitung des Materials in jedem Format oder Medium für nicht kommerzielle Zwecke (Lizenztext: https://creativecommons.org/licenses/by-nc/4.0/deed.de).

Die Bedingungen der Creative-Commons-Lizenz gelten nur für Originalmaterial. Die Wiederverwendung von Material aus anderen Quellen (gekennzeichnet mit Quellenangabe) wie z. B. Schaubilder, Abbildungen, Fotos und Textauszüge erfordert ggf. weitere Nutzungsgenehmigungen durch den jeweiligen Rechteinhaber.

Alle Übersetzungen aus anderen Sprachen im Buch wurden – sofern nicht anders gekennzeichnet – durch die Autorin vorgenommen. Schreibweisen in Zitaten, die – sei es in deutscher oder einer anderen Sprache – von der heutigen Rechtschreibung abweichen, wurden im Original belassen.
Die Rechte für die Verwendung von Abbildungen wurden sorgfältig ermittelt. In Fällen, in denen dies trotz aller Bemühungen nicht möglich war, bitten wir um Mitteilung.
Für möglicherweise nicht mehr bestehende Internet-Links kann keine Verantwortung übernommen werden.

Bibliografische Information der Deutschen Nationalbibliothek:
Die Deutsche Nationalbibliothek verzeichnet diese Publikation in der Deutschen Nationalbibliografie; detaillierte bibliografische Daten sind im Internet über http://dnb.d-nb.de abrufbar.

© 2023, Sandstein Verlag, Goetheallee 6, 01309 Dresden
Umschlagabbildung: Czernowitz in der Zukunft,
Josef Horowitz: Czernowitz, 1904.

Redaktion: Dorothee Riese und Vincent Hoyer
Einbandgestaltung: Sandstein Verlag
Gestaltung, Satz, Repro: Sandstein Verlag
Druck: FINIDR, s.r.o.
www.sandstein-verlag.de
ISBN 978-3-95498-690-3

20 **Karten in die Moderne**

Eine visuelle Geschichte
des multiethnischen Grenzlandes
Bukowina 1895 bis 1918

MAREN RÖGER

SANDSTEIN

Inhalt

- 7   1   Einleitung

- 24   2   Ein globales Bildmedium, regional geprägt
  Postkartenproduktion
  in der Habsburger Peripherie
  - 25   2.1   Rechtliche Grundlagen und Produktionsprozess
  - 35   2.2   Produzenten der Selbstbilder: Postkartenverlage in der Bukowina

- 54   3   Modernisierung kartieren
  (Selbst-)Bilder in der Zeit des Landesausbaus
  - 55   3.1   Modernisierungserzählungen durch Ansichtskarten: Orte der Moderne in der Peripherie
  - 68   3.2   Karten des Imperiums: Huldigungen und Leerstellen
  - 82   3.3   Sehenswert! Die Inszenierung der Bukowina als Tourismusziel
  - 90   3.4   Die Grenzen der Postkartenästhetik oder die Bukowina als rückständiges Kronland

- 102   4   Bukowinismus im Kleinformat?
  Darstellung und Aneignung von Multiethnizität
  - 103   4.1   Kein Medium des Nationalismus oder die Bukowina als Sonderfall
  - 112   4.2   Ethnische Gruppen auf Postkarten: Zwischen Bukowinismus und Othering
  - 131   4.3   Judaika und Antisemitika: Vom Geschäft oder den Grenzen der bukowinischen Toleranz
  - 150   4.4   Multiethnizität und Multireligiösität auf topografischen Karten

- 164   5   Schluss
  - 165   5.1   (Selbst-)Bilder nach der Zäsur von 1918: Ein Epilog in vier Teilen
  - 178   5.2   Fazit

- 188   Anhang
  - 189   Quellen und Literatur
  - 199   Bildnachweis

1 Einleitung

Im östlichsten Kronland der Habsburger Monarchie, der Region Bukowina, verging im ausgehenden 19. Jahrhundert kaum ein Tag, an dem die Redakteure der lokalen Zeitungen sich nicht am imperialen Zentrum Wien abarbeiteten. Von der dortigen Gesellschaft und Politik fühlten sich die städtischen Eliten der Bukowina nicht ausreichend wahrgenommen.[1] So polemisierte etwa die *Bukowiner Rundschau* am 24. Oktober 1900, die Redakteure der *Neuen Freien Presse* – der wichtigen Wiener Tageszeitung – wüssten mehr über Sibirien denn über die Bukowina.[2] Die *Bukowinaer Post*, ein anderes Blatt, beklagte, die Region sei »wenig gekannt, wenig genannt«.[3]

Auch der *Baedeker*, der im 19. Jahrhundert zum wichtigsten Handbuch für Reisende avancierte, widmete dem Kronland Bukowina kaum Aufmerksamkeit. In der 530 Seiten umfassenden Ausgabe zu Österreich-Ungarn aus dem Jahr 1898 behandelten gerade einmal 16 Seiten die Sehenswürdigkeiten der Bukowina und Galiziens zusammen, obwohl dort um die Jahrhundertwende immerhin knapp 31 Prozent der Bevölkerung des österreichischen Teils der Monarchie lebte. Kein anderer Teil der Doppelmonarchie bekam weniger Platz eingeräumt. Insbesondere das Urteil über Czernowitz, die Hauptstadt der Bukowina, fiel vernichtend aus: »wenig bedeutend« stand im Reiseführer.[4]

Im Wunsch, die Wahrnehmung der Region im Imperium und darüber hinaus zu verändern, gab es zahlreiche Anstrengungen auf unterschiedlichen Ebenen der Politik, der Kultur und des Tourismus. Die Zeitung *Bukowinaer Post* setzte ihre Hoffnungen unter anderem auf Bilder. Deren damaligem zentralen Verbreitungsmedium, der Ansichtskarte, schrieb sie gar didaktisches Potential zu: »Ursprünglich eine Spielerei, dann ein Sport, ist sie heute Belehrungsmittel geworden.« Entsprechend solle ein im Jahr 1899 neu herausgegebenes Album mit zweihundert Kärtchen der Bukowina an »Freunde und Bekannte in der Fremde, als schöne Aufmerksamkeit, aber auch zur Hebung der Kenntnis unseres Heimatlandes« übergeben werden.[5] Bereits ein Jahr zuvor hoffte die Zeitung, dass über die schönen Ansichtskarten des Verlegers Leon König »unser leider so wenig gekanntes, schönes Buchenland wenigstens etwas bekannter werden dürfte«.[6]

Hohe Erwartungen knüpften sich also zeitgenössisch im Habsburger Kronland an die kleinen Kärtchen, die sich nach ihrer Einführung 1869 im Habsburgerreich in Windeseile als überaus beliebtes Kommunikationsmedium etablierten. Die Beförderungszahlen der Correspondenzkarte, wie der erste Begriff lautete, schnellten in die Höhe: In den ersten drei Monaten nach ihrer Einführung trugen die Briefträger diesseits der Leitha (des Flusses, der die österreichische von der ungarischen Reichshälfte trennte) bereits knappe drei Millionen Exemplare aus, innerhalb weniger Jahre stellte die österreichische Post dann bereits 300 Millionen Postkarten – so der Sammelbegriff für diese Briefsendungen ohne Umschlag – jährlich zu.[7] Zu ähnlichen Zahlen addierten sich die Zustellungen in anderen Ländern: Über 330 Millionen Karten im deutschen Kaiserreich waren es allein im Jahr 1890.[8]

Das »Postkartenfieber« erfasste zeitgenössisch weite Teile der Welt.[9] Es erfasste die Zentren der Nationalstaaten und multiethnischen Imperien ebenso wie deren Peripherien – darunter eben auch die ganz im Osten Cisleithaniens gelegene Bukowina. Zum Postkartenfieber gehörte erstens die intensive Schreibtätigkeit. So wurden in Lemberg/Lwów, Hauptstadt des Habsburger Kronlandes Galizien, der Bukowina benachbart, im Jahr 1908 monatlich zwei Millionen Postkarten in den Briefkasten geworfen – und das bei einer Einwohnerzahl von 200 000 damals und immer noch hohen Analphabetenquoten in der Region. Sprich, jeder Bewohner hätte zehn Postkarten im Monat versenden müssen.[10] Auch in der deutlich kleineren Bukowina sendeten und erhielten die Menschen täglich mehr Karten.[11] 1905 bemerkte das *Czernowitzer Tagblatt*, dass in der Reisezeit kaum ein Tag vergehe, an dem nicht wenigstens eine Postkarte im Briefkasten lande – »falls wir nicht ein völlig abgeschlossenes Leben geführt haben und somit auch nicht den kleinsten Bekannten- oder Freundeskreis besitzen«.[12]

Das Postkartenfieber umfasste zweitens aber auch eine intensive Sammeltätigkeit, denn die kleinen Karten avancierten spätestens ab dem Zeitpunkt zu begehrten Objekten, als die Bildlichkeit zu ihrem zentralen Merkmal wurde.[13] Zwischen 1898 und 1902 existierten allein elf deutschsprachige Zeitschriften für Postkartensammler*innen – ein beredtes Zeugnis, wie verbreitet diese Praktik damals war. Laut Schätzungen blieb um die Jahrhundertwende pro versandter Karte eine unbeschrieben und wanderte in Sammelkästen oder -alben, die weite Verbreitung fanden.[14] In der Bukowina bildeten sich noch im 19. Jahrhundert in vielen Orten Vereine zum Zweck des Sammelns und Tauschens, wie die *Czernowitzer Presse* berichtete.[15]

Drittens umfasste das Postkartenfieber die Produktion von abertausenden Motiven, deren Vielfalt in der

»goldenen Ära der Postkarten«, wie in der Forschung die Jahre 1890 bis 1918 genannt werden, atemberaubend war.[16] Es gab illustrierte Karten aller Art, Portraitfotografien, Erotica und eben Aufnahmen von Landschaften, Städten und Straßenzügen, für die sich der Sammelbegriff der Ansichtskarte durchgesetzt hat, und die den Großteil der zeitgenössischen Produktion umfassten.[17] So existierten für die Großstadt Paris im Jahr 1899 schon 3 000 verschiedene Motive.[18] Auch für eine kleinere Stadt wie Czernowitz – im Gemeindelexikon der Bukowina von 1907 auch Czerniwci oder Cernăuți genannt –, die zur Jahrhundertwende weniger als 70 000 Einwohner zählte, sind mehrere Hundert Motive überliefert.

Mit der Herstellung und dem Vertrieb von Postkarten verdienten zeitgenössisch viele Fotografen, Papier- und Schreibwarenhändler sowie Druckereien ihr Geld. Die Produktionsstatistiken des Jahres 1899, wie Ado Kyrou sie angibt, sprechen Bände: Im Deutschen Kaiserreich seien nur in dem einen Jahr 88 Millionen Postkarten produziert worden – bei einer Einwohnerzahl von 50 Millionen. England produzierte 14 Millionen Karten, Belgien 12 Millionen Karten, Frankreich 8 Millionen.[19] Auch in der Bukowina entstanden mit dem Beginn des »visuellen Zeitalters«[20] um 1900 neue Geschäftsfelder und Verdienstmöglichkeiten: Kleine Fotoateliers, Buch- und Papierhändler, Verleger, aber auch größere Druckereien gehörten dazu. Als kommerzielle Akteure waren die Druckereien, Fotografen und Händler dem vermuteten Profit verschrieben, doch eben auch Akteure auf dem Feld der »Imagepolitik«.[21]

Denn die kleinen Karten prägten weltweit als Teil der Massenkultur – im Ensemble mit anderen Medien – Bilder von Städten, Regionen, Nationen und Personengruppen.[22] Seit dem ausgehenden 19. Jahrhundert spielten Massenmedien insgesamt eine immer größere Rolle für die Wahrnehmung von Welt. Die Historiker Habbo Knoch und Daniel Morat prägten für die Jahre 1880–1960 in Anlehnung an Reinhart Kosellecks Terminus den Begriff der »massenmedialen Sattelzeit«, um eine Epochenschwelle zu kennzeichnen, in der sich Medienevolution, -aneignung und -diskurs verdichteten.[23] (Hoch-)Moderne und Medien halten sie für eng miteinander verknüpft. Knut Hickethier, Medienwissenschaftler, argumentiert dafür, Medien zum zentralen Paradigma einer Gesellschaftsgeschichte der Moderne zu machen.[24] Einen Teil des Wandels bildete die immer wichtiger werdende Visualität. Neben die Schriftmacht trat die Bildermacht.[25] Erkenntnis und Weltwissen wurden zunehmend bildlich konstruiert, wobei der Bildpostkarte aufgrund ihrer Massenhaftigkeit eine wichtige Rolle zukommt: So nennt Eva Tropper die Postkarte »Organ der Welterzeugung«.[26]

Als Teil der »Bildkultur für die Massen des Volkes«[27] formten die kleinen Karten im ausgehenden 19. Jahrhundert Bilder nach außen, Fremdbilder, indem zum einen Sammler*innen, die nie den abgebildeten Ort betraten, die Postkarten kauften. Sinn und Zweck dessen war in vielen Fällen nicht weniger als die Teilhabe an und Aneignung der Welt, deren Bereisen sich nur wenige leisten konnten. In bürgerlichen Haushalten verfolgten die Sammlungen deshalb »nicht zuletzt einen didaktischen Zweck: Sie vermittelten geografische Kenntnisse und bebilderten erstmals massenwirksam die längst kanonisierten Besichtigungsempfehlungen der Reiseliteratur«, wie es Monika Burri fomuliert.[28] Sie stehen dabei in medialen Nachbarschaften mit anderen, die dreidimensionalen Raum in zweidimensionale Medien übersetzten. Die Reiseliteratur verschriftlichte, Stadtpläne und Weltkarten visualisierten, ebenso Fotografien und Postkarten. Zum anderen multiplizierten die kleinformatigen Papierwaren Mobilitätserfahrungen weniger Reisender. Topografische Ansichtskarten waren das Schmiermittel der entstehenden Tourismusindustrie: In der touristischen Kommunikation dienten sie als Beweise (»Hier war ich«), regten die Imagination (»Dort ist es schön«) und Reiselust an (»Das muss ich sehen«), boten damit also Orientierung, bestätigten mitunter bestehende Vorannahmen über Orte (»Es ist wirklich schön«) und konnten als Werbung fungieren (»So sieht es bei uns aus«).[29]

Ähnliche Funktionen erfüllten die 9 × 14 Zentimeter großen Papierwaren nach innen. Erst die günstigen Karten, so Karin Walter, hätten breitenwirksam den Zugang zu der Bilderwelt ermöglicht, die mit der Fotografie entstanden war. Stadt- und Landschaftsansichten sowie aktuelle Ereignisse hielten Fotografen bereits seit der Mitte des 19. Jahrhunderts fest, doch dem Massenpublikum war es bis in die 1890er Jahre finanziell nicht möglich gewesen, Abzüge zu erwerben. Die Einführung der Ansichtskarten änderte dies: »Durch sie erfuhr die Reproduktion von Fotografien eine neue Dimension, denn durch die maschinelle Herstellung wurden sie erstmals zu einem billigen Konsumartikel, zu einer jedermann zugänglichen Ware, und verloren damit endgültig die Aura des Besonderen. Die nun mögliche indirekte Teilnahme an Ereignissen, zu denen man real nie Zugang gehabt hätte, löste eine unglaubliche Begeisterung und einen reißenden Absatz aus.«[30]

Postkarten boten also breiten Bevölkerungsgruppen die Möglichkeit zur visuellen Teilhabe. Somit wirkten sie seinerzeit auch ins Innere der Gesellschaft.[31] Entsprechend ging der Journalist der *Bukowinaer Post* davon aus, dass das 1899 neu herausgebrachte Postkartenalbum nicht nur den Freunden und Bekannten verschenkt, sondern auch in der Bukowina selbst intensiv nachgefragt und folglich »bald in keinem Hause der Bukowina fehlen« werde.[32]

Eine visuelle Geschichte der Bukowina

In diesem Buch werde ich der Frage nachgehen, welche Ansichten der Bukowina über das Massenmedium der Postkarten geprägt und wie diese angeeignet wurden. Dabei fokussiere ich die Jahrzehnte um die Wende vom 19. zum 20. Jahrhundert, als mehrere Entwicklungen zusammenliefen. So waren dies die Jahrzehnte, in denen Postkarten eines der zentralen Massenmedien der Zeit waren und ein regelrechtes Postkartenfieber, wie gezeigt, entbrannte. Es sind weiter die Jahrzehnte, die in der Sozialgeschichte und historischen Soziologie mit dem Etikett des »Durchbruchs zur Moderne« oder »Aufbruchs in die Moderne« belegt wurden.[33] Dazu gehörten erstens die Wandlungsprozesse auf dem Gebiet der Infrastruktur oder Gesellschaftsstruktur, auf die ich zurückkommen werde.[34] In Czernowitz und der Bukowina fielen der Ausbau zum Kronland, beschlossen im Jahr 1848, zusammen mit den europaweiten Veränderungen von (Infra-)Strukturen, Lebensweisen und Wahrnehmungsmustern.[35] Zum wesentlichen Bestandteil der Moderne gehörte zweitens der Aufstieg des Nationalismus, und damit die verstärkte Agitation ethnisierter und nationalisierter Kollektive.[36]

Wie beide Dimensionen der Moderne in der Bukowina, ihre »dunkle Seite« des Nationalismus[37] ebenso wie ihre zeitgenössisch als hell wahrgenommene Seite der infrastrukturellen Veränderung, über kleine Karten erzählt wurden, steht im Zentrum dieses Buchs. Beiden Seiten der Moderne nähere ich mich über die beiden Seiten der Postkarten. So interessieren mich die Bildseiten mit ihren visuellen Narrativen ebenso wie die Rückseiten, die Informationen zu den Herstellern sowie die schriftlichen Aneignungen durch die Absender enthielten.[38] In meiner Untersuchung der bukowinischen *Karten in die Moderne* geht es mir also erstens um die rechtlichen Rahmenbedingungen und die wirtschaftlichen Akteure des Postkartenmachens in der Zeit, und damit um die Ausleuchtung der »Bedingungsrealität« visuellen Erzählens, die auch in der Visual History über lange Zeit zu kurz kam. Zweitens interessieren die visuellen Narrative und drittens die Aneignungen des Kronlandes. Auf die Erkenntnispotentiale aller drei Aspekte werde ich noch tiefer eingehen, doch festzuhalten ist, dass sich damit eine Geschichte der Konstituierung und Aneignung von Region und regionaler Identität im Habsburger Imperium erzählen lässt, die medial gebunden ist und – aufgrund des überregionalen Verkaufens und Versendens der Karten – translokal, transregional, gar transimperial funktioniert.

Insgesamt gibt es zahlreiche Gründe, die Visualität – von der Produktion bis zur Rezeption – in diesem Kronland und zu dieser Zeit besonders ernst zu nehmen, wie es die Visual History grundsätzlich angeregt hat, und damit zu einer Geschichte (politischer) Öffentlichkeiten beizutragen.[39] Dabei bieten sich Postkarten an, da sie die Funktionen mehrerer visueller Medien vereinten, etwa von Plakat und Illustrierter, zudem sich durch ihre Schnelligkeit auszeichneten, also die Funktionen erfüllten, die später Technologien wie das Telefon einnehmen sollten.[40] Zentral ist, dass das Kronland im 19. Jahrhundert die höchste Analphabetenrate in Cisleithanien hatte – ein Aspekt der bukowinischen Geschichte, der in der breiteren Öffentlichkeit oftmals unbekannt bleibt, da die Bukowina seit den 1980er Jahren überwiegend durch ihre literarische Hochkultur im öffentlichen Diskurs präsent ist.[41] 1880 konnten nur 11,6 Prozent der Bevölkerung lesen und schreiben. Dank intensiver Bemühungen stieg die Quote zur Jahrhundertwende auf 33 Prozent, um bis 1910 – zum Zeitpunkt der letzten Zählung vor dem Untergang des Habsburger Imperiums – auf 45,2 Prozent anzuwachsen. Während 78,4 Prozent der Deutschsprachigen dann lesen und schreiben konnten, waren es unter den Polnischsprachigen 66,6 Prozent, während die Zahlen bei den primär Rumänisch- und Ruthenischsprachigen unter 50 Prozent blieben (39,1 und 28,5).[42] Vom schriftlichen politischen Diskurs waren – je nach Zeitpunkt und je nachdem, auf welche soziale und ethnische Gruppe man blickt – folglich große Teile der Gesellschaft ausgeschlossen.

Wo die Pressetitel in ihrer Reichweite beschränkt waren, wo sprachliche Hürden nicht zu überwinden waren oder wo die Barrieren des begrenzten Literarisierungsgrades in der Bukowina auch durch Vorlesende aus der Gemeinschaft nicht überwunden werden konnten, spielte das niedrigschwellige visuelle Medium Postkarte eine Sonderrolle. Keineswegs richtete sich die Postkarte als Bildmedium nur an illiterate Schichten, doch konnte sie diesen Teil der Bevölkerung in stärkerer und unmittelbarerer Weise einschließen.[43] Fünf Kreutzer kostete im Durchschnitt eine Karte in der Bukowina, wofür man sich um 1900 einen Teller Gulasch oder einen Viertelliter Bier kaufen konnte.[44] Postkarten waren somit deutlich erschwinglicher als Fotografien, doch hatte das Sammeln und Versenden der Karten weiterhin einen sozialen Ort. Für die untersten sozialen Schichten blieb ihr Erwerb eine Abwägungssache.[45] In Berührung mit den Bildwelten der kleinen Karten kamen aber nicht nur diejenigen, die Postkarten kauften, versandten oder erhielten, sondern zwangsläufig jede Person, die sich im öffentlichen Raum bewegte, da sie zeitgenössisch in Papierwaren- und Buchhandlungen ebenso auslagen wie in Gaststätten und bei Kolonialwarenhändlern. Auf der Straße hatten sie fliegende Händler im Sortiment, und sogar Postkartenautomaten existierten.[46] Damit waren Bildseiten der Karten wenn nicht omnipräsent, so doch sehr präsent. Dabei ist von Rückkopplungsprozessen zwischen Käufer*innen und Produzenten – Frauen waren kaum darunter – auszugehen: Motiv- und Gestaltungspräferenzen konnten die Hersteller an den Verkaufszahlen ablesen. Bei allen gestalterischen Finessen kann gesagt werden, dass sich ein recht repetitives Set an Motiven herausbildete.

Für die Bukowina fehlt es bislang an grundsätzlichen Forschungen zur visuellen Kultur und ihren Akteuren,[47] obwohl mit dem Beginn des visuellen Zeitalters um 1900 auch in dem Habsburger Kronland entsprechende neue Geschäftsfelder und Verdienstmöglichkeiten entstanden.[48] Der Fokus des wissenschaftlichen Interesses lag eindeutig auf den inneren Narrativen, erzeugt durch die zahlreichen bedeutenden Literat*innen der Region.[49]

Insgesamt hat sich die historische Forschung in den letzten Jahrzehnten verstärkt Bildmedien zugewandt,[50] und auch das visuelle Massenmedium der Bildpostkarte erfuhr in unterschiedlichen Zusammenhängen Aufmerksamkeit. Ihre Bedeutung für zeitgenössische Perzeptionen der Veränderungen um 1900 und für Alteritäten ist für unterschiedliche Weltregionen herausgearbeitet worden.[51] Postkarten im kolonialen Kontext und Propagandapostkarten im Zuge des Ersten Weltkrieges bildeten einen deutlichen Schwerpunkt in der Forschung.[52] Entsprechend stehen die in diesem Buch untersuchten Fragen in globalem Kontext, und es ist immer wieder zu hinterfragen, wo sich spezifische bukowinische Entwicklungen und Erzählungen beobachten lassen, und wo es globalen Trends entspricht. Zudem haben einzelne Studien die Rolle von Postkarten in Modernisierungs- und Nationalisierungsprozessen des östlichen Europa behandelt.[53] Zu nennen sind vor allem Rudolf Jaworskis Arbeiten zu Böhmen und Mähren, der seinen alleinigen Fokus auf die politische Ikonografie legte, sowie die Arbeiten von Karin Almasy und Heinrich Pfandl zur Steiermark. In jenen neueren Studien richtete sich der Blick erstmals auch auf die Aneignung der Karten, mit dem Ziel, die »konkreten Sprachpraktiken in mehrsprachigen Gesellschaften«[54] zu untersuchen. Über die Akteure der Bildmedienproduktion im östlichen Europa, also etwa zum Druck- und Verlagswesen, ist kaum etwas bekannt, was auch der bisherigen methodischen Ausrichtung der Forschung zu Bildmedien geschuldet sein mag.[55]

Ich werde Produktion, Narration und Rezeption zusammenführen, um eine visuelle Geschichte des Habsburger Kronlands Bukowina zu schreiben. Mit einem neuen Blickwinkel untersuche ich die Kulturgeschichte der Politik des Kronlandes Bukowina während des »Durchbruchs der Moderne«, ferner steht die Rolle visueller Medien und der dahinterstehenden Bildagenten in der Nationalisierungsphase in den multiethnischen Räumen des östlichen Europa im Fokus. Zudem geht es darum, einen Baustein zu einer zeitgemäßen und längst überfälligen Geschichte von Kommunikation und Kommunikationsräumen des östlichen Europa im langen 19. Jahrhundert zu liefern – ein Unterfangen, das ich an anderer Stelle programmatisch darlegen werde.[56] Die bisherige Forschung, soviel lässt sich in aller Kürze zusammenfassen, hat zu lange das Paradigma der Rückständigkeit hinsichtlich der Entwicklung politischer Öffentlichkeiten wiederholt. Das lag am Fokus auf jene Bereiche der öffentlichen Kommunikation, die um Zeitungen organisiert waren, die wir heute Qualitätspresse oder Leitmedien nennen würden. Darin hallt selbstverständlich Jürgen Habermas' Strukturwandel der Öffentlichkeit nach. 1962 erschienen, eröffnete die Schrift des Soziologen und Philosophen einen normativen Blick auf Genese und Funktionsweisen von Öffentlichkeiten im 18. und 19. Jahrhundert, wobei die räsonierende bürgerliche – und unkommentiert: männliche – Öffentlichkeit als Königsweg portraitiert wurde. Da im Habsburger und Russländischen Imperium Zensurmechanismen hemmend wirkten und mangelnde Alphabetisierungszahlen das Lesepublikum beschränkten, gerät eine Geschichte der medialen Kommunikation mit jenem Fokus direkt zu einer Defizit- und Rückständigkeitsgeschichte zum Westen. Zum anderen blockiert die Übernahme von kommunikationswissenschaftlichen Konzepten und Begriffen aus dem angelsächsischen Raum, da sie regionale Gegebenheiten des östlichen Europa in ihren Spezifika eben nicht erfassen können. Zu nennen ist etwa der Begriff und das Konzept der Massenpresse, der Quantitäten absolut setzt. Und so lesen sich in den meisten Darstellungen die Jahrzehnte ab 1860 wie eine mediale Aufholjagd, an deren Ende – zum Ersten Weltkrieg – endlich das Gleichziehen der Auflagenzahlen einzelner Zeitungen mit der *Daily Mail* gestanden habe.[57]

Diese Engführung kann durch andere Betrachtungsweisen und die Integration anderer Medien aufgebrochen werden. Es müssen mehr Resonanzräume jenseits der politisch räsonierenden Hochkultur einbezogen werden.[58] Dazu gehören visuelle Medien aller Art,[59] eben auch die Postkarte, die in ihrer semi-öffentlichen Struktur (politische) Kurzbotschaften ermöglichte. Wichtig ist weiter, die Akteure und Praktiken ernst zu nehmen. Die Ebene der Rezeption mit einzubeziehen ist ein generelles Desiderat,[60] kann aber Aufschluss bringen über die Fragen: Was tun die Leute mit den Medien, was lässt sich über mediale Prägungen finden, was über Eigensinn (insbesondere, aber nicht nur vor dem Hintergrund von Zensur)? Hier möchte ich dafür plädieren, sich auch auf Mikrogeschichten einzulassen.

Dies ist, so meine weitere These, mit einer potenziell anderen Verfasstheit von Öffentlichkeiten in multiethnischen und multilingualen Räumen zusammenzudenken. Denn der Auftakt der »massenmedialen Sattelzeit« fiel mit intensiven Nationalisierungsprozessen in Europa zusammen, die aufgrund der imperialen Strukturen in dessen Osten anders gelagert waren als in dessen Westen. Während die imperialen Zentren im langen 19. Jahrhundert ihre titularnational-dominierenden Aspirationen immer stärker ausbildeten, kam es in zahlreichen Teilen des Habsburgischen (auch Russländischen) Reiches zu erstarkenden Nationalbewegungen. Eine osteuropäische Geschichte der »massenmedialen Sattelzeit« könnte also durchaus der These von Knoch und Morat folgen, dass das »Verhältnis von ›Medien‹ und ›Gesellschaft‹ eine neuartige Qualität« ab 1880 bekommen habe, müsste aber wesentliche Komponenten von Subordinanz und Aufbegehren in multiethnischen Räu-

men einbeziehen und somit ein differenzierteres Bild zeichnen. Es fehlen kollektiv- und einzelbiografische Studien zum medialen Agieren der ethnopolitischen Unternehmer, wobei ich auch hier betonen möchte, dass es nicht nur die Schreibenden sind, zu denen Arbeiten ausstehen,[61] sondern auch die Bildmedienproduzenten.

Produzenten der Bukowina-Bilder
Jene Akteure der Bildmedienrevolution stellen einen ersten Fokus dar. Wer produzierte die (Selbst-)Bilder der Habsburger Peripherie in der Moderne? Was lässt sich über die editorischen Institutionen der Zeit in Erfahrung bringen, die nachhaltig Bildwelten geprägt haben? Das Buch nimmt mit den überwiegend kleinen Händlern eine Gruppe in den Blick, die in wirtschaftshistorischen Studien sonst unterbeleuchtet bleiben. Insbesondere in einer an Makrostrukturen orientierten Sozial- und Wirtschaftsgeschichte fällt dieses Milieu nicht selten aus dem Analyseraster.[62] Auch die Visual History hat über längere Zeit die Akteure hinter den Bildern über die Analyse der Semantiken vergessen, was sich erst in jüngerer Zeit gewandelt hat.[63] Die jüngsten Ansätze der Visual History forderten gar, den Blick umzukehren: »weg von den Vorderseiten der Bilder und hin zu den Bearbeitungsmerkmalen auf ihren Rückseiten« und damit »zu ihren Herstellern«.[64] Allerdings hatten Studien der Visual History bereits bei deutlich gewichtigeren Akteuren, wie den internationalen Bildagenturen, Schwierigkeiten, detailliertere Firmengeschichten zu schreiben, da keine Überlieferungspflicht an staatliche Archive bestand. Dieses Problem betrifft die Postkartenhersteller ebenso, wie ich im Abschnitt zur Quellengrundlage ausführen werde. Entsprechend ist das vorliegende Buch, das nach den kleinen Akteuren in der Bildmedienproduktion fragt, in Teilen eine medienhistorische Forensik geworden, in denen Überresten der materiellen Massenkultur um die Jahrhundertwende nachgespürt wurde.

Die kleinen Kaufleute und Händler waren vor allem auf kommunaler Ebene politisch einflussreich und prägten sowohl nach innen als auch nach außen Bilder der Region, an denen sie verdienten. Es sind dabei die Widersprüche des Handelns und die vielschichtigen Verflechtungen des Milieus kleiner Händler und Kaufleute, die vor dem Hintergrund der multiethnischen, multireligiösen und multilingualen Zusammensetzung des Kronlandes besonders interessieren. Welche Erzählungen der Multiethnizität präsentierten die Bildakteure, die sich selbst zu einer oder mehreren Sprachverwendungen bekannten, Religionszugehörigkeiten hatten und sich ggf. ethnisch identifizierten? Die Hochphase der Postkartenproduktion und -rezeption sowie die Hochphase des Nationalismus fielen zeitlich zusammen. Die neue Bildlichkeit verband sich mit den zur selben Zeit an Virulenz gewinnenden Nationalismen und Vorstellungen einer nach Völkern geordneten Welt. Ausdruck davon war etwa die sich im Verlauf des 19. Jahrhunderts etablierende Volkskunde. Der ethnografische Blick auf sogenannte »Volksgruppen« innerhalb wie außerhalb Europas war eng an die in der ersten Hälfte des 19. Jahrhunderts entstandene Fotografie gebunden.[65] Die dabei entstandenen Bilder verblieben jedoch nicht in den Archiven der Forscher, sondern wurden mittels neuer Reproduktionstechniken im letzten Drittel des 19. Jahrhunderts breit gestreut. Die Darstellung sogenannter »Volkstypen«, wie die ethnografischen Fotografien hießen, wurden über Druckerzeugnisse Teil der »Bildkultur für die Massen des Volkes«[66] und lagen somit den zeitgenössischen Vorstellungen von ethnischen beziehungsweise nationalen Gruppen zugrunde. Bilder nahmen eine wichtige Rolle in der Konstruktion des Eigenen und Fremden ein.[67]

Dabei soll zum einen gezeigt werden, dass die Semantiken der Bilderwelten um Ethnizität beziehungsweise Multiethnizität im östlichen Europa nicht von ihrer Produktion, Distribution und Vermarktung zu trennen sind. Die materialistische Grundierung der Vorstellungen von (Multi-)Ethnizität rückt somit in das Blickfeld. Zum anderen soll damit, über die Geschichte der politischen Öffentlichkeiten in der Bukowina hinaus, auch ein Beitrag zu Integrationsfunktionen und *Desintegrationsfunktionen* der Medien im östlichen Europa geleistet werden. Denn in den multiethnischen und multilingualen Imperien erfüllten die Massenmedien nicht nur die Funktion, Öffentlichkeiten zu bündeln, wie von der Mediengeschichte oft beschrieben,[68] sondern wirkten auch wie Zentrifugalkräfte auf entstehende, sich nationalisierende Teilgruppen. Dies ist ein weiterer Baustein zu einer zeitgemäßen Geschichte von Medien und Öffentlichkeit des östlichen Europa.

Narrative von Modernisierung und Multiethnizität: Die ambivalente Moderne visualisiert
Ein weiterer Fokus liegt auf den visuellen Narrativen. Zum einen frage ich nach der Moderneerzählung der Region, die von einigen spezifischen Voraussetzungen geprägt war. Das Postkartenfieber kam auf in einem Zeitraum, in dem in ganz Europa grundlegende gesellschaftliche und infrastrukturelle Modernisierungsprozesse stattfanden.[69] Dazu gehörten, allgemein gesprochen, Veränderungen in der Arbeitswelt, indem die Industrialisierung die bäuerliche Lebenswelt zurückdrängte, was sich wiederum auf Gesellschaftsstruktur auswirkte. Tradierte Hierarchien wurden zunehmend hinterfragt, nicht nur von den neuen sozialen Schichten, sondern insgesamt befand sich ein rationalistisches Weltbild auf dem Vormarsch – getragen von der Expansion des Bildungswesens und zum Leidwesen von Kirche und Glauben.[70] Mehr und mehr Personen suchten und fanden zudem Arbeit in den Städten, wo sie den technischen Fortschritt in den Bereichen der Mobilität und Medialität direkt erfuhren. Zur sozioökonomischen und/oder infrastrukturellen Modernisierung traten Veränderungen im Bereich der politischen Ideengeschichte – und oft genug des politischen Systems. Demokratische Ideen griffen um sich, das kapitalistische Wirtschaftssystem weitete sich aus – mit anderen konsumeristischen Teilhabemöglichkeiten.[71]

Diese allgemeinen Tendenzen, die mit dem Begriff der Moderne belegt wurden, waren in der Bukowina mal mehr, mal weniger ausgeprägt. Ein erstes Spezifikum der Bukowina war die relative Rückständigkeit[72] des Kronlandes: Erst 1775 fiel das Territorium an die Habsburger Monarchie, zuerst als Teil des benachbarten Kronlandes Galizien und Lodomeriens, bevor ihr dann 1848 der Status eines eigenen Kronlandes zugesprochen wurde. Galizien und die Bukowina bildeten jedoch das Armenhaus der Monarchie, mit den schlechtesten ökonomischen Kennziffern, den höchsten Analphabetenraten und einer starken landwirtschaftlichen Prägung.[73] Nur allmählich, in der zweiten Hälfte des 19. Jahrhunderts, entwickelten sich Wirtschaft und Infrastruktur positiv. Vor allem Czernowitz, die Hauptstadt, florierte seit dem ausgehenden 19. Jahrhundert. 1875 hatte sie zum hundertjährigen Jubiläum der Integration in das Habsburgerreich eine eigene Universität bekommen, was der Kleinstadt neue Strahlkraft verlieh. Die Bevölkerung wuchs in dem Zeitraum kontinuierlich: 1900 lebten 67 622 Einwohner*innen in Czernowitz, 1910 schon 84 214. Auch begann sich der Handel zu entwickeln, und die Stadt investierte massiv in die Infrastruktur. Modernisierung fiel mit dem Landesausbau zusammen.

Ein weiteres Spezifikum der Bukowina in der Phase war die Zugehörigkeit zu einem Imperium, das Modernisierung unter bestimmten Vorzeichen stattfinden ließ. In dem städtebaulichen Fortschritt kamen Habsburger imperiale Um- und Überformungen zum Tragen, wie die jüngere Habsburg-Forschung argumentiert, die Ansätze des Postkolonialismus fruchtbar gemacht hat. Zwar betonen deren Vertreter, dass die Habsburger Monarchie keine Kolonialmacht im eigentlichen Sinn gewesen sei, aber doch in dem heterogenen Vielvölkerstaat »eine nach innen gekehrte Kolonisierung« betrieben habe.[74] Dazu zählen sie die Sprachpolitik – deren Widerhall auf Postkarten ich noch kommentieren werde – und Zentralisierungsbemühungen im öffentlichen Raum, indem ähnliche Architektur über die Kronländer ausgebreitet wurde. Zudem verfolgte das Zentrum Zivilisierungsmissionen, zuerst in Galizien und der Bukowina, später in Bosnien.[75] In der Bukowina wurde dies am sichtbarsten durch die Universitätsneugründung.

Entsprechend frage ich in einem ersten Schritt, ob und, wenn ja, wie die spezifische Voraussetzung der Bukowina in der Moderne zu einer spezifischen Bilderzählung der Modernisierung führte. Wo entsprachen die Bilderzählungen den Konventionen der Zeit, wo ließen sich bukowinische Elemente finden? Inwiefern setzten sich die kleinen Karten mit dem von außen forcierten und eingangs beschriebenen, aber ebenso internalisierten Rückständigkeitsdiskurs auseinander? In einem zweiten Schritt wird spezifisch nach dem Einfluss der Habsburger Normierung auf die Bildwelten gefragt: Wo sind regionale Erzählungen zu fassen, wo imperiale Überformungen zu finden? Daran anschließend untersuche ich die Inszenierung der Bukowina als Tourismusziel, was mithelfen sollte, die Wahrnehmung als Peripherie zu überwinden. Bisherige Forschung zur Relevanz der Ansichtskarten in der aufkommenden Tourismusindustrie ging dabei von positiven Setzungen aus. Über die Bukowina, eine erst Ende des 18. Jahrhunderts erworbene Provinz ganz im Osten des Kronlandes, gab es allerdings weniger bestehende und noch weniger positive Vorannahmen, wie ich einführend anhand des *Baedeker* gezeigt habe. Postkarten aus der Bukowina hatten also nicht nur eine bestätigende Funktion, sondern konnten Gegensetzungen zu bestehenden Wertigkeitsdiskursen sein. Zum Abschluss des Kapitels werden die Grenzen der Moderneerzählung ausgelotet. Wo bricht sich die Postkartenästhetik, auch in der Rezeption des Modernediskurses?

Ein weiterer Fokus liegt auf der Darstellung ethnisierter Kollektive. Die Nationalisierung war Strukturmerkmal der Zeit. Im Habsburger Imperium habe Modernisierung, so Johannes Feichtinger, stets auch Nationalisierung bedeutet.[76] Die zunehmenden Vergemeinschaftungen über (gemeinsame) Sprache, Kultur und Tradition führten gerade in den multiethnischen Imperien wie dem Habsburger zu Herausforderungen, da manche Gruppen sezessionistische Absichten hegten und die Identifikation mit einem, dem als eigenen wahrgenommen, Kollektiv häufig Hand in Hand mit der Abwertung der Fremdgruppe ging. Benedict Anderson hat in seinem Werk, das sich als Klassiker der Nationalismusforschung etablieren konnte, gar deren konstruktivistische Wende einleitete, auf die Bedeutung der Massenmedien in diesen Nationalisierungsprozessen hingewiesen. Erst durch sie sei Nation vorstellbar geworden.[77] Gehörten Postkarten zum medialen Set der national(istisch)en Agitation in der Bukowina dazu, wie Studien zu anderen Gebieten der Habsburger Monarchie bereits herausarbeiten?[78] Haben sie Wertigkeitsdiskurse transportiert und die aufkommenden Spannungen im Kronland, die sich entlang ethnisch-sozialer Konfliktlinien entluden, mit unterstützt? Oder transportierten sie das Ideologem des Bukowinismus, einer Gemeinsamkeitserzählung unter Setzung der deutsch-österreichischen Kultur als prägend, nur eben im Kleinformat?

Aneignungen
Last, but not least soll versucht werden, die Aneignungen des östlichen Kronlandes über die Postkarten nachzuvollziehen. Die Einführung der Correspondenzkarten führte neue Personenkreise an das Schreiben heran, so die bisherige Forschung, da nun »auch Ungeübte im Schreiben mit wenig Zeit ohne Scheu vor Abkürzungen, Standardverwendungen und Klischees miteinander in Verbindung treten«[79] konnten. Wer schrieb nun in der Bukowina, wenn sich mehr Personen wegen des neuen Kommunikationsmittels an schriftliche Korrespondenz wagten, aber trotzdem gewisse finanzielle Einschränkungen blieben? Und wer wurde beschrieben? Auch wenn die Geschichte des ersten globalen visuellen Massenmediums häufig als Geschichte der Demokratisierung erzählt wird,[80] ist für die multiethnische Bukowina genauer hinzusehen, und zu fragen, inwiefern das Beschreiben und das Beschriebenwerden sozial zu verorten waren. Dabei ist angesichts der verbreiteten »Typenbilder« von ethnisierten Kollektiven insbesondere auf die Kongruenz zwischen sozialen und ethnischen Kategorien zu achten.

Wie eigneten sich die lokalen Bewohner*innen und auswärtigen Besucher*innen die Region über die kleinen Karten an? Aneignung im klassisch pädagogischen Sinne bedeutet »Zu-Eigen-Machen« und verweist auf individuelles Lernen, das aber jeweils in einem sozialen Rahmen stattfindet.[81] Die Kulturgeschichte hat den Begriff dann für sich fruchtbar gemacht, um Praktiken und Prozesse der Sinnproduktion anzusehen.[82] Mit welchen Deutungsmustern gehen die Postkartenschreibenden an die Kärtchen des Kronlandes heran? Was schrieben die Personen, und was sparten sie gegebenenfalls aus? Wie beschrieben, bemalten, ja bearbeiteten sie die kleinen Karten? Die Bildpostkarte bot den Absendern mannigfache Ansatzpunkte: Während manche sich damit begnügten, ihre Textnachricht in die zugewiesenen Räume zu platzieren, zuerst Bereiche auf der Bildseite, nach der Jahrhundertwende dann auf der geteilten Adressseite, schrieben andere in und sogar über den Bildbereich. Wiederum andere fügten sogar kleine Zeichnungen hinzu.[83] Die Postkarten waren ein Medium, das mitgestaltet werden konnte – anders als Zeitungen und Zeitschriften. Es sendeten Reisende, aber auch Einheimische die kleinen Karten.

Manchmal nahm der Text auf das ausgewählte Bildmotiv der Postkarten Bezug – und dies auf affirmative, aber auch widerständige Weise, wie zu zeigen sein wird –, manchmal standen beide Bedeutungsträger vermeintlich unverbunden nebeneinander. Der Empfänger oder die Empfängerin wiederum decodierte auf seine Weise und maß je nach sozialer Situation den unterschiedlichen Bedeutungsebenen einer Karte mehr Aufmerksamkeit zu. In manchen Zusammenhängen, für Freund*innen, Familienmitglieder, Liebende oder Geschäftspartner*innen, mögen die Worte beim Erhalt der Karte erst einmal die zentrale Bedeutung gehabt haben. Danach folgte der Blick auf das visuelle Element. Sammler*innen achteten auf die Motive, deren Vielfalt und Ästhetik. So findet sich in der Korrespondenz zwischen zwei Frauen im bayerisch-schwäbischen Nördlingen und dem bukowinischen Nowosielitza/Nowosełycia/Nouěsuliță sowohl die Ermahnung »Bitte mir das andere Mal nicht dieselben Karten zweimal zu schicken« als auch der klar formulierte Wunsch »Bitte mir eine Künstlerkarte zu senden«.[84]

Aufbau, Ortsnamen, Begriffe

Die aufgeworfenen Fragen werde ich in drei Kapiteln beantworten. Ein erstes Kapitel umfasst sowohl technik-, wirtschafts- und rechtshistorische Aspekte, kann also – anlehnend an Helmut Korte – als Ausleuchtung der »Bedingungsrealität« der Bildwelten verstanden werden.[85] Fokussiert das erste Kapitel überwiegend Aspekte der Produktion, werden in den beiden darauffolgenden Kapiteln die Narrative, die Aneignungen und die Produktion gemeinsam verhandelt. Kapitel zwei untersucht die Modernedimensionen der Urbanisierung, eingeschränkter auch der Industrialisierung, sowie der veränderten Mobilitätsmuster, Kapitel drei fragt dann nach der potenziell »dunklen Seite« der Moderne, dem gesteigerten Nationalismus.

Das Kronland Bukowina ließ drei äußere Amtssprachen zu. Im Alltag wurden noch mehr Sprachen verwendet. Entsprechend hatten Orte, Städte und Dörfer, zahlreiche Namen. In diesem Buch werde ich bei der Erstnennung von Orten die Namen nach dem Gemeindelexikon der Bukowina von 1907 angeben, das stets die deutschsprachige Variante zuerst nennt, und danach die ruthenisch- und die rumänischsprachige.[86] Anschließend wird aus Gründen der Lesbarkeit die erste, deutschsprachige, Variante weiterverwendet, sofern die Argumentation sich auf die Habsburger Zeit bezieht. Geht es in den abschließenden Teilen des Buches bereits um die rumänische oder sowjetische Zeit, werden die entsprechenden Ortsnamen jener politischen Einheiten benutzt. Dies gilt allerdings nicht für den Regionsbegriff Bukowina, den ich zur Vereinfachung stets in der deutschen Variante angebe, auch wenn er nach der Teilung der Region im Zweiten Weltkrieg als administrativ-politische Bezeichnung nicht mehr in Gebrauch war.[87]

Lange überlegt habe ich, wie ich mit ethnisierten Kollektiven umgehe. Denn zur Zeit des Postkartenfiebers begannen sich zahlreiche Personen erst verstärkt als Rumän*innen, Ruthen*innen oder Deutsche zu begreifen.[88] Sie in einem geschichtswissenschaftlichen Text durchgängig als Rumän*innen, Ruthen*innen oder Deutsche zu benennen, ist also in gewisser Weise ahistorisch, stets Anführungszeichen hinzuzufügen führt wiederum zu einem mit Anführungszeichen überfrachteten Text. Entsprechend habe ich versucht, essentialisierende Begriffe zu vermeiden und Gruppen über ihre (primäre) Sprachverwendung oder ihre Selbstidentifikation, wo nachvollziehbar, zu bezeichnen.

Wo von den Beschreibungen auf den Postkarten die Rede ist, folge ich allerdings deren essentialisierender Quellensprache. Dies gilt auch für deren Verwendung des generischen Maskulinums. Auf Karten, die Frauen und Männer zusammen abbildeten, hieß es meist einfach Rumänen, Ruthenen, Huzulen. Diese Bezeichnungen – so mein später ausgeführtes Argument – entindividualisierten die dargestellten Personen und trugen so zu einer Ethnisierung der Weltwahrnehmung bei. Wo ansonsten in meinem Text Männer und Frauen gemeint sind, bildet sich das sprachlich durch die Verwendung des Gendersternchens ab. Wo sich, wie etwa bei den Produzenten oder Fotografen in der Bukowina, in den Quellen nur oder fast nur Männer zeigen, verwende ich die maskuline Form.

Kursiv gesetzt sind Eigennamen von Zeitungen und Zeitschriften, Vereinen und Buchtiteln,[89] auch – um der besseren Lesbarkeit im Text willen – Aufzählungen. Ebenfalls kursiviert wurden Wörter in Fremdsprachen, außer Personennamen und englischen Wörtern, die im Duden stehen. Die Postkarten werden auf zweierlei Art angegeben. Geht es nur um die Kommunikation, die an der jeweiligen Stelle des Texts interessiert, nenne ich – wo vorhanden und entschlüsselbar – Absender*in und Empfänger*in mit Namen und Orten sowie das Datum, entweder das vom Absender notierte oder das gestempelte. Geht es um Kommunikation und Motiv, sind dazu noch die Angaben zur Postkarte zu finden, sprich Motivbezeichnung, Verlag, Verlagsort und verlagsseitige Nummerierung, sofern angegeben. Geht es nur um das Motiv – und nicht die Kommunikation –, werden nur die letztgenannten Informationen vermerkt.

Quellengrundlage

Postkarten waren und sind kommerzielle Produkte. Eine Herausforderung für jede wissenschaftliche Arbeit ist sicherlich, dass von den meisten Produzenten keine Überlieferungen vorhanden sind. Als Teil der Massenkultur galten Ansichtskarten über Jahrzehnte als nicht archivwürdig, sodass größere Bestände überwiegend von privaten Sammlern – oft retrospektiv – zusammengetragen wurden.[90] Auch das vorliegende Buch nahm die Leidenschaft einer Person als Ausgangspunkt. Es geht zurück auf die Sammeltätigkeit des Eduard Karl Kasparides, 1918 in der Bukowina, in Czernowitz, damals schon Cernăuți, geboren und 2006 in München verstorben.[91] In seiner Familie bestand ein ausgeprägtes Interesse an den schönen Künsten. So reüssierte sein Onkel Eduard Kasparides in Wien als Maler, sein Bruder Ernest-August konnte sich in Cernăuți auf dem gleichen Gebiet einen Namen machen. Auch Eduard Karl Kasparides malte, doch verschrieb er sich nach der Umsiedlung aus der Bukowina dem Sammeln. Im Lauf der Jahre trug er eine Münzsammlung zusammen und eben jene Sammlung illustrierter Postkarten, die mit diesem Band der breiteren Öffentlichkeit zugänglich gemacht werden.

Kasparides' Leidenschaft für Postkarten hatte dabei durchaus eine berufliche Fundierung: Nach Ausbildung in der Buchbinderei und Kartonagenfabrik seines Vaters kam er nach den Kriegswirren zur Deutschen Bundespost, bei der er bis zum Ruhestand arbeitete.[92] Das Bukowina-Institut an der Universität Augsburg kaufte nach Kasparides' Tod die Sammlung von Ansichtskarten aus der Bukowina, die er in Jahrzehnten auf Flohmärkten und bei Händlern zusammengetragen hatte.[93] Bereits Ende der 1990er Jahre publizierte Raimund Lang eine Auswahl aus der Kasparides-Sammlung: Vierzig Postkarten erschienen in der Schriftenreihe der *Katholischen Czernowitzer Pennäler*; das schmale Heftlein erfuhr 2001 sogar eine Wiederauflage. Zudem erschien ein Kalender.[94] Zurückgegangen war die Publikation auf eine Begegnung von Kasparides, dem gebürtigen Czernowitzer und Czernowitz-Begeisterten, und Lang, der zu einem Kenner der Czernowitzer Studentenverbindungen und der Region der Bukowina wurde. 1985, bei der ersten Begegnung, befand Kasparides seine Sammlung als noch nicht bereit für eine Publikation; »noch manches müsste ergänzt und vertieft werden«.[95] Erweitert und vervollständigt hat Kasparides seitdem, denn die Postkartensammlung, die das Bukowina-Institut im Jahr 2008 ankaufen konnte, umfasst nun mehrere Hundert Stück. Sie besteht überwiegend aus topografischen Ansichten aus verschiedenen Regionen der Bukowina, womit die Sammlung die zeitgenössischen Produktionsschwerpunkte widerspiegelt.[96] Weiter befinden sich auch Portraitaufnahmen darunter, bei denen die Personen überwiegend als typische Vertreter*innen ihrer Ethnie in Tracht posierten. Kaum vertreten sind Kunstdrucke und Karten mit politischer Ikonografie. Die thematische und auch technische Breite der damaligen Produktion ist damit sicher nicht flächendeckend erfasst – ein Befund, der für alle heutigen Sammlungen von Postkarten gilt, von denen ich noch weitere einsehen konnte.[97]

Gennadij Jankovskyj, ein Antiquitätenhändler in Černivci, gab Einblicke, wie Teile der Habsburger Postkartenproduktion überhaupt überdauerten – und er selbst zu seinem Geschäft kam (Abb. 1). Den Grundstock bildete ein Zufallsfund auf der Straße, wo er alte Bücher, Ansichtskarten, Fotografien auf einem Müllhaufen fand. Als er merkte, dass er mit einigen Objekten etwas Geld machen konnte, versuchte er systematischer an alte Bestände zu kommen. Es gebe keinen Dachboden der Stadt, auf dem er nicht gewesen sei, berichtete Gennadij Jankovskyj im August 2019. Zudem habe er in sowjetischer Zeit im gleichen Haus gelebt wie eine Familie, die früher Ansichtskarten produziert habe, die Familie Fischer. Auch von ihnen habe er alte Bestände erhalten, die er dann weiterverkauft habe.[98] In der sowjetischen Zeit seien vor allem jüdische Bürger an dem Ankauf alter Habsburger Stücke interessiert gewesen, nicht aus nostalgischen Gründen, sondern angesichts der Tatsache, dass sie bei Ausreise nur sehr begrenzt Bargeld mitnehmen durften. Die alten Münzen und Karten seien entsprechend ihre Investition gewesen.[99]

An Touristen konnte zu der Zeit in der Tat nicht verkauft werden, da der Oblast Černivci Sperrgebiet war. Zudem gab es 1940 einen Erlass, keine historischen Postkarten (und andere Medien) weiterzuverkaufen, da alle Medienformen einer politischen Überprüfung unterzogen wurden.[100] Nach 1991 haben Jankovskyj – und einige andere Händler – dann begonnen, die aus der Bukowina versendeten Postkarten wieder einzusammeln. Er selbst fahre seit Jahrzehnten auf Flohmärkte in Österreich und Polen, zudem stehe er mit zahlreichen Händlern in anderen europäischen Ländern in Kontakt, die bukowinische Bestände für ihn ankauften. Als weiteres Instrument gebe es die Postkartenmessen und antiquarischen Zeitschriften. Da es Händlern außerhalb der Bukowina nichts bringe, Postkarten des Kronlandes zu haben (ebenso wenig wie es ihm etwas bringe, Postkarten aus Frankreich zu haben), sei so nach und nach ein großer Fundus an Karten wieder zurück in die Region gekommen. Von dort aus sind dann einzelne Karten und ganze Konvolute weiterverkauft worden. Auch an Kasparides, dessen Sammlung den Ausgangspunkt des Buches bildete, habe er verkauft.

Überhaupt ist die Beziehung zwischen öffentlichen Sammlungen, Händlern und privaten Sammlungen ein interessantes Phänomen, das sich auch – wie ich leider bemerken musste – auf Forschungsmöglichkeiten auswirkt. Denn Jahrzehnte nach dem ersten Postkartenfieber sind die kleinen Kärtchen wieder Waren geworden. Im transatlantischen Raum begann das Sammelfieber seit den 1960er Jahren, im europäischen Osten konnte dies logischerweise erst nach dem Fall des Eisernen Vorhangs passieren. Liebhaber legten und legen sich Sammlungen in einer Größenordnung zu, mit denen öffentliche Archive sich kaum messen können und für deren Erwerb sie – gerade in der Ukraine und Rumänien – nicht die entsprechende Finanzkraft haben. Zudem, so lautet zumindest eine Erzählung aus einer anderen Quelle, die ich nicht angeben möchte, haben einige Passionierte den Eindruck, dass die staatlichen Institutionen in diesen Ländern ihre Sammlungen nicht genügend schützten. In einer Einrichtung in Černivci hätten in der Vergangenheit Händler sowohl seltene Stücke der Postkartensammlung durch Massenware ausgetauscht als auch Karten einfach entnommen, um sie gewinnbringend weiterzuverkaufen. Der kommerzielle Charakter der Postkarte führte also zu verschiedenen Zeitpunkten zu ihrer mangelhaften Archivierung. Etwa 20 Euro beträgt im Jahr 2019 der Preis einer historischen Postkarte in Černivci für Personen aus dem Westen – und damit ein Viertel eines Monatsgehaltes einer lokalen Krankenschwester.

Die größte Sammlung Bukowiner Postkarten hat ein Bukowiner Privatmann, Mykola Salahor, zusammengetragen. Als Zollangestellter habe er in auswärtigen Einsätzen Sehnsucht nach der Heimat bekommen und mit dem Sammeln Ende der 1990er begonnen. Seitdem hat er etwa 8 000 Postkarten zusammengetragen.[101] Gennadij Jankovskyj, der Händler, bemerkte halb scherzhaft, dass er seine eigenen Sammlerambitionen (die er durchaus hatte und auch in einem kleinen Buch dokumentiert hat),[102] dann begraben habe, als Herr Salahor – inzwischen Chef des Zollamtes in Černivci – in den Markt eingestiegen sei. Erfreulicherweise hat Salahor seine Sammlung in einigen Publikationen und einem Postkartenset der Öffentlichkeit zugänglich gemacht. Die Bildseiten der Karten hat er in zwei umfassenden Katalogen in den Jahren 2017 und 2018 publiziert, weitere Postkarten sind in einen Essayband über Czernowitz von Serhij Osačuk und Mykola Salahor eingeflossen.[103] Leider habe ich keinen Zugang zu seinem Privatarchiv bekommen, sodass ich die Mitteilungen der Postkartensender aus diesem großen Bestand nur dann einarbeiten konnte, wenn sie von den Bildseiten ablesbar waren.[104]

Zugang erhielt ich aber zu drei anderen privaten Konvoluten. Dies war eine etwa fünfzig Postkarten umfassende Sammlung von Gennadij Jankovskyj, die ich fotografisch festhalten konnte. Da sie zum Verkauf be-

Abb. 1 Auf den Spuren eines ephemeren historischen Massenmediums – Recherchen beim Postkartenhändler Gennadij Jankovskyj. Serhij Osačuk, August 2019.

stimmt ist, wird die Sammlung Jankovskyj – wie ich sie im Folgenden zitiere – künftig vermutlich nicht mehr in der Form bei ihm auffindbar, aber bei mir hinterlegt sein. Durchsehen, aber nicht fotografieren, durfte ich auch die Reste der zum Verkauf bestimmten Sammlung von Ivan Snihur, einem inzwischen verstorbenen passionierten Kollekteur alles Bukowinischen.[105] Seine umfangreiche Kollektion Czernowitzer Motive war zum Zeitpunkt meines Forschungsaufenthaltes bereits verkauft – zu Preisen, die sich auch ein öffentliches Institut in Deutschland nicht hätte leisten können. Auswerten durfte ich zudem die etwa 150 Stück umfassende Sammlung von Serhij Osačuk. Weitere Bildwelten enthielt die Sammlung des Ethnologischen Museums Černivci (ČKM), die etwa 300 historische Postkarten umfasst, dazu kamen kleinere Überlieferungen im Kunstmuseum Černivci (ČOChM) sowie im Jüdischen Museum Černivci (ČMIKJB), die ich einsehen konnte.[106] Abgerundet wurde das Bild durch zwei Publikationen des südbukowinischen Sammlers Nicolai Oprea aus Suceava.[107] Weitere größere Überlieferungen scheint es in Suceava nicht zu geben, kleinere wurden mir aus unterschiedlichen Gründen nicht zugänglich gemacht.[108] Weitere konsultierte Sammlungen befinden sich im Jüdischen Museum Wien, im Volkskundemuseum Wien sowie an der TU Berlin (Sammlung Langermann) sowie eine kleine Ergänzung im digital verfügbaren Blavatnik Archive. Damit dürften zumindest die Bildseiten der heute noch verfügbaren Karten wenn nicht komplett, so doch weitgehend gesichtet worden sein.

Die Postkarten selbst sind also eine wichtige Quelle, um die visuellen Narrative und deren Aneignungen durch die Postkartenschreibenden zu rekonstruieren. Für das diskursive Geflecht spielten zeitgenössische

Zeitungen, Zeitschriften und Buchpublikationen eine wichtige Rolle, von denen zahlreiche über das Portal ANNO konsultiert werden konnten. Über die zeitgenössische Presse konnte ich mich den Postkartenhändlern annähern, dazu kamen Bestände der Staatsarchive Wien und Černivci zu Fragen des Markenschutzes und der Gewerbeanmeldung, wenngleich die Überlieferung insgesamt begrenzt ist. Auch Gerichtsakten führten nicht weiter, dafür gaben andere Bestände Anhaltspunkte zu einigen der wichtigen Händler. Dazu gehörten Akten des Bukowiner Landesausschuss, der k.k. Bukowiner Landes-Regierung, der k.k. Polizeidirektion in Czernowitz, k.k. Landesgericht, Regionalgericht Czernowitz, k.k. Staatsanwaltschaft Czernowitz und der Israelitischen Kultusgemeinde in Czernowitz. Hinzu kamen Bestände der Österreichischen Nationalbibliothek.

Dank
Bei meinen Forschungen haben mich unzählige Personen unterstützt. Gedankt sei den Praktikantinnen und Hilfskräften des Bukowina-Instituts, die in einem heißen Sommer die Sammlung Kasparides mit mir immer wieder neu auslegten – ohne das Fenster öffnen zu dürfen, da sonst etwas hätte verwehen können. Beteiligt waren daran Anna Hahn, Polina Mokk und Susanne Sorgenfrei. Christina Eiden und Vincent Hoyer haben in einem späteren Schritt die Karten ins Manuskript überführt, noch später haben Daniel Norden und Michael Ilg übernommen. Die drei Letztgenannten haben auch Berge an Literatur für mich versetzt und nicht weniger Akten und Zeitungen mit mir und für mich gewälzt. Martina Egger hat in Wien, im Zentrum des Imperiums, einzelne Recherchen durchgeführt, dort haben auch Vitaliia Ruban, Khaled Sahyouni, Alexander Weidle, Katharina Taxis und Marie Huckenbeck nochmals in der Fotothek des Volkskundemuseums gestöbert. Zum Schluss haben Anja Volkwein und Vincent Hoyer Zitierweisen vereinheitlicht, offen Gebliebenes nachgeprüft und mich auf Unstimmigkeiten hingewiesen. Ermöglicht wurde diese Unterstützung partiell durch eine Förderung der Beauftragten der Bundesregierung für Kultur und Medien, was mir – eingespannt in die Leitung des Bukowina-Instituts in einer Transformationsphase – für den Manuskriptfortschritt entscheidend geholfen hat.

Zahlreiche Kolleg*innen und Freund*innen halfen uneigennützig mit ihren Jiddisch-, Hebräisch- und/oder Ungarischkenntnissen oder ihren muttersprachigen Tschechisch-, Französisch- und Englischkenntnissen, um die multilinguale Postkartenkommunikation im imperialen Raum zu dechiffrieren. Marko Kulyk war mir im Sommer 2019 in Černivci eine große Hilfe, um schneller durch die Findbücher zu kommen. Den Mitarbeiter*innen des Staatsarchivs Černivci sei insgesamt für die Unterstützung und freundliche Aufnahme gedankt, die bei der fachlichen Beratung begann und beim Glas selbstgemachten Wein zu den Akten endete. Auch allen weiteren Institutionen in Černivci sowie den Privatsammlern sei für die herzliche Aufnahme gedankt. Hilfreiche Vermittlungsdienste leistete Andrii Rymlianskyi – in diesem Fall wie in zahlreichen anderen Fällen zuvor. Dies gilt auch für Serhij Osačuk, der mit stupender Sachkenntnis und unglaublicher Hilfsbereitschaft mich mit zentralen Personen ins Gespräch brachte und seine Schätze mit mir teilte. Inhaltliche Hinweise bekam ich von ihm ebenso wie von anderen Kolleg*innen und Archivar*innen. Hier ist Carl-Eric Linsler hervorzuheben, der neue Funde aus der Sammlung Langerman stets mit mir teilte. Yuliia Levina gab ebenfalls hilfreiche Hinweise. Meine Student*innen aus dem Wintersemester 2018/19, mit denen ich die Ausstellung #Postkartenfieber entwickelte, haben mit klugen Fragen zum Fortschritt des Manuskripts beigetragen.[109] Philipp Kröger hat in anderem Kontext die ökonomische Dimension von Ethnienpostkarten mit mir durchdacht. Wertvolle Anregungen erhielt ich ebenso bei weiteren Projektvorstellungen, etwa am Leibniz-Institut für Ost- und Südosteuropaforschung (IOS) in Regensburg und bei einer Tagung des Verbands der Osteuropahistoriker zu »Wirtschaftsgeschichte(n) in imperialen Kontexten«.

Für das ganze Manuskript hat sich Gaëlle Fisher Zeit genommen, die mir in den letzten Jahren eine meiner liebsten Gesprächspartner*innen über die Bukowina im Besonderen, die Geschichte Ostmitteleuropas im Allgemeinen und auch das Leben außerhalb der Bücher und Akten wurde. Alexander Weidle, den ich auf seinem Weg vom Studium zum Bukowina-Expertentum begleiten konnte, hat das Fazit netterweise ebenfalls kommentiert. Ein herzlicher Dank für Lektüre des ganzen Manuskripts und Kommentare gilt auch Eva-Maria Gajek, mit der ich zwar wenig über die Bukowina spreche, über andere Aspekte von Geschichte und Gegenwart dafür aber umso mehr. Ihre kritischen und klugen Fragen begleiten mich bereits seit der Promotionsschrift. Gerne hätte ich Claus-Dieter Krohn um seine stets klaren Gedanken zu Einleitung und Fazit gebeten, doch hat er den Manuskriptabschluss nicht mehr erlebt. Ihm, dessen Nähe mir sehr viel bedeutet hat und dessen Verlust mich traurig macht, ist dieses Buch gewidmet.

Dem Weltgeist oder schlicht dem Zufall sei dafür gedankt, dass mich meine Stelle in Augsburg, wo ich 2015 eine Juniorprofessur antrat, die ab 2017 mit der Leitung des Bukowina-Instituts verbunden war, auf die Spur des historischen Kronlandes in Büchern und Akten und oft in die heutige Bukowina gebracht hat. Bis heute ist die Region bzw. sind die Regionen Peripherien in ihren jeweiligen Ländern, doch ist ihre Landschaft – wie die *Bukowinaer Rundschau* schon wusste – bezaubernd und ihre Menschen alles andere als provinziell. Vielmehr sollten noch mehr Personen den wunderbaren Landstrich bereisen und davon Kunde in die Welt tragen – gerne auch per Ansichtskarte.

Wie in schriftlicher Kommunikation oft üblich, muss auch dieser Einleitung ein Postskriptum, ein Nachtrag, hinzugefügt werden: Nachdem ich die – wie ich hoffte, endgültige – Fassung der Einleitung schrieb, passierte viel. Erfreuliches für mich, Furchtbares für die Region. Zu Ende 2021 wechselte ich auf die Position als Direktorin des Leibniz-Instituts für Geschichte und Kultur des östlichen Europa (GWZO), und damit der Institution, die unter anderem die Reihe »Visuelle Geschichtskulturen« herausgibt, in der dieses Manuskript schon länger angenommen war und in der ich es noch viel länger sehen wollte. Es ist mir eine besondere Freude, mit meiner eigenen Monografie in die Reihen der Herausgeber*innen einzusteigen, und ich füge gerne einen weiteren Dank hinzu, nun an Mitherausgeber Arnold Bartetzky, der mit geübtem Blick hoffentlich letzte Inkonsistenzen fand. Hanna Nitsch half bei der Rechteklärung und Dorothee Riese bei den Korrekturen in den letzten Runden. Der Wechsel an das GWZO verzögerte die Drucklegung des Manuskripts deutlich.

In der Zwischenzeit geschah Furchtbares in der Bukowina. Am 24. Februar 2022 begann die Russische Föderation einen Angriffskrieg gegen die Ukraine, der alle Regionen des Landes umfasste, auch die Oblast Černivci. Dessen Bewohner*innen, darunter Kolleg*innen und Freund*innen, sind gefährdet, auch das reichhaltige Kulturerbe. Für ein besseres Post-Postskriptum, das wirklichen Frieden für die Ukraine verkünden kann, gilt es alles zu tun.

Anmerkungen

1 O.V.: Wo bleibt die Wahlreform? In: Bukowinaer Post, 22.6.1902, S.1–2.

2 Vgl. CORBEA-HOIȘIE, Andrei: Czernowitz 1892. Die imagologische Projektion einer Epochenschwelle. In: Räume und Grenzen in Österreich-Ungarn 1867 bis 1918. Hg. v. Wladimir FISCHER u.a. Tübingen 2010, S. 35–46, hier S. 41 für die deutschsprachige Presse.

3 O.V.: Die Bukowina in Bildern. In: Bukowinaer Post, 2.4.1899, S. 5.

4 BAEDEKER, Karl: Österreich-Ungarn. Handbuch für Reisende. Leipzig 251898, S. 332. Anmerkungen zu den Schreibweisen finden sich am Ende des Kapitels.

5 O.V.: Die Bukowina in Bildern. In: Bukowinaer Post, 2.4.1899, S. 5.

6 O.V.: Der neueste Sport. In: Bukowinaer Post, 3.4.1898, S. 4.

7 UNGER: Geschichte der Postkarte, mit besonderer Berücksichtigung Deutschlands. In: Archiv für Post und Telegraphie. Beiheft zum Amtsblatt des Reichs-Postamts 12 (1881), S. 353–372.

8 WALTER, Karin: Die Ansichtskarte als visuelles Massenmedium. In: Schund und Schönheit. Populäre Kultur um 1900. Hg. v. Kaspar MAASE und Wolfgang KASCHUBA. Köln u.a. 2001, S. 46–61, hier S. 47.

9 Vgl. zur Globalität unter anderen ROWLEY, Alison: Open Letters. Russian Popular Culture and the Picture Postcard, 1880–1922. Toronto 2013, S. 15–16. Zum Begriff »Postkartenfieber« vgl. #Postkartenfieber. Schwaben und die Bukowina in den Social Media um 1900. Hg. v. Maren RÖGER und Christina EIDEN. Backnang 2019.

10 Gültig für das Jahr 1908, Einwohnerzahl 200 000. Vgl. SZKLARCZUK-MIRECKA, Joanna: Dzieje ruchu filokartystów w Polsce. [Die Geschichte der Philokartistenbewegung in Polen.] In: Aksjosemiotyka karty pocztowej. Hg. v. Paweł BANAŚ. Wrocław 1992, S. 77–87, hier S. 81. 1910 waren noch 56 Prozent der Bewohner Galiziens Analphabeten. Vgl. BRIX, Emil: Das Kronland Galizien und Lodomerien. In: Galizien in Bildern. Die Originalillustrationen für das »Kronprinzenwerk« aus den Beständen der Fideikommissbibliothek der Österreichischen Nationalbibliothek. Hg. v. DERS. u.a. Wien 1997, S. 7–10, hier S. 8.

11 Zum Postwesen vgl. MAYER, Herbert: Die Entwicklung des Postwesens in der Bukowina nach deren Angliederung an Österreich. In: Kaindl-Archiv. Mitteilungen der Raimund Friedrich Kaindl Gesellschaft 3 (1982), S. 34–37.

12 O.V.: Ansichtskarten und kein Ende. In: Czernowitzer Tagblatt, 12.8.1905, S. 8.

13 Mussten sich in den ersten Jahrzehnten nach der Einführung der Karten auf der Rückseite Bild und Text den Platz teilen, da die Vorderseite allein der Adresse vorbehalten war, änderte sich dies in den Jahren 1904 bis 1906. Auf der Adressseite wurde nun Platz für den Text geschaffen und das Bild dominierte nun die Rückseite. Vgl. TROPPER, Eva: Bild/Störung. Beschriebene Postkarten um 1900. In: Fotogeschichte. Beiträge zur Geschichte und Ästhetik der Fotografie 30/118 (2010), S. 5–16, hier S. 5–6.

14 TROPPER, Eva: Illustrierte Postkarten – ein Format entsteht und verändert sich. In: Format Postkarte. Illustrierte Korrespondenzen, 1900 bis 1936. Hg. v. Eva TROPPER und Timm STARL. Wien 2014, S. 10–41, hier S. 37.

15 O.V.: Ansichtskarten. In: Czernowitzer Presse, 1.5.1899, S. 2–3.

16 Als Buchtitel KYROU, Ado: L'Âge d'or de la carte postale. Encyclopédie de la carte postale illustrée en noir et en couleurs. Paris 1966; allerdings mit etwas anderer Phaseneinteilung.

17 Zur Postkartengeschichte vgl. WALTER, Ansichtskarte, S. 52.

18 BÉKÉSI, Sándor: Die topographische Ansichtskarte. Zur Geschichte und Theorie eines Massenmediums. In: Relation 1 (2004), S. 403–426, hier S. 407.

19 Kyrou, L'Âge d'or, S. 11. Und doch dürften die angegebenen Zahlen viel zu niedrig sein. Neuere Studien geben 500 Millionen produzierte Karten für das wilhelminische Deutschland an. Hier Angabe nach Jung-Diestelmeier, Maren: »Das verkehrte England«. Visuelle Stereotype auf Postkarten und deutsche Selbstbilder 1899–1918. Göttingen 2017, S. 13.

20 Paul, Gerhard: Das visuelle Zeitalter. Punkt und Pixel. Göttingen 2016.

21 Der Begriff des Images stammt erst aus den 1920er Jahren, insofern handelt es sich hier um eine ahistorische Verwendung. Vgl. Münkel, Daniela/Seegers, Lu: Einleitung. Medien und Imagepolitik im 20. Jahrhundert. In: Medien und Imagepolitik im 20. Jahrhundert. Deutschland, Europa, USA. Hg. v. Dies. Frankfurt a. M. 2008, S. 9–21, hier S. 10.

22 In der Forschung ist ein Fokus auf Bilder von Anderen zu beobachten. So begann die Auseinandersetzung mit den Postkarten im kolonialen Kontext, was durch jüngere Projekte wie Axster, Felix: Koloniales Spektakel in 9 × 14. Bildpostkarten im Deutschen Kaiserreich. Bielefeld 2014 usw. fortgeführt wurde. Auch Jung-Diestelmeier, »Das verkehrte England«, knüpft mit ihrer Arbeit über England-Stereotypen daran an.

23 Knoch, Habbo / Morat, Daniel: Medienwandel und Gesellschaftsbilder 1880–1960. Zur historischen Kommunikologie der massenmedialen Sattelzeit. In: Kommunikation als Beobachtung. Medienwandel und Gesellschaftsbilder 1880–1960. Hg. v. Dies. München 2003, S. 9–34.

24 Vgl. Hickethier, Knut: Zwischen Gutenberg-Galaxis und Bilder-Universum. In: Geschichte und Gesellschaft 25/1 (1999), S. 146–171, hier Angabe nach Knoch/Morat, Medienwandel und Gesellschaftsbilder, S. 14.

25 In Anlehnung an die diversen Publikationen von Gerhard Paul, etwa Visual History. Ein Studienbuch. Hg. v. Gerhard Paul. Göttingen 2006, S. 13; Ders., Das visuelle Zeitalter, S. 20. Zum gleichen Ergebnis hinsichtlich der Repräsentation jüdischer Bevölkerung kommt Schäfer, Julia: Vermessen – gezeichnet – verlacht. Judenbilder in populären Zeitschriften 1918–1933. Frankfurt a. M. 2005, S. 38.

26 Tropper, Eva: Medialität und Gebrauch oder Was leistet der Begriff des Performativen für den Umgang mit Bildern? In: Wie wir uns aufführen. Performanz als Thema der Kulturwissenschaften. Hg. v. Lutz Musner und Heidemarie Uhl. Wien 2006, S. 103–130, hier S. 106.

27 Werner Faulstich zit. n. Paul, Das visuelle Zeitalter, S. 47.

28 Burri, Monika: Die Welt im Taschenformat. Die Postkartensammlung Adolf Felle. Zürich 2011, S. 12.

29 Mente, Michael: Ansichtskarten sind Ansichtssache – Bilder, Grüsse und Metadaten. Über den Wert topografischer Ansichtskarten in Archivbeständen und Einsichten in Fragen ihrer archivalischen Erschliessung. Chur 2016, S. 38.

30 Walter, Ansichtskarte, S. 55.

31 Almasy, Karin: The Linguistic and Visual Portrayal of Identifications in Slovenian and German Picture Postcards (1890–1920). In: Austrian History Yearbook 49 (2018), S. 41–57, hier S. 42. Für das Zarenreich konstatiert Rowley ebenfalls, dass erst die kleinen Karten massenhafte Teilhabe an visueller Kultur ermöglichten. Vgl. Rowley, Open Letters, 10.

32 o. V.: Die Bukowina in Bildern. In: Bukowinaer Post, 2.4.1899, S. 5.

33 Vgl. Nitschke, August u. a.: Einleitung zu »Jahrhundertwende«. In: Jahrhundertwende. Der Aufbruch in die Moderne; 1880–1930. Bd. 1. Hg. v. Dies. Reinbek 1990, S. 9–12. Vgl. Bauer, Franz J.: Das »lange« 19. Jahrhundert (1789–1917). Profil einer Epoche. Ditzingen ⁴2017, S. 36, dort aber nicht als zentraler Begriff. Vgl. einführend Gumbrecht, Hans Ulrich: Modern, Modernität, Moderne. In: Geschichtliche Grundbegriffe. Historisches Lexikon zur politisch-sozialen Sprache in Deutschland. Mi – Pre. Hg. v. Otto Brunner u. a. Stuttgart 1978, S. 93–131.

34 Dejung, Christof / Lengwiler, Martin: Einleitung: Ränder der Moderne. Neue Perspektiven auf die Europäische Geschichte. In: Ränder der Moderne. Neue Perspektiven auf die Europäische Geschichte (1800–1930). Hg. v. Dies. Köln u. a. 2015, S. 7–35, hier S. 27. Der Begriff Moderne ist wiederum selbst »in erster Linie ein ideelles Programm mit hegemonialem Anspruch« gewesen sei, da für die Prozesse Begriffe wie »sozialer Wandel«, »technische Innovation« oder »Ausbau von Infrastruktur« hätten verwendet werden können.

35 Lienemeyer, Julia: Stadtentwicklung und Architektur in Czernowitz. Eine stadtmorphologische Untersuchung. Berlin 2019, S. 92.

36 Vgl. Ther, Philipp: Die dunkle Seite der Nationalstaaten. Ethnische Säuberungen im modernen Europa. Göttingen 2011. Vgl. zur Parallelität vom Aufstieg der Postkarte und des Nationalismus Jung-Diestelmeier, »Das verkehrte England«, S. 11.

37 Formulierung in Anlehnung an Ther, Dunkle Seite.

38 Erst seit 1904 bis 1906 dominierte das Bild die eine Seite, während für den Text auf der Adressseite Platz geschaffen wurde. Zuvor waren die Grußformeln oder weitere Erläuterungen stets Teil des Bildes. Auch nach der Teilung der Adressseite schrieben die Absender auf das oder neben das Bild. Angaben zu den Herstellern fanden sich auf beiden Seiten. Entsprechend dient die oben aufgemachte Zweiteilung eher rhetorischen Zwecken.

39 Bernhardt, Markus: Visual History. Einführung in den Themenschwerpunkt. In: Zeitschrift für Geschichtsdidaktik 12/1 (2013), S. 5–8, hier S. 5.

40 Vgl. Jaworski, Rudolf: Alte Postkarten als kulturhistorische Quellen. In: Geschichte in Wissenschaft und Unterricht 51/2 (2000), S. 88–102, hier S. 90.

41 Vgl. Fisher, Gaëlle: Resettlers and Survivors. Bukovina and the Politics of Belonging in West Germany and Israel, 1945–1989. New York–Oxford 2020, S. 213–214.

42 Nach Melischek, Gabriele / Seethaler, Josef: Presse und Modernisierung in der Habsburgermonarchie. In: Die Habsburgermonarchie 1848–1918. Bd. VIII/2: Politische Öffentlichkeit und Zivilgesellschaft. Die Presse als Faktor der politischen Mobilisierung. Hg. v. Heinrich Rumpler und Peter Urbanitsch. Wien 2006, S. 1535–1714, hier S. 1572 und S. 1583.

43 Dies ist vergleichbar mit den Entwicklungen in der Reformationszeit. Siehe zum Argument Burkhardt, Johannes: Das Reformationsjahrhundert. Deutsche Geschichte zwischen Medienrevolution und Institutionenbildung 1517–1617. Stuttgart 2000, S. 57.

44 Zu den Kostenangaben vgl. Flinker: Czernowitzer Spaziergänge. In: Bukowinaer Rundschau, 4.11.1902, S. 1–2 bzw. o. V.: Anzeige Musikvereinsgarten. In: Bukowinaer Post, 19.7.1902, S. 8.

45 Für das Russländische Reich sieht Fehrenbach die Postkarte sogar als »immer noch ein relativ teures Medium« an. Fehrenbach, Lenka: Bildfabriken. Industrie und Fotografie im Zarenreich (1860–1917). Paderborn 2020, S. 296.

46 Vgl. Aufzählung bei Jung-Diestelmeier, »Das verkehrte England«, S. 41.

47 Vgl. einen ersten Versuch, die entsprechende Forschung zu befördern, in der Tagung »Die Geschichte der Bukowina nach dem Visual Turn«, die im Oktober 2019 am Bukowina-Institut an der Universität Augsburg stattgefunden hat. Vgl. den Tagungsbericht Weidle, Alexander/Fisher, Gaëlle: Tagungsbericht: Die Geschichte der Bukowina nach dem Visual Turn, 17.10.2019–19.10.2019 Augsburg. In: H-Soz-Kult (21.2.2020), www.hsozkult.de/conferencereport/id/fdkn-127231 (zuletzt geprüft am 3.4.2023).

48 Ewa Manikowska empfand gar die komplette Region als unerforscht; eine Geschichte der Fotografie in Ostmitteleuropa »still waits to be written« konstatierte sie im Jahr 2018. Vgl. Manikowska, Ewa: Photography and Cultural Heritage in the Age of Nationalism. Europe's Eastern Borderlands (1867–1945). London 2018, S. 9.

49 Im Moment entsteht ein Handbuch, das beabsichtigt, die literarische Region der Bukowina neu zu vermessen. Handbuch der Literaturen aus Czernowitz und der Bukowina. Hg. v. Steffen Höhne u. a. Stuttgart 2023.

50 Insbesondere die visuelle Konstruktion von Alterität durch Fotografien und Postkarten – sei es im kolonialen oder nationalen Kontext – aus Perspektive der Gesellschaften des Deutschen wie des Habsburgerreiches ist dabei beforscht worden. Vgl. ONKEN, Hinnerk: Ambivalente Bilder. Fotografien und Bildpostkarten aus Südamerika im Deutschen Reich. Bielefeld 2019; JUNG-DIESTELMEIER, »Das verkehrte England«; AXSTER, Koloniales Spektakel; TOMENENDAL, Kerstin: Das Türkenbild in Österreich-Ungarn während des Ersten Weltkriegs im Spiegel der Kriegspostkarten. Klagenfurt 2008.

51 TROPPER, Eva: Anschlüsse. Fotografierte Bahnhöfe auf Postkarten. In: Fotogeschichte. Beiträge zur Geschichte und Ästhetik der Fotografie 34/132 (2014). S. 37–44, hier S. 37.

52 So etwa jüngst BÜRGSCHWENTNER, Joachim: Multiethnische Mobilisierung in der Habsburgermonarchie am Beispiel der Kriegsbildkarten. In: Bildspuren – Sprachspuren. Postkarten als Quellen zur Mehrsprachigkeit in der späten Habsburger Monarchie. Hg. v. Katrin ALMASY u. a. Bielefeld 2020, S. 269–294; Die polnische Frage in der Postkartenpropaganda des Ersten Weltkriegs. Hg. v. Sabine BAMBERGER-STEMMANN und Rudolf JAWORSKI. Hamburg 2018.

53 Vgl. etwa ALMASY, Visual Portrayal, S. 41–57; PFANDL, Heinrich: Slowenische Idenität(en) auf Ansichtskarten der Monarchie zwischen 1890 und 1918. Am Beispiel des österreichischen Kronlandes Steiermark. In: Konfliktszenarien um 1900: politisch–sozial–kulturell. Österreich-Ungarn und das Russische Imperium im Vergleich. Hg. v. Peter DEUTSCHMANN u. a. Wien 2011, S. 251–288; JAWORSKI, Rudolf: Nationale Botschaften im Postkartenformat. Aus dem Bildarsenal deutscher und tschechischer Schutzvereine vor 1914. In: Schutzvereine in Ostmitteleuropa. Vereinswesen, Sprachenkonflikte und Dynamiken nationaler Mobilisierung 1860–1939. Hg. v. Peter HASLINGER. Marburg 2009, S. 142–157.

54 ALMASY, Karin/TROPPER, Eva: Postkarten anders lesen. Zum Quellenwert eines Alltagsmediums in mehrsprachigen Regionen. In: Bildspuren – Sprachspuren. Postkarten als Quellen zur Mehrsprachigkeit in der späten Habsburger Monarchie. Hg. v. DIES. u. a. Bielefeld 2020, S. 9–21, hier S. 14.

55 Überblickshaft zur bisherigen Forschung PAUL, Gerhard: Visual History. Version: 3.0. In: Docupedia-Zeitgeschichte (13. 3. 2014), http://docupedia.de/zg/paul_visual_history_v3_de_2014 (zuletzt geprüft am 6. 4. 2023). Zu dem adressierten Desiderat erscheint auch 2023: Vincent Hoyer und Maren Röger: Völker verkaufen. Politik und Ökonomie der Postkartenproduktion im östlichen Europa um 1900. Dresden 2023.

56 Momentan arbeite ich an einem entsprechenden Aufsatz, basierend auf einem an der Universität Leipzig gehaltenen Vortrag (16. 10. 2020) mit dem Titel »9×14 Zentimeter, das östliche Europa und die Welt: Perspektiven einer transregionalen (Medien-) Geschichte der Sattelzeit«. So fällt auf, dass in der Mediengeschichte das östliche Europa vor allem aus dem Russländischen Reich besteht, das in seiner Multiregionalität nicht benannt wird. Das Habsburger Imperium fungiert überwiegend unter dem Begriff der Zensur, und der Südosten Europas kommt gar nicht vor. Zuerst begegnet uns das Rückständigkeitsnarrativ in deutsch- und englischsprachigen Überblickswerken, deren Anteile zum östlichen Europa insgesamt mager ausfallen, was nochmals gesteigert für die Zeit vor und nach 1945 gilt. In der zentralen und insgesamt sehr instruktiven deutschsprachigen Einführung von Frank Bösch heißt es etwa, Osteuropa und Afrika müssten aufgrund des Mangels an Grundlagenforschung weiße Flecken bleiben. BÖSCH, Frank: Mediengeschichte. Vom asiatischen Buchdruck bis zum Fernsehen. Frankfurt a. M.– New York ²2019, S. 15 und S. 23. Jane Chapman in ihrer »Comparative Media History« übergeht die Region ebenfalls weitgehend. Vgl. CHAPMAN, Jane: Comparative Media History. An Introduction: 1789 to the Present. Cambridge 2005.

57 HAAGEN, Manfred: Die Entfaltung politischer Öffentlichkeit in Russland 1906–1914, Wiesbaden 1982, S. 170.

58 Darunter fallen kommerzielle Frauenperiodika, die sogenannten Volkszeitschriften, die sich an die nach und nach alphabetisierten Bauern wandten, die Boulevardpresse und zur Jahrhundertwende dann die großen Illustrierten, aber ebenso die kommerzielle Kirchenpresse, die allesamt andere Schwerpunkte hatten als Tages- und Außenpolitik zu ventilieren, aber eben doch Diskursräume waren. Clara Frysztacka hat in ihrer jüngst erschienenen Dissertation einen ersten innovativen Begriffsvorschlag gemacht, um jene Medien zu benennen und die in Bezug auf Westeuropa entwickelten Konzepte und Begriffe zu ersetzen: »Zeitschriften für viele«, so Frysztacka, bilde die Strukturen des östlichen Europas besser ab als der Terminus Massenpresse. Vgl. FRYSZTACKA, Clara: Zeit-Schriften der Moderne. Zeitkonstruktion und temporale Selbstverortung in der polnischen Presse (1880–1914). Berlin – Boston 2019.

59 Denn bezeichnenderweise verweisen die zentralen Studien zur räsonierenden politischen Öffentlichkeit im Russländischen Reich immer wieder auf die Begrenztheit der politischen Presse, heben aber die Popularität der Volksbilderbögen, der *luboki*, hervor, die sich verändernde Werte und Normen mitunter spitz kommentierten.

60 Zum Argument, wenngleich mit theoretischen Schwachstellen WECKEL, Ulrike: Plädoyer für Rekonstruktionen der Stimmenvielfalt: Rezeptionsforschung als Kulturgeschichte. In: Geschichte und Gesellschaft – Zeitschrift für Historische Sozialwissenschaft 45/1 (2019), S. 120–150.

61 Ein Forschungsdesiderat für Böhmen und Mähren formulierten CORNELISSEN, Christoph u. a.: Medien und Öffentlichkeit. Zur nationalen und transnationalen Wirkungsmacht von Massenmedien im Spannungsfeld zwischen Tschechen, Slowaken und Deutschen. In: Bohemia 51/1 (2011), S. 3–20, hier S. 13.

62 Die Vernachlässigung dieses Milieus zeigt sich etwa bei einem Blick in Überblickswerke zur Wirtschafts- und Sozialgeschichte des Habsburgerreichs. Vgl. Die Habsburgermonarchie 1848–1918. Bd. IX/1: Soziale Strukturen. Von der feudal-agrarischen zur bürgerlich-industriellen Gesellschaft. Hg. v. Heinrich RUMPLER und Peter URBANITSCH. Wien 2010; SANDGRUBER, Roman: Ökonomie und Politik. Österreichische Wirtschaftsgeschichte vom Mittelalter bis zur Gegenwart. Wien 1995.

63 So kritisierte Malte Zierenberg im Jahr 2009 an der Visual History im Allgemeinen, dass diese Bilder zu stark anhand ihrer Inhalte und Semantiken analysiere und betont die »Tatsache, dass die ›Bedeutung‹ eines Bildes ohne die Bedingungen seiner Produktion, Bearbeitung, Organisation, Vermarktung und Archivierung überhaupt nicht zu denken ist«. ZIERENBERG, Malte: Die »Macht der Bilder«. Infrastrukturen des Visuellen im 20. Jahrhundert. In: Zeiträume. Potsdamer Almanach des Zentrums für Zeithistorische Forschung 2009. Hg. v. Martin SABROW. Göttingen 2010, S. 219–227, hier S. 221. Von den jüngeren Publikationen zu nennen ist v. a. VOWINCKEL, Annette: Agenten der Bilder. Fotografisches Handeln im 20. Jahrhundert. Göttingen 2016.

64 ZIERENBERG, Malte u. a.: Bildagenten und Bildformate. Ordnungen fotografischer Sichtbarkeit. In: Fotografien im 20. Jahrhundert. Verbreitung und Vermittlung. Hg. v. Annelie RAMSBROCK u. a. Göttingen 2013, S. 7–20, hier S. 11.

65 Vgl. JUSTNIK, Herbert: Vorneweg. In: Gestellt. Fotografie als Werkzeug in der Habsburgermonarchie. Hg. v. DERS. Wien 2014, S. 15–22, hier S. 16; BAYERDÖRFER, Hans-Peter u. a.: Einleitung. In: Bilder des Fremden. Mediale Inszenierung von Alterität im 19. Jahrhundert. Hg. v. DIES. Münster 2007, S. 7–16; Vgl. auch die umfassende Darstellung bei HÄGELE, Ulrich: Foto-Ethnographie. Die visuelle Methode in der volkskundlichen Kulturwissenschaft. Tübingen ²2007.

66 Werner Faulstich zit. n. PAUL, Das Visuelle Zeitalter, S. 47.

67 »Die Nation als eine Gemeinschaft zu denken, die sich in der Dynamik des Imaginären im Verhältnis von Blick und Bild hervorbringt, betont die Rolle, die Bildern und Bildentwürfen für die Identifizierung zukommt.« GRABBE, Katharina u. a.: Das Imaginäre der Nation. Einleitung. In: Das Imaginäre der Nation. Zur Persistenz einer politischen Kategorie in Literatur und Film. Hg. v. DIES. Bielefeld 2012, S. 7–24, S. 14.

68 FAULSTICH, Werner. Die Mediengeschichte des 20. Jahrhunderts. München 2012, S. 52.

69 Entsprechend hat die Forschung die Erzählungen der Moderne in den Blick genommen, zuerst populärwissenschaftlicher und in den letzten Jahren mit prononciert kulturwissenschaftlichem Zugriff. Vgl. etwa SONNTAG, Werner: Gruß von der Bahn. Die Eisenbahn auf alten Postkarten. Stuttgart 1978; DERS.: Oldtimergrüße. Das Automobil auf alten Postkarten. Stuttgart 1981; TROPPER, Anschlüsse. Zum Vergleich der visuellen Moderneerzählung in der Bukowina mit Schwaben WEICHMANN, Anna: Städterepräsentant, Nachrichtenübermittler und Werbemittel – die Funktion der Postkarten um 1900. In: RÖGER/EIDEN, #Postkartenfieber, S. 20–21.

70 Der Soziologe Andreas Reckwitz versteht die Moderne als Prozess der formalen Rationalisierung. Vgl. RECKWITZ, Andreas: Die Gesellschaft der Singularitäten. Berlin 2019, S. 28.

71 SCHWARTZ, Vanessa R./PRZYBYLSKI, Jeannene M.: Visual Culture's History: Twenty-first Century Interdisciplinarity and its Nineteenth-Century Objects. In: The Nineteenth Century Visual Culture Reader. Hg. v. DIES. New York 2004, S. 3–14, hier S. 9.

72 Zum Begriff und Konzept der Rückständigkeit vgl. einführend: Die Zukunft der Rückständigkeit. Chancen – Formen – Mehrwert: Festschrift für Manfred Hildermeier zum 65. Geburtstag. Hg. v. David FEEST und Lutz HÄFNER. Köln u. a. 2016.

73 GOOD, David F.: Der wirtschaftliche Aufstieg des Habsburgerreiches 1750–1914. Wien 1986, S. 131. Vgl. zur wirtschaftlichen Lage ebenso MATIS, Herbert: Die Habsburgermonarchie (Cisleithanien) 1848–1918. In: Europäische Wirtschafts- und Sozialgeschichte von der Mitte des 19. Jahrhunderts bis zum Ersten Weltkrieg. Hg. v. Wolfram FISCHER und André ARMENGAUD. Stuttgart 1985, S. 474–511.

74 FEICHTINGER, Johannes: Habsburg (post)-colonial. Anmerkungen zur Inneren Kolonisierung in Zentraleuropa. In: Habsburg postcolonial. Machtstrukturen und kollektives Gedächtnis. Hg. v. DERS. u. a. Innsbruck 2003, S. 13–31, hier S. 18; Jobst, Obertreis und Vulpius definieren die Monarchie als quasi-kolonialen Herrschaftskomplex. Vgl. JOBST, Kerstin S. u. a.: Neuere Imperiumsforschung in der Osteuropäischen Geschichte: die Habsburgermonarchie, das Russländische Reich und die Sowjetunion. In: Comparativ. Zeitschrift für Globalgeschichte und vergleichende Gesellschaftsforschung 18/2 (2008), S. 27–56, hier S. 34

75 Vgl. JUDSON, Pieter M.: Habsburg Empire. A New History. Cambridge–London 2016, S. 317; WENDLAND, Anna Veronika: Imperiale, koloniale und postkoloniale Blicke auf die Peripherien des Habsburgerreiches. In: Kolonialgeschichten. Regionale Perspektiven auf ein globales Phänomen. Hg. v. Claudia KRAFT u. a. Frankfurt a. M. 2010, S. 211–235.

76 FEICHTINGER, Johannes: Modernisierung, Zivilisierung, Kolonisierung als Argument. Konkurrierende Selbstermächtigungsdiskurse in der späten Habsburgermonarchie. In: DEJUNG/LENGWILER, Ränder der Moderne, S. 147–181, hier S. 148.

77 ANDERSON, Benedict R.: Die Erfindung der Nation. Zur Karriere eines folgenreichen Konzepts. Frankfurt a. M. 1996, S. 30.

78 Vgl. JAWORSKI, Rudolf: Deutsche und tschechische Ansichten. Kollektive Identifikationsangebote auf Bildpostkarten in der späten Habsburgmonarchie. Innsbruck 2006; ALMASY, Portrayal.

79 MAY, Otto: Geschichte der Propaganda-Postkarte. Hildesheim 2012, S. 35.

80 Vgl. die Kritik daran in Hinblick auf das Russländische Reich bei FEHRENBACH, Bildfabriken, S. 296–297.

81 Generell zum Aneignungskonzept DEINET, Ulrich/REUTLINGER, Christian: Das Aneignungskonzept der kritischen Psychologie – mögliche Anknüpfungspunkte und Weiterführung aus der heutigen Sicht. In: »Aneignung« als Bildungskonzept der Sozialpädagogik. Beiträge zur Pädagogik des Kindes- und Jugendalters in Zeiten entgrenzter Lernorte. Hg. v. DIES. Wiesbaden 2004, S. 8–15.

82 Vgl. CHARTIER, Roger: Kulturgeschichte zwischen Repräsentation und Praktiken. In: Texte zur Theorie der Ideengeschichte. Hg. v. Andreas MAHLER und Martin MUSLOW. Stuttgart 2014, S. 298–317, hier S. 315–317.

83 Vgl. zum Beschreiben TROPPER, Bild/Störung, S. 5–16.

84 Gruss aus der Bukowina. Huzulen aus Seletyn. Czernowitz: Leon König, o. J. In: Archiv des Bukowina-Instituts an der Universität Augsburg (BI), Slg. VINO, 1684. Jetti Baltuch, Nowosielitza, an Sophie Beyschlag in Nördlingen, 1900. Der Wunsch nach einer Künstlerkarte wurde auf einer anderen Karte nochmals klar wiederholt.

85 Hier in Anlehnung an Gerhard Paul, der das Modell von Helmut Korte abwandelt. PAUL, Gerhard: Bilder, die Geschichte schrieben. Medienikonen des 20. und beginnenden 21. Jahrhunderts. In: Bilder, die Geschichte schrieben: 1900 bis heute. Hg. v. DERS. Göttingen 2011, S. 7–17, hier S. 15. Wenn auch die Studie Karin Walters nicht die Postkartenproduktion im östlichen Europa, sondern anhand eines Tübinger Verlages untersucht, bildet sie dennoch hier eine erwähnenswerte Ausnahme. Vgl. WALTER, Karin: Postkarte und Fotografie. Studien zur Massenbild-Produktion, Würzburg–München 1995.

86 Gemeindelexikon der Bukowina. Hg. v. k.k. statistische Zentralkommission. Wien 1907. Für Orte in Galizien: Gemeindelexikon von Galizien. Hg. v. k.k. statistische Zentralkommission. Wien 1907.

87 Vgl. einführend zur Bukowina FISHER, Gaëlle/RÖGER, Maren: Bukowina. In: OME. Online-Lexikon zur Kultur und Geschichte der Deutschen im östlichen Europa (17. 6. 2020), https://ome-lexikon.uni-oldenburg.de/regionen/bukowina (zuletzt geprüft am 3. 4. 2023).

88 Vgl. dazu RÖGER, Maren: Ethnopolitisches Engineering im Zeitalter des Nationalsozialismus. Identitätsstiftung und ihre Grenzen bei den Bukowina-Deutschen. In: Bukowina-Deutsche. Erfindungen, Erfahrungen und Erzählungen einer (imaginierten) Gemeinschaft seit 1775. Hg. v. DIES. und Alexander WEIDLE. Berlin–Boston 2020, S. 39–56.

89 Aufgrund der Vielzahl an Nennungen habe ich Verlagsnamen jedoch nicht kursiviert.

90 Die erste Sammlerwelle war zeitgenössisch, dann wieder ab 1960er Jahren. Zu einem ähnlichen Befund bezüglich der Postkarten aus dem Zarenreich kommt ROWLEY, Open Letters, S. 7.

91 Zu Kasparides vgl. SATCO, Emil: Enciclopedia Bucovinei. Vol. I. Iași 2004, S. 572. Vgl. zudem seinen Umsiedlungsakt BArch B, R9361/IV, in den mir Susanne Sorgenfrei einen Einblick ermöglichte.

92 Angaben nach Czernowitz in alten Ansichten. 49 alte Postkarten aus der Sammlung Eduard Kasparides München. Hg. v. Raimund LANG. Innsbruck 2001, rückwärtige Umschlagseite.

93 In der Erinnerung von Raimund Lang hat Eduard Kasparides »bei Händlern als auch auf Flohmärkten gesucht und gekauft«. Darunter muss ein großer Kartenhändler an der Front des Münchner Hauptbahnhofs gewesen sein. Auskunft von Raimund Lang per E-Mail vom 12. 3. 2020. Kasparides starb im Jahr 2006, der Ankauf durch das Institut erfolgte 2008.

94 Czernowitzer Studentenlieder. Manifeste einer Subkultur. Hg. v. Raimund LANG, Wien 2001.

95 LANG, Raimund: Ad hoc. In: DERS, Czernowitz in alten Ansichten, S. 5.

96 Vgl. JAWORSKI, Alte Postkarten, S. 88.

97 Zu dieser Problematik JUNG-DIESTELMEYER, »Das verkehrte England«, S. 42; JAWORSKI, Alte Postkarten, S. 100.

98 Dies passt zu der medienökonomischen Voraussetzung, dass erst gewisse Auflagenzahlen das Postkartengeschäft rentabel machten und entsprechend Vorratsproduktion nötig machten. Vgl. PONSTINGL, Michael: Die Photographische Gesellschaft in Wien. Ein bürgerliches Netzwerk im Zeitenwandel. In: Die Explosion der Bilderwelt. Die Photographische Gesellschaft in Wien 1861–1945. Hg. v. DERS. Wien 2011, S. 32–79, hier S. 37.

99 Gedächtnisprotokoll M.R., Gespräch mit Gennadij Jankovskyj am 4. 8. 2019, Černivci.

100 Protokol. Zasidannja Černivec'koho Povitvykonkomu vid 15/VIII.40 r. [Protokoll. Sitzung des politischen Exekutivkomitees Černivci vom 15. 8. 1940]. In: DAČO, F. P–3, Opis 1, sprava 10, S. 124–127. Auf diese Quelle wies mich Serhij Osačuk hin, der mir auch dankenswerter Weise eine Fotokopie des Protokolls zur Verfügung stellte.

101 Zahlenangabe Gespräch Serhij Osačuk, 3. 8. 2019.

102 Vgl. JANKOVSKYJ, Gennadij: Černivci na poštovych lystivkach 1896–1918 [Czernowitz auf Postkarten 1896–1918]. Černivci 2009.

103 Vgl. OSAČUK, Serhij / SALAHOR Mykola: Černivci. Antikvarni narysy [Czernowitz. Antiquarische Essays]. Černivci 2019, S. 51.

104 Vgl. Vitannja z Bukovyny. Mista, sela ta žyteli kraju na starovynnych poštivkach [Gruß aus der Bukowina. Städte, Dörfer und Bewohner der Region auf alten Postkarten]. Hg. v. Mykola SALAHOR. Černivci 2017; Vitannja z Černivciv. Vulyci, ploščí ta mistjany na starovynnych poštivkach [Gruß aus Czernowitz. Straßen, Plätze und Bürger auf alten Postkarten]. Hg. v. Mykola SALAHOR. Černivci 2018.

105 Vgl. SNIHUR, Ivan: Bukovyna i bukovynci. Pobut, davnij odjag [Bukowina und Bukowiner: Lebensweise, Trachten]. Černivci 2017.

106 Die Bestände waren dabei unterschiedlich umfangreich. Im Museum für jüdische Geschichte und Kultur der Bukowina (Černivec'kyj muzej istoriï ta kul'tury jevreïv Bukovyny (ČMIKJB)) in Černivci waren beispielsweise nur sieben Karten vorrätig, die – wider Erwarten – nicht jüdische Themen fokussierten.

107 Vgl. OPREA, Nicolai: Suceava. Cronică Ilustrată, Suceava 2004 und Bucovina. Cronică Ilustrată, Suceava 2007.

108 Leider hat das Muzeul Bucovinei in Suceava meine Anfrage nach Beständen nicht beantwortet; die fotografischen und postkartalischen Bestände im Simion Florea Marian-Haus, auf die Harieta Sabol zurückgegriffen hat, konnte ich bei meiner Forschungsreise wegen einer Inventur nicht einsehen.

109 Die Ergebnisse sind nachzulesen in: RÖGER/EIDEN, #Postkartenfieber.

2

Ein globales Bildmedium, regional geprägt

Postkartenproduktion
in der Habsburger Peripherie

In den Jahrzehnten um die Wende vom 19. zum 20. Jahrhundert begeisterten sich Menschen in zahlreichen Regionen Europas und der Welt für Postkarten. Die Nachfrage nach dem neuen Kommunikationsmittel war so hoch, dass gar ein »Postkartenfieber« konstatiert wurde. Auf den Markt eingeführt wurde das Produkt erst in den 1870er Jahren, danach setzte es sich in unterschiedlichen Regionen unterschiedlich schnell durch. In diesem Kapitel beleuchte ich die Postkartenproduktion in Bezug auf die Bukowina. Dabei geht es zum einen um die Klärung der rechtlichen und wirtschaftlichen Rahmenbedingungen der Bildagenten in der Region im Kontext des Habsburgerreiches, was ich darüber hinaus komparativ einbette. Zum anderen geht es um die konkreten Akteure vor Ort, ein Milieu der kleinen (Buch-)Händler, denen ich mich mikrohistorisch nähere, soweit es die Quellen erlauben, um die Träger der Bildmedienerzählung in der Peripherie zu beschreiben. Hier schreibe ich zuvörderst eine Geschichte der Region, deren Befunde aber vergleichbar für andere Bildagenten der Peripherien sein dürften.

2.1 Rechtliche Grundlagen und Produktionsprozess

Postkarten, damals Correspondenzkarten genannt, wurden innerhalb weniger Monate erst in Österreich, dann im Norddeutschen Bund freigegeben. Wer das neuartige Korrespondenzmittel erfunden habe, ob ein Deutscher oder ein Österreicher, war eine müßige Auseinandersetzung zuerst in Nationalisten-, dann in Philatelistenkreisen.[1] Was aber belegt ist und handfeste wirtschaftliche Folgen nach sich zog, war die frühe Freigabe der Postkartenherstellung für die Privatwirtschaft. Bereits 1872 erlaubte das Deutsche Kaiserreich die Produktion durch private Firmen, weshalb die deutschen Verlage sich schnell eine deutliche Vorrangstellung im internationalen Wettbewerb erarbeiten konnten. Leipzig und Berlin wurden zu Zentren der Postkartenindustrie, aber auch in anderen Städten des Kaiserreichs stiegen findige Gründer in das Geschäft mit den kleinen Karten ein.[2] Im Jahr 1899 addiert sich die Postkartenproduktion im Kaiserreich laut Rudolf Jaworski auf satte 88 Millionen Exemplare,[3] Herbert Leclerc spricht gar von 750 Millionen produzierten Exemplaren um die Jahrhundertwende,[4] die sowohl für den heimischen Markt bestimmt waren als auch in andere Länder verkauft wurden. Laut *Deutscher Verkehrszeitung* gingen die Exporte der deutschen Postkartenfirmen hauptsächlich in die USA, Großbritannien und an dritter Stelle dann nach Österreich-Ungarn. Eva Tropper gibt 350 Millionen exportierte Postkarten im ersten Halbjahr 1908 an, womit sie die Größenordnungen bei Leclerc stützt.[5]

Zum Siegeszug der kleinen Karten trug bei, dass zeitgleich der *Weltpostverein* gegründet wurde, dem die zentralen Imperien und Nationalstaaten Europas beitraten. Er regelte unter anderem den internationalen Verkehr in Hinblick auf das länderübergreifende Porto, auch die Setzung des Standardformats für Postkarten gehörte zu seinen Aufgaben.[6] Die Festlegung entfernungsunabhängiger Tarife habe, so Eva Tropper, die beteiligten Staaten zusammenrücken lassen. Zentren und Peripherien waren nun zumindest in Hinblick auf den Preis gleich weit entfernt.[7]

Im Habsburgerreich durften erst seit 1885 Ansichtskarten privatwirtschaftlich hergestellt werden.[8] Entsprechend verspätet im Vergleich zum wilhelminischen Deutschland traten die dortigen Firmen in den Markt ein, was auch bedeutete, dass Ansichten Cisleithaniens zuerst von Postkartenverlagen und Druckereien im Nachbarland geprägt wurden. Studien zur Produktionsgeschichte konnten zeigen, dass in der ersten Phase, in der Postkarten zum Massenmedium wurden, für die Doppelmonarchie das Verlagshaus mit angeschlossener Druckerei Regel & Krug in Leipzig eine wichtige Rolle spielte.[9] Es produzierte zahlreiche topografische Ansichtskarten Cisleithaniens, auch der Bukowina.[10]

Die einheimischen Verlage entfalteten aber durchaus zunehmende Macht auf dem heimischen Markt. 1900 druckten sie in der österreichischen Reichshälfte der Doppelmonarchie immerhin 16 Millionen, was aber ein Bruchteil der deutschen Produktion blieb.[11] 1905 begannen sich die Produzenten auf zentraler Ebene zu organisieren: Der *Verband der Postkarten-Interessenten* formierte sich in der österreichischen Reichshälfte, dessen Anliegen unter anderem war, den Markt durch Preisabsprachen zu stabilisieren.[12] Angesichts der drohenden Erhöhung des Ansichtskarten-Portos kam es zu einer ersten Versammlung in Wien, bei der »einmal unter sich des Postkartenmenschen Freud und Leid gründlich zu besprechen waren«.[13] Dabei artikulierten die Anwesenden ihren aktuellen Unmut über Schwierigkeiten im Postkartengewerbe, den sie durch eine Interessensvertretung zu beseitigen hofften. Die bereits länger existierende *Papier- und Schreibwarenzeitung* wurde zum Organ des Verbandes bestimmt, das mit Sicherheit auch von den Postkartenproduzenten in der Habsburger Peripherie gelesen worden ist.

Auswärtige Produzenten der Bukowina-Bilder
Üblicherweise werden die Jahre 1870 bis 1897 als Jahre der frühen Ansichtskarte benannt, während 1897 bis 1918 dann als »goldenes Zeitalter« gelten. In dieser Phase

war sowohl die Verlags- als auch Motivvielfalt am größten und die Correspondenzkarten stellten das Kommunikationsmittel schlechthin dar.¹⁴ Jene Zäsuren spiegeln sich in den ausgewerteten Sammlungen wider. Auf das Jahr 1896 datieren die ersten Ansichtskarten des Kronlandes, die durchweg auf deutsche oder oberösterreichische Verlage zurückgehen. Neben Regel & Krug waren der Jurische Kunstverlag Salzburg und die Kunstanstalt Karl Schwidernoch präsent. Laut *Czernowitzer Presse* habe Schwidernoch bereits 1899 über 500 Ansichtskarten über die Bukowina und Galizien produziert, deren »geschmackvolle Ausführung«¹⁵ in den höchsten Tönen gelobt wurde. Schwidernoch wurde darüber hinaus als die Firma benannt, die die Bukowina überhaupt an das Postkartenfieber herangeführt habe.¹⁶

Deutsche und cisleithanische Verlage haben in den Boomjahren der kleinen Karten bis zum Ende des Ersten Weltkriegs immer wieder Ansichten der Bukowina verlegt. Aus dem Kaiserreich waren es Regel & Krug aus Leipzig (Abb. 1) und Schaar & Dathe aus Trier, die seit 1895 existierten und nicht zuletzt im Exportgewerbe stark waren. Aus der österreichischen Reichshälfte der Kunstverlag E. Schreier, Wien II, der Kunstverlag Jurischek aus Salzburg und die bereits erwähnte Kunstanstalt Karl Schwidernoch, die früh Postkarten produzierten.¹⁷ Der Wiener Verlag fertigte floral umrankte Stadtansichten von Czernowitz, Waschkoutz am Czeremosch / Waszkiwci nad Czeremoszem / Vașcăuț lângă Ceremus, Kimpolung/ Kimpolung/Câmpulung und Dorna Watra/Dornawatra/ Vatra Dornei an. Schwidernoch zählte zeitgenössisch zu den führenden lithografischen Anstalten und »schenkte« vielen Orten diese hochwertigen Drucke (Abb. 2).

Auch der bedeutende Verlag der Gebrüder Kohn in Wien, der auf dem Gebiet der Kunstkarten (Wiener Werkstätten) dominierte, aber auch zahlreiche topografische Karten verlegte, war in der Sammlung Kasparides vertreten.¹⁸ Anlässlich des Huldigungsfestzugs zum Kaiserjubiläum 1908 produzierte der bekannte Verlag fotografische und gemalte Postkarten der einzelnen Kronländer, darunter eben auch der Nationalitätengruppen aus der Bukowina. Darüber hinaus produzierte der Verlag gemalte Postkarten der Ethnien. Das östlichste Kronland, touristisch peripher und sozioökonomisch eher schwach, war aber alles andere als ein Produktionsschwerpunkt der Wiener.

Stärker als Wiener Verlage waren Prager Verlagshäuser vertreten. So druckte der Verlag Ing. Fr. Marik Czernowitzer Ansichten. Mit besonders aufwendig gestalteten Postkarten traten Lederer und Popper aus Prag-Smichov hervor.¹⁹ Die Firma von Josef Lederer und Rudolf Popper, die üblicherweise mit L. & P. signierten, hatte sich mit handkolorierten Ansichtskarten ein sehr großes Renommee erworben. Eine Website, die den topografischen Ansichtskarten Prags gewidmet ist, beurteilt die Karten gar als diejenigen mit der höchsten Qualität.²⁰ L. & P. produzierte außer den Ansichtskarten der Heimatstadt noch Ansichten weiterer Städte der Habsburger Monarchie und des Deutschen Kaiserreichs.²¹ Sie brachten es dabei zur Meisterschaft auf dem Gebiet der Montagen: Dies betraf sowohl die Personen-Staffagen, die in die topografischen Motive hineinmontiert wurden, die auffällig, manchmal geradezu expressiv wirkten. In üppigen Kleidern spazierten dieselben, manchmal ebenfalls üppigen Damen, durch Prag/Praha, Lemberg und Czernowitz; dieselben Paare schauten sich in den Parkanlagen der cisleithanischen Städte verliebt in die Augen und manche Radfahrer*innen legten offenbar Tausende von Kilometern zurück. Überhaupt: die Radfahrer*innen. Sie zierten häufig ein Genre an Postkarten, in dem es L. & P. zu ihrer zweiten Meisterschaft gebracht hatten: Ansichtskarten, die Zukunftsvisionen von Städten bereithielten – ein Aspekt, den ich im Absatz zur Moderne verhandeln werde. Lederer und Popper druckten zudem Kriegspostkarten, die die »siegreichen Kämpfe in der Bukowina« zeigen sollten.²²

Aus der Habsburger Monarchie ist noch das Haus W. L. Bp. zu nennen, vermutlich ein Akronym für eine Budapester Firma, die Motive aus der ganzen Doppelmonarchie führte. Ihre Czernowitzer Motive beschriftete sie auf Deutsch und Polnisch, womit sie auch auf den galizischen, überwiegend polnischsprachigen Markt zielte. Zudem verlegten Verlage in Galizien Postkarten mit bukowinischen Motiven – aufgrund der räumlichen Nähe und der Zugehörigkeit der Bukowina zum benachbarten Kronland bis 1848 nicht erstaunlich. Vertreten war E. Schreier aus Stanislau/Stanisławów – vermutlich ein Ableger des Wiener Kunstverlags E. Schreier, der ebenfalls Ansichten der Bukowina druckte. L. Grunda in Lemberg produzierte Czernowitzer Stadtansichten. Im galizischen Kolomea/Kołomyja befand sich das Atelier von Dutkiewicz, dessen zahlreiche Aufnahmen von Land und Leuten der Bukowina, in die Bestände des Volkskundlers Raimund Kaindl gelangten, der für die Beschreibung der Ethnien und für die Herausbildung einer Gruppenidentität der nicht-jüdischen Deutschen in der Bukowina eine besondere Rolle spielte. Der in Kolomea

Abb. 1 und 2 Floral umrahmte Ortsansichten von deutschen und Wiener Verlagen – Gruss aus Czernowitz.
Regel & Krug: Leipzig, 1897; Gruss aus Kimpolung, Bukowina. Karl Schwidernoch: Wien, 1900.

Abb. 3 Frühe Ansichtskarte eines regionalen Verlags – Beste Grüsse aus Czernowitz. vorm. Octavian Müller: Czernowitz, o. J. [wahrscheinlich 1897 oder früher].

ansässige Verlag ließ ein Album mit Ansichtskarten aus Czernowitz produzieren.²³ Andere wie J. Orenstein Kolomea (wahrscheinlich auch J. O.K.) und der Verlag Artysty (übersetzt: Künstler) in Stanislau produzierten Motive, die für Galizien- wie Bukowina-Interessierte relevant waren: Gemälde- und Fotografieserien über Huzulen oder Zeichnungen von Rumäninnen. Selbst wenn diese nicht unbedingt nur auf die Bukowina gemünzt waren, stellten die Schreiber diese Verbindung her. So versah der Absender einer Bildpostkarte, die eine junge Rumänin in Tracht auswies, explizit mit der Bemerkung »*Salutări din Bucovina*« (»Grüße aus der Bukowina«).²⁴

Als die Geschäftsleute vor Ort Mitte der 1890er Jahre sahen, dass Auswärtige mit Ansichten ihres Heimatortes Geld verdienten, schien der Entschluss schnell gefallen, hier ebenfalls profitieren zu wollen. Der früheste Einstieg ins Business ist von Octavian Müller dokumentiert, von dem 1897 eine Ansichtskarte gelaufen war (Abb. 3). Müller hatte, wie viele andere auch, die nach ihm vor Ort ins Geschäft einstiegen, eine Papierwarenhandlung, die auf einer seiner zwei überlieferten Karten auch abgebildet ist.²⁵

Während der Verlag Müller bald von der Bildfläche verschwand,²⁶ traten 1898 weitere Geschäftsleute auf den Plan. Über fünfzig Verlage aus der Bukowina sind in den Sammlungen dokumentiert, wobei das Wort Verlag in manchen Fällen deutlich größer klingt als die sporadische editorische Tätigkeit hergibt.²⁷ Auf Czernowitz entfielen in der Sammlung Kasparides 25 Verlage auf eine Stadt mit knapp 80 000 Einwohnern,²⁸ in den Überlieferungen des Ethnografischen Museums und der Privatsammlungen von Salahor, Osačuk und Jankovskyj sind noch zahlreiche weitere zu finden. Von manchen ist nur eine Postkarte dokumentiert, andere waren durchaus prägend für die Bildwelten, die sowohl von Personen vor Ort gesammelt als auch von Reisenden versendet wurden. Zu kaufen gab es die (Selbst-)Bilder der habsburgischen Provinz in der Bukowina selbst, in Galizien und selbst in Wien. Bevor ich detaillierter auf die regionalen Produzenten der Selbstbilder eingehe, soll sich der Blick zuerst auf die rechtlichen Grundlagen des Postkartenmachens richten.

Rechtliche Grundlagen

Verkaufen konnten Postkarten alle, die wollten. Eine Ministerialverordnung vom 3. August 1890 bestimmte, dass einige Erzeugnisse der Druckerpresse – darunter eben illustrierte Postkarten – im Verkauf konzessionsfrei sein sollten.²⁹ Jeder Buchhändler, jeder Trafikant, jeder Lebensmittelhändler konnte Ansichtskarten verkaufen, ohne dass dafür Befähigungsnachweise nötig waren. Voraussetzungsreicher war die Herstellung von Ansichtskarten, sowohl auf technischer Ebene als auch, was die Genehmigungen anging. Bereits seit 1859 gehörten das Druckereigewerbe sowie die Buchhandlungen zum konzessionierten Gewerbe, für die eine besondere Befähigung nachgewiesen werden musste. Zu den für alle gültigen Voraussetzungen – darunter die Berechtigung, das eigene Vermögen zu verwalten und Vorstrafenfreiheit – traten Verlässlichkeit und Unbescholtenheit bei den konzessionierten Gewerben sowie »genügend allgemeine Bildung« für das Druck- und Papiergewerbe.[30] Über die Zulassung entschieden die politischen Verwaltungsbehörden erster Instanz, die Gewerbsbehörden, die auch ein Gewerbsregister führten.[31] Für die Buchhändler bedeuteten die Gesetze auch eine Möglichkeit, illegale Konkurrenz auszuschalten. So findet sich in den Akten der Bukowiner Landesregierung ein Fall, in dem mehrere Buchhändler, darunter Romuald Schally, der ein paar Jahre nach dem Brief im Postkartenhandel mitmischen sollte, sich beim Landespräsidium über ein Fräulein Julie Wiedmann beschwerte. Sie würde Schundliteratur in Gasthäusern, sogar in den »Straßen und Gassen der Stadt« feilbieten und habe die Konzession für Buchhandel nicht erhalten.[32] Lizenziert war ebenfalls der Verkauf von Zeitungen. Die Interessenten mussten bei der Bukowiner Landesregierung die Konzession erbitten, wozu dann Informationen über ihren politischen und sozialen Hintergrund eingeholt wurden. Schließlich lagen auch Listen der zu verkaufenden Blätter bei, da die Obrigkeit die Stätten der politischen Meinungsbildung im Blick behalten wollte – nicht zuletzt vor dem Hintergrund der sich langsam zuspitzenden ethnischen Konflikte.[33]

Auffällig ist, dass der Großteil der Verlage in der Bukowina aus Papierwarenhandlungen und/oder Buchhandlungen entstanden war, was auch andernorts der typische Einstieg in die Herstellung und den Handel mit den kleinformatigen Karten war. Als Buch- oder Papierhandlungen bezeichneten sich folgende Verlage: Otto Binder in Suczawa/Suczawa/Suceava, Pachter in Dorna Watra (fast idealtypisch: Verlag der Papier-Galanteriewarenhandlung Pachter), Rosenfeld in Bad Dorna, Hammer in Bad Dorna (Verlag der Papierhandlung Dorna), Verlag Susi Last Papiergeschäft Sereth, Verlag Osias Weschler Buchhandlung Sereth, Verlag's Buchhandlung Herman Grauer Sereth, Eckhard'sche Buchhandlung Czernowitz, Moritz Gottlieb in Czernowitz, M. Landau und M. Morgenstern in Czernowitz (jeweils als Papierwarenhandlung), Jakob Kunstadt in Radautz/Radiwzi/Rădăuţ, Herzberg in Radautz (Verlag Buchhandlung). Die Papierhandlung Friedrich Rieber, Czernowitz, entwickelte sich zum Postkartenverlag »Bedien Dich selbst« weiter – im Namen bereits den modernen Gedanken der Selbstbedienung aufgreifend.

Bis weit ins 19. Jahrhundert banden Gesetze im Habsburgerreich das Recht, Bücher zu verkaufen, an die technische Möglichkeit, Bücher zu drucken. Buchhändler mussten somit auch Buchverleger sein, womit die Gesamtzahl der Buchhändler überschaubar gehalten werden sollte. Erst 1899 hob der Gesetzgeber dies auf.[34] Da die jüdische Bevölkerung in der Bukowina – wie andernorts auch – im Buchhandel und Verlagswesen stark vertreten war,[35] hatten auch viele Postkartenverleger in der Bukowina einen jüdischen Hintergrund, worauf noch zurückzukommen sein wird.

Das österreichische Gewerbewesen hatte insgesamt einen kleingewerblichen Charakter. Seit den 1870er Jahren formierten sich im Habsburgerreich die Kleingewerbetreibenden, denen es gelang, in den Gewerbeordnungen von 1883 und 1885 wesentliche Verbesserungen ihrer Position durchzusetzen. Der Befähigungsnachweis wurde Pflicht.[36] Erst ab 1899 gab es völlige Freiheit bei der Unternehmensgründung,[37] was sich auch an den schnelllebigen Firmengründungen im Postkartensektor ablesen lässt. Doch die Gewerbeordnungen des Jahres 1907 führten auch für den Gemischtwarenhandel Befähigungsnachweise ein: Ein Lehrbrief und der Nachweis über mindestens zweijährige Berufstätigkeit wurde nun Pflicht.

Wenn die einzelnen Institutionen nicht selbst druckten oder keine Bücher verkauften, fielen sie nicht unter das konzessionierte Gewerbe.[38] Doch anmelden mussten die Personen ihre Firmen. Leider konnten die Firmeneintragungen der Papierhandlungen und damit Postkartenfirmen im regionalen Archiv nicht aufgefunden werden, doch aus ähnlichen Akten lässt sich das Prozedere rekonstruieren. Nachdem sich die Firmen gegründet hatten, stellten sie einen Antrag beim Handelsgericht in Czernowitz, das dann in regelmäßigen Abständen Sitzungen abhielt. Bei positivem Bescheid konnte die jeweilige Firma dann in das Register eingetragen werden. Ganz am Ende des Prozederes stand eine amtliche Bekanntmachung in der *Czernowitzer Zeitung*.[39]

Produktionsprozess
Die Häuser in der Region, von denen ich die wichtigsten noch vorstellen werde, konnten neben den ganz großen Verlagshäusern aus Wien und Prag nicht nur bestehen.[40] Vielmehr dominierten sie den Markt und prägten ins-

gesamt die Ansichten über die Bukowina. Für sie und ihr Publikum, bestehend aus den eigenen Bewohnern und den Reisenden, hatten die Motive des kleinen Kronlandes die größte Relevanz. 1910 lebten knapp 800 000 Personen in der Bukowina,[41] die Reisendenzahlen stiegen langsam, aber sicher an. In der Frühphase musste der Druck der Bukowiner Ansichtskartenproduktion oft noch ausgelagert werden, bis in das im Druckgewerbe starke Deutschland oder sogar nach Agram/Zagreb, wo einige der Bukowina-Postkarten gefertigt wurden. Doch dann produzierten die meisten vor Ort. Hier ist ein deutlicher Unterschied zur Postkartenproduktion des benachbarten Russländischen Reiches festzuhalten. Dort sei, so Lenka Fehrenbach, der technische Vorsprung anderer Länder nicht mehr aufzuholen gewesen. Entsprechend hätten vor allem kleinere Produzenten ihre Karten bis zum Ende des Postkartenfiebers (und des Russländischen Reiches) im Ausland fertigen lassen, vor allem in Deutschland, Frankreich oder Schweden.[42]

Die zahlreichen Verlage boten ihre Waren in unterschiedlichen Segmenten an: Sowohl qualitativ eher minderwertige Karten als auch sehr hochwertige. Einige Verlage kolorierten per Hand nach, eine zeitintensive und oft unrentable Arbeit. Andere führten Karten mit besonderem Kniff: So gab es etwa mehrteilige Postkarten und Ansichtskarten, die unter dem Hauptmotiv der Bildseite einen ziehharmonikaartig zusammengelegten Papierstreifen versteckten, der weitere Sehenswürdigkeiten zeigte.

Insgesamt erlaubten die technischen Verfahren in der Postkartenproduktion enorm hohe Auflagen. Sowohl mittels Chromolithografie als auch mittels Mehrfarbendruckes durch Autotypie gefertigte Karten konnten in einer Auflage von bis zu 60 000 Stück erscheinen.[43] Für Verlage ermöglichten aber bereits Auflagen von 2 000 bis 3 000 Exemplaren Gewinne, unter 300 Kopien lohnte sich die Herstellung einer Druckplatte nicht.[44] Wie viele Postkarten die Bukowiner Verlage insgesamt auf den Markt brachten, bleibt unklar. Doch angesichts der Vielzahl an Motiven und nummerierten Serien muss sich die bukowinische Postkartenproduktion auf Millionen aufaddiert haben. Mit dem Massencharakter lässt sich erklären, dass bis heute an unterschiedlichen Orten zahlreiche der Kärtchen überliefert sind, obwohl sie als Gebrauchsware oft direkt entsorgt wurden oder später, nachdem die Sammlereuphorie abgebrochen war. Bei den meisten Verlagen lässt sich eine Nummerierung ablesen, doch gab es sowohl unterschiedliche Serien als auch zählten Ansichtskarten, denen dieselbe Fotografie zu Grunde lag, bei etwas veränderter Inszenierung nur einmal. Zumindest der Platzhirsch, Leon König, der im Folgekapitel näher vorgestellt werden wird, handhabte dies so.

Der Blick auf die Produktionsdaten, soweit vorhanden, zeigt, dass etwa 1905 die fotografische Vermessung der Bukowina abgeschlossen scheint und vermehrt bereits anderweitig verwendete Bilder in neuem Layout recycelt wurden. Das korrespondiert dabei mit Ergebnissen von Studien zu anderen Postkartenproduzenten, die zeigen konnten, dass Verlage ab etwa 1910 zunehmend auf ihr Fotoarchiv zurückgegriffen haben.[45]

Wie König und die anderen Bukowiner Verleger die Postkartenproduktion genau organisierten, entzieht sich unserer Kenntnis. Als privatwirtschaftliche Unternehmen verwahren sie ihre Unterlagen nach eigenem Gutdünken und hatten keinerlei Auflagen, dies an städtische oder staatliche Archive abzugeben. Entsprechend sind Dokumente, die Auskunft über frühere Geschäftspraxen geben könnten, verloren. Chancen haben historisch Interessierte am ehesten, wenn Verlage über Jahrzehnte existierten und sie noch Unterlagen verwahren, auch wenn sie die Postkartenproduktion nach dem Ende des Postkartenbooms schon längst eingestellt haben sollten. Auf diese Weise konnte die Ethnologin Karin Walter etwas Licht ins Dunkel der Postkartenproduktion bringen, da der Tübinger Traditionsverlag Metz, der eine große Bedeutung in der Postkartenproduktion der Jahrhundertwende hatte, überdauerte und die Archivschränke für sie öffnete.[46] Der Verlag der Gebrüder Metz begann als Papierwarenhandlung (wie König und Horowitz in Czernowitz und andere in anderen Orten der Bukowina), bevor das Verlagsgeschäft dazu kam. Für die Postkartenproduktion stellten die Geschäftsinhaber zwei Personengruppen ein: Die Fotografen, in den gekennzeichneten Fällen allesamt Männer, die in ihrem Auftrag neue Motive für Ansichtskarten anfertigten und damit, so sollte man meinen, das Herzstück des Geschäfts bildeten. Doch sie verdienten weniger als eine zweite Gruppe an Angestellten: die Reisenden. Von ihrem Verkaufsgeschick nämlich hing der Umsatz des Verlags ab, und so konnten sie zusätzlich zum Grundgehalt eine Provision erhalten.

Die Fotografen blieben im Produktionsprozess zumeist anonym. Hier war der Verlag der Gebrüder Metz kein Einzelfall, weshalb die Postkarte auch als Beispiel für die Akzeptanz der autorenlosen Fotografie gilt.[47] Die Rechtslage im Deutschen Reich leistete dem Vorschub.

Abb. 4 Fotografische Platte eines Czernowitzer Fotografen – T. Bahrynowicz: Czernowitz, o. J.

1876 deklarierte ein Gesetz, Fotografien auf Warenverpackungen, Etiketten oder Postkarten als Werk der Industrie und nicht weiter des Fotografen, womit jener jegliche Urheberrechte und viele Verdienstmöglichkeiten verlor.[48] Mancher Postkartenverleger machte sich folglich gar nicht die Mühe, Landschaften und Architekturansichten von örtlichem Fotografen gegen Honorar fotografieren zu lassen oder eigene Verlagsfotografen zu beauftragen, sondern kaufte einfach vorhandene Lichtbilder auf.[49] Deshalb warnten Fotografenzeitschriften in 1890er Jahren davor, Landschaftsfotografien zu verkaufen.[50] Für Fotografen hieß es, selbstständig zu bleiben, um überhaupt vom Postkartenboom profitieren zu können. »Nur da blieb das Ansichtskartengeschäft in den Händen der Fotografen, wo sie sich selbst als Verleger betätigten, Lichtdrucke im Lohnverfahren herstellen ließen oder kleinere Auflagen selbst im Bromsilberdruck kopierten«,[51] so Ludwig Hoerner mit Blick auf das Kaiserreich.[52] Die Namenlosigkeit der Fotografen entsprach aber auch den Gepflogenheiten in anderen Branchen. So wurden Journalist*innen zur damaligen Zeit häufig nicht genannt, oder nur mit Akronym. Das Produkt – Fotografie oder Medientitel – stand im Fokus, das in seiner Massenhaftigkeit nicht als namentlich zu zeichnende Kunst galt.

Zeitschriften für Fotografen, die im ganzen deutschsprachigen Raum gelesen wurden, informierten über juristische Entwicklungen und gaben regelmäßig Hinweise, wie mit Ansichtskarten – trotz der Rechtslage – Geld zu verdienen sei. Praktische Hinweise zur eigenen Herstellung von Postkarten waren zudem nicht selten.[53] Auch wenn in der Habsburger Monarchie das Recht nicht so ungünstig für die Fotografen ausfiel, wählten manche diese Option.[54] Sie betrieben also einen Selbstverlag.[55] Andere verkauften ihre Motive an Schreibwarenhändler, Buchhändler und Trafikanten.[56]

Doch wie war die Rechtslage genau in Österreich? Das Urhebergesetz vom 26. Dezember 1895 garantierte Fotografen, die ihre Werke signierten und mit Datumsangabe versahen, einen Schutz von zehn Jahren.[57] Entsprechend war, so Michael Ponstingl, sowohl den Verlegern als auch den Fotografen daran gelegen, dass auf den Postkarten Angaben zu den Fotografen zu finden waren. Für sie bedeutete dies Reklame und das Ausflaggen der Urheberansprüche. Fehlende Kennzeichnungen könnten entweder mit gewerblicher Naivität, dem Wunsch, kommerzielle Tätigkeit zu verschleiern, oder der Angst vor Strafverfolgung, etwa bei der Anfertigung von Erotica oder Raubkopien, erklärt werden.[58]

So logisch dies klingt, so fällt bei den überlieferten Ansichtskarten der Bukowina auf, dass Verlage zwar im Großteil der Fälle genannt wurden, die Fotografen aber deutlich seltener namentlich. Ganz selten einmal sind Fotografennamen bei Ansichten von Dörfern, Landschaften oder städtischen Straßenzügen zu finden, mitunter liest sich das aufs erste Mal recht kurios, wenn wir bei einer Ansicht des Ringplatzes von Sereth/Seret/Siretı erfahren, der k.k. Steuerinspektor Weinreb habe dieses Bild gemacht.[59] Weinreb war offenbar Amateur, aber ein passionierter Amateur. So war er von Beginn an Mitglied im 1908 gegründeten *Czernowitzer Camera-Klub*, bei dem er sich als 1. Schriftführer engagierte.[60] Kameraclubs gründeten sich in den großen europäischen Städten bereits im ausgehenden 19. Jahrhundert, wenngleich es aufgrund der Kostspieligkeit lange ein Hobby der Betuchteren bleiben musste. Die Amateurfotografie, so die Volkskundlerin Silke Göttsch, stellte für das Bürgertum eine ideale Freizeitbeschäftigung dar: Sie war leichter zu erlernen als die bildende Kunst, habe durch die teure Ausstattung aber genügend Distinktionspotential zu anderen Schichten geboten.[61] Das vermutlich direkte Vorbild für Czernowitz, der *Wiener Camera-Club*, gründete sich bereits 1897.[62] Amateurfotografen spielten in der Bukowina durchaus eine Rolle in der »Inventarisierung der Heimat«, doch blieb sie im Vergleich zu anderen Orten begrenzt.[63] Viel häufiger waren es professionelle Fotografen. In Radautz fotografiert ein L. Seliger, in Storozynetz/Storożynec/Storojineț ein S. Brüll, in Suczawa ein J. Chrzanowski, in Tereblestie/Terebleszty/Tereblecea ein Fr. Löffler aus Czernowitz. Portraitaufnahmen von Personen fertigten die Czernowitzer Fotografen CH. A. Meyer, Meier, und Schiller, der seine Postkarten auch selbst verlegte.[64] In den Adressbüchern von Czernowitz waren zwischen 1898 bis 1914 allein 77 unterschiedliche Fotografen vermerkt, darunter Bahrynowicz (Abb.4) – und damit deutlich mehr also als an der Postkartenproduktion beteiligt waren.

Wie ist der Verzicht auf die Namensnennung zu erklären? Wollten Fotografen ihre kommerzielle Tätigkeit verschleiern? Waren die Fotografien geklaut? Oder die Fotografen in der Bukowina nur wenig geschäftstüchtig? Alle Erklärungen treffen zu. Manche Postkarten waren schlicht abgekupfert und jeglicher Hinweis auf die Urheberschaft musste fehlen. Zwar verbot das Habsburger Gesetz die »Nachbildung auf fotografischem Wege (also auch mittels Lichtdruck) an erschienenen Werken der Photographie [...] ohne Erlaubnis des Urhebers oder Verlegers«.[65] Doch dies blieb graue Theorie, denn in der Praxis war der Schutz vor Reproduktionen begrenzt: Raubkopien waren verbreitet, so Eva Tropper mit Blick auf die Postkartenproduktion in Niederösterreich und der Steiermark.[66] Die *Papier- und Schreibwarenzeitung*, das Fachorgan für die Branche, begann nach der Jahrhundertwende, namentlich bekannte Raubkopierer öffentlich zu denunzieren, da »man diesen Herren schon infolge unseres lückenhaften Gesetzes zum Schutze des geistigen Eigentums meistenteils nichts anhaben kann.«[67] So bleibe nur die Abschreckung. Für die Plagiatoren fanden sie den schönen Begriff des »Postkartenmarders«.

Tatsächlich fehlten in den überlieferten Sammlungen auf etwa einem Fünftel aller Karten Angaben zum Verlag gänzlich. Häufig waren die Motive vertraute, sprich es kann von Plagiaten ausgegangen werden. So dürfte sich im Falle einer Postkarte des Austriaplatzes ein Plagiator bei dem Verlag Romuald Schally bedient haben (Abb. 5 und 6). Leon Königs Ansicht der Rathausstraße fand sich ganz ähnlich, nur etwas anders koloriert, auf einer Postkarte ohne Verlagsangabe wieder (Abb. 7 und 8). Ein Haus zur Linken hatte die Farbe gewechselt, ebenso hatten einige Personen andersfarbige Kleidung an. Die Figurenkonstellationen waren jedoch weitgehend identisch, nur einen Jungen mit Hut hatte der »Postkartenmarder« herausretuschiert. Verschwunden war in der Kopie auch die Fotografensignatur, die bei König noch unten rechts zu finden war.[68] Das Abkupfern eröffnete größere Gewinnspannen, da dem Plagiator keine Kosten für die Fotografien entstehen. Gerade in Gegenden, von denen nur wenige Fotografien bestanden hatten, sei dies der Fall gewesen.[69]

Jens Jäger konstatierte in Bezug auf das Gewerbe der Fotografen, dass die Gerichtsakten bezüglich Patentstreitigkeiten und Urheberrechtsfragen bislang nur punktuell ausgewertet seien.[70] So vielversprechend der Quellentypus auf den ersten Blick klingt, so wenig ergiebig war er in der Tat. Denn in der Habsburger Gewerbeordnung von 1859 wurde geregelt, dass Verfahren in Gewerbestraffällen in der Regel mündlich ablaufen und nur die Entscheidungen in einem Protokoll dokumentiert werden sollten.[71] Doch selbst derlei Protokolle sind für die Bukowina leider nicht überliefert.[72] Aus der Zeitung ist nur bekannt, dass Eduard von Schiller 1906 vor dem Bezirksgericht wegen eines Plagiatsvorwurfes stand, der allerdings nicht seine Postkarten betraf, sondern ein Gemälde, mit dem er den ersten Preis einer Ausschreibung der Czernowitzer *Gesellschaft der Kunstfreunde* gewonnen hatte.[73]

Die Verlage versuchten einiges, ihre Motive – und damit ihren Verdienst – zu schützen. »Nachdruck verboten!«[74] ergänzten einige neben der Verlagsnennung, andere vermerkten gesetzlichen Schutz. Tatsächlich gab es die Möglichkeit, spezielle Layouts zum Musterschutz anzumelden.[75] Besonders der Kunstverlag Schiller machte davon Gebrauch. Mehrere Portraitaufnahmen mit Angehörigen unterschiedlicher Ethnien tragen den Vermerk »deposé« vor der Jahreszahl. Leon König vermerkte ebenfalls »gesetzlich geschützt«: 1899 ließ er sich offenbar eine Ansichtskarte der Residenz-

Abb. 5 und 6 Original und Plagiat, Beispiel 1: Ansichten des Austriaplatzes mit und ohne Verlagsnennung – Czernowitz. Austriaplatz, Romuald Schally: Czernowitz, 1909; Czernowitz. Austriaplatz, o. Verl.: o. O., o. J.

Abb. 7 und 8 Original und Plagiat, Beispiel 2: Ansicht der Rathausgasse mit und ohne Verlagsnennung – Czernowitz. Rathausstrasse, Leon König: Czernowitz, o. J.; Czernowitz. Rathausstraße, o. Verl.: o. O., o. J.

gasse eintragen, die sicherlich eines der häufigsten Motive der Stadt war.[76] Auch Sigmund Jäger ließ bei den Papierwaren Marken registrieren.[77] Um wirklich zu schützen, musste jede einzelne Karte speziell bei der Handels- und Gewerbekammer angemeldet werden.[78] Ob die Verlage den markenrechtlichen Schutz nur behaupteten und auf ihre Karten aufdruckten, um abzuschrecken, oder ihn tatsächlich vollzogen, ist kaum mehr zu klären. Im Staatsarchiv Černivci war keine derartige Überlieferung der Gewerbekammer zu finden. In den Wiener Unterlagen des Handelsministeriums, wohin die jeweiligen regionalen Handelskammern Neuregistrierungen übersendeten, sind vor allem Fehlanzeigen überliefert.[79] Das Kammersystem war auf Wien zulaufend, es gab in den einzelnen Kronländern Kammern, die dann nach Wien berichteten, während überregionale Kooperationen nicht erwünscht waren.[80] Im *Amtsblatt der Wiener Zeitung* finden sich nur wenige Eintragungen aus Czernowitz: König ließ sich einige Postkartenmotive schützen, auch der Verlag Markus Wunsch, der sonst wenig in Erscheinung trat.[81] Offenbar hatte die Eintragung »deposé« oder »gesetzlich geschützt!« eher Abschreckungscharakter. Tatsächlich galt der Markenschutz dann nur drei Jahre – danach konnten Layout, Schriftzug und Gestaltung munter nachgeahmt werden.

2.2 Produzenten der Selbstbilder: Postkartenverlage in der Bukowina

Zahlreiche Kaufleute betätigten sich in der Bukowina als Postkartenverleger. Über fünfzig Institutionen, die verlegerisch tätig wurden, kamen auf das kleine Kronland. Von manchen ist nur eine Postkarte dokumentiert, andere waren durchaus prägend für die Bildwelten. Zweischneidig gestaltete sich das Postkartengewerbe: Auf der einen Seite florierte das Geschäft, sodass die *Bukowinaer Rundschau* im Jahr 1900 konstatierte: »Wer dem Postkartenhandel nähersteht, wird bestätigen müssen, dass die illustrierte Postkarte stetig an Umfang zunimmt […].«[82] Zum anderen blieben für viele Händler Profite aus. Das Zentralorgan der Ansichtskartenhändler, die *Internationale Postkartenzeitung*, beobachtete im Jahr 1903, dass gerade Klein- und Einzelhändler oft mit leichtsinnig wenig Betriebskapital in das Gewerbe einstiegen.[83] Die Qualitätsunterschiede der Produktionen lassen sich bis heute erkennen, an der Optik und an der Haptik. Im schlimmsten Fall ließ der Druck die Personen und Gebäude unscharf erscheinen, im besten Fall gestochen scharf und zusätzlich wurde von Hand wunderbar nachkoloriert. Manche Kärtchen, die inzwischen deutlich über ein Jahrhundert alt sind, fühlen sich nach wie vor fest an. Die Qualität des Papiers war hoch. Andere sind dünn, sehr instabil. Jene Verleger schienen das günstigste Papier verwendet zu haben.

Im folgenden Kapitel soll rekonstruiert werden, wie dieses Milieu der überwiegend kleinen Kaufleute in der Bukowina zu beschreiben ist und welche regionalen Postkartenverleger als prägend herauszustellen sind. Damit soll ein Beitrag zur Wirtschaftsgeschichte der Bukowina geleistet werden. Zudem soll die multiethnische Gesellschaftsgeschichte näher ausgeleuchtet werden. Denn schnell fällt auf, dass die Produzenten der Selbstbilder mit großem Abstand zur bürgerlichen Schicht und deutschsprachigen Elite des Kronlandes gehörten, die sich in jeweiligen deutsch-christlichen und jüdischen Nationalvereinen engagierten, während es kaum ruthenische und wenig rumänische Verlage gab, die Selbstbilder prägten.

Marktfluktuation und Selbstorganisation der Kaufleute

Der Einstieg in den Ansichtskartenmarkt erfolgte schnell und mancher Verleger beendete seine Aktivität in dem Bereich bald wieder. Zu den Kaufleuten, von denen nur eine Postkarte zu finden ist, gehörte M. Langberg, Inhaber eines Delikatessengeschäfts.[84] Auch zu Octavian Müller, der, wie erwähnt, sehr früh im Geschäft war, reißt früh die Überlieferung ab, sodass damit gerechnet werden kann, dass der Verlag schnell einging.

Einige der Postkartenverlage produzierten in eher dürftiger Qualität. S. Kiesler bediente etwa das niedrigpreisige Segment: Kaum zu erkennen sind die Personen, so unscharf sind die auf günstigem Papier reproduzierten Fotografien. Auch Osias Brettschneider produzierte – offenbar neben zahlreichen anderen Geschäftszweigen – Stadtansichten in eher minderer Qualität. Brettschneider war – ebenso wie andere Postkartenproduzenten auch – Jude und im *Jüdischen Nationalverein* engagiert.[85] Von allen belegten Verlagen aus Czernowitz weisen die Ansichtskarten von David Gross wohl die mindeste Qualität auf: Das Papier ist sehr dünn, Farbe fehlt gänzlich, nur in Ausnahmefällen setzte der Verlag David Gross Gestaltungselemente wie florale Umrankungen oder angedeutete Bilderrahmen ein. Der Verlag bestand trotz – oder gerade wegen – der dürftigen Qualität lange, denn Gross konnte günstig verkaufen.⁸⁶

Wenn Verlage aufgaben, hatte das unterschiedliche Gründe. Mangelnde Rentabilität dürfte es oft gewesen sein, manchmal auch andere Gründe, wie etwa Sigmund Jäger angab. Er gehörte zu den frühen Produzenten, der seinen Hauptstandort der Buch- und Papierhandlung seit 1895 am Ringplatz 12 hatte und damit in unmittelbarer Nachbarschaft zu Leon König, der das regionale Postkartengewerbe bald dominieren sollte.⁸⁷ Der Verlag Jäger hatte sehr einfache Schwarz-Weiß-Karten ebenso im Sortiment wie ansprechend gestaltete Leporellos der Residenz und akribisch kolorierte Ansichten, etwa der Paraskeva-Kirche und des Theaters. Jäger verfügte nicht nur über ein Ladengeschäft im Zentrum der Stadt, sondern auch über mehrere Filialen: im Czernowitzer Hauptbahnhof, in Dorna Watra, Hliboka/Hłyboka/Hliboca, Lużan/Łużany/Lujeni, Hatna/Hatna/Hatna, Hadikfalva und Itzkany/Ickany/Iţcanii.⁸⁸ Für eine Teilhabe an den (Selbst-)Bildern der Bukowina musste die Landbevölkerung der Bukowina folglich nicht zwangsläufig ins Zentrum Czernowitz fahren, sondern erhielt die Ansichten der Urbanisierung und Modernisierung – wie ich in Kapitel 3 argumentiere – sogar in den kleineren Orten.

1901 musste die Buch- und Papierhandlung Jäger bereits schließen – als Grund wurden in der Zeitung Familienereignisse angegeben.⁸⁹ Übernommen wurde das Einzelhandelsgeschäft inklusive Postkartengewerbe zu Beginn des Jahres 1901 von Norbert Gottlieb, der 1906 zudem einen Zeitungskiosk eröffnete.⁹⁰ Doch außer dem »Verlag Gottlieb Jäger, vorm. Sigmund Jäger« gab auch der Verlag Anna Fischer an (»Anna Fischer, Verlag, vorm. SJ«), sich in der Nachfolge zu befinden. Offenbar hatten Norbert Gottlieb und Anna Fischer den gleichen Firmensitz, sodass von einer Verwandt- oder Bekanntschaft ausgegangen werden kann.⁹¹ Beide Verlage tauschten munter Motive. Mit dem Verlag Anna Fischer war in Czernowitz mindestens eine Frau im Business, in der Provinz gab es mit dem Verlag Susi Last (Sereth) und dem Verlag Helene Bruckner (Pozoritta/Pożoryta/Pojorîta) noch mindestens zwei weitere. Studien zur Gewerbegeschichte der Fotografie legen nahe, dass es im Fotografiegewerbe zahlreiche weibliche Familienangehörige gegeben habe, die mithalfen, ohne in den Akten vermerkt worden zu sein. Auf das Postkartengewerbe ist dieser Befund aufgrund der Überschneidungen und ähnlichen Strukturen sicherlich übertragbar.⁹² Die Familie Fischer lebte laut der Erinnerung von Gennadij Jankovskyj, einem Postkartenhändler im heutigen Černivci, noch in den 1960er Jahren in der Stadt. Postkarten aus ihrem Bestand der Habsburger Zeit hatten sie Jahrzehnte später noch zuhause. Die kleinen Karten aus eigener Produktion lagerten in der Wohnung und auf dem Dachboden. Jankovskyj war ihr Nachbarskind, dem sie einige von den Karten schenkten. Als Heranwachsender realisierte Jankovskyj schnell, dass er für die Miniaturen kleine Summen auf dem Schwarzmarkt erhalten konnte. So stieg er in dieses Gewerbe ein.⁹³

Außer Norbert Gottlieb betätigten sich zwei weitere Personen mit dem Namen Gottlieb im Ansichtskartensektor. Moritz Gottlieb hatte eine Papierhandlung als Grundlage seines Geschäfts, bevor er zudem begann, mit Postkarten Geld zu verdienen. Er war Mitglied der jüdischen Gemeinde und nahm dort eine offizielle Funktion wahr, entweder als Mitglied des Kultusrates, des Lehrkörpers oder als Kultusgemeindebeamter. 1910 wurde er in einer der genannten Funktionen zu den Feierlichkeiten zum Geburtstag des Kaisers in der Synagoge geladen.⁹⁴ Gottlieb war ebenfalls Mitglied des *Jüdischen Nationalvereins*, der den Diaspora-Nationalismus vertrat, aber in der Bukowina zumindest bis 1904 Unterstützung von der zionistischen Bewegung erhielt. Im Kern sprach sich der *Nationalverein*, später verstärkt die *Jüdische Nationalpartei* von Benno Straucher, für eine selbstbewusste Integration der Juden in die österreichisch-habsburgische Kultur ein.⁹⁵ Zahlreiche der Czernowitzer Ansichtskartenproduzenten gehörten dem Verein an, was Rückschlüsse auf ihre Stellung zum Habsburger Herrscherhaus zulässt. Postkartalische Erzählungen des Imperiums werde ich in Kapitel 3 verhandeln.

Moritz Gottlieb verlegte Stadtansichten von Czernowitz, sowohl in Schwarz-Weiß als auch in Farbe, und produzierte zudem Ansichtskarten zumindest eines benachbarten Örtchens: Zastawna/Zastawna/Zastavna. Ebenso hatte Gottlieb Aufnahmen Bukowiner Bauern im Angebot. Sprich, er bediente sowohl inhaltlich als auch qualitativ die gesamte Produktpalette, was ihn lange am Markt hielt. Gelaufen sind die Karten von 1905 bis 1917. Zeitlich überschnitten hat sich die Existenz des Verlages mit der des Verlags von Josef Gottlieb – vielleicht ein Bruder, Onkel oder der Vater? Zumindest verstanden sie sich, da sie ab und an gemeinsam inserierten (Anzeigen in Abb. 9 und 10).⁹⁶ Im Mitgliederverzeichnis des *Jüdischen Nationalvereins* 1909 wurde Josef Gottlieb ebenfalls geführt, als Beruf war Papierhändler eingetragen.⁹⁷ Dieser Gottlieb hat vor allem Stadtansichten gedruckt.

Abb. 9 und 10 Anzeigen der Papierhandlungen Gottlieb – Anzeige, in: Czernowitzer Allgemeine Zeitung (2.3.1910); Anzeige, in: Czernowitzer Allgemeine Zeitung (30.12.1906).

Er befand sich in der Rechtsnachfolge der Papierhandlung von Emil Kanarski, was ein weiteres Mal zeigt, wie kleinteilig der Markt der Postkartenproduzenten war und wie hoch die Marktfluktuation.[98] Kanarski war Besitzer einer Buchdruckerei, die 1896 in der Herrengasse 11 eröffnet wurde.[99] Neben Büchern druckte er Bekanntmachungen der Behörden, womit er es offenbar zu Wohlstand brachte. Zwei Häuser habe er in der Sterngasse gehabt.[100] Postkarten in unterschiedlichen Preissegmenten scheinen ein Nebengeschäft gewesen zu sein, das er zudem schnell wieder abgegeben hat. 1906 hatte Josef Gottlieb, ein Mitglied des *Jüdischen Nationalvereins*, seine Papierhandlung übernommen.[101] Kanarski hingegen war Mitglied im *Verein der christlichen Deutschen*.[102] Business wurde eindeutig über ethnisch-konfessionelle und politische Trennlinien gemacht – auf der einen Seite. Denn auf der anderen Seite zeigt sich, dass wirtschaftliche Konkurrenz und ethnisch-nationale Rivalität in zahlreichen weiteren Fällen zusammenfallen konnten. Das Milieu der Postkartenhändler war teils deckungsgleich mit dem Druck- und Pressegewerbe, sodass es den Konkurrenten um Marktanteile ging, aber durchaus auch um Meinungsführerschaft in der zunehmend entlang ethnisch-nationaler Konfliktlinien umkämpften Region. Die *Bukowinaer Rundschau* schrieb Kanarski antijüdische Gesinnung zu. So interpretierte sie zumindest seine Leitung einer Versammlung, die dem Streik in der Buchdruckerei Czopp gewidmet war: »Zum Schlusse wollen wir noch constatiren, daß der edle Pole, Emil Kanarski, Buchdrucker in Czernowitz, den Vorsitz in dieser sauberen Versammlung führte. Galt es doch, einem jüdischen Buchdrucker einen Schabernack zu spielen.«[103] Czopp, in dessen Verlag die *Rundschau* ebenso wie die *Bukowinaer Post* gedruckt wurde, war direkter Konkurrent von Kanarski.[104] In der *Rundschau* wird Kanarski als Pole betitelt, er war aber Mitglied im *Verein der christlichen Deutschen* und ist – natürlich erst Jahrzehnte später – mit der Umsiedlung nach Deutschland gekommen, wo er zurückgezogen in Bayern leben sollte.[105]

Der erwähnte Streik war einer unter mehreren in der Bukowina, da sich das Druckgewerbe hier ebenso wie an anderen Orten früh politisierte und eine selbstbewusste Interessenvertretung formierte. *Der Verein der Buchdrucker und Schriftgießer der Bukowina* hatte seinen Sitz in Czernowitz, sah sich aber für die komplette Bukowina zuständig. Primär zielte der Verein auf soziale Unterstützung seiner Mitglieder ab, damit Krankheits- und Todesfälle abgefedert werden konnten; zudem ging es um Arbeitsvermittlung und Überwachung der Arbeitsverträge. Ein weiteres Ziel stellte die Bildung der Mitglieder durch das Anlegen einer Bibliothek oder die Abhaltung von Vorträgen dar, wobei »gewerbliche, wissenschaftliche, technische, ökonomische und soziale Themata« zugelassen waren, Politik und Religion jedoch ausgeschlossen sein sollten.[106] Von den Postkartenproduzenten tauchte in der Überlieferung des Vereins niemand namentlich auf, Anna Fischer aber als Obmännin des *Vereins der Buchdruckerei- und Schriftgießerei-Hilfsarbeiter und Hilfsarbeiterinnen der Bukowina* sowie deren verwandte Gewerbe.[107]

Ebenso hatten die Druckereibesitzer und Kaufleute ihre Vereine. 1901 übersandte der *Verein der Buchdruckereibesitzer*, in dem von den regionalen Postkartenproduzenten Emil Kanarski und Josef Riemer engagiert waren, der Landesregierung die Satzung zur Genehmigung. Zu den Zielen gehörte eine gemeinsame Interessensvertretung, die Festlegung von Preisempfehlungen, aber auch die »Pflege der Collegialität unter den Mitgliedern des Vereines, Stärkung des Gemeinsinnes, sowie Aufrechterhaltung und Hebung der Standesehre.«[108] Im *Czernowitzer Kaufmännischen Verein*, der sich 1903 konstituierte, engagierte sich mit Josef Horowitz ein anderer Postkartenproduzent. Auch Heinrich Mittelmann, der den wichtigen Reiseführer produzieren sollte, hatte darin eine Funktion.[109] Von Beginn an war er als dessen Sekretär tätig und unterzeichnete Mitteilungen an den Stadtmagistrat stets mit. 1905 informierten Mittelmann und der Präsident mit einigem Stolz, dass der Verein inzwischen schon 250 Mitglieder zähle – mutmaßlich der Großteil der Gewerbetreibenden der Stadt, darunter vermutlich zahlreiche oder gar alle im Postkartengewerbe. Sie hatten ein eigenes Vereinslokal für ihre Treffen in der Universitätsstraße 3, das sogar aus drei Räumen bestand. Jedoch, so Mittelmann und der Präsident Elias Wender in einer Eingabe an den Magistrat, sei der Verein keineswegs als wohlhabend anzusehen, da zahlreiche Mitglieder mit ihren Beiträgen im Rückstand seien.[110] In den überlieferten Unterlagen befinden sich nur die gesetzlich vorgeschriebenen Informationen an die Polizei, wann der Verein zu Versammlungen zusammengetreten war. Protokolle des Vereins, die auf inhaltliche Debatten rückschließen lassen, sind bedauerlicherweise nicht überliefert.

Jüdische Bürger:
Von Gottlieb bis Tennenbaum

Die überwältigende Mehrheit der Postkartenverleger engagierte sich in der jüdischen Kultusgemeinde oder im *Nationalverein*. Da die jüdische Bevölkerung in der Bukowina – wie andernorts auch – im Buchhandel und Verlagswesen stark vertreten war,[111] hatten auch viele Postkartenverleger einen jüdischen Hintergrund. In den Listen der jüdischen Kultusgemeinde finden sich mit Moritz Gottlieb, Josef Horowitz und Leon König drei der wichtigsten Verleger in der Region. Sigmund Kiesler hatte ebenfalls eine Funktion in der Gemeinde. Die zwei Letztgenannten waren registrierte k.k. Tabaktrafikanten und verkauften in dieser Funktion im Jahr 1909 Lose, mit denen die Errichtung eines Altenheimes für jüdische Bürger finanziert werden sollte.[112] Die jüdische Kultusgemeinde habe lange, so Daniela Gastl, unter dem Einfluss wohlhabender Familien gestanden. Erst mit der Wahl von Benno Straucher, dem späteren Begründer der *Jüdischen Nationalpartei*, zum Vorsitzenden im Jahr 1908 hätten sich vermehrt weniger wohlhabende Schichten engagiert: Handwerker und kleine Kaufleute vor allem.[113]

Viele andere standen, wie erwähnt, ebenfalls auf den Listen des *Nationalvereins*. Josef Horowitz, der seine Postkarten von Anbeginn auf Deutsch und Polnisch beschriftete und dem offensichtlich auch der Markt Galiziens vor Augen stand, war ab 1898 als Papierhändler in der Hauptstraße 13 zu finden. Sein Schwerpunkt lag auf Czernowitz, das er überwiegend in Schwarz-Weiß in Szene setzte. Fotografenangaben finden sich nie. Kann Horowitz zwar insgesamt dem mittleren bis einfachen Segment zugerechnet werden, hatte er aber zu Beginn auch eine kolorierte Postkarte im Angebot. Auch an Leporellos probierte er sich. Zudem hatte der Verlag Ansichtskarten von unterschiedlichen Ethnien im Angebot. Horowitz war ebenfalls – wie die bereits erwähnten Postkartenproduzenten Moritz Gottlieb, Norbert Gottlieb und Josef Gottlieb – Mitglied im *Jüdischen Nationalverein*, 1909 nach der Adressliste immer noch wohnhaft in der Hauptstraße 13 und Kaufmann.[114] Horowitz gehörte mit seinem Engagement im *Nationalverein*, in der Gemeinde, im *Verein der Kaufleute* und der *Austria-Gesellschaft* zu den engagierten Bürgern der Stadt, aber sicher auch zu den am besten vernetzten Ansichtskartenproduzenten.

Im *Nationalverein* dürfte er ab und zu mit A. Katz zusammengetroffen sein,[115] dessen Postkartenverlag mindestens bis 1908 existierte (Abb. 11). Seine Karten hatten sicherlich das breiteste Spektrum an Beschriftungen: Deutsch, Deutsch und Rumänisch, Deutsch und Polnisch, Polnisch, Französisch, Ruthenisch und Russisch druckte Katz auf die Rückseiten der Ansichtskarten. Manchmal – worauf zurückzukommen sein wird – steckte eine direkte Zielgruppenansprache dahinter. Er produzierte unterschiedliche Motive, darunter Czernowitzer Ansichten und Portraits der ländlichen Bevölkerung, die er dem Fotografen Maier abkaufte. 1908 verkaufte Katz seinen Laden, doch liefen seine Postkarten weiterhin.[116] Katz blieb Kaufmann, denn noch 1936 wurde er im Zensus als *comerciant* als Händler geführt.[117]

Dass J. Tennenbaum, der Ansichtskartenverleger, identisch ist mit dem in den Mitgliedslisten des *Jüdischen Nationalvereins* verzeichneten Josef Tennenbaum, ist zumindest wahrscheinlich, denn in den Adressbüchern der Stadt gab es nur zwei Personen mit dem Namen Josef Tennenbaum.[118] Es gab zwei Verlage unter dem Namen Tennenbaum, einer gezeichnet mit A. Tennenbaum, einer mit J. Tennenbaum. A. Tennenbaum beschriftete nur auf Deutsch und hatte Schwarz-Weiß-Karten ebenso im Angebot wie Farbige. Neben Stadtansichten bot A. Tennenbaum seinen Kunden Aufnahmen »Bukowinaer Bauerntypen.« Ob Ansichtskarten, die das Kürzel A. T. (oder A. T. Cz.) aufweisen, wirklich Tennenbaum zugeordnet werden können, verbleibt unklar. So passt zwar das Kürzel, doch ist die Schriftart, in der die Motive bezeichnet werden, unterschiedlich. Der Verlag von J. Tennenbaum hat die politische Zäsur von 1918 überdauert: Im Jahr 1930 lief eine Postkarte, die er nach 1918 in anderem Verfahren produziert hat: Es war eine Foto-Echtpostkarte, die in der Sammlung Kasparides sonst kaum vertreten ist. Aus der Habsburger Zeit sind Aufnahmen aus Czernowitz und Portraits von Ethnien belegt.

Der *Nationalverein* bildete einen Treffpunkt für einen Teil der Kaufleute des Kronlands. Die Postkartenverleger trafen dort unter anderem auf Mittelmann, der den Bukowina-Reiseführer herausgab und zur Illustration Ansichtskarten aus den Häusern König und Sigmund Jäger übernahm.[119] Im Jahr 1909 hatte der *Nationalverein* 739 eingetragene Mitglieder.[120] Mit ihrem Treffpunkt im *Jüdischen Nationalverein* handelte es sich um eine bestimmte Schicht jüdischer Kaufleute. In jüdischen Alternativen, wie dem 1907 gegründeten *Jüdisch-politischen Verein*, der sich zionistischen und

Abb. 11 Das Postkartengewerbe als unstetes Geschäft – Czernowitzer Allgemeine Tageszeitung (20.12.1908).

2.2 Produzenten der Selbstbilder: Postkartenverlage in der Bukowina   41

Abb. 12 und 13 Überreste der Tätigkeiten der Gebrüder König – Pappbehälter für ein Siegel aus dem Hause Leon König, sichtbar ist die Werbung als Papierhandlung und Ansichtskartenverlag; Rückseite einer Portraitfotografie aus dem Atelier der Brüder Max und Adolf König.

radikaldemokratischen und sozialen Grundsätzen verschrieben hatte, war keiner der erwähnten Verleger engagiert.[121]

Im weiteren Verlauf des Buches wird zu fragen sein, wie ethnische Identität und politische Verortung der Akteure mit den von ihnen produzierten Darstellungen zusammenhingen. Bildeten sich Netzwerke zuvorderst aufgrund ökonomischer Erfordernisse, waren (ethno-) politische Verortungen ausschlaggebend oder ging beides Hand in Hand und welche Auswirkungen hatte dies wiederum auf die produzierten und verkauften Bilder? Ließen sich etwa bestimmte Darstellungen oder auch Bilder bestimmter ethnischer Gruppen besser verkaufen als andere – schrieb sich also eine Marktlogik in die Vorstellungen davon ein, was unter Ethnizität und Nationalität verstanden und gehandelt wurde?

Marktdominanz: Leon König

Zum König im regionalen Business entwickelte sich Leon König, der, wie erwähnt, am Ringplatz eine Papierwarenhandlung besaß. Sie lag am unteren Ende, wo die Postgasse begann und von wo aus es nur wenige Schritte in die Tempelgasse waren.[122]

Am 3. Januar 1869 wurde er als Lewi in Czernowitz in die Familie des Gemischtwarenhändlers und Fotoatelierbetreibers Adolf König geboren. König hatte drei Geschwister, wobei die Brüder Max (ursprünglich Mordechai) und Adolf mit ihm beruflich verbunden blieben, übernahmen sie doch das Fotoatelier des Vaters. Ihr Atelier hatten die Gebrüder König »unterhalb der Paraskiewakirche im eigenen Hause«, wie ihr Stempel auf den Fotografien lautete.[123] Den ersten Geschäftszweig eröffnete Leon König als gerade 18-Jähriger, als 19-Jähriger stieg er in das Postkartengewerbe ein.[124] Er begann mit einer Papierhandlung – der vorgestellte klassische Einstieg ins Postkartengewerbe.[125] In der Folge erweiterte er sein Sortiment ständig: Notenbücher, Konzertkarten, Lotterielose und später Anglerzubehör kamen hinzu. Doch erst die Zusammenarbeit mit den Brüdern brachte den Durchbruch (Abb. 12 und 13).[126]

König engagierte sich in der Stadtgesellschaft, ebenso wie bereits sein Vater, der mehreren Vereinen, darunter den *Commis- und Buchhalter-Unterstützungsverein* und den *Kaiserin-Elisabeth-Verein* zur Speisung von Kindern, Schülern und Studenten spendete. Leon König unterstützte von der *Mensa Academica*, über den kaufmännischen *Bethausverein*, den *Frauen-Hilfsverein*, den *Blinden- und Taubstummen-Fürsorgeverein* bis zum jüdischen Schülerheim – »also beinahe alle privat getragenen jüdischen sozialen Einrichtungen in der Stadt.«[127] Er war Mitglied der Handelskammer, auch deren Vorsitzender, zudem Vizepräsident der *Buchhändlervereinigung* und temporär Abgeordneter des Stadtrates. Zudem hing König zionistischem Gedankengut an und begründete den *Sportclub Maccabi* mit, in dem sein Sohn aktiver Spieler war. Sein Vater war ein »wesentliches Mitglied der Gemeinde und auch Pächter des Kaiserbads und der Mikwe am Türken(brunnen)platz und in nahezu allen kulturellen und sozialen Vereinen vertreten.«[128] König war ebenso wie viele andere Verleger Mitglied im *Jüdischen Nationalverein*.[129] Er war Mitbegründer der Druckerei Austria, wo er im Jahr 1902 den Vorstandsvorsitz übernahm.[130] Zum weiteren Vorsitzenden wählten die Mitglieder Josef Horowitz, der bereits seit 1898 im Ansichtskartengewerbe aktiv war.

Ob König selbst fotografierte und dazu die Dunkelkammer der Verwandtschaft nutzen durfte oder ob seine Brüder fotografierten bzw. fotografieren ließen, ist schwer zu rekonstruieren.[131] Fest steht aber: Bereits 1898 hatte der Verlag König weite Teile der Bukowina und seiner Hauptstadt Czernowitz fotografieren lassen und in ein vielfältiges Spektrum an Ansichtskarten übersetzt. Unentwegt druckte König neue Karten und bewarb diese. Die *Bukowinaer Post* war voll des Lobes für König: »Der neueste Sport ist das Sammeln von Ansichtskarten und man muss sagen, es ist vielleicht unter den verschiedensten Dingen, die da gesammelt werden, das interessanteste. Werden doch hierdurch die schönen Gegenden aller Länder mehr bekannt. Wir Bukowinaer können nun mit Stolz sagen, daß es in unserem Buchenlande gar viele schöne, herrliche Gegenden gibt. Alle diese im Bilde auf Ansichtskarten trefflich dargestellt und in den Handel gebracht zu haben, das Verdienst hat sich die Papierhandlung Leon König in Czernowitz (Ringplatz) erworben. Die in ihrem Verlag erschienenen Ansichtskarten zeigen uns in prächtiger Ausführung nebst einer Anzahl von Ansichten aus Czernowitz, Radautz und Suczawa noch prächtige Landschaften aus: Solka, Jacobeni, Kirlibaba, Kimpolung, Dorna-Watra, Sereth, Putnathal, Putna, Zuczka etc. etc. […]. Es freut uns, daß auf diese Weise unser leider so wenig gekanntes, schöne Buchenland wenigstens etwas bekannter werden dürfte.«[132]

1899 konnte König in einem Album bereits zweihundert Aufnahmen versammeln, davon 64 aus Czernowitz. Damit habe sich, so wiederum die *Bukowinaer Post*,

Abb. 14 und 15 Marktführer Leon König annonciert Ansichtskarten von der Bukowina bis Amerika – Anzeigen von Leon König, in: Bukowinaer Post (2.12.1898) und Bukowinaer Rundschau (25.11.1898).

Abb. 16 Der Postkartenproduzent als Postkartensammler: Korrespondenz von Leon König – Gruss aus Czernowitz. Tomaszczuk Denkmal. Hauptstrasse mit Ringplatz und Rathaus und Electr. Strassenbahn. Leon König: Czernowitz, 1898.

»der Papierhändler Leon König in Czernowitz (Ringplatz) um das Land ein wahrhaftiges Verdienst erworben«.[133] Nach heutigem Überlieferungsstand druckte der Verlag das Gros der Bukowiner Postkarten, womit ihm das Verdienst zukommt, »einen wesentlichen Teil zur Erfassung und Beschreibung der alten Bukowina und ihrer Hauptstadt geleistet zu haben.«[134]

König schickte aber nicht nur seine eigenen Fotografen, also seine Brüder los, um das komplette Kronland fotografisch zu vermessen, sondern fertigte ebenso auf Bestellung. In den *Bukowiner Landwirthschaftliche Blätter* annoncierte König im Jahr 1899, also kurz nach seinem Geschäftsantritt, zielgruppengerecht: In seinem Verlag seien gerade diverse neue Ansichtskarten von Gutsherrschaften erschienen. Auf Vorlage von Fotografien könnten »prompt und billigst« neue ausgeführt werden.[135] Postkartenproduktion war folglich das Ergebnis eigener fotografischer und editorischer Agendasetzung, aber eben auch Auftragsarbeit für diejenigen, die ihre Gutsherrschaften oder Geschäfte auf 9 × 14 Zentimeter gebannt sehen wollten.

Von Anbeginn an schaltete König diverse Anzeigen in unterschiedlichen Blättern und bewarb seine Postkarten aus der Bukowina und Postkarten-Alben.[136] Er inserierte seine Dienste in überregionalen Zeitschriften, die Ende des 19. Jahrhunderts in Europa entstanden und sich an die immer breiter werdende Bevölkerungsgruppe von Postkartensammlern wendeten.[137] Dabei betonte König seine Produktionen über die Bukowina, aber auch seinen Vorrat an anderen Ansichtskarten. An die Sammlergemeinde der Bukowina richtete sich die Annonce, in der er versprach, Ansichtskarten aus Amerika an jede einzelne Adresse zu liefern (Abb. 14 und 15).[138] Die Sammler*innen interessierten sich in der Bukowina, wie auch anderswo, für die Aneignung der Welt. König hob von allen Weltregionen Amerika hervor – für viele ein Sehnsuchtsort, mit dem sie bessere Lebensbedingungen (nach einer potentiellen Migration) verbanden.[139] Und der, benannt als »neue Welt«, die Modernität verkörperte.[140] Zudem war König selbst von der Sammelleidenschaft gepackt. 1898 schrieb er an einen Postgehilfen im deutschen Kaiserreich, wohnhaft in Salem in der Nähe des Bodensees, »mit bestem Sammlergruß«: »Wenn Ihnen weiterer Austausch erwünscht ist, so ersuche um Mitteilung, worauf Ihnen andere Karten senden werde.« (Abb. 16)[141]

Mit stetig neuen Motiven und Innovationen, darunter Leporellos und in Kleinstarbeit kolorierten Karten, konnte er sich von Anbeginn an eine sehr gute Marktposition aufbauen. Zudem hatte König eine kluge Werbestrategie und nutzte seine Ressourcen gut. Zum einen waren seine Geschäfte, die Papierwarenhandlung am Ringplatz und das Fotogeschäft der Brüder in der Hormuzachigasse ideal gelegen, da viel Laufkundschaft beide Standorte passierte; zum anderen hatte König über das *Czernowitzer Tagblatt*, an dem er beteiligt war, direkten Kontakt zu den Trafiken.[142] Entsprechend kann gesagt werden, dass die Postkarten aus dem Verlag König die Bilder der Bukowina geprägt haben wie keine anderen. Das gilt für Ansichten der Hauptstadt Czernowitz, kleinere Städte und Bilder der Ethnien. Von knapp 400 Motiven in der Sammlung Kasparides aus der Habsburger Zeit entfielen mehr als die Hälfte auf König, und auch in den anderen Sammlungen sind die Karten Königs stark vertreten. Dies bedeutet zudem, dass die Motive aus Königs Serien eine so hohe Auflage hatten, dass sie Jahrzehnte später noch auf tatsächlichen und virtuellen Flohmärkten von Sammlern aufgestöbert werden konnten.

Für seine Postkarten erhielt König überregionale Anerkennung. Direkt in den ersten Jahren bekam der Czernowitzer Hersteller mehrere Preise. So erhielt er im Jahr 1899 bei der internationalen Ausstellung für Ansichtspostkarten der grafischen Industrie in Nizza die große silberne Medaille. Die Jury lobt dabei sowohl »die durchwegs fast tadellose Ausführung« als auch den »außerordentlichen Umfang«.[143] Im selben Jahr folgte ein weiterer Preis bei der internationalen Postkarten-Ausstellung in Ostende. Dort erhielt er gar die große goldene Medaille. Die lokalen Zeitungen berichteten jeweils mit Stolz, habe König sich doch um »die Ausgestaltung des Ansichtskartensportes in der Bukowina bedeutende Verdienste« erworben und den Preis deshalb »vollauf verdient […]«.[144] Zum Jahresende folgte die dritte Medaille, diesmal eine bronzene auf der ersten internationalen Postkartenausstellung in Nürnberg. Die *Bukowinaer Post* zeigte sich begeistert über »die dritte in kurzer Zeit« für den einheimischen Verleger.[145] In den nachfolgenden Jahren berichteten die lokalen Zeitungen wiederholt über Königs Erfolge: über eine Auszeichnung, die der Verleger von Erzherzog Eugen erhielt – worauf ich im Kapitel »Habsburger Normierungen« zurückkommen werde – und eine Ausstellung im Jahr 1907 in Bukarest. König erhielt dort für seine Ansichtskarten eine silberne Medaille mit Spezialdiplom.[146]

Königs Verlag existierte über die Zäsur von 1918 hinaus – wenngleich das Geschäft im Ersten Weltkrieg mehrfach geplündert wurde.[147] Als die Bukowina Teil Rumäniens war, druckte er weiterhin Ansichtskarten und Stadtpläne, den letzten noch 1941.[148] Er erhielt vom rumänischen Staat sogar zwei Orden: Einer, der *meritul comercial*, galt klar seinen wirtschaftlichen Verdiensten, den zweiten, den Orden der Krone Rumäniens, könnte er für gesellschaftliche oder militärische Verdienste erhalten haben. Da er als 1869 Geborener jedoch für den rumänischen Staat sicher nicht mehr in der Armee aktiv gedient haben dürfte, scheint eine weitere Auszeichnung für sein gesellschaftliches und wirtschaftliches Wirken wahrscheinlich. Mit dem Zweiten Weltkrieg verliert sich dann die Spur des Verlags von König. Zahlreiche jüdische Bukowiner fielen in der Zeit der Vernichtungspolitik der Rumänen und Deutschen zum Opfer, zuvor betrafen die Deportationen der Sowjetmacht bereits überproportional viele Personen mit jüdischem Hintergrund. Darunter war auch Leon König, der zusammen mit mehreren Hundert anderen jüdischen Bukowinern in der Nacht vom 12. auf den 13. Juni 1941 nach Sibirien deportiert wurde. Die Männer mussten in der autonomen Republik Komi Zwangsarbeit ableisten, was zahlreiche Todesopfer forderte.[149] Laut dem Yizkor-Buch starb König 1944.[150] Seine Brüder Max und Adolf fielen der Shoa zum Opfer.[151]

Deutsche Bürger Czernowitzs: Schally und Schiller

Einer der frühen Postkartenanbieter war der Verlag Romuald Schally. Bereits seit 1898 mischte er, der bereits Inhaber der gleichnamigen Buchhandlung war, gelegen links der großen Rathaustreppe, auf dem Postkartenmarkt mit. Frühe Motive ließ er noch in deutschen Druckereien produzieren, mauserte sich dann aber zum Verlag und trug mit durchaus ambitionierten Produkten zum Postkartenmarkt bei.[152] Gestalterische Elemente finden sich häufig, wie das Freistellen oder Neugruppieren von Häusern oder das Applizieren kolorierter Wappen. Schally setzte auf den Zauber von Kindern, die häufig im Vordergrund abgebildet waren. Zudem hatte er gemalte Karten im Angebot, die Personen in Tracht in den Fokus stellten (Abb. 17). Schally wurde 1855 in eine Kaufmannsfamilie geboren.[153] Von Schally ist des Weiteren bekannt, dass er sich im *Deutschen Schulverein* engagierte.[154] Zudem war er Ausschussmitglied im *Kronprinz-Rudolf-Verein* »zur Unterstützung armer und würdiger Schüler«.[155]

Der Kunstverlag E. v. Schiller war ebenfalls früh im Geschäft: 1897 eröffnete das Fotoatelier (Abb. 18).[156] In-

Abb. 17 Postkarte aus dem Haus Schally, ein deutschnational engagierter Verleger – Gruss aus Czernowitz.
Romuald Schally: Czernowitz, 1898.

haber war Eduard von Schiller, im Hauptberuf Oberoffizial bei der Post und im bürgerlichen Vereinsleben der Landeshaupstadt überaus aktiv – ein klassischer Czernowitzer Stadtbürger also.[157] Schiller brachte sich intensiv in den *Verein der christlichen Deutschen* ein, zu deren wichtigsten Finanziers er gehörte – auf sein deutschnationales Engagement wird zurückzukommen sein. Als Leiter der Anstalt figurierte zu Beginn Oswald Thiele, der sich seiner in Deutschland gesammelten Erfahrungen rühmte.

Das Atelier hatte einen hohen Anspruch an seine Produktion und suchte das Personal sogar in Wiener Medien. 1898, ein knappes Jahr nach der Eröffnung, inserierte es im *Neuen Wiener Tagblatt*, nach einem »tüchtige[n] Assistent[en], der auch in der Retouche bewandert ist«,[158] Ausschau haltend. In der lokalen Presse war man immer wieder voll des Lobes für die dortige Produktion. Der *Bukowiner Bote* berichtete 1898 ehrfürchtig über neue Techniken im Schiller'schen Atelier: »Das Verfahren bei der Anfertigung dieser in verschiedenen Farben hergestellten Bilder ist ganz neu und sehr schwierig.«[159] Nur in wenigen Städten in Deutschland und Österreich sei man derart auf der Höhe der Zeit. Auch die *Bukowinaer Rundschau* lobte die Produktion unter anderem als »geradezu künstlerisch«,[160] sodass das Atelier öffentliche Aufmerksamkeit für seine Produkte verdiene.[161] Gerade in der Handkoloration brachte es der Czernowitzer Verlag offenbar zu Meisterschaft, wenngleich damit nicht unbedingt das große Geld zu machen war.[162] Spätestens ab 1899 hatte Schiller sich regelmäßig Motive schützen lassen oder das zumindest behauptet, um »Postkartenmarder« abzuschrecken.

1900 erfolgte ein Stabswechsel auf Jos. Alexander aus Wien, der inserierte: »Die Anstalt wurde vergrössert und reich adaptiert. – Fotografische Arbeiten in jeder Ausführung werden übernommen u. bei gewöhnl., mässigen Preisen bestens ausgeführt. Gestützt auf meine langjährige Praxis als Besitzer einer bestbekannten Anstalt in Wien, hoffe ich auch hierorts den weitgehendsten Anforderungen entsprechen zu können [...].«[163]

Weitere zwei Jahre später übernahm mit Jakob Brenner ein studierter Philosoph, was die *Rundschau* nur loben konnte. Für »die Pflege der photographischen Kunst im Lande« sei dies nur förderlich, ebenso seine Aufenthalte in den besten Ateliers des Reichs.¹⁶⁴ Der Verlag lief jedoch weiterhin auf den Namen Schillers. Auch an diesem Beispiel zeigt sich die Fluktuation in den verwandten Gewerben Fotografie und Ansichtskarten.

Schiller hatte ein breites Spektrum an Postkarten im Angebot. In der Sammlung von Kasparides war er nur mit zwei Ansichtskarten aus der Stadt (Musikvereinsgebäude, Aufnahme des *Eislauf-Vereins*) und mehreren Portraits von Angehörigen ethnischer Gruppen in Tracht vertreten: Rumän*innen, Ruthen*innen und Huzul*innen. In anderen Sammlungen, vor allem in der umfangreichen polnischen Sammlung von Marek Sosenko, ist Schiller überwiegend mit Judaika, an anderen Orten mit Antisemitika vertreten.¹⁶⁵ Am Beispiel des Verlages von Schiller zeigt sich deutlich, wie wichtig eine möglichst umfassende Recherche zu den Verlagen ist. In diesem Bereich bestand eine enge Zusammenarbeit mit einem Krakauer Verlag, dem *Salon Malarzy Polskich*. Schiller beschriftete seine Karten außer auf Deutsch häufig zusätzlich oder ausschließlich auf Polnisch, was seine Verkaufsstrategie auf dem polnischsprachigen Markt bezeugt. Nicht nur er hatte überregionale Zusammenhänge im Habsburger Imperium im Blick, sondern insgesamt wurde bei der Ansichtskartenproduktion deutlich, dass ein gemeinsamer bukowinisch-galizischer Absatzmarkt bestand, der nicht wie eine Speiche eines Wagenrads auf das imperiale Zentrum zulief – wie die imperiale Zentralisierungsthese sich das vorstellt – sondern einen eigenständigen Submarkt bildete.¹⁶⁶

**Arbeitsteilung im Kronland:
Verlage außerhalb von Czernowitz**
Wenige Czernowitzer Verlage produzierten über die Stadt hinaus und deckten mit ihren Motiven weitere Orte der Bukowina ab. Leon König hatte hier erneut eine Sonderrolle, da er unmittelbar nach Betriebseröffnung nicht nur die Hauptstadt des Kronlandes zu dokumentieren begann, sondern auch zahlreiche Dörfer und Kirchen, Wälder und Dampfsägen – sozusagen fast jede Milchkanne, um die Redewendung zu zitieren. Ansonsten lässt sich eine klare Arbeitsteilung beobachten. Firmen vor Ort beschränkten sich überwiegend auf wenige Ansichten ihres Dorfes oder ein solides Sortiment der Städte.¹⁶⁷ In Sereth gab es den Verlag Hermann Grauer, die Buchhandlung von Osias Wechsler, den Verlag Sali Eidinger, das Atelier Rembrandt.¹⁶⁸ In Suczawa, der Stadt

Abb. 18 Beginn einer Erfolgsgeschichte – Eröffnungsanzeige der Fotografischen Kunstanstalt Eduard von Schiller, wichtiger Akteur in der Postkartenproduktion, in: Bukowinaer Post (10.10.1897).

im Süden des Kronlandes, die seit Anschluss der Region an das Habsburgerreich einen starken Bedeutungsverlust hinnehmen musste, waren die Verlage von Hermann Beiner, von Otto Binder, und mit dem rumänischen Schulverein, *Școala Română*, ein gesellschaftlicher Akteur sowie eine Fusion der Letztgenannten (»Druck und Verlag Școala Română und Otto Binder, Suczawa«) dokumentiert. Beiner produzierte nur Lokalansichten. Binder, der eine Buchhandlung hatte und Mitglied des *Vereins der christlichen Deutschen* war, trat früh mit floralen Motiven in den Markt ein – zeitlich parallel zu den Czernowitzer Verlagen. Von Beginn an beschriftet er auch deutsch und rumänisch. Als er gemeinsam mit der rumänischen Institution agierte, beschriften sie deutsch, rumänisch oder zweisprachig. Die Optik der Karten glich sich an.

Mit der *Școala Română* in Suczawa fand sich ein rumänischer Verein als Verleger, was aber eine Ausnahme darstellte. Für Czernowitz blieb auffällig, dass es unter der rumänischsprachigen Bevölkerung kaum editorisch tätige Geschäftsleute gab. Auch die Buchhandlung Rosch in Czernowitz, die nur rumänische Bücher führte, stieg nicht ins Postkartengewerbe ein. Zudem ist vom Verlag Rumänischer Bezirkslehrerverein, der Verlag Editura »Reuniunea învățăturii române«

in Radautz eine Karte der rumänischen Mädchenvolksschule in Radautz überliefert – gleichzeitig nochmals ein gutes Beispiel dafür, wer sich als Verlag ausgab bzw. ausgeben konnte.[169]

Radautz hatte den Verlag von Jakob Kunstadt, eine Buchhandlung, die in Agram drucken ließ, und den Verlag von Salomon Hirsch, die beide nur auf Deutsch beschrifteten. Während Kunstadt und Hirsch kleinere Nummern waren, scheint der Verlag Buchhandlung Herzberg vor Ort den Markt dominiert zu haben. Herzberg war mindestens seit 1900 im Geschäft und offerierte in unterschiedlichen Sprachen und unterschiedlicher Qualität. Der Lokalverlag überdauerte die Zäsur von 1918. In Kimpolung, das im Jahr 1900 knapp über 8 000 Einwohner zählte, agierte der Verlag Gabriel Storfer, der auf Deutsch und Rumänisch beschriftete und über eine längere Periode im Geschäft blieb (1906 bis 1916 gelaufen).[170] Gabriel Storfer war in Kimpolung zudem Ansprechpartner für Touristen – ein weiterer Beleg dafür, wie Tourismusindustrie und Postkartenindustrie Hand in Hand gingen.[171] Belegt ist zudem der Verlag von O. Kreindler.[172]

In Bad Dorna, dem aufstrebenden Kurort, gab es mehrere Konkurrenten: Raffel Schaffer & Söhne bzw. (vermutlich damit zusammenhängend) der Verlag Warenhaus Schaffer, die – wohl im Wissen um das überwiegend rumänische Kurpublikum – nur auf Rumänisch beschriften; den Verlag der Papier-Galanteriewarenhandlung Pachter, der immerhin auf Motivnummern bis 540 kam, die Buchhandlung Rosenfeld, die anspruchsvoll gestaltete Karten produzierte, den Verlag der Papierhandlung Hammer (dazu gehörig vermutlich M. L. Hammer), die ihre Karten – teils sehr hochwertig in Format und Qualität gestaltet – alle gesetzlich schützen ließen; A. Stamper, der vor allem Schwarz-Weiß-Motive des Kurortes vertrieb; Eisig & Schäfer, die simple Ansichten produzierten sowie Salamon Rauchwerger und Sigmund Rauchwerger – auch hier vermutlich wieder ein Brüderduo –, die über Bad Dorna hinaus auch St. Putilla-Ansichtskarten vertrieben. Salamon Rauchwerger kooperierte mit W. L. Bp., einem vermutlich in Budapest ansässigen Verlag, der weitere Ansichtskarten der Bukowina (und weiterer Orte der österreichisch-ungarischen Krone) vertrieb.[173] Rauchwerger war Fotograf, der seine Motive in einen großen Postkartenverlag gab. Insgesamt sieben bzw. zehn Verlage agierten in dem kleinen Örtchen – ein deutlicher Beleg der Wechselwirkung zwischen Tourismus und Tourismusindustrie, worauf ich in dem Abschnitt über die Kurorte zurückkommen werde. Den Markt dominierte Rosenfeld.

Das Postkartengewerbe war erstaunlich differenziert. Konnten einige Produzenten sich längerfristig etablieren und die visuellen Erzählungen des Kronlandes mit konturieren, blieben andere nur kurz am Markt, mitunter sogar nur mit einer oder einer Handvoll Ansichtskarten. Insgesamt fällt eine Arbeitsteilung in der Region auf. Von den Czernowitzer Verlegern bespielte nur König die komplette Bukowina, andere hatten nur ausgewählte Ansichten von Dörfern oder Städten jenseits der Landeshauptstadt im Repertoire. In der Provinz produzierten lokale Fotografen und Papierhändler, worunter auch einige wenige rumänischsprachige Geschäftsleute und Institutionen waren. Ukrainische/ruthenische Namen sind noch seltener präsent. Nur vom Ukrainischen Verlag in Seletin/Seletyn/Seletin sind Motive wie eine »ukrainische Volksidylle 1915« oder »ukrainische Volkstypen« überliefert.[174] Die Redaktion Dobri Radi – wohlgemerkt in lateinischen Buchstaben geschrieben – in Strilecki Kut/Striłeckyj Kut/Strilecchi Cut hinterließ nur eine Karte.[175] Damit dominierten in der Ausprägung der visuellen Erzählung der Bukowina beim »Durchbruch zur Moderne« deutlich diejenigen Geschäftsleute, die ethnisch-religiös den Gruppen zuzuordnen sind, die die gesellschaftliche Elite im Kronland stellten.

Anmerkungen

1 Vgl. WALTER, Ansichtskarte, S. 46.

2 Zur internationalen Produktionsgeschichte vgl. WOODY, Howard: International Postcards. Their History, Production, and Distribution (circa 1895 to 1915). In: Delivering Views. Distant Cultures in Early Postcards. Hg. v. Christraud M. GEARY und Virginia-Lee WEBB. Washington D. C. 1998, S. 13–45.

3 Vgl. JAWORSKI, Alte Postkarten, S. 92.

4 Vgl. LECLERC, Herbert: Ansichtskarten über Ansichtskarten. In: Archiv für deutsche Postgeschichte 2 (1986), S. 5–65, hier S. 31.

5 Vgl. TROPPER, Illustrierte Postkarten, S. 30.

6 Vgl. WALTER, Karin: Eine Kamelherde geht auf Reisen. Weltpostverein und Postverbindungen. In: Gruss aus der Ferne. Fremde Welten auf frühen Ansichtskarten. Hg. v. Beatrice KÜMIN und Susanne KUMSCHICK. Zürich 2001, S. 40–43, hier S. 42. Lenka Fehrenbach verweist darauf, dass die Umsetzung des Standardformats deutlich schwieriger war. Im Russländischen Reich habe es über zehn Jahre gedauert. Vgl. FEHRENBACH, Bildfabriken, S. 289.

7 Vgl. TROPPER, Medialität, S. 110.

8 Vgl. KAINZ, Christine: Österreichs Post. Vom Botenposten zum Postboten. Wien 1995, S. 111.

9 Vgl. LUERS, Helmfried: Regel & Krug. In: The Postcard Album. Postcard Printer & Publisher Research, www.tpa-project.info/html/body_regel___krug.html (zuletzt geprüft am 6.4.2023).

10 Vgl. TROPPER, Illustrierte Postkarten, S. 29–30.

11 Vgl. JAWORSKI, Deutsche und tschechische Ansichten.

12 Vgl. TROPPER, Illustrierte Postkarten, S. 33.

13 o.V.: Verband der Postkarten-Interessenten in Österreich. In: Papier- und Schreibwarenzeitung, 1.1.1906, S. 1.

14 TILL, Wolfgang: Alte Postkarten. München 1983, S. 27.

15 o.V.: Ansichtskarten. In: Czernowitzer Presse, 1.5.1899, S. 2–3.

16 Ebd.

17 Zur judenfeindlichen Postkartenproduktion von Jurischek vgl. FELLNER, Günter: Vom Judenhut zum Trachtenhut? Diskurse über Kleidung und Politik in Salzburg (1800–1900). In: Archiv für Kulturgeschichte 83/2 (2001), S. 331–376.

18 Zum Postkartenverlag vgl. PIXNER, Minna: Der Postkartenverlag Brüder Kohn. In: Illustrierte Neue Welt, August/September 1992, S. 42.

19 Vgl. Identifizierung anhand des Signets nach STARL, Timm / TROPPER, Eva: Identifizieren und Datieren von illustrierten Postkarten. Wien 2014, S. 104.

20 Angabe nach DEGEN, Milan: The History of Prague Picture Postcards. In: Old Prague on Old Postcards, www.old-prague.com/history-prague-postcards.php (zuletzt geprüft am 3.4.2023).

21 Vgl. KOVALSKA, Areta: Lederer & Popper Montage Postcards of Galicia and Beyond. In: Forgotten Galicia. Remnants of the Past Found in Lviv, Galicia & the Former Austrian Empire (2.10.2017), https://forgottengalicia.com/lederer-popper-montage-postcards-of-galicia-and-beyond/ (zuletzt geprüft am 3.4.2023).

22 Vgl. dazu das Fazit, S. 165–167.

23 Vgl. Volkskundemuseum Wien (VKW), Fototek, Bestand Kaindl Dutkiewicz, Pos 63.944–64.054 und Pos 64.393–64.483.

24 o.T. Stanisławów: Verlag »Artysty«, o.J. In: BI, Slg. E.K, 3.3.4 [Signatur alt: BI-Kasp_03_0012_b]. Pawlawski an H. Rothballer, k.u.k. Kadettoffizier in Wien, o.D.

25 Dokumentiert ist die Papierhandlung Octavian Müller in dem Adressbuch »Einwohner von Czernowitz – mit Ausschluss der Dienstboten – für das Jahr 1898 (Stadt und Vorstädte)«, abzurufen als Tabelle unter hauster.de/data/Cz1898Total.xls (zuletzt geprüft am 6.4.2023).

26 In der Adressliste aus dem Jahr 1909 ist ein Octavian Müller als Propinationsfondsberater am Ringplatz 9 gelistet. Machte er also seine Papierhandlung zu und wendete sich einer neuen Tätigkeit zu?

27 Vgl. STARL/TROPPER, Identifizieren, S. 65.

28 In der Sammlung Kasparides: Saul Blumenthal, Osias Brettschneider, Moritz Gottlieb, David Gross, Simon Gross, G. Hutter, Anna Fischer, Konrad Funka, Josef Gottlieb, Norbert Gottlieb, Sigmund Jäger, Josef Horowitz, Emil Kanarski, A. Katz, S. Kiesler, Leon König, M. Landau, M. Langberg, M. Morgenstern, Octavian Müller, Friedrich Rieber, E. Rosenzweig, Romuald Schally, Kunstverlag E. v. Schiller, A. Tennenbaum, J. Tennenbaum, Marcus Wunsch, S.W.

29 Vgl. dazu TROPPER, Eva: 86-mal Prater-Hauptallee. Die verblüffende Wanderung eines Postkartenmotivs. In: STARL/TROPPER, Format Postkarte, S. 110–115, hier S. 112.

30 Gewerbeordnung, erlassen mit dem Kaiserlichen Patente vom 20. Dezember 1859 (etc.). In: Österreichische Nationalbibliothek (ÖNB), https://onb.digital/result/10474DBC (zuletzt geprüft am 3.4.2023), für den ganzen Umfang des Reiches, S. 14.

31 Vgl. ebd., S. 69.

32 Ignatz vel Isak Reitzenberg, Andreas Jerzynski, Firma Heinrich Pardini, Romuald Schally, an K.K. Landespräsidium in Czernowitz, 1892. In: Deržavnyj archiv Černivec'koï oblasti (DAČO) [Staatsarchiv Černivci], Fond 3: K.k. Bukowiner Landesregierung, Opis 1, sprava 5819, S. 3–4.

33 Vgl. den Fall der Anna Pawlik, die eine Konzession für den Verkauf ruthenischer Zeitungen beantragt: DAČO, Fond 3: K.k. Bukowiner Landesregierung, Opis 1, sprava 5929. Im Bestand finden sich weitere Genehmigungen.

34 Vgl. HALL, Murray G.: Publishers and Institutions in Austria, 1918–1945. In: A History of Austrian Literature 1918–2000. Hg. v. Katrin KOHL und Ritchie ROBERTSON. Rochester 2010, S. 75–88, hier S. 75–76.

35 Vgl. DUDA, Eugeniusz / SOSENKO, Marek: Wprowadzenie / Introduction [Einleitung]. In: Dawna pocztówka żydowska. Ze zbiorów Marka Sosenki. Old Jewish Postcards from Marek Sosenko's Collection. Hg. v. DIES. Kraków 1998, S. 5–16, hier S. 6.

36 Vgl. dazu MATIS, Herbert: Österreichs Wirtschaft 1848–1913. Konjunkturelle Dynamik und gesellschaftlicher Wandel im Zeitalter Franz Josephs I. Berlin 1972, S. 355; zur Wirtschaftsgeschichte einführend BUTSCHEK, Felix: Österreichische Wirtschaftsgeschichte. Von der Antike bis zur Gegenwart. Wien 2011, S. 151.

37 Vgl. GOOD, Wirtschaftlicher Aufstieg, S. 178.

38 Vgl. BLANK, Hans: Die neue Gewerbeordnung. Auf Grund der Gewerbenovelle vom 5. Februar 1907 im Zusammenhang mit den geltenden Gewerbegesetzen. Prag 1907, S. 24.

39 Im Bestand des k.k. Landesgericht Czernowitz gibt es mehrere Hundert Akten zu Firmenregistrierungen, die im Findbuch leider nicht alphabetisch sortiert sind. Entsprechend musste auf eine Durchsicht der Akten verzichtet werden. Vgl. beispielhaft DAČO, Fond 115: K.k. Landesgericht, Opis 2.

40 Dies war in der Bukowina nicht anders als anderswo. Vgl. MAY, Otto: Deutsch sein heißt treu sein. Ansichtskarten als Spiegel von Mentalität und Untertanenerziehung in der Wilhelminischen Ära (1888–1918). Hildesheim 1998, S. 71.

41 Angabe nach Original-Unterlagen der Volkszählung von 1910. Österreichische Statistik. Neue Folge. Band 1. Heft 1. Hg. v. k.k. statistische Zentralkommission. Wien 1912, S. 39.

42 Vgl. FEHRENBACH, Bildfabriken, S. 291. Zentren der Postkartenindustrie im Land wurden Moskau und St. Petersburg.

43 Vgl. Von HAGENOW, Elisabeth: Die Postkarte als Medium der Politik. In: Politik und Bild. Die Postkarte als Medium der Propaganda. Hg. v. DERS. Hamburg 1994, S. 9–21, hier S. 11.

44 Vgl. STURANI, Enrico: Das Fremde im Bild. Überlegungen zur historischen Lektüre kolonialer Postkarten. In: Fotogeschichte 21 (2001), S. 13–24, hier S. 20; PONSTINGL, Michael: Medienökonomische Betrachtungen zur Fotografie im 19. Jahrhundert. In: JUSTNIK, Gestellt, S. 31–50, hier S. 36.

45 Vgl. STURANI, Fremde, S. 20.

46 Erst 1988 musste Metz seine Tätigkeit einstellen. Vgl. WALTER, Postkarte, S. 146.

47 Vgl. FENZ, Werner: »Hier ist es unbeschreiblich schön! Eine kleine Phänomenologie der Ansichtskarte. In: Sight.Seeing. 4th Austrian Triennial in Photography. Hg. v. DERS. Salzburg 2003, S. 48–63, hier S. 59.

48 Vgl. HOERNER, Ludwig: Zur Geschichte der fotografischen Ansichtspostkarten. In: Fotogeschichte. Beiträge zur Geschichte und Ästhetik der Fotografie 7/26 (1987), S. 29–44, hier S. 37. Erst 1907 verbesserte sich die rechtliche Situation. Vgl. dazu WALTER, Postkarte, S. 53. Auch Motive, die durch Retuschen verändert wurden, waren nun geschützt.

49 Vgl. HOERNER, Geschichte, S. 37.

50 Vgl. WALTER, Postkarte, S. 123.

51 HOERNER, Geschichte, S. 37.

52 Vgl. ebd.

53 Vgl. WALTER, Postkarte, S. 34, 50, 52.

54 Vgl. PREMZL, Primož / TOVORNIK, Magdalena: Gruss aus Maribor. Die Stadt auf Ansichtskarten von 1892 bis 1945. Murska Sobota 1992, S. 132.

55 Vgl. auch zum weiteren Kontext PONSTINGL, Medienökonomische Betrachtungen, S. 43.

56 PREMZL, Maribor, S. 132.

57 Reichsgesetzblatt für die im Reichsrathe vertretenen Königreiche und Länder, Jahrgang 1895, ausgegeben und versendet am 31. Dezember 1895, § 48 (S. 673). Insgesamt zum Urheberrecht, unter anderem zur Entstehungsgeschichte des Gesetzes von 1895: GERHARD, Sybille: »Vogelfrei«. Die österreichische Lösung der Urheberrechtsfrage in der zweiten Hälfte des 19. Jahrhunderts. In: Literarisches Leben in Österreich. 1848–1890. Hg. v. Klaus AMANN u. a. Wien 2000, S. 200–249.

58 Vgl. PONSTINGL, Michael: Das Wiener Straßenleben als fotografische Postkartenserie – oder: vom Serien-Basteln. In: STARL/TROPPER, Format Postkarte, S. 88–109, hier S. 93. Generell zur Medienökonomie der Fotografie PONSTINGL, Medienökonomische Betrachtungen.

59 Amateuraufnahme des k. k. Steuerinspektors Weinreb. Vgl. Gruss aus Sereth (Bukowina). Sereth: Hermann Grauer, o. J. In: BI, Slg. E. K., 3.7.4 [Signatur alt BI-Kasp_03_0028_a]; Gruss aus der Bukowina, Sereth. Sereth: Hermann Grauer, 1903. In: BI, Slg. E. K., 4.25.2 [Signatur alt BI-Kasp_04_0098_a].

60 Vgl. den Akt zum Czernowitzer Kameraclub. In: DAČO, Fond 10: K. k. Polizeidirektion in Czernowitz, sprava 396, S. 11.

61 GÖTTSCH, Silke: »Die schwere Kunst des Sehens«. Zur Diskussion über Amateurfotografie in Volkskunde und Heimatbewegung um 1900. In: Medien populärer Kultur. Erzählung, Bild und Objekt in der volkskundlichen Forschung. Hg. v. Carola LIPP. Frankfurt a. M.–New York 1995, S. 395–405, hier S. 396.

62 Vgl. STARL, Timm: Bildbestimmung. Identifizierung und Datierung von Fotografien 1839 bis 1945. Marburg 2009, S. 83.

63 Zum Kaiserreich vgl. Göttsch, Schwere Kunst, S. 401–404. Dort auch die Formulierung von der Inventarisierung der Heimat, S. 401.

64 Keiner der Bukowiner Fotografen ist erwähnt in STARL, Timm: Lexikon zur Fotografie in Österreich 1839 bis 1945. Wien 2005. Das Lexikon fokussiert das Territorium des heutigen Österreichs.

65 Zit. n. WALTER, Postkarte, S. 43.

66 Vgl. TROPPER, Prater, S. 112.

67 O. V.: Postkartenmarder. In: Papier- und Schreibwarenzeitung, 1. 1. 1906, S. 3. Vgl. auch die Folgeberichterstattung O. V.: Postkartenmarder. In: Papier- und Schreibwarenzeitung, 1. 2. 1906, S. 3.

68 Vgl. Czernowitz – Rathausstrasse. Czernowitz: Leon König, o. J. In: JMČ KB 83/1-A12; Czernowitz. Rathausstraße. o. O.: o. Verl. In: JMČ KB 83/6/A-17.

69 Vgl. O. V.: Postkartenmarder. In: Papier- und Schreibwarenzeitung, 1. 1. 1906, S. 3.

70 JÄGER, Jens: Photographie: Bilder der Neuzeit. Einführung in die historische Bildforschung. Tübingen 2000, S. 170.

71 Vgl. Gewerbeordnung, erlassen mit dem Kaiserlichen Patente vom 20. Dezember 1859. Wien 1859. In: ÖNB, https://onb.digital/result/10474DBC (zuletzt geprüft am 30. 4. 2021), S. 73.

72 Eine weitere Schwierigkeit im Staatsarchiv Černivci besteht darin, dass das Findbuch nur sehr summarisch angibt. So insgesamt mehrere Hundert Fälle zu Betrug, die nicht alle hätten bestellen werden können.

73 Vgl. o. V.: Eine Kunstaffäre. In: Czernowitzer Tagblatt, 7. 3. 1906, S. 4. Dazu gibt es noch weitere Pressepublikationen.

74 STARL/TROPPER, Identifizieren, S. 143–144.

75 Vgl. ebd. Vgl. auch O. V.: Postkartenmarder. In: Papier- und Schreibwarenzeitung, 1. 1. 1906, S. 3. Marken- und Muster-Registrierungen wurden mitunter abgedruckt in der Buchbinderei- und Kartonnagenzeitung.

76 Vgl. Gruss aus Czernowitz. Residenzgasse. Czernowitz: Leon König, 1899. In: BI, Slg. E. K., 5.21.4 [Signatur alt BI-Kasp_05_0080_a]; auch bei Ansichtskarte der römisch-katholischen Kirche vgl. Gruss aus Czernowitz. Röm.-kath. Kirche. Czernowitz: Leon König, 1899. In: BI, Slg. E. K., 1.15.2 [Signatur alt BI-Kasp_01_0066_a].

77 Index zum Central-Marken-Register Inland 1896 – A-M. In: Österreichisches Staatsarchiv (ÖStA), AVA Handel HM Allg. B 569; Central-Markenregister von 1900 (Umschlagmotiv).

78 Vgl. Postkartenmarder. In: Papier- und Schreibwarenzeitung, 1. 1. 1906, S. 3.

79 Vgl. beispielhaft Handels- und Gewerbekammer Czernowitz an Hohes k. k. Handelsministerium, 3. 1. 1899. In: ÖStA, AT-OeStA/AVA Handel HM Gewerbe A 81, und Markenregistrierungsberichte der Bukowiner Handels- und Gewerbekammer an das k. k. Ministerium für öffentliche Arbeiten, 1911. In: ÖStA, AT-OeStA/AVA Handel MföA allg A 1442.

80 Vgl. zu den Handelskammern BECKER, Peter: Stolpersteine auf dem Weg zum kooperativen Imperium. Bürokratische Praxis, gesellschaftliche Erwartungen und sozialpolitische Strategien. In: Kooperatives Imperium. Politische Zusammenarbeit in der späten Habsburgermonarchie. Hg. v. Jana OSTERKAMP. Göttingen 2018, S. 23–53, hier S. 30–31.

81 Vgl. die Eintragungen zu König im Amtsblatt zur Wiener Zeitung und Zentral-Anzeiger für Handel und Gewerbe, 12. 10. 1906, S. 24; siehe auch Amtsblatt zur Wiener Zeitung und Zentral-Anzeiger für Handel und Gewerbe, 7. 12. 1907, S. 29.

82 O. V.: Ein Geschenk für Jung und Alt. In: Bukowinaer Rundschau, 2. 12. 1900, S. 9. Der kurze Artikel beginnt jedoch damit, Abgesänge auf die Postkarte zu referieren.

83 Angabe nach MAY, Deutsch sein heißt treu sein, S. 71.

84 Werbezwecken diente sie nicht primär, denn sie zeigte nicht etwa sein Geschäft. Es kann nur vermutet werden, dass er einen Einstieg ins Business suchte. Da sich keine weitere Spur des Geschäftsmannes findet, muss jedoch davon ausgegangen werden, dass sein Erfolg als Verleger begrenzt blieb. Gruss aus Czernowitz. Heiligkreutz-Platz u. Enzenberg-Hauptstrasse. Czernowitz: M. Langberg, 1902. In: BI, Slg. E. K., 7.5.3 [Signatur alt BI-Kasp_07_0019_a]. Allein aus Czernowitz sind noch weitere Anbieter mit nur einer Karte vertreten: M. Landau, Papierwarenhandlung, M. Morgenstern, Papierwarenhandlung, Verlag von Saul Blumenthal, Rathausstrasse 12, wobei sich alle verlegerisch tätigen Institutionen mindestens fünf Jahre im Postkartengeschäft hielten – laut den Adressbüchern.

85 Vgl. Mitgliederliste des Jüdischen Nationalvereins vom 1. 4. 1909. In: DAČO, Fond 10: K. k. Polizeidirektion in Czernowitz, Opis 1, sprava 465, S. 3. Zu den wirtschaftlichen Aktivitäten der Brettschneiders in der Bukowina vgl. o. V.: Siegmund Brettschneider – 80 Jahre! In: Die Stimme, Januar 1967, S. 4.

86 1916 bestand der Verlag David Gross noch, wie an einer Portraitaufnahme von Bukowiner Bauern zu belegen ist. Außer David Gross gab es mit Simon Gross noch einen Verlag, vermutlich gab es hier ebenfalls eine Verwandtschaftsbeziehung, wobei mit Simon Gross der frühere Geschäftseinstieg belegt ist. 1902 lief aus seinem Haus eine Aufnahme Bukowiner Bauern, eine Karte in seinem Segment der Darstellung der unterschiedlichen Volksgruppen. Sonst konzentrierte sich Gross auf Czernowitzer Stadtansichten, die er in ganz unterschiedlicher Qualität herausbrachte: Stark nachkolorierte Postkarten und Leporellos gab es ebenso wie Postkarten mit dünnem Papier, die offensichtlich von Abrissblöcken stammten. David Gross schien sich dann auf diese Machart kapriziert zu haben.

87 Vgl. JÄGER, Sigmund: Anzeige zu neu eröffneter Papier- und Musikalienhandlung am Ringplatz 12. In: Bukowinaer Post, 2. 6. 1895, S. 7.

88 Vgl. Inserat in Mittelmann, Hermann: Illustrierter Führer durch die Bukowina, Černivci 1907, S. 50; sowie diverse Werbeanzeigen in der *Bukowinaer Post*.

89 Vgl. o. V.: Anzeige »Buch- und Papierhandlung N. Gottlieb vormals Sigmund Jäger Ringplatz ›Drei Kronen‹ wird in den nächsten Tagen eröffnet«. In: Genossenschafts- und Vereins-Zeitung, 1.1.1901, S. 7.

90 Vgl.: Ein Zeitungskiosk. In: Czernowitzer Tagblatt, 29.6.1906, S. 3.

91 Vgl. diverse Zeitungsmeldungen zu beiden Verlagen, die stets Ringplatz, Drei Kronen, angeben. Vgl. über einen (wiederholten) Diebstahlversuch bei Fischer o. V.: »Ein frecher Einbruch«. In: Czernowitzer Allgemeine Zeitung, 1.7.1905, S. 4.

92 Vgl. die Hinweise bei Jäger, Photographie, S. 91.

93 Gedächtnisprotokoll M. R., Gespräch mit Gennadij Jankovskyj am 4.8.2019, Černivci.

94 Einladung. In: DAČO, Fond 325: Jüdische Gemeinde, Opis 1, sprava 905, S. 2–2a.

95 Vgl. Mitgliederliste des Jüdischen Nationalvereins vom 1. April 1909. In: DAČO, Fond 10: K.k. Polizeidirektion in Czernowitz, Opis 1, sprava 465, S. 3.

96 Vgl. o. V.: Anzeige. In: Czernowitzer Tagblatt, 5.6.1914, S. 4.

97 Vgl. Mitgliederliste des Jüdischen Nationalvereins vom 1.4.1909. In: DAČO, Fond 10: K.k. Polizeidirektion in Czernowitz, Opis 1, sprava 465, S. 6.

98 Vgl. o. V.: Anzeige. In: Mittelmann, Führer, S. 85.

99 Vgl. o. V.: Buchdruckerei. In: Czernowitzer Allgemeine Zeitung, 15.3.1896, S. 6.

100 Vgl. o. V.: Familiennachrichten. In: Der Südostdeutsche, 8/18 (1957), S. 4. Zu Kanarskis Aufträgen vgl. Oguy, Oleksandr D./Pivovarov, Serhiy: Czernowitzer Gutscheine von 1914 als Resultat der wirtschaftlichen Probleme in den Zeiten des 1. Weltkrieges. In: Mitteilungen der Österreichischen Numismatischen Gesellschaft 48/4 (2008), S. 206–217.

101 Vgl. o. V.: Anzeige der Papierhandlung Josef Gottlieb, vormals Emil Kanarski. In: Mittelmann, Illustrierter Führer, S. 85. Vgl. zudem Bewilligung der k.k. Bahnbetriebsleitung für Jäger, Bahnhofsbuchhandlungen in Hliboka, Hatno, Hadikfalva und Itzkany zu errichten. Vgl. o. V.: Bahnhofsbuchhandel. In: Czernowitzer Tagblatt, 3.12.1905, S. 5; Jäger eröffnet auch einen Eisenbahnbuchladen am Bahnhof Dorna Watra. Vgl. o. V.: Eine Bahnhofsbuchhandlung in Dornawatra. In: Czernowitzer Tagblatt, 1.8.1907, S. 5; o. V.: Eisenbahnbuchhandlung in Luzan. In: Czernowitzer Tagblatt, 18.2.1911, S. 3.

102 Vgl. o. V.: Verzeichnis der Mitglieder des »Vereines der christlichen Deutschen in der Bukowina«, die ein Gewerbe, Handel usw. betreiben. In: Bukowiner Bote, 10.8.1898, S. 19–20.

103 O. V.: Die politischen Lehrlinge. In: Bukowinaer Rundschau, 11.10.1898, S. 1.

104 Bei Czopp wurde hingegen unter anderem die *Gazeta Polska* gedruckt. Vgl. Klemens Kołakowski an die k.k. Landesregierung. In: DAČO Fond 3: K.k. Bukowiner Landes-Regierung, Opis 1, sprava 5092, s. 5. Vgl. zu Czopp Winkler, Markus: Hermann Czopp. In: Bukowina Portal, www.bukowina-portal.de/de/ct/75-Hermann-Czopp (zuletzt geprüft am 3.4.2023).

105 Vgl. o. V: Familiennachrichten. In: Der Südostdeutsche, 8/18 (1957), S. 4.

106 Statut des Vereines der Buchdrucker und Schriftgießer der Bukowina in Czernowitz. In: DAČO, Fond 10: K.k. Polizeidirektion in Czernowitz, Opis 1, sprava 258, S. 1–4, hier S. 1. 1903 gründete sich der Wohltätigkeitsverein der Buchdrucker aus, die nur das Soziale im Sinn hatten. Korrespondenz zum Wohltätigkeitsverein der Buchdrucker. In: DAČO, Fond 10: K.k. Polizeidirektion in Czernowitz, Opis 1, sprava 250. Der *Verein der Buchdrucker und Schriftgießer* wurde im Jahr 1865 gegründet; 1895 konnte er dann 30-jähriges Bestehen feiern. Dazu wurde in Czernowitz ein Festakt vorbereitet. Vgl. Protokoll der Mitgliederversammlung vom 1.4.1895. In: DAČO, Fond 10: K.k. Polizeidirektion in Czernowitz, Opis 1, sprava 6599, S. 7–8.

107 Unterlagen des Vereines der Buchdruckerei- und Schriftgiesserei-Hilfsarbeiter und Hilfsarbeiterinnen der Bukowina sowie deren verwandte Gewerbe an die k.k.Polizeidirektion in Czernowitz, 1906. In: DAČO, Fond 10: K.k. Polizeidirektion in Czernowitz, Opis 1, sprava 334, S. 19–20.

108 Satzungen des Vereines der Buchdruckereibesitzer der Bukowina. In: DAČO, Fond 3: K.k. Bukowiner Landes-Regierung, Opis 2, sprava 19260, hier S. 11. Zudem gründete sich ein Verlag der Bukowiner Provinz-Druckereibesitzer. Vgl. dazu DAČO, Fond 3: K.k. Bukowiner Landes-Regierung, Opis 2, sprava 21351.

109 Zu Mittelmann vgl. Winkler, Markus: Heinrich Mittelmann. In: Bukowina Portal, www.bukowina-portal.de/de/ct/477-Hermann-Mittelmann (zuletzt geprüft am 3.4.2023).

110 Kaufmännischer Verein Czernowitz, 20.9.1905. In: DAČO, Fond 10: K.k. Polizeidirektion in Czernowitz, Opis 1, sprava 253, S. 15.

111 Duda/Sosenko, Wprowadzenie/Introduction, S. 6.

112 Kundmachung des Erlasses des hohen k.k. Finanzministeriums vom 21. Juni 1909. In: DAČO, Fond 325: Jüdische Gemeinde, Opis 1, sprava 869, S. 1–4. Vgl. Eingabe von Susi Seidler an die k.k. Landesregierung, 1887. In: DAČO, Fond 3: K.k. Bukowiner Landes-Regierung, Opis 1, sprava 4965, S. 63.

113 Vgl. Gastl, Daniela: Benno Straucher. In: Bukowina Portal www.bukowina-portal.de/de/ct/173-Benno-Straucher (zuletzt abgerufen am 3.4.2023).

114 Vgl. Mitgliederliste des Jüdischen Nationalvereins vom 1.4.1909. In: DAČO, Fond 10: K.k. Polizeidirektion in Czernowitz, Opis 1, sprava 465, S. 7; Über Katz war sonst wenig herauszufinden. Ein Zufallsfund belegt, dass einer der beiden im Adressbuch vermerkten Abraham Katzs 1918 von seinem evangelischen Dienstmädchen Anna Müller bestohlen wurde. Ein paar Schuhe im stolzen Wert von 200 Kronen hatte die auf Aushilfsbasis beschäftigte Dame mitgehen lassen. Vgl. Anklageschrift der Staatsanwaltschaft Czernowitz gegen Anna Müller. In: DAČO, F. 131: K.k. Landesgericht, Opis 1, sprava 122, S. 70.

115 Vgl. Mitgliederliste des Jüdischen Nationalvereins vom 1.4.1909. In: DAČO, Fond 10: K.k. Polizeidirektion in Czernowitz, Opis 1, sprava 465, S. 7; seine Vornamen lauteten Abraham Jakob, eingetragen am Ringplatz 2.

116 Die letzte in der Sammlung Kasparides gelaufene Postkarte aus dem Hause Katz datiert auf 1918. Entweder hatten die Personen noch erworbene Exemplare zu Hause oder der Geschäftsnachfolger hatte das Sortiment übernommen.

117 Angabe nach https://czernowitz.geneasearch.net/index.php (zuletzt geprüft am 3.4.2023).

118 Vgl. Mitgliederliste des Jüdischen Nationalvereins vom 1. April 1909. In: DAČO, Fond 10: K.k. Polizeidirektion in Czernowitz, Opis 1, sprava 465, S. 12; und vgl. Adressbuch von Czernowitz samt Vorstädten. Czernowitz 1909. In: http://hauster.blogspot.com/2008/09/adressbuch-von-czernowitz-samt.html (zuletzt geprüft am 6.4.2023).

119 Kusdat, Helmut: Vorwort. In: Mittelmann, Hermann: Illustrierter Führer durch die Bukowina. Neuauflage ed. v. Helmut Kusdat. Wien 2004. S. i–iii, hier S. iii. Mittelmann war zudem begeisterter Philatelist. Vgl. Mittelmann, Hermann: Anfrage nach Tauschinseraten an Philatelistenzeitungen, Czernowitz, April 1892. In: Sammlung Serhij Osačuk (Slg. S. O.), o. Sig.

120 Jüdischer Nationalverein Czernowitz an die k.k. Polizeidirektion, 1909. In: DAČO, Fond 10: K.k. Polizeidirektion in Czernowitz, sprava 465, S. 1.

121 Zum Verein vgl. DAČO, Fond 10: K.k. Polizeidirektion in Czernowitz, sprava 334.

122 Vgl. Himen, Aurel: Czernowitzer Buch- u. Musikalienhandlungen. In: Der Südostdeutsche, 15.9.1981, S. 3.

123 Vgl. Portraitaufnahme aus dem Atelier König, gestempelt. In: Slg. S. O., o. S.

124 Vgl. Handbuch österreichischer Autorinnen und Autoren jüdischer Herkunft. 18. bis 20. Jahrhundert. Bd. 2. Hg. v. d. Österreichischen Nationalbibliothek. München 2002, S. 700.

125 Vgl. zur Steiermark PREMZL, Maribor, S. 135.

126 GRILJ, Benjamin M.: Heterogene Deskription von/mit/durch »Gruss aus Czernowitz«, Manuskript eines Vortrags gehalten auf der Tagung »Die Geschichte der Bukowina nach dem Visual Turn«, Augsburg 18.10.2019. Ich danke dem Referenten für die Überlassung des Vortragsmanuskripts.

127 Vgl. GRILJ, Deskription, S. 5. Dort auch Aufzählung der Vereine.

128 Mail Benjamin Grilj an M. R., 10.1.2019.

129 Vgl. Mitgliederliste des Jüdischen Nationalvereins vom 1. April 1909. In: DAČO, Fond 10: K.k. Polizeidirektion in Czernowitz, Opis 1, sprava 465, S. 8.

130 Vgl. zur Buchdruckereigesellschaft Austria DAČO, Fond 3: K. k. Bukowiner Landes-Regierung, Opis 2, sprava 19944.

131 In der Publikation LANG, Alte Ansichten, S. 7, wird die These aufgestellt, dass Leon König selbst fotografiert habe. Dies ist vermutlich eine Verwechslung mit den in Czernowitz ansässigen Fotografen Karl und Norbert König. Vgl. NUSSBAUM: Dr. Nussbaum's Allgemeiner Wohnungs-Anzeiger nebst Handels- und Gewerbe-Adressbuch für die Landeshauptstadt Czernowitz und Vororte. Bd. 3. Czernowitz 1898, S. 137. Denn über diese Behauptung hinaus gibt es nirgendwo einen Nachweis, dass Leon König fotografiert hat. Auf diese Weise habe er bereits Anfang der 1890er erste Czernowitz-Postkarten herstellen können, so Grilj. Für derlei frühe Produktion findet sich anderweitig kein Beleg.

132 O. V.: Der neueste Sport. In: Bukowinaer Post, 3.4.1898, S. 4.

133 O. V.: Die Bukowina in Bildern. In: Bukowinaer Post, 2.4.1899, S. 5.

134 LANG, Raimund: Eine kurze Geschichte der Postkarte. In: DERS. Czernowitz in alten Ansichten, S. 6–8, hier S. 7. König druckte aber auch Stadtpläne. Vgl. LIENEMEYER, Stadtentwicklung, S. 146.

135 Vgl. O. V.: Anzeige von Leon König. In: Bukowinaer Landwirthschaftliche Blätter, 5.2.1899, S. 24.

136 Vgl. O. V.: Anzeige von Leon König. In: Bukowinaer Post, 2.12.1898, S. 10; O. V.: Anzeige von Leon König. In: Bukowinaer Rundschau, 25.11.1898, S. 4.

137 Nach K. Georgs Schlagwort-Katalog von 1898 bis 1902. Vgl. PIESKE, Christa: Das ABC des Luxuspapiers. Herstellung, Verarbeitung und Gebrauch 1860–1930. Berlin 1983, S. 85.

138 O. V.: Anzeige von Leon König. In: Bukowinaer Rundschau, 13.2.1898, S. 4.

139 Vgl. POLLACK, Martin: Kaiser von Amerika. Die große Flucht aus Galizien. München ²2015.

140 Und häufig Kritik auf sich zog. Vgl. SCHMIDT, Alexander: Reisen in die Moderne. Der Amerika-Diskurs des deutschen Bürgertums vor dem Ersten Weltkrieg im europäischen Vergleich. Berlin 1997, S. 83–84.

141 Gruss aus Czernowitz. Tomaszczuk Denkmal. Hauptstrasse mit Ringplatz und Rathaus und Electr. Strassenbahn. Czernowitz: Leon König, 1898. In: BI, Slg. E.K., 7.2.2. [Signatur alt BI-Kasp_07_0006_a]. Leon König an C. Adam in Salem, 1898.

142 Vgl. GRILJ, Deskriptionen, S. 7.

143 O. V.: Auszeichnung. In: Bukowinaer Post, 21.5.1899, S. 6.

144 O. V.: Auszeichnung. In: Bukowinaer Post, 10.9.1899, S. 4 sowie O. V.: Postkarten-Ausstellung. In: Bukowinaer Rundschau, 10.9.1899, S. 4.

145 O. V.: Ansichtskartensport. In: Bukowinaer Post, 3.12.1899, S. 4.

146 O. V.: Bukarester Ausstellung. Prämierung von Bukowinaern. In: Bukowinaer Post, 17.1.1907, S. 3.

147 Vgl. O. V.: Die Buch- und Papierhandlung Leon König, Ringplatz Nr. 6. In: Czernowitzer Allgemeine Zeitung und Tagblatt – Kriegsausgabe, 4.11.1917, hier S. 1–8, S. 4.

148 Vgl. etwa Am Brunnen. Czernowitz: Verlag v. Leon König, Buch- und Papierhandlung, o. J. In: BI, Slg. E.K., 6.36.6 [Signatur alt BI-Kasp_06_0145]; Rumänische Bauern. Czernowitz: Verlag v. Leon König, Buch- und Papierhandlung, o. J. In: BI, Slg. E.K., 6.37.3 [Signatur alt BI-Kasp_06_148]; Gruss aus Czernowitz – Hotel Schwarzer Adler. Czernowitz: Verlag Leon König, Buch- und Papierhandlung. In: BI, Slg. E.K. 6.6.4 [BI-Kasp_06_0024].; König druckte noch einen Stadtplan von 1941. Vgl. LIENEMEYER, Stadtentwicklung, S. 230 und S. 257. Auch die Verlage Simon Gross, Friedrich Rieber, Hermann Beiner und Herzberg überdauerten auf jeden Fall. Diese Verlage sind mit Ansichtskarten in der Sammlung vertreten, jeweils dann beschriftet mit rumänischem Verlagsnamen und in der Zwischenkriegszeit gelaufen.

149 Vgl. HARNIK, Izchak: Vor 25 Jahren. Die Deportationen nach Sibirien. In: Die Stimme, XXII/200 (1966), S. 5–6. Für den Hinweis auf den Artikel danke ich Anna Hahn.

150 Vgl. O. V.: Bukowiner der Vergangenheit. In: Geschichte der Juden in der Bukowina. Bd. 2. Hg. v. Hugo GOLD. Tel-Aviv 1962, S. 193–196.

151 Vgl. GRILJ, Deskriptionen, S. 6.

152 Vgl. HIMEN, Aurel: Czernowitzer Buch- u. Musikalienhandlungen. In: Der Südostdeutsche, 15.9.1981, S. 3. Als Druckereien sind angegeben die Licht- und Steindruckanstalt Knackstedt & Näther, Hamburg und der Verlag Ottmar Zieher, München.

153 Vgl. Genealogischer Fragebogen seiner Tochter Margarethe Samuely. In: BI, Nachlass Herbert Mayer, 19, Genealogischer Fragebogen S, Sch, St, nicht paginiert.

154 Vgl. GRILJ, Benjamin M.: Nationalisierung, Segregation und Exklusion in der Bukowina. Der (Allgemeine) Deutsche Schulverein und die Rumänische Kulturliga im Vergleich. In: Partizipation und Exklusion. Zur Habsburger Prägung von Sprache und Bildung in der Bukowina. 1848–1918–1940. Hg. v. Markus WINKLER. Regensburg 2015, S. 77–96, hier S. 85.

155 Kronprinz-Rudolf-Verein an das hochlöbliche Magistrat der Landeshauptstadt Czernowitz in Czernowitz, 1905. In: DAČO, Fond 10: K. k. Polizeidirektion in Czernowitz, Opis 1, sprava 405, S. 10.

156 O. V.: Anzeigen von E. v. Schiller. In: Bukowinaer Post, 10.10.1897, S. 8. Vgl. auch O. V.: Anzeigen von E. v. Schiller. In: Bukowiner Bote, 10.10.1897, S. 16.

157 Siehe Berufsangabe in O. V.: Stifter des Deutschen Hauses. In: Deutscher Kalender für die Bukowina 1903, Hg. v. Verein der christlichen Deutschen in der Bukowina. Czernowitz 1902, S. 110.

158 O. V.: Anzeige. In: Neues Wiener Tagblatt, 17.7.1898, S. 39.

159 O. V.: Das photographische Atelier E. v. Schiller. In: Bukowiner Bote, 25.11.1898, S. 18.

160 O. V.: Photographisches Atelier. In: Bukowinaer Post, 3.4.1898, S. 4.

161 Vgl. ebd.

162 Vgl. DUDA/SOSENKO, Wprowadzenie/Introduction, S. 9 und WALTER, Postkarte, S. 206.

163 O. V.: Anzeige. In: Bukowinaer Post, 10.6.1900, S. 9.

164 O. V.: Kunstnachricht. In: Bukowinaer Rundschau, 2.5.1902, S. 5.

165 Zur Sammlung vgl. DUDA/SOSENKO, Dawna pocztówka żydowska.

166 Zur Wagenradthese vgl. OSTERHAMMEL, Jürgen: Die Verwandlung der Welt. Eine Geschichte des 19. Jahrhunderts. München ⁵2013 oder MOTYL, Alexander: Imperial Ends. The Decay, Collapse and Revival of Empires. New York 2001, hier angegeben nach OSTERKAMP, Jana: Kooperatives Imperium. Eine neue Perspektive auf Anspruch und Wirklichkeit imperialer Herrschaft. In: Hg. v. DIES. Imperium, S. 1–22, hier S. 6.

167 In Stulpikany gab es den Verlag Chaim Brecher, der alle Ansichten des Örtchens verlegt hat. Storozynetz hatte einen Verlag: B. Zimmet, der mit S. Brüll auch den Fotografen der Ortsansicht nannte. In Illischestie, dem 4085-Seelen-Dorf, waren Gustav Horzinek und Christian Hadzi & Josef Suchar aktiv. Der Verlag Josef Postalny zeigte Ansichten von Putna, von denen eine auf jeden Fall 1901 lief, sprich die lokale Firma zögerte nicht allzu lang mit dem Markteinstieg. Postalny beschriftete auf Deutsch, zusätzlich auf Rumänisch und Polnisch. Horodenka zeigte C. Herman aus dem Ort, der zumindest im Ersten Weltkrieg Ansichtskarten vertrieb. Beide hinterlegten Motive behandelten die Ortschaft unter russischer Besatzung, was vermuten lässt, ein lokaler Fotograf habe sich in der Ausnahmesituation des Krieges als Postkartenmacher betätigt. Die folgende Aufzählung ist nicht als erschöpfend zu verstehen.

168 Vgl. dazu OPREA, Suceava.

169 6-klassige romänische Mädchenvolksschule. Radauți (Bucovina): Editura »Reuniunea învățăturii române« Librărie [Verlag »Rumänischer Bezirkslehrerverein« Buchhandlung]. Radautz (Bukowina): o.J. In: Černivec'kyj oblasnyj krajeznavčyj muzej (ČKM) [Ethnologisches Museum Černivci], 3540-II-22890.

170 Angabe nach o.V.: Vorwort. In: Gemeindelexikon der im Reichsrate vertretenen Königreiche vom 31. Dezember 1900. Bd. XIIII Bukowina. Hg. v. k.k. statistische Zentralkommission. Wien 1907, S. 26.

171 Vgl. MITTELMANN, Führer, S. 103. Storfer war Mitglied im Ausschuss der Sektion Bukowina des österreichischen Touristenclubs. Vgl. Sektion »Bukowina« des österr. Touristen-Club an die k.k.Polizeidirektion, o.J. In: DAČO, Fond 10: K.k. Polizeidirektion in Czernowitz, sprava 690, S. 76 a.

172 Vgl. die Sammlung des VKM, Fotothek, etwa 4769, 4765.

173 Bei STARL/TROPPER taucht W.L. nicht auf, aber Online-Auktionen zeigen, dass sie weitere Motive hatten, die wiederum oft auf Ungarisch beschriftet waren. Das spricht für die Vermutung, dass der Verlag in Budapest beheimatet war. Vgl. STARL/TROPPER, Identifizieren.

174 Ukrainische Volkstypen. Ukrainischer Verlag Seletyn. In: Slg. S. O., o. Sig.; sowie Ukrainische Volksidylle. Ukrainischer Verlag Seletyn. 1915. In: Slg. S. O., o. Sig. (beide Motive waren auf Deutsch und ruthenisch beschriftet). Vgl. auch ČKM, 12593-III-7125 und ČKM, 12498-II-22314 (Signatur unleserlich).

175 Vgl. ČKM, 33249_III, II-22175.

3

Modernisierung kartieren

(Selbst-)Bilder in der
Zeit des Landesausbaus

In weiten Teilen von Europa und Übersee visualisierten Ansichtskarten die technischen, baulichen und gesellschaftlichen Veränderungen um die Jahrhundertwende und reflektierten somit den rapiden Wandel, der in dieser Zeit beschleunigter historischer Entwicklung stattfand.[1] Postkarten der Bukowina standen deshalb in globalem Kontext, doch fand die Produktion der Selbstbilder in der Habsburger Peripherie vor dem Hintergrund eines ausgeprägten zeitgenössischen Diskurses über Modernität und Rückständigkeit des Kronlandes statt. Es wird deshalb in einem ersten Teilkapitel der Frage nachgegangen, welche »Orte der Moderne«[2] in der Peripherie die Verleger aus der Region bevorzugt zeigten und wo sich für die Region Bukowina – ein in Hinblick auf mehrere Kennziffern rückständiges Kronland – spezifische Narrative entziffern ließen. Da in der Bukowina die Modernisierung mit dem Landesausbau nach der Loslösung von Galizien und Lodomerien zusammenfiel, scheinen Modernisierungserzählungen zudem in besonderer Weise an die Zugehörigkeit zum Habsburger Imperium gebunden. Deshalb fragt das zweite Teilkapitel nach der gesamtimperialen Dimension der visuellen Erzählung, indem unter anderem Leerstellen in den bukowinischen Bilderzählungen untersucht und Positionierungen der Verleger gegenüber dem Wiener Herrscherhaus herausgearbeitet werden. Teilkapitel drei nimmt dann die postkartalische Inszenierung der Bukowina als (modernes) Reiseziel in den Blick, wobei Reiseführer als textbasierte Medien und die Ansichtskarten als Bildmedien in einem Wechselverhältnis miteinander standen, indem sie, aufeinander reagierend, das Sehenswerte normierten. In einem vierten Teilkapitel werden die Grenzen der visuellen Modernisierungserzählung ausgelotet, um zudem zu analysieren, ob zeitgenössische Postkartenschreiber überhaupt das Deutungsangebot der Moderne annahmen und weitertrugen.

3.1 Modernisierungserzählungen durch Ansichtskarten: Orte der Moderne in der Peripherie

Welche (Selbst-)Bilder lassen sich also an den Ansichtskarten ablesen? Ein erstes deutliches Ergebnis ist, dass die 9 × 14 Zentimeter kleinen Kärtchen bevorzugt Orte und Mittel der Mobilität zeigten, womit sie eine zeitgenössisch übliche Geschichte der Moderne erzählten. Sie machten Modernisierung und damit Modernität nun breitenwirksam greifbar und vermittelbar – nach außen und nach innen. Die Karten konnten, nach Wien versendet, Modernität signalisieren, eröffneten aber vor allem der regionalen Bevölkerung Partizipationsmöglichkeiten an den Veränderungen ihrer Umwelt, denn diese waren durchaus spektakulär. Bewohner*innen der ländlichen Gebiete konnten ebenfalls profitieren, da die kleinformatigen Selbstbilder auch jenseits von Czernowitz käuflich erwerblich waren. Auf den zweiten Blick jedoch zeigt sich ein bukowinisches Narrativ der Moderne. Denn die Verlage bevorzugten Orte, die für Aufstiegsmöglichkeiten und -realisierungen des Bürgertums, auch für seine Kultur im weiteren Sinne standen. Die Formationsorte der bürgerlichen Gesellschaft waren eines der visuellen Hauptnarrative der Zeit: Schulen und Theater hielten die Verlage für noch abbildungswürdiger und verkaufbarer als den Bahnhof. Nach einer ersten Einführung in die zeitgenössischen Rückständigkeitsdiskurse werde ich die Orte der Mobilität und der Urbanität vorstellen, bevor ich auf das bukowinische Narrativ des Bürgertums eingehe, um mit den wenigen Orten der Rationalisierung zu schließen.

Moderne in der imperialen Peripherie: (Auto-)Diskurse und (Selbst-)Bilder

Das Image der Bukowina im Habsburger Imperium war lange das einer rückständigen Region in der Peripherie, sodass unter den Beamten aus Wien das böse Wort der »Strafkolonie« zirkulierte. Zahlreiche Beispiele aus Presse und Literatur belegen, wie stark und lange das Zentrum mit diesem spät erworbenen Landstrich fremdelte. Erst in der zweiten Hälfte des 19. Jahrhunderts, nach der Loslösung von Galizien und Lodomerien und verstärkt nach der Gründung der Czernowitzer Universität 1875, konnte sich die Region am östlichen Rand der Habsburger Monarchie auch positiv in die *mental maps* der tonangebenden Schichten des Habsburger Zentrums einschreiben. Dies machte die Wahrnehmung ambivalenter, doch sahen manche Wiener Journalisten die Bukowina von Mitte des 19. bis ins 20. Jahrhundert hinein als Grenzraum zu einer anderen Zivilisation, und prominente Schriftsteller wie Karl Emil Franzos ließen – wenn überhaupt – nur die Hauptstadt Czernowitz gelten.[3]

Modernisierungsbemühungen vor Ort – sofern sie denn überhaupt wahrgenommen wurden – kommentierte man in Wien häufig in einer Mischung aus wohlwollender Anerkennung und leiser Herablassung. Im sogenannten *Kronprinzenwerk*, der landeskundlichen Enzyklopädie, die von Rudolf von Österreich-Ungarn selbst mitangeregt wurde, und das der Integration des Reichs dienen sollte, also ein grundlegend wohlwollendes Narrativ verbreitete, beschreibt der 1899 erschienene Band zur Bukowina die Hauptstadt Czernowitz als auf dem Sprung zur Großstadt: »Der überaus rege Verkehr auf Straßen und Plätzen, die luxuriösen Auslagen der

Kaufleute und Industriellen, die zahlreiche Beamtenschaft, Hoch-, Mittel-, Fach- und Volksschulen, die starke Garnison, der Clerus dreier christlicher Konfessionen mit allem Pomp, der an ihnen haftet, die vielen Behörden, Geldinstitute, Vereine, die eleganten Hotels, Kaffee- und Gasthäuser, Wasserleitung, Canalisation, elektrische Beleuchtung und Tramway etc., alles das gibt Czernowitz den Nimbus einer Stadt, die den Anlauf zur Großstadt macht.«[4]

Ähnlich, vielleicht einen Ton mitleidiger formulierte die *Neue Freie Presse* im Jahr 1904 über Czernowitz, es sei die »tapfer voranschreitende [...] Landeshauptstadt der Bukowina«.[5] Einige Jahre zuvor, im Jahr 1900, verdächtigte die *Bukowiner Rundschau* die Redakteure der wichtigen Wiener Tageszeitung, sie wüssten mehr über Sibirien denn über die Bukowina. Als Peripherie des Reichs werde das Kronland beschrieben und in ihrer Wahrnehmung auch so behandelt.[6]

Im Zentrum (weiter-)bestehende Wahrnehmungsmuster oder gar Missachtung schmerzten die lokalen Eliten, die früh die Eigenständigkeit von Galizien und Lodomerien propagiert hatten, da sie einen Wert in einer eigenständigen Bukowina sahen.[7] Die Auseinandersetzung mit der Provinzialisierung, zugespitzt gesagt mit binnenkolonialen Mustern, gehörte zu den zentralen Selbstverständigungsdebatten der bukowinischen städtischen Elite um die Jahrhundertwende. Um die Zugehörigkeit zur Monarchie und um Rückständigkeit/Modernität drehten sich die Autodiskurse. Journalisten formulierten pathetisch, dass die Region »Fleisch vom Fleisch [der Monarchie] und Blut von ihrem Blute«[8] sei, nicht zuletzt, da sie sich als »Reichsstiefkind«[9] behandelt fühlten.

In diese Selbstverständigungsdebatten schrieben sich Postkartenverleger mit ihren Bildwelten ein. Sie konturierten – wie Journalisten, Geistliche und Politiker – Bilder des Kronlandes. Mit der von ihnen vertriebenen Massenware erzählten sie von der Bukowina, indem sie manches als sehenswürdig ausstellten, anderes ausließen. Sie schrieben so an Narrativen über die Landeshauptstadt und die Region mit. An der Prägekraft der Karten bestand zeitgenössisch kein Zweifel und so konnte eine schlechte, da unmoderne, Ansicht auf einer Postkarte gar als politisches Instrument verwendet werden. Im Oktober 1900 berichtete die *Bukowinaer Rundschau* aus dem Gemeinderat, dass einer der Abgeordneten, Tellmann, das Wort ergriffen habe, um eine bessere Beleuchtung der Roschergasse zu erbitten. Der Grund: »Dazu sei er durch eine an ihn adressierte Ansichtskarte veranlasst worden, welcher er dem Gemeinderathe vorlegte. Die Karte zeigt eine schwarze Fläche und als Aufschrift die Worte: ›Gruß aus Czernowitz, Beleuchtung der Roschergasse.‹«[10]

Mobilität in der Moderne: Eine globale Bilderzählung in der Habsburger Peripherie
Erst im Jahr 1866 bekam die Bukowina – ebenso wie das ungleich größere Galizien – Anschluss an das wichtigste Massenverkehrsmittel der Zeit, die Eisenbahn. 1866 eröffnete die Strecke von Lemberg nach Czernowitz, 1869 folgte die Verbindung nach Jassy, im Königreich Rumänien gelegen, 1884 dann konnte im Grenzbahnhof Nowosielitza der Übergang zur russischen Eisenbahn erfolgen, womit Czernowitz endgültig auf den Handelsrouten zwischen dem östlichen und südöstlichen Europa ein wichtiger Knotenpunkt geworden war.«[11] Ihre periphere Situation verbesserte dies enorm, wenngleich die Reisezeiten ins imperiale Zentrum die Randlage des Kronlands noch deutlich widerspiegelten. Im Jahr 1873 war Wien mit der Eisenbahn 27 Stunden entfernt, die Reisedauer nach Lemberg betrug kurz vor der Jahrhundertwende, im Jahr 1898, noch fünf bis acht Stunden.[12] Zur Überwindung der weniger als 300 Kilometer langen Strecke nach Lemberg brauchte der Zug zu Beginn zwölf Stunden, die reguläre Reisezeit betrug spätestens ab 1873 gut sieben Stunden. Ins imperiale Zentrum dauerte es zuerst über einen Tag, dann verkürzte sich die Reisezeit nach und nach auf 17 Stunden.[13] Üblicherweise führte der Weg nach Wien über Lemberg, die Fahrt über Budapest war theoretisch möglich, aber aufgrund schlechter Anschlüsse in der Realität seltener gewählt.

Der ebenfalls 1866 eingeweihte neue Bahnhof symbolisierte nun, dass die Bukowina enger angebunden, mehr ins Zentrum gerückt war und die politische Führung auf Staats- und Landesebene inzwischen nicht nur die finanzielle Macht, sondern auch den Willen hatte, die Anbindung herbeizuführen.[14] Die *Landeszeitung* erinnerte zur Eröffnung daran, dass das Kronland »den Mangel der Verbindung oft gefühlt«[15] habe. Nun solle sich die Gesamtsituation bessern.[16] Zeitgenossen stuften es gar als »epochemachendes Ereignis« ein, das die Bukowina aus ihrer Isolation befreie, die Wirtschaft ankurbeln und auch die »Werke der fortschreitenden Kultur zugänglich«[17] machen werde. »[Z]um Aufschwunge unseres Landes und unserer Stadt wird die Eisenbahn allein maßgebend sein«, befand die *Bukowiner Landeszeitung* am 5. 9. 1866.[18]

Abb. 1   Der Bahnhof: Auch in der Bukowina das häufig abgebildete Signum der Moderne – Czernowitz. Neuer Hauptbahnhof, Sigmund Jäger: Czernowitz, o. J.

Die Verlage Josef Gottlieb, Moritz Gottlieb, Sigmund Jäger und Leon König hatten alle Ansichten des Bahnhofes – sowohl des alten als auch des neuen Erweiterungsbaus – im Angebot, teils in ähnlichen Bildausschnitten, teils zusätzlich belebt oder mit anderen Inszenierungen, wie Wolken, bestückt. Teils kopierten die Verlage munter voneinander.[19] Mal betonte der Bildausschnitt den Anschluss an andere moderne Verkehrsmittel in der Stadt, also seine Relaisfunktion. Mal wurde der Bahnhof als Tor inszeniert, das in den Stadtraum öffnet.[20] Die zahlreichen Bahnhofsansichten lassen sich unterschiedlich erklären. Zum einen ist festzustellen, dass gerade der 1909 errichtete Erweiterungsbau des Bahnhofs in Czernowitz zu den bekanntesten Gebäuden der Zeit gehörte, das zahlreiche Elemente des Wiener Sezessionsstils aufwies. Insgesamt war es die oft spektakuläre Architektur, die dazu führte, dass Bahnhöfe zeitgenössisch zu den meistfotografierten Bauten zählten, die wiederum von verlegerischen Institutionen auf die 9 × 14 Zentimeter gebracht wurden (Abb. 1).[21] Die Czernowitzer Bahnhofspostkarten waren also Teil einer globalen Bilderzählung der Moderne. In der Bukowina betonten die Verleger das, was in den meisten anderen Orten auch betont wurde – und schrieben sich so in eine Gemeinschaft der Moderne ein. Die Bukowina gehörte dazu.

Zum anderen faszinierte der Bahnhof als Ort die Zeitgenossen weltweit, stand er paradigmatisch für die Veränderungen in der Moderne: Für die neuen Möglichkeiten der Mobilität, für Beschleunigung, für die Bewegung von Massen, ja für Massengesellschaft überhaupt, da beim Reisen Standesschranken nur in Teilen aufrechterhalten werden konnten. Zudem verhalf erst die Eisenbahn dem Tourismus zum Durchbruch. Das gilt auch für Czernowitz: Der Bahnhof brachte neue Personen ins Kronland und hatte erst die Grundlage für den Fremdenverkehr geschaffen. Insgesamt verzeichnete der Czernowitzer Bahnhof einen enormen Anstieg bei den Reisendenzahlen: Im Jahr nach Streckeneinweihung fuhren etwa 42 000 Reisende mit der Bahn in der Landeshauptstadt ein- oder aus; zur Jahrhundertwende frequentierte fast eine halbe Million Personen den Bahnhof.[22]

Die Euphorie umfasste nicht nur den imposanten Bahnhof der Landeshauptstadt, sondern die Postkartenindustrie der Bukowina hat ebenso Aufnahmen der Bahnhöfe in Burdujeni, Hadikfalva, Hatna, Hliboka, Itzkany, und der Bahnbrücken in Nepolokoutz/Nepołokiwci/Nepolocăuț hinterlassen.²³ Mitunter sind die Aufnahmen des Bahnhofes die einzig überlieferten Ansichtskarten des Ortes – eine Konsequenz der Tatsache, dass die Eisenbahn Ende des 19. Jahrhunderts viele der kleineren Orte in der Bukowina erstmals mit der Außenwelt verband. So standen Bahnhöfe nicht nur für Beschleunigung, sondern waren wichtige Übergangsorte zwischen Stadt und Land.²⁴ Ansichtskarten von Bahnhöfen waren aufgrund ihrer Symbolik beliebt, doch auch aufgrund der Tatsache, dass sie ein Hotspot des Ansichtskartenschreibens waren. Man schrieb, wenn man auf Reisen war, wie der Satiriker Karl Kraus kommentierte: »[…] Blicken wir aus dem Coupéfenster: Da sieht man in der kurzen Zeit, da der Zug hält, Leute in glühender Hitze nach Ansichtskarten laufen, mit schweren Schweißtropfen im Antlitz ein paar hastige Zeilen scribeln und athemlos den Perron nach einem Briefkasten durchsuchen. Mit Müh' und Noth wird der Zug noch erreicht. Erschöpft setzt sich das Opfer der Ansichtskartenmanie nieder, – für einige Minuten nur; denn wieder hält der Zug, wieder muss dem Moloch geopfert werden.«²⁵

Tatsächlich schrieben viele Reisende, um die Zuhausegebliebenen an ihren Erlebnissen teilhaben zu lassen. Mitunter wählten sie Ansichten von Bahnhöfen, Bahnbrücken und Bahnverwaltungsgebäuden, um die Strapazen des Reisens zu schildern. Hanna informierte einen Bekannten im Stuttgarter Raum, dass sie morgen nach Wien zurückkehre: »24 Stunden Fahrtzeit (Schnellzug). Kein Spaß!«²⁶ Die Brücken waren insgesamt ein viel gewähltes Motiv, die für alle nur erdenklichen Mitteilungen ausgewählt wurden. Sie standen ikonografisch für die Durchdringung des Raumes (Abb. 2).²⁷ Victoria wählte eine Ansicht der Czernowitzer Pruthbrücke aus, um detailliert ihre neueste modische Errungenschaft zu beschreiben: »Liebe Schwester. Ich habe bereits einen cremfarbenen, mit weißen Flügeln geschmückten Hut gekauft. So trägt man es jetzt hier. Morgen gehen wir nach Hause, weil wir schon alles aus Wien bekommen haben, es ist wunderbar.«²⁸ Die Bilder der Moderne waren nun selbstverständlicher Hintergrund des neuen modernen Lebens, das auch neue Konsummöglichkeiten brachte.

Außer der Eisenbahn garantierten Postämter die Verbindung mit der Außenwelt.²⁹ Teile der Bukowina wurden erst Ende des 19. Jahrhunderts an das Postnetz angeschlossen, sodass Postämter ebenso für Mobilität und Anbindung an die regionalen und imperialen Zentren standen. Wie groß deren Bedeutung war, zeigt die postkartalische Verewigung der Eröffnung eines Postamtes im südbukowinischen Dorna Watra. Die Ansicht zeigt, dass sich bei diesem Anlass alle Honoratioren und wesentliche Statusgruppen der Stadt versammelten. Ganz in der Bildmitte sind mehrere Vertreter der Geistlichkeit zu erkennen (Abb. 3).³⁰ Der Anschluss an die Moderne war ein wichtiges Ereignis, an dem man auch retrospektiv über den Erwerb der Karte teilhaben konnte.³¹

Ambivalenzen der modernen Mobilität oder Czernowitz in der Zukunft

Den meisten Stadtdarstellungen zur Jahrhundertwende war ein »Kick der Modernisierung« eingeschrieben.³² In der Tat zeugen zahlreiche internationale Postkartenmotive von einer immensen Technikbegeisterung, indem Verkehrsmitteln ungeahnte Möglichkeiten zugeschrieben wurden, etwa Automobile fliegen konnten.³³ Andere Karten jedoch thematisierten potentielle negative Folgen: »Das Automobil kommt!« ebenso wie »Die electrische Bahn kommt!« waren klassische Scherzpostkarten der Zeit, die bestehende Befürchtungen in Teilen der Bevölkerung aufgriffen und verstärkten.³⁴ In der Bukowina entwarfen die Verleger kaum Dystopien. Lediglich in wenigen Karten stellt sich der Stadtverkehr als chaotisch, gar gefährlich, dar. Die Tram konkurrierte mit dem Automobil um den Platz auf der Straße, zum Leidwesen der Fußgänger. Sie stolperten über Gleise und übereinander, gerieten vor dem Kraftfahrzeug zu Fall. Selbst im Luftraum gab es Verkehr: Ein Heißluftballon schwebte über der Stadt.

»Czernowitz in der Zukunft« lautete der Titel der üppig mit Staffagen versehenen Ansichtskarte aus dem Haus Josef Horowitz, die vermutlich 1904 auf den Markt kam (Abb. 4).³⁵ Sie bildete alle Wahrzeichen des technischen Fortschrittes ab: Den 1783 eingeführten Heißluftballon, die 1832 erstmals ausprobierte Tram, damals allerdings noch als Pferdefuhrwerk, das 1817 erfundene Fahrrad ebenso wie das 1886 eingeführte Automobil sowie den mobilen fotografischen Apparat.³⁶ Zum Zeitpunkt der Entstehung war in Czernowitz nicht alles Zukunftsprojektion. Die Stadt hatte zum Entstehungszeitpunkt der Ansichtskarte bereits eine Tram, die seit 1897 fuhr,³⁷ und einige private Autobesitzer, sodass es vermehrt zu Unfällen kam. »Es vergeht jetzt fast kein Tag, ohne die Meldung, daß da oder dort eine Person überfahren wird«, schrieb die *Bukowinaer Post* am 12.7.1896.³⁸ Ein knappes Jahrzehnt später persiflierte Josua Kracherl im *Czernowitzer Tagblatt* die Situation: »Der Polizei-

Abb. 2 Durchdringung des Raumes – Gruss aus der Bukowina. Bahnbrücke bei Nepolokoutz, Leon König: Czernowitz, 1899.

Abb. 3 Honoratioren bezeugen den Anschluss an die Moderne – Dorna Watra. Einweihung und Eröffnung des Postgebäudes in Bad Dorna, Verl. ul.: o. O., J. ul.

Abb. 4 Nur scherzhafte Dystopie der Transportmittelrevolution? – Czernowitz in der Zukunft, Josef Horowitz: Czernowitz, 1904.

Abb. 5 und 6 Der Ringplatz als Inbegriff der Urbanität – Gruss aus Czernowitz. Ringplatz, Simon Gross: Czernowitz, o. J.; Gruss aus Czernowitz – Ringplatz, Leon König: Czernowitz, 1910.

rapport bringt fast täglich in seinem kurzen, lakonischen Stile eine, manchmal auch mehrere Meldungen unter der Spitzmarke: »›Überfahren!‹ Man hat sich an diese Lektüre schon so gewöhnt, daß man darüber nicht weiter nachdenkt. Man liest die Notiz mit derselben Gleichgültigkeit, wie etwa eine Verlobungsanzeige, die ja auch schließlich nur den tiefer trifft, der in dieser Verlobung eine Rolle spielt. Oder man sagt sich, schon wieder einer verlobt, schon wieder einer überfahren.«[39]

Die zahlreichen Unfälle seien jedoch nicht auf die große Anzahl an Automobilen zurückzuführen, sondern auf die Unfähigkeit der Czernowitzer, so Kracherl in diesem zitierenswerten Beitrag weiter: »Die Leute können einfach nicht gehen und die Lenker der Fuhrwerke kennen keine Fahrordnung. Die Fuhrwerke irren in allen Ecken und Enden der Straßen herum. Sie fahren rechts, sie fahren links, sie fahren in der Mitte, sie bewegen sich nach allen Richtungen. Die Fußgänger wieder promenieren, torkeln, trotten, wie ohne Ziel. Man geht nicht irgendwohin, wohin man zu einer bestimmten Zeit anlangen will, sondern man geht von Ungefähr. Langsam, gemächlich. Man geht zu Zweien, zu Dreien, zu Vieren. Man hängt sich ein. Manchmal hat einer plötzlich das Bedürfnis, seinem Zärtlichkeitsgefühle, das er für seinen Nächsten empfindet, sichtbaren Ausdruck zu geben. Er schlingt um ihn seinen Arm, wobei er einen anderen anstößt, oder ihm den Hut vom Kopfe entfernt, oder er nötigt ihn, auszuweichen und auf die Fahrstraße zu gehen. Hier kommt aber schon ein Wagen, der schnurstracks auf ihn zufährt. Überfahren! Es gibt Leute, die beim Gehen mit ihrem Spazierstock balancieren, oder ihn quer tragen, wodurch sie regelmäßig anstoßen. Dazu kommt noch eins. Die Hauptverkehrsader, die Strecke von der Hauptstraße bis zum Ende der Herrengasse wird nicht allein als Gehweg betrachtet, sondern, wie es scheint, auch als Versammlungsplatz. Man hält da Besprechungen ab. Man politisiert, kokettiert und räsoniert. Damen besprechen im Gehen ihre Toiletten, junge Mädchen ihre Erlebnisse, Studenten ihre Abenteuer.«[40]

Die Karte von Horowitz war folglich anschlussfähig an zeitgenössische Diskurse, in der die Beschleunigung und Unordnung im Stadtraum mitunter als gefährlich empfunden wurde. Sie changierte – ebenso wie eine vergleichbare Karte von Dorna Watra, einem Städtchen, das damals gerade 5 159 Einwohner zählte und nicht einmal eine Tram hatte – zwischen einer Faszination für moderne Mobilitätstechniken, die sie in Szene setzten, und der Kritik an möglichen Folgen der Technologien. Sie bringen den einzelnen Menschen zu Fall, in beiden Fällen den Fußgänger, der mit der technischen Aufrüstung nicht mithalten kann. Zudem können sie als Kommentar – ohne dass dies von den Machern intendiert gewesen sein muss – an der entstehenden Massengesellschaft gelesen werden: Die Fußgänger, vulgo der einzelne Mensch, stürzten nicht nur über die Technik, sondern über die Tatsache, dass zu viel los war, also auch über Urbanisierung.

Derlei futuristische Karten sind nicht im oder für das östlichste Kronland Cisleithaniens erfunden worden, sondern existierten von zahlreichen europäischen und außereuropäischen Dörfern und Städten in der Zeit.[41] Sie bildeten ein Subgenre der topografischen Ansichtskarten. Naomi Schor beobachtete für Paris: »It is not unusually in these resolutely modernist cards to find the emblems of progress piled on top of each other: a flotilla of omnibuses parked near the metro entrance in front of a train station, a plane flying over the Eifel.«[42] Ansichtskarten als visuelles Medium der Zeit begleiteten die positiven und negativen Seiten der Mobilität im urbanen Raum. Bis auf die diskutierten futuristischen Ansichtskarten, die einen Hauch von Spott in sich trugen, war die über Ansichtskarten getragene visuelle Erzählung der Mobilität in der Bukowina aber eine durchweg positive. Die Modernisierungsgeschwindigkeit der Bukowina schien den Postkartenmachern angemessen.

Urbanität auf 9 × 14 Zentimetern

Eines der häufigsten Postkartenmotive aus Czernowitz war der Ringplatz, der allein in der Sammlung Kasparides mit 18 unterschiedlichen Motiven vertreten war. Dazu kamen noch Motive des Ringplatzes in anderen Sammlungen, etwa der kleineren im Jüdischen Museum in Černivci, des Ethnologischen Museums Černivci, der Privatsammlungen von Serhij Osačuk und Gennadij Jankovskyj.[43] Zwar ist man quantitativ von den »92-mal Praterallee« weit entfernt, die Eva Tropper für die Wiener Postkartenproduktion untersuchen konnte.[44] Doch zeigt sich deutlich, dass der Ringplatz in der Selbstdarstellung und Selbstwahrnehmung der Stadt eine besondere Rolle spielte (Abb. 5 und 6).[45]

Der Ringplatz war Verkehrsknotenpunkt, an dem sieben Straßen zusammenkamen, und über den die Czernowitzer Trambahnen fuhren. Auf dem Platz selbst fand zweimal wöchentlich ein Markt statt, der Bauern und Händler aus dem Umland in die Stadt brachte. An den Markttagen verkörperte der Platz Urbanität in Rein-

Abb. 7 Präsentation der städtischen Funktionalität – Czernowitz. Landeskrankenanstalt. Simon Gross: Czernowitz, o. J.

form, war er doch sehr stark belebt. Auf diesen Ansichtskarten wirkte Czernowitz großstädtisch. Die Stadtwerdung, besser das Stadtsein, war wichtiges visuelles Narrativ auf diesen Karten, ebenso wie auf den Ansichten des Bahnhofs. Nach der Erneuerung des Platzes war die *Czernowitzer Allgemeine Zeitung* 1904 voll des Lobes, das sie sogleich wieder mit den Abwertungsdebatten verknüpfte: »Gleich mitten drin, im Zentrum von Czernowitz, am Ringplatz, welch ein verändertes erfreuliches Bild. Das holpert nicht mehr so grauslich wie vor einem Jahre. Das Pflaster macht einen fast großstädtischen Eindruck; wie angenehm geht es sich auf diesen Quadersteinen, wie leicht fährt sich's auf den harmonischen Seitenwegen längst der Trottoire. Das Rathaus lacht ordentlich in seinem hellen Braun auf das anmutige Bild zu seinen Füßen herunter. Der Fremde schlägt nicht mehr entsetzt die Hände über dem Kopf zusammen und schimpft sich weidlich aus über dieses Klein-Wien. Und vorn und hinten, rechts und links, manch prächtiger imponierender Bau ragt kühn empor, wo noch vor Jahresfrist eine elende Ruine die Stadt verschandelte.«[46]

Der Stolz auf das städtebauliche Projekt klingt klar durch, wobei deutlich wird, dass es für Czernowitz schwer bis unmöglich ist, die städtische Selbstdarstellung von der Inszenierung als Landeshauptstadt des Kronlandes Bukowina zu trennen. Denn am Ringplatz lagen wichtige Geschäfte, Cafés und Hotels, und auch einige der Postkartenverleger hatten ihren Laden an dem belebten Platz. Doch lag am Kopfende des Ringplatzes das 1848 errichtete Rathaus und damit Sitz der Selbstverwaltung der Landeshauptstadt. Zudem waren weitere wichtige Gebäude der Landes- und Stadtverwaltung an dem Ort, etwa die Wohnung des Landespräsidenten und phasenweise der Sitz der Landesregierung. Sowohl für die Selbstwahrnehmung als auch die Außenrepräsentation der Bewohner*innen von Czernowitz spielte er eine besondere Rolle, stand er für Urbanität und Selbstständigkeit gleichermaßen.

Die Ansichten der modernen Stadt insgesamt bildeten einen Großteil des damaligen Ansichtskartenrepertoirs. Sie machten Urbanisierung und Modernisierung für alle anschlussfähig, auch für den großen Teil der lokalen Bevölkerung, der am schriftlichen Diskurs nicht partizipieren konnte. Denn in dieser Phase veränderte sich das Antlitz der Stadt, nicht zuletzt da zahlreiche öffentliche Gebäude in repräsentativem Stil errichtet wurden. Der Bau neuer Schulen dokumentierte die Bildungsexpansion, die Errichtung von Kulturstätten wie dem Theater und Nationalhäusern, in denen sich die ethnisch-national-religiösen Gruppen in der Bukowina, ebenso wie in anderen Teilen des östlichen Europa versammelten, bezeugten das erstarkende kulturelle Selbstbewusstsein.[47] Der Habsburger »Universalstil« hielt in der Bukowina Einzug. Über die Kronländer breitete das Zentrum ähnliche Architektur aus, was Teil eines Zentralisierungs- und Modernisierungsanliegens war und oft als Teil der imperialen Herrschaftsstrategien gedeutet wird. Und so dokumentierten die lokalen Fotografen in Czernowitz den Stadtumbau. *Postcarding the city* war ein internationales Phänomen. Die Ansichtskarten zeigten und erklärten den Wandel, um das Argument von Karin Walter aufzunehmen.[48] Allein in der Sammlung Kasparides gab es 75 unterschiedliche Ansichten aus Czernowitz, Aufnahmen von Straßen, Gassen und Plätzen, Fotografien von öffentlichen und privaten Gebäuden, profanen und sakralen Bauwerken. Viele von ihnen wurden aus unterschiedlichen Blickwinkeln fotografiert, in schwarz-weißer, kolorierter oder gerahmter Ausführung angeboten. Bauern, die in Czernowitz auf den Markt fuhren, konnten mit den günstigen Postkarten den Familienmitgliedern Ansichten der Urbanisierung nach Hause tragen, die selten oder nie in die Landeshauptstadt kamen. Zudem hatten einige der Czernowitzer Postkartenhändler Filialen auf dem Land, sodass sich die lokale Bevölkerung auch dort mit Bildern versorgen konnte.

Die Ansichten der modernen Stadt wurden häufig gekauft, wie die Durchsicht der Sammlungen in Hinblick auf gelaufene und nicht gelaufene Exemplare zeigte. Explizite Kommentare zur Stadtentwicklung finden sich nur manchmal, Kommentare zur Stadt vor allem von Reisenden, wie in den Folgekapiteln ausgeführt wird. Die Einheimischen erledigten auf den kleinen Ansichten der Stadt ihre Alltagskommunikation: So konnte ein »Blick vom Rathausturm« dazu dienen, die Frau Doctor über den Stand der Bemühungen zu informieren, für einen Zögling ein günstiges Kosthaus zu finden,[49] eine Ansicht eines Platzes, Maria zu ermahnen, sich zu bessern,[50] oder eine Postkarte der Kuczumarergasse, um Lina ob ihrer Traurigkeit zu befragen,[51] eine Ansicht der Enzenberg Hauptstraße, um ein Gedicht auf Deutsch und Rumänisch zu übermitteln.[52] Auf einer Karte des Elisabethplatzes sorgt sich Henriette um Charlotte, die zur Kur ist und so selten schreibe, und auf einer Doppelansicht von Hotel Weiss-Sparcassa und Hotel Weißer Adler erfahren die Eltern, dass man wieder beisammen und gesund sei.[53]

In den Auslagen der Papierwarenhändler gab es zudem auch Aufnahmen der unterschiedlichen städtischen Krankenhäuser.[54] Michaela Seewald deutete deren Erbauung »als gemeinwohlorientiert und bürgerlich«[55] – ebenso wie den Bau von Schulen, Kirchen, Museen, Justiz- und Verwaltungsgebäuden, Bahnhöfen und Postgebäuden in der Bukowina, womit sie das Bürgerliche irreführenderweise als eine Art übergeordnete Kategorie etabliert. Vielmehr sind die Aufnahmen als Teil des städtischen Narrativs zu sehen: Die Stadt stellt sich durch den Bau von Kranken- und Versorgungsanstalten selbst dar (Abb. 7) – wie an zahlreichen anderen Orten Europas.[56] Die Verlage unterstreichen die Selbstdarstellung als (Groß-)Stadt, eine der wichtigsten Selbstverständigungsdebatten der Zeit.

Orte des Aufstiegsstrebens: Selbstbilder einer bürgerlichen Gesellschaft

Entsprachen zahlreiche »Ansichten der Moderne« internationalen Narrativen der Zeit, fällt auf, dass die Formations- und Kohäsionsorte der bürgerlichen Gesellschaft sehr häufig abgebildet wurden, ja, Schulen und Theater von den Bukowiner Verlagen für noch abbildungswürdiger und verkaufbarer als der Bahnhof gehalten wurden. Bildung spielte eine zentrale Rolle für die Verbesserung der Lebensbedingungen in der Habsburger Peripherie, die überdurchschnittlich hohe Analphabetenquoten hatte. Zwischen 1860 und 1913/14 entstanden in der Region zahlreiche neue Schulen.[57] Direkte Effekte der Bildungsexpansion im Primarsektor ließen sich Jahre später ablesen, als die Alphabetisierungsquote deutlich gestiegen war.[58] Neben den Primarbildungsanstalten konnten weiterführende Schulen eröffnet werden sowie Schulen, die für bestimmte Berufsfelder qualifizierten.[59] Die Bedeutung, die den Institutionen zugeschrieben wurde, spiegelte sich in einer regen Ansichtskartenproduktion. Zahlreiche Kärtchen der unterschiedlichen Schulen, von der landwirtschaftlichen Landes-Mittelschule, der k.k. Staatsgewerbeschule, des k.u.k. II. Staatsgymnasiums und der Lehrer- und Lehrerinnenbildungsanstalt waren verfügbar (Abb. 8).

Die 1875, zum hundertsten Jahrestag der Eingliederung der Bukowina ins Habsburger Imperium, gegründete Universität verhalf der zuvor doch eher verschlafenen Stadt in der Peripherie zu entscheidender Blüte.[60] Entsprechend gab es zahlreiche Motive, die sich gut verkauft haben dürften. Die *Bukowinaer Post* prophezeite einer Ansicht der Universität, des Institutsgebäudes und der griechisch-orthodoxen theologischen Fakultät, die

König anlässlich des 25-jährigen Jubiläums der Universitätsgründung herausgab, jedenfalls reißenden Absatz.[61]

Ordnen wir die Ansichtskartenproduktion als die Herstellung und Wiederholung von Selbstbildern einer Gemeinschaft ein, hier der Bewohner*innen des Kronlandes Bukowina, so sehen wir eine Betonung der Orte der Bildung, die zugleich stets Aufstiegswillen bedeuten. In der klassischen bürgerlichen Konzeption spielte die Bildung eine Schlüsselrolle, um den Idealzustand einer freien, mündigen Gesellschaft zu verwirklichen. Die Ansichtskarten der Bildungseinrichtungen können damit als Spiegel Bukowiner (bürgerlichen) Aspirationen gedeutet werden, durch allgemeine Bildung der Gemeinschaft als Ganzes zu mehr Wohlstand zu verhelfen.

Zudem machten Postkartenverleger andere Orte der bildungsbürgerlichen Kultur im wahrsten Sinne des Wortes greifbar. Das Theater – ebenfalls ein klassischer Formationsort der bürgerlichen Gesellschaft – wurde bereits während seiner Erbauung mehrfach auf Postkartenformat abgedruckt. Schließlich war der Neubau ein lang gehegter Wunsch der Czernowitzer*innen.[62] Zwar war das 1905 fertiggestellte Gebäude »von der Stange«,[63] da das Architektenduo Fellner & Helmer in ganz Mitteleuropa derartige Bauten errichtete.[64] Doch entsprach die umfangreiche Ansichtskartenproduktion dem Stolz des lokalen Bürgertums. Ein Theater gehörte wesentlich zu einer Stadt, die einen kulturellen Anspruch an sich stellte – und seine Errichtung markierte damit eine Distinktionslinie zum Dasein als rückständige Provinz. Entsprechend feierten die Czernowitzer Ansichtskartenverleger ihr 1905 errichtetes Theater, war es doch ein Symbol der Zugehörigkeit zu einer größeren Kulturgemeinschaft. So konnten Bilder des Theaters in unterschiedlichen Baustadien und Kolorationen erworben werden. Zudem gab es zahlreiche Gesamtansichten des Elisabethplatzes mit Justizpalast, Stadttheater und dem davor errichteten Standbild Schillers. Das Stadttheater war einer der Schwerpunkte der Ansichtskartenverleger (Abb. 9 und 10).

In ihren Mitteilungen nahmen die Czernowitzer immer wieder auf das Theater Bezug. Rau berichtete dem Fräulein Constanța, dass er mit Freuden im Theater gewesen sei in Czernowitz, und äußerte den Wunsch, sich mit ihr für eine Reise nach Dorna Watra zu verabreden.[65] Puchanek räumte im Jahr 1902 ein, dass »unser Theater« mit dem Nationaltheater nicht ganz mithalten könne, »aber schön ist es trotzdem sehr«.[66] Sie wählten diese Karte aber häufig und gerne aus, um ihre unterschiedlichen Anliegen zu klären, die mit dem Theater wenig zu tun hatten. Eine Person versuchte den Zustand der Liebesbeziehung in poetischen Worten zu klären.[67] Esias wählte eine aufwendig kolorierte Ansicht des ganzen Platzes, um sich nach dem Befinden des Bruders zu erkundigen, der als Steward in Bremerhaven angeheuert hatte: »Liber Bruder Es wundert mich ser warum Schreibs mier nicht Etwas von dein befinden seit deiner abreise von Czernowitz host mier gar nichts Geschriben mit Beste Grisse Bruder Esias«.[68] Auch wenn er offenbar an der Bildungsexpansion nur mit begrenztem Erfolg teilgenommen hatte, war das Theater (visueller) Anker für ihn.

Ebenso abgebildet war die Vereinskultur des Stadtbürgertums. Seit dem 18. und frühen 19. Jahrhundert waren Vereine Formierungsorte bürgerlichen Gedankenguts. Käuflich erwerben konnten die Czernowitzer Bürger die Miniaturen ihrer Kultur. So war etwa der 1862 gegründete *Musikverein* auf 9 × 14 Zentimeter ebenso verfügbar wie Bilder des seit 1872 bestehenden *Eislauf-Vereins*. »Hupel« versendete die Ansicht des Musikvereinsgebäudes jedoch eher, um seiner Unzufriedenheit Ausdruck zu verleihen. Im Jahr 1900 schrieb er an »Bubi« in Wien: »Lieber Bubi! Anbei siehst Du das denkwürdige Gebäude, in dem wir verschiedenes erlebten – aber damals waren noch Monate Zeit! Jetzt –? Zu spät –?? Nein! Darf nicht sein! Muss jetzt im selben Locale täglich spielen! Trauer umgibt mich! Kuss Hupel«[69] Amalie freute sich auf einer solchen Karte über das Freundschaftsangebot der Lina Potokar – auf die Zufälligkeit der Kartenauswahl des Stadtraumes wurde bereits verwiesen.[70]

Freizeitkultur in der Habsburger Peripherie: Orte des städtischen Vergnügens

Unter der Vielzahl an Ansichtskarten, die die einheimischen und auswärtigen Verleger zu Czernowitz im Angebot hatten, bildeten erstaunlich wenige Orte des Vergnügens ab. Es existierte, um dies zuzuspitzen, kein Gegenstück zum Narrativ einer bildungsbürgerlichen Stadt über Postkarten. Dabei belegten an anderen Orten Ansichtskarten en masse »die Attraktivität von Vergnügungseinrichtungen und anderer, zur Zerstreuung dienender Veranstaltungen, wie Jahrmarkt, Gewerbeschau, Kabarett, Zirkus etc.«, wie Karin Walter argumentierte.[71] Czernowitz, so schien es, wollte mit seinen Bildungseinrichtungen und seiner Ernsthaftigkeit als Habsburger Kronland glänzen und nicht mit seiner Vergnügungskultur. Die Karten sind als Mittel der Selbstpräsentation zu verstehen: Sie zeigten, was den Verlegern als vorzeigens-

Abb. 8 Orte der Bildungsexpansion als wichtiges Motiv – Gruss aus Czernowitz. K.k. Staatsgewerbeschule, Leon König: Czernowitz, 1902.

Abb. 9 und 10 Beweise der Kulturregion: Das Stadttheater als wichtiges Motiv – Czernowitz. Stadttheater mit Schiller-Denkmal, o. Verl.: o. O., o. J.; Czernowitz. Stadttheater mit Schillerdenkmal, o. Verl.: o. O., o. J.

Abb. 12 und 13 Repräsentative Funktionsorte – Gruss aus Czernowitz. Sparcasse-Gebäude, S. Kiesler: Czernowitz, 1902; Gruss aus Czernowitz. Bukowiner Handels- und Gewerbekammer mit Kaiser-Café, Postkartenverlag »Bediene dich selbst«: Czernowitz, 1910.

Abb. 11 Selten verlegt: Orte des städtischen Tourismus – Czernowitz. Hotel Bristol, König: Czernowitz, 1916.

wert erschien. Sie waren aber auch Präsentation: Mehr zeigen als da war, konnten sie nicht. Denn während in den Metropolen Europas, in London, Paris, Berlin und Wien, eine »Expansion des Vergnügens um 1900«[72] stattfand, blieb Czernowitz in dieser Hinsicht wahrhaftig Provinz. Eine richtige Vergnügungskultur entwickelte sich spät, was mit dazu beitrug, dass – wie bereits angesprochen – unter den Wiener Beamten, die in die Bukowina entsendet werden sollten, das Wort der »Strafkolonie«[73] kursierte. Das erste dauerhafte Kino in Czernowitz eröffnete erst 1910, im Jahr zuvor gab es gastweise Vorführungen eines Kinotheaters.[74] In Wien gab es 1903 schon drei Kinos, 1908 bereits 25.[75] Laut Reiseführer von 1907 gab es in Czernowitz als Unterhaltungsmöglichkeiten das Theater mit Lustspiel, Posse, Oper, Operette und Drama. Konzerten konnten die Einheimischen entweder im Musikvereinssaal oder im Volksgarten lauschen.[76] Der Ausbau der Vergnügungsmöglichkeiten ging dabei Hand in Hand mit dem Ausbau des Tourismus. Attraktive Angebote sollten mehr Reisende in das an der östlichen Peripherie gelegene Kronland locken. In Dorna Watra richteten die Einheimischen gar ein »Vergnügungskomitee« ein, um den Kurgästen in der Saison abwechslungsreiche Unterhaltung zu garantieren.[77]

Etwas früher eröffneten in Czernowitz Hotels. So konnten im Jahr 1888 im Stadtplan bereits elf Hotels verzeichnet werden.[78] Als klassische »Orte der Moderne«, mit all ihrem Luxus, befanden die Verlage diese als postkartenwürdig und gaben sie als Werbebilder der Stadt heraus. Sie sind als mediale Katalysatoren des Konsums zu verstehen, der »gutes Leben« verspricht.[79] Einheimische erinnerten auf den Karten an Feste, die in den Hotels stattfinden: »Am Samstag ist, wie Du weisst, die Hochzeit von Rosine im schwarzen Adler«.[80] Viele Touristen versendeten sie, um ihrem Korrespondenzpartner zu zeigen, wo sie sich temporär aufhielten: »Lieb! Dieses Bild zeigt Dir das Hotel in welchen wir wohnen. Das Fenster im Mezanin, unter welchen sich ein Kreuzl befindet, ist von meinem Zimmer. Viele Busserle, Dein Lieber«.[81]

Oder erzählten lokale Geschichten. So hieß das Hotel Bristol einmal »Glückshof« – fälschlicherweise, wie ein Schreibender zu berichten wusste: »Es hat nämlich schon viel Unglück gebracht. Der Inhaber dem die Geschäfte nicht glänzend gingen, musste Bankerott ansagen und verübte Selbstmord, indem er sich vom 2. Stock hinunterwarf. Außerdem ist noch viel Unglück in diesem Hause geschehen. Heute heißt es ›Bristol‹. Dieser Name ist heilvoller.«[82]

Die Grandhotels galten den Verlegern als Orte der Moderne, die sie selbst ins Repertoire aufnahmen (Abb. 11). Zudem hofften sie auf Käufer*innen unter den Gästen der Hotels. Andere Lokale und Hotels mussten – wie andernorts auch – selbst Postkarten anfertigen lassen, die der Reklame dienten. Wer keine Ansichtskarten des eigenen Betriebs hatte, galt als von vorgestern.[83] Werbung spielte seit dem ausgehenden 19. Jahrhundert eine immer größere Rolle, und eben auch die Werbung via Bild. Die *Czernowitzer Presse* empfahl dringend die Anfertigung von Postkarten: »Kaum ein Dorf oder Wirtshaus, selbst in den entlegenen Gegenden, wird heute ohne Ansichtskarten zu finden sein, wo es jedoch noch nicht der Fall sein sollte, dort empfehlen wir, es nicht zu versäumen, sich schleunigst damit zu versehen […].«[84]

Dass die Selbstdarstellungen dabei mitunter extrem geschönt wurden, wurde einige Jahre nach der Jahrhundertwende zum Kritikpunkt: »Viele der modernen Ansichtskarten sollten schon von ›rechtswegen‹ gar nicht zum Verkauf zugelassen werden, da sie sich größtentheils der ›Vorspiegelung falscher Tatsachen‹ schuldig machen, denn auf ihnen wird die elendeste und verfallendste Dorfkneipe zum prachtvollen ›Hotel‹, die jammervollste Barake zum ›Kurhaus‹ und das traurigste Sommerlogis zur idealen ›Villa‹.«[85]

Orte der Rationalisierung: Werbebilder der Industrialisierung

Im Vergleich zu anderen Regionen der Habsburger Monarchie ließ die wirtschaftliche Entwicklung in der Bukowina zu wünschen übrig. Wenige Gewerbe entwickelten sich gut. Umso größer schien der Stolz auf die Fabriken und Produktionsstätten gewesen zu sein sowie auf die Orte, die für Gewerbetreibende von großer Bedeutung waren. Die Handels- und Gewerbekammer, 1908 bis 1910 erbaut, wurde mehrfach auf Ansichtskarten verewigt, ebenso das Gebäude der Sparkasse, das um die Jahrhundertwende errichtet wurde und dessen architektonischer Stil weitere Neubauten der Stadt prägen sollte; ein »Mittelweg zwischen vorherrschendem Historismus und modernem Jugendstil«[86] (Abb. 12 und 13). Das von einem Schüler Otto Wagners, Hubert Gessner, erbaute Haus konnte mit seiner Fassadengestaltung beeindrucken. Gessner wurde im Zentrum, in Wien, durch den Bau schlagartig bekannt.[87] Mit der überregionalen Bekanntheit des Gebäudes ist es sicher auch zu erklären, dass vom Sparkassengebäude mit die hochwertigsten und aufwendigsten Ansichtskarten verkauft wurden.

Weiter gab es von den wenigen Zweigen der Industrialisierung Karten, von den Bierbrauereien, aber vor allem von den Dampfsägen (Abb. 14 und 15).[88] Die Brettsäge in Mezebrody fand ihren Weg auch in den illustrierten Reiseführer des Kronlandes.[89] Die Holzindustrie war einer der wesentlichen Träger des bukowinischen Wirtschaftswachstums: Über lange Zeit war der umfangreiche Wald kaum kapitalisierbar. Erst mit der Errichtung der Eisenbahn änderte sich dies.

Zudem produzierten die Verlage zahlreiche Ansichten der mit der Holzindustrie verknüpften Arbeitsschritte, darunter Holzfällerarbeiten und Stätten der Weiterverarbeitung, auch der Spaltholzerzeugung in Stulpikany widmeten Verleger mehrere Postkarten. Neben den Sägewerken war dies etwa die Fabrik Schlessiger in Molit, in der Tonhölzer dargestellt wurden. Klassische Werbepostkarten waren dies nicht, wenngleich die Firmen sie auch zur Kommunikation genutzt haben dürften. Verschickt wurden die Ansichten an Bekannte zur Information (»Geehrter Herr Bokor. Das ist die Ansicht des Klotzplatzes«) oder um seinen Arbeitsplatz vorzuzeigen.[90] 1911 sendete Gottlieb seinen Eltern Pfingstgrüße: »Liebe Eltern! Fröhl. Pfingsten! Karte vom Vater aus Traun erhalten, besten Dank. Anbei eine Teilansicht unseres Werkes. Jetzt werde bald Brief schreiben. Wir sind alle gesund. Gruß Euer Gottlieb«.[91] Dampfsägen konnten dabei durchaus romantisch inszeniert werden, etwa war eine Ansicht der Dampfsägen-Aktiengesellschaft im Mondlicht zu erwerben. Die zeitgenössischen Ansichtskarten dokumentierten en passant die Folgen der Forstwirtschaft. Gerodete Wälder sind auf vielen Aufnahmen zu sehen.[92]

Die »Orte der Moderne« in der Peripherie entsprachen den internationalen Darstellungskonventionen der Zeit, indem Orte der Mobilität abgebildet wurden. Es zeigte sich aber auch ein spezifisches bukowinisches Narrativ, das Orte der bürgerlichen Kultur und vor allem der Bildung ins Zentrum stellte. Die Kartierung als industrialisierter Raum war ebenfalls zu finden, doch blieb sie quantitativ deutlich hinter der Kartierung als Zentrum bildungsbürgerlicher Hochkultur zurück.[93] In der Selbstinszenierung schrieben die Bildproduzenten die Bukowina in die Landkarte des Imperiums ein, als neues, ernst zu nehmendes kulturelles Zentrum in der Peripherie. Sie bewiesen über ähnliche visuelle Narrative Zugehörigkeit – nach innen, aber auch nach außen. Bei den Postkartenschreibern waren die topografischen Stadtansichten sehr beliebt, wenngleich direkte Bezugnahmen eher selten waren. Visualisierungen der Modernisierung scheinen der akzeptierte Hintergrund alltäglicher Kommunikation gewesen zu sein, eine Art Rauschen. Die Bilder, die die Stadt von sich selbst in die Welt schickte, bekamen von den Sendern neue Schichten überschrieben.

3.2 Karten des Imperiums: Huldigungen und Leerstellen

In diesem Teilkapitel argumentiere ich, dass die kleinen Karten auf mehreren Ebenen die Zugehörigkeit zum Habsburger Imperium erzählten und affirmierten. Erstens setzten Postkartenproduzenten prominent die Orte in Szene, die für die Funktionalität des Imperiums standen, und die Schreibenden nutzten Kärtchen, die Symbole des Imperiums zeigten, für eine spezifische Form der Kohäsion im imperialen Raum. Zweitens gab es Leerstellen in der Ansichtskartenproduktion, indem wenige Ansichten des moldauischen, prä-habsburgischen Kulturerbes hergestellt und verkauft wurden. In der Postkartenproduktion wurde so – um es praxeologisch auszudrücken – die politische Zugehörigkeit zu Österreich-Ungarn immer wieder festgeschrieben. Drittens huldigten die kleinen Kaufleute vor Ort in unterschiedlicher Form der Habsburger Herrscherfamilie, was als politische Ehrerbietung gewertet werden kann, die aber zudem als frühe Form des bewussten Marketings gewertet werden kann.

Funktionalität und Kohäsion des Imperiums

Modernisierung und Landesausbau fielen in der Bukowina zusammen, da das Kronland erst Mitte des 19. Jahrhunderts eigenständig wurde. Visuelle (postkartalische) Dokumentationen des Infrastrukturausbaus und Stadtumbaus bezeugten somit die Aktivitäten der Landesregierung im Kontext des Imperiums. Jedes Kärtchen, das die Funktionsbauten des Imperiums zeigte, die mit dem Ausbau der Bukowina zum eigenständigen Kronland zusammenhingen, bestätigte die Funktionalität des modernen Staates. Die Landesregierung stand für Macht, die Polizei für die Reichweite der Exekutive, die Kasernen für die Stärke des Militärs, das Justizpalais für ein System von Recht und Gerechtigkeit. Jeder Kauf, jedes Betrachten, jedes Beschreiben dieser Ansichtskarten der Landeshauptstadt, so könnte performativ ausgedeutet werden, arbeitete an der Erzählung der erfolg-

Abb. 14 und 15 Die Kapitalisierung des Waldes als Signets der Industrialisierung – Jakobeny: Säge Ortlieb, König: Czernowitz, o. J.; Gruss aus Russ.-Moldawitza. Dampfsäge, Mechel Schaffer: Russ. Moldawitza, o. J.

reichen Integration des Kronlandes mit – oder sich ab. Hans-Christian Maner betonte, dass »offizielle Stellen« in der Bukowina darum bemüht gewesen seien, »den Erfolg der Integration, den Bildern von der fernen Peripherie zum Trotz, herauszustellen.«[94] Mit sichtlichem Stolz notierte etwa Mittelmann in seinem Reiseführer, dass Czernowitz eine Stadt »mit selbständig organisiertem Magistrat und Versammlungsort des Landtages« ist. Es sei, so der Lokalpatriot weiter, »Sitz aller obersten Landesbehörden«, woraufhin eine mehrzeilige Aufzählung der Einrichtungen des Imperiums folgte.[95]

Die Postkartenmacher unterstützten die Integrationserzählung der Bukowina und verlegten massenhaft Aufnahmen der staatlichen Gebäude. Zu kaufen gab es Ansichten der Landesregierung, der Behördensitze, der Post- und Telegrafendirektion, der Direktion des Religionsfonds, des Landesgendarmeriekommandos und weiterer Ämter (Abb. 16–18). Von den Bewohnern wurden die großen Funktionsbauten durchaus als imposant empfunden – wenngleich sie nicht mit allen städtebaulichen Entwicklungen d'accord gingen: »Sieh wie schön das Just. Geb. wäre wenn der Park bleiben würde, jetzt ist er blos von Fotografens Gnaden vorhanden«, monierte ein Schreiber auf einer Ansichtskarte des Justizgebäudes.[96] Sie wählten die Motive aber auch aus, um ihre Beziehungen zu pflegen, ohne dass je explizit Bezug auf das Motiv Bezug genommen wurde: »Geliebter Freund! Ob Du wohl die Karte von mir bekommen hast«, wurde bang auf einer Ansicht der k.k. Landesregierung gefragt, um weiter zu informieren, wer wen heiraten würde.[97] Ein anderer informierte, er sei gesund und schicke Küsse.[98] Eleonora schrieb, dass die Schwester des Adressaten/der Adressatin blendend aussehe und sich gut unterhalte.[99] Anda wünschte ihrer Oma auf solch einer Karte alles Gute – praktischerweise »zum Namenstag, zu Weihnachten und zum neuen Jahr« auf einmal.[100] Und Olga erfuhr auf solch einer Karte, dass man gut angekommen sei.[101] Eine andere Person grüßte mit dieser Ansicht »aus der neuen Welt« – vielleicht hatte die rumänischsprachige Person einen Umzug in die Landeshauptstadt hinter sich gebracht?[102]

Die Institutionen des Imperiums befanden die Verleger für die Landeshauptstadt und die kleinen Dörfer für ansichtskartenwürdig. In den kleinen Städten und Dörfern waren Bezirksgerichte oder Polizeikasernen manchmal die einzigen Repräsentationsbauten und drängten sich als Ansichtskartenmotiv auf. Doch bannten sie die Infrastruktur des Imperiums auch auf Papier und somit ins Bewusstsein der Menschen. Das populäre Medium richtete das Imperium für den Massenkonsum zu.[103]

Im Czernowitzer Stadtraum verwiesen zudem die Herrengasse und insbesondere die unterschiedlichen Denkmäler auf das Imperium. Die Herrengasse war eine der zentralen und prächtigsten Straßen der Stadt, die auf eine der repräsentativen Straßen Wiens, des Zentrums des Imperiums, verwies. Zahlreiche Motive in unterschiedlichen qualitativen Ausführungen, die häufig gekauft wurden, sind von ihr überliefert. Von den Denkmälern sind insbesondere das Austria-Denkmal, das Kaiser Franz Joseph-Denkmal und das Kriegerdenkmal in der Siebenbürgerstraße in Szene gesetzt worden. Zum hundertsten Jahrestag der Eingliederung in das österreichische Imperium erhielt die Bukowina eine allegorische Darstellung der Austria, wie sie zuvor vor allem in Wien, etwa auf dem Austria-Brunnen, errichtet worden waren. Karl Peckary, ein in Wien ausgebildeter Bildhauer und Maler, entwarf die Statue, doch zeigte er sich tief enttäuscht über die Standortwahl des Magistrats. Die *Neue Freie Presse*, vermutlich Karl Emil Franzos, brachte zur Errichtung einen vernichtenden Beitrag über Stadt und Stadtplanung, den es sich lohnt, in aller Ausführlichkeit zu zitieren, um den Blick des Zentrums auf die Peripherie im Jahre 1875 zu verdeutlichen: »Die Stadt Czernowitz, ihrer Anlage und Bauart nach eine der weitläufigsten und unregelmäßigsten Europas, besaß vor kurzem und besitzt im Grunde auch heute nur noch einen einzigen vollständig regulierten und ausgebauten Platz, den Ringplatz. Er allein ist von hübschen Häusern eingefasst und macht durch seine Größe, Regelmäßigkeit und Umgebung einen großstädtischen Eindruck. Er liegt überdies im Zentrum der Stadt, und hier erhebt sich auch das städtische Rathaus. Hier, im Zentrum allen Verkehrs, war der einzig richtige Platz für das Denkmal. Wird doch die Austria-Statue der einzig wertvolle künstlerische Schmuck der jungen Stadt sein und voraussichtlich für lange Zeit hinaus bleiben. Und seinem Schmuck, seinem Stolz und seiner Zierde pflegt man doch sonst den besten Platz anzuweisen und ihn an jene Stelle zu setzen, wo er am meisten gesehen werden kann.

Leider war die Majorität der Stadtväter – allerdings eine Majorität, welche die Minorität nur um eine Stimme überwog – anderer Ansicht. Geht man anderwärts von dem Grundsatze aus, ein Denkmal dahin zu stellen, wo die Umgebung seiner architektonisch würdig ist, so rückte man diesmal unser Denkmal als einen Vorkämpfer des Schönen in eine wüste Umgebung, damit diese

Abb. 16–18
Gerichtsgebäude als Sehenswürdigkeiten in Stadt und Land – Czernowitz. Justizpalast, E. Kanarski: Czernowitz, o. J.; Gruss aus Zastawna. Bezirksgericht, Moritz Gottlieb: Czernowitz, o. J.; K.k. Bezirksgericht. Gruss aus Kurort Solka, Mechlowicz: Solka, 1912.

Abb. 19–21
Selbstvergewisserung des Imperiums als *Must-See* – Czernowitz. Austriaplatz, Schaar & Dathe: Trier, 1903; Czernowitz. Austriaplatz, Romuald Schally: Czernowitz, 1909; Kriegerdenkmal. Gruss aus Czernowitz, Leon König: Czernowitz, 1905.

Abb. 22 Militär als gemeinsame Erfahrung – Czernowitz. Erzherzog Albrecht Kaserne. Militär Casino. Bahnhof Czernowitz, A. R. Brauwasser: Czernowitz, o. J.

hierdurch umso rascher schön werde. Außer dem Ringplatz besitzt Czernowitz nämlich noch einige unregulierte Plätze. Der größte unter ihnen ist der ›Criminalplatz‹, so genannt von dem düstern Gebäude der Strafjustiz, welches sich da erhebt. Der größte, aber auch der abgelegenste und bis vor wenigen Jahren auch der wüsteste. In letzterer Zeit ward freilich einiges dafür getan. So ward dort das prächtige und stilvolle Regierungsgebäude gebaut, welches freilich mit seinen Nachbarn, elenden Hütten und Häuschen, in überaus schroffer Weise kontrastiert. Nun erhebt sich dort, ein noch greller Kontrast gegen die armseligen Baracken, das Austria-Denkmal. Der ›Criminalplatz‹ wurde reguliert und in ›Austriaplatz‹ umgetauft. Das erstere hat ihn wenig, das letztere gar nicht verschönert. Hoffentlich!«[104]

Nur einen vorzeigenswerten Platz habe die Stadt, wenngleich Franzos einräumte, dass man sich an anderen Orten bemühe. Ausgerechnet den »Criminalplatz« mit der Austria-Statue aufwerten zu wollen, befand er für geradezu absurd, doch sollten die Stadtratsabgeordneten auf lange Sicht Recht behalten. Im kurzen Czernowitz-Rundgang des *Baedekers* waren Austriaplatz mit Austria-Monument dann ab 1892 als *must-see* verzeichnet und entsprechend gab es unterschiedlichste Ansichtskarten von beiden. Kompilationskarten wie von Schally nahmen das Austria-Denkmal als eine der Hauptsehenswürdigkeiten auf (Abb. 19–21).

Zahlreiche Ansichtskarten zeigten zudem die Siebenbürgerstraße und das dort im Jahr 1902 errichtete Denkmal.[105] Die Bezeichnung auf den Ansichtskarten lautete »Kriegerdenkmal«; gewidmet war es dem Infanterieregiment 41, das seit der Gründung der Bukowina als eigenständiges Kronland ausschließlich aus Männern dieser Region gebildet wurde. In unmittelbarer Nähe zum Denkmal lag die Albrechtskaserne, die Standort des Regiments war.[106] Kriegerdenkmal und Kasernenaufnahmen gehörten zum wichtigen Repertoire aller Verlage, die regelmäßig gekauft wurden – oft von den Rekruten und Soldaten[107] (Abb. 22).

Auf Ansichten ihrer Kaserne kommunizierten die Eingezogenen in kurzen Mitteilungen ihren Zustand: »Bin glücklich eingetroffen. Heute große Vorstellung. Keine guten Nachrichten bis jetzt bezüglich des Dienstes erhalten«, schrieb ein Kadett an den Lehrer Gustav Kölbl in Wien 1907.[108] Ein anderer berichtete auf der Ansichtskarte der Landwehrkaserne, er sei gut angekommen. »Hier höre ich russisch, rumänisch und deutsch«, setzte der polnischsprachige Edek hinzu.[109] Mundziu bekam eine Ansicht der Erzherzog-Eugen-Kaserne, beschriftet mit »Meine Kaserne«.[110] Peter Koroliuk, der zum Bukowiner Hausregiment kam, da er aus der Bukowina stammte, litt zwar unter der Trennung von seinen Lieben, doch befand »hir ist ganz anderes Leben und ist vül besser zu Leben hir wie in Radautz […] und vüleicht kanst amal nach Cernowitz so Besuche mich«.[111]

Postkartenkommunikation half in diesem wie in vielen anderen Fällen Kontakt zu halten, obwohl die Kenntnisse der Schriftsprache begrenzt waren.[112] Andere wählten Ansichtskarten des Kriegerdenkmals aus, um an die (ehemaligen) Kameraden zu schreiben – oft in sehr umgangssprachlichen Ton: »Lieber Alter! Bei ›ff‹ Pils sitzend, gedenkt Deiner mit vielen herzlichen Grüßen«,[113] oder »Lieber Alter! Herzlichen Dank für das schöne Erinnerungszeichen. So ich hoffe geht es Dir recht gut. Mit herzlichem Gruß«.[114] Zudem regelten (ehemalige) Kameraden über Ansichtskarten Organisatorisches, etwa die Übersendung von Gepäck: »Liebster Kamerad! Da du hoffentlich im Besitze deines Koffers sein dürftest u. mir nunmehr nicht mehr zürnen wirst, kann ich ganz beruhigt dir schreiben. Die Verspätung der [Wort durchgestrichen] Sendung liegt nicht an mir. Der Spediteur Leinkauf kam dem Auftrage nicht nach u. da wendete ich mich an eine andere Firma. War's recht? Sei mir also nicht böse, aber ich war nicht die Schuld der Verspätung. Hier alles beim Alten. Die lieben Kameraden vom 22. treffe ich oft. […] Herzl. Grüße dein aufrichtiger Freund Pawlawski«.[115]

Deutlich formaler ging es in der Korrespondenz mit Vorgesetzten zu. Glückwünsche zur Beförderung transportierten die kleinen Karten ebenso wie die Vorfreude »auf das Wiedersehen mit meinem hochverehrten […] Commandanten«.[116] Manche inspirierte die Militärerfahrung sogar zu Gedichten. So erhielt der Schulleiter Pavliuk in Waschkoutz 1908 folgende Zeilen: »Lieber Herr Direktor! Mache jetzt die letzte Waffenübung mit. … Singend zieht in Stanislau. Alles in Berliner Blau, Mit Tournister und Gewehr Und die Sonne brennt so sehr … Einen ausführlichen Brief bekommen Sie. Meine beste Grüße und Handküsse an die geehrte Familie.«[117]

Die versendeten Grüße zeigen, wie sehr der Erfahrungsraum des Militärs einen Kommunikationsraum über die Grenzen der einzelnen Kronländer hinaus schuf. Denn das Habsburger Militär versendete seine höherrangigen Angehörigen in andere Teile des Imperiums, um die Identifikation mit dem Vielvölkerreich zu stärken.[118] Höhergestellte schrieben ebenfalls. Kanarek, ein Unteroffizier, schickte Grüße aus Czernowitz mit einer Ansichtskarte, die Soldaten der Habsburger Armee laut Beschriftung beim »Abkochen im Freien« zeigte. Für das Motiv entschuldigte er sich; es habe in der Kantine keine bessere gegeben.[119] Auch andere Funktionsträger wurden innerhalb des Imperiums versetzt und kommunizierten von der Bukowina in andere Teile des Imperiums. So vermeldete im Jahr 1909 ein Bahnbeamter nach Böhmen: »Gestatte mir hiermit, die besten Grüße aus meinem neuen Stationsorte zu senden und bitte selbe auch den übrigen Herrn übermitteln zu wollen. Der Dienst ist hier ein sehr angenehmer, leider aber sehr viel zu tun. Hochachtend zeichnet Ihr ergebener Noßek«.[120]

Das Habsburger Imperium kam auch da ins Bild, wo es endete. Nirgendwo zeigte sich die Evidenzfunktion des Ansichtskartenversendens so deutlich wie an den Kärtchen, die vom östlichen Ort des Habsburgerreiches abgeschickt wurden. In Nowosielitza befand sich die Grenze zwischen dem Habsburgerreich und dem Russländischen Reich. »Ich war da«, lautete die Botschaft der Absender, sogar »im fernsten Osten«, wie im Jahr 1912 ein G. dem sehr geehrten Fräulein Mathilde nach Wien schrieb.[121] Leon König edierte die Ansichten dieses Ortes, die überwiegend die Liminalität zeigten: Der Grenzzaun konnte sowohl von vorne als auch von hinten erworben werden, ebenso waren Aufnahmen verschiedener Patrouillen zu kaufen.[122] Die Grenze war im Denken jener Postkartenschreibender nicht nur eine physische, sondern auch eine mentale, da hinter dem Grenzzaun ein neues Ordnungssystem begann.

Eine Erzählung des Imperiums durch Leerstellen
Wie stark die Ansichtskarten eine Geschichte der Bukowina als Teil des Habsburger Imperiums erzählten, manifestierte sich nicht zuletzt über Leerstellen, über jene Orte, die kaum oder überhaupt nicht dargestellt wurden. Denn weitgehend abwesend in den Produktionen der Czernowitzer Postkartenverleger, die insgesamt den Markt dominierten, war das moldauische Erbe der Region. Im 14. Jahrhundert konnte sich auf dem Gebiet des späteren Kronlandes das Fürstentum Moldau etablieren, das sich unter Stefan dem Großen (Ștefan cel Mare, 1433–1504) kulturell und wirtschaftlich entwickelte: Die heute weltbekannten und seit 1990 als UNESCO-Kulturerbe geführten Klosterbauten wurden in jener Zeit errichtet. Der Überlieferung nach ließ der moldauische Herrscher für jede geschlagene Schlacht gegen das Osmanische Reich ein Kloster errichten.[123] Ab Ende des 15. Jahrhunderts wurde die Abhängigkeit von der Hohen Pforte wieder größer. Nachdem die Habsburger 1775 aus primär militärstrategischen Interessen den Landstrich im Osten übernommen hatten, hoben die neuen Herrscher zahlreiche der Klöster auf. Bestehen blieben nur noch Putna, Suczawitza/Suczawycia/Sucevița, Dragomirna und Petroutz/Petriwci/Petrăuții. Ziel war sicherlich die Eingliederung der bestehenden Struktur in das Habsburgische System,[124] was in den Kontext der allgemeinen zeitgenössischen Politik der Klosterreduktion einzuordnen ist.

Die Kulturpolitik bemühte sich zwar, die kirchlichen Baudenkmäler im südlichen Teil der Bukowina zu erhalten. Bereits 1854 ernannte die Wiener k.k. Central-Commission für Erforschung und Erhaltung der Baudenkmale den ersten Konservator. Die Wahl fiel auf Andreas Mikulicz, auf den dann ab 1880 Eduard Ritter von Gutter folgte, der sich sehr für Erforschung und Restaurierung einsetzte und die ersten Grabungen am alten Fürstenschloss in Suczawa voranbrachte. Seit Mitte der 1880er Jahre arbeitete Karl Adolf Romstorfer an der Bewahrung des spätmittelalterlichen und frühneuzeitlichen Erbes der Region.[125] Doch die Infrastruktur wurde über längere Zeit vernachlässigt. Die ehemaligen und die noch weiterbestehenden Klöster waren in der Habsburger Zeit schwer erreichbar. Auch für den beginnenden Tourismus wurden sie erst sehr spät erschlossen und wenig beworben. Der *Baedeker* empfand, wie erwähnt, außerhalb Czernowitz rein gar nichts als besuchenswert. Für die Czernowitzer Verlage waren die Klöster nur ein Motiv unter vielen. Sie kamen vor die Linse ebenso wie die Schlösser der Region oder eben die Dampfsägen. Wobei: Bahnhöfe und Dampfsägen waren deutlich beliebtere Ansichtskartenmotive. König, der zum Ende des 19. Jahrhunderts die komplette Region fotografieren ließ, hatte Aufnahmen der Klöster in Suczawitza und Putna im Angebot (Abb. 23). Nur einmal ließ er Fotografien machen, die er dann immer wieder verlegte, bis sich die Spur des Verlags verlor. Erst Mittelmann in seinem Bukowina-Reiseführer von 1913 klassifizierte die Ruine des Residenzschlosses als »das historisch interessanteste Objekt des ganzen Landes« und die Mireutzkirche als »Sehenswürdigkeit ersten Ranges«.[126]

Reiseführerempfehlungen und Postkartenproduktion gingen sonst – wie im Folgekapitel zu zeigen sein wird – häufig Hand in Hand. Doch es fällt auf, dass die Czernowitzer Verleger wenige Ansichtskarten der moldauischen Sehenswürdigkeiten und der einst stolzen Fürstenstadt Suczawa im Angebot hatten. Seit dem Anschluss der Bukowina an das Habsburgerreich hatte sie

Abb. 23 Keine zentralen Sehenswürdigkeiten: Die Moldauklöster – Gruss aus der Bukowina. Kloster Suczawitza. König: Czernowitz, o. J.

einen massiven Bedeutungsverlust hinzunehmen. Um die Jahrhundertwende zählte die Stadt um die 10 000 Einwohner und damit nur ein Siebtel der Landeshauptstadt. Die in Czernowitz angesiedelten Verleger vernachlässigten das mittelalterliche moldauische Erbe deutlich, während sie die Habsburger Moderne in Szene setzten. Als kommerzielle Akteure waren sie dem vermuteten Profit verschrieben, doch eben auch Akteure auf dem Feld der Geschichtspolitik, denn die kleinen Karten trugen im Ensemble mit anderen Medien zu (touristischen) Wertigkeiten, zu Selbst- und Fremdbildern bei. Wurden sie doch tätig, beschrifteten sie deutlicher häufiger auf Rumänisch. Der Geschäftsmann König hatte eine Karte für die reisenden Rumänen vorrätig, die den moldauischen Herrscher und das Kloster Putna zeigten (Abb. 24).

Insgesamt zeigte sich eine regionale Arbeitsteilung, da Verlage aus der Südbukowina stärker in Erscheinung traten. Manche trugen sogar rumänische Namen, was in dem Markt, der insgesamt von jüdischen und christlichen Deutschsprachigen dominiert wurde, ins Auge fiel. Zu nennen ist etwa der Verlag »Școala Română«. Häufig beschrifteten sie auf Rumänisch – hier orientierten sich die Verlage an dem vermuteten Zielpublikum, da das Erbe des Fürstentums Moldau mit dem Herrscher Ștefan cel Mare identitätsstiftend für die Gruppe der Rumänen war. Die zwei Dutzend überlieferten Ansichten der Stadt (nur ein Zehntel der Czernowitzer Motive) fokussierten das Erbe Moldaus, indem sie die Schlossruine und die im 16. Jahrhundert gegründete Mireutzkirche zeigten. Beide Gebäude waren um 1900 nicht in sonderlich gutem Zustand, da sie immer mehr verfallen waren (Abb. 25).

Wie viele Personen diese Ansichtskarten aus nationalpatriotischen Gründen auswählten und versandten, bleibt schwer einzuschätzen. In den durchgesehenen Sammlungen blieb Anschlusskommunikation aus. Die Postkarten liefen nach Wien, nach Hamburg und in die Steiermark und dienten der Kommunikation von alltäglichen und außeralltäglichen Vorkommnissen (»die Schwester hat die Maturitätsprüfung mit sehr gutem Erfolge bestanden«) in deutscher Sprache.[127] Die Botschaften waren zumeist lapidar. »Viele Grüße von [Druck: »Zamca«] einst armenisches Kloster jetzt nur Ruine« erreichten ein Fräulein Dora Zalinka in der Steiermark.[128] Ein weiterer Herr sendete aus Suczawa an der rumänischen Grenze Tausend Grüße.[129] Eine Dame übersetzte ihren Verwandten in der Steiermark die rumänischen Beschriftungen der Stadtansichten, damit die die Motive verstanden. Vom rumänischen Patriotis-

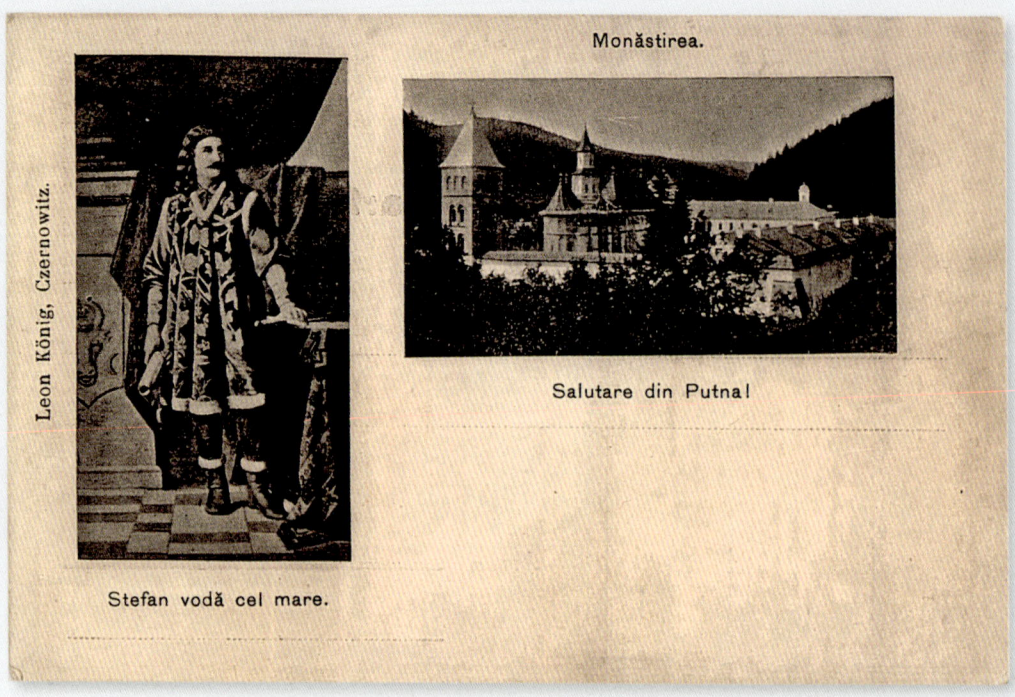

Abb. 24 und 25 Ansichten für Rumän*innen? Das moldauische Kulturerbe auf Rumänisch beschriftet – Salutare din Putna, Leon König: Czernowitz, o. J.; Salutărĭ din Suceava. Biserica Mirăuțiior înainte de restaurare. Edit. și Tip. Soc. »Școala Română«: Suceava, 1905.

mus war in dieser Sammlung keine Kommunikation befeuert. Deutlich zeigte sich eine gewisse Spaltung des Kronlandes, da der Südteil aus Czernowitzer Sicht eine Peripherie in der Peripherie gewesen zu sein scheint.

Postkartalische Huldigungen an die Monarchie zwischen Ehrerbietung und Marketing
An der Wende vom 19. zum 20. Jahrhundert stellten Postkarten ein hochmodernes und beliebtes Massenkommunikationsmittel dar, das – größenmäßig komprimiert – die Qualitäten mehrerer Bildmedien der Zeit auf sich vereinte. Politische Gruppierungen, die sich der Stärkung der Klasse oder der Nation verschrieben hatten, nutzten das Medium aktiv, um über visuelle Codes und/oder Bild-Text-Kombinationen ihre Botschaften kundzutun. So agitierte beispielsweise die tschechische Nationalbewegung regelmäßig über Karten, stets das Ziel eines unabhängigen Staates vor Augen habend.[130] In bereits begründeten Nationalstaaten konnten Karten mit dem Schriftzug »Gott schütze unser Vaterland« erworben werden, ebenfalls sehr verbreitet waren Huldigungsformen an das jeweilige Herrscherhaus, wobei die Auflagen jener Karten während des Ersten Weltkrieges – während der Bedrohungssituation – rasant explodierten. Postkarten beförderten politische Botschaften mit, egal, ob sie von politischen Vereinen oder kommerziellen Verlagen herausgegeben wurden, sei es, weil deren Leiter die abgedruckten Botschaften teilten, sei es da sie als kommerzielle Unternehmen sich an der vermuteten Nachfrage orientierten.

Die verlegerisch tätigen Institutionen im östlichen und noch recht jungen Kronland der Bukowina produzierten Postkarten, die Huldigungsformeln an das Kaiserhaus enthielten. »Gott schütze unser Kaiserhaus« oder »Hoch Österreich!« lauteten die Schriftzüge, die Bildnisse des Kaisers – manchmal mit Familie – in topografische Ansichtskarten montierten.[131] Derlei Karten sowie volle Portraits produzierten zeitgenössisch Firmen im ganzen Imperium. Oftmals löste ein besonderes Ereignis die Produktion aus, etwa zu Anlass der zahlreichen Reisen des Kaisers. Sie explodierte, als Franz Joseph sein fünfzigstes Kronjubiläum feierte. Spätestens dann, so Emil Brix, wurde der Kaiser eine zentrale Figur der übernationalen Ordnung, ein kultureller Mythos.[132] Daniel Unowsky konstatierte insgesamt eine Zunahme der monarchischen Selbstdarstellung im 19. Jahrhundert, verbunden mit dem klaren Versuch, das Identifikationspotential des Kaisers zu nutzen und Loyalitäten auf ihn zu zentrieren.[133] Moderne Massenmedien traten zu den traditionellen Medien, die bislang genutzt wurden, um den Monarchen zu ehren.[134] Die Voraussetzung dafür bildete die Erlaubnis, jene Bilder benutzen zu dürfen. Bereits 1886, im Vorfeld des 40. Kronjubiläums, wurde diese erteilt, und in der Folge zierten Portraits des Habsburger Herrschers bzw. der Monarchenfamilie unzählige Gebrauchsgegenstände, auch Teppiche, Tassen, Aschenbecher und Scheren, und brachten so »patriotism into the every day lives of Habsburg citizens«.[135]

Auch in Czernowitz brachten einzelne Verleger zu speziellen Anlässen Sonderpostkarten auf den Markt. Als Czernowitzer Schüler anlässlich des 60. Regierungsjubiläums des Kaisers Franz Joseph I. im Jahr 1908 einen Kaiserhuldigungsfestzug aufführten, druckte der Verleger Leon König eine Karte mit dem Bildnis des Kaisers, umrahmt durch den Schriftzug »Zur Erinnerung an den Kaiserhuldigungsfestzug der Czernowitzer Schuljugend. Gewidmet von Leon König Czernowitz«.[136] Der Geschäftsmann ließ die Karte kostenlos unter allen Schülern der Stadt verteilen, insgesamt 14 000 Exemplare. Das *Czernowitzer Tagblatt* lobte die »sehr originelle Idee«, die reizende Ausgestaltung der Ansichtskarten und befand, dass dieses »sinnige Geschenk […] den jungen Gemütern«[137] viel Freude bereitet habe.

Von anderer Seite wurde König frontal attackiert. *Die Wahrheit*, eine zwischen 1907 und 1914 in Czernowitz erschienene Zeitung, warf dem Papierwarenhändler billigste Geschäftemacherei in dem Fall vor. Der namentlich nicht benannte Verfasser schrieb: »Auch ich bekam eine solche Karte zu Gesicht. Sie ist möglichst schäbig hergestellt […] Auf der Adressseite befindet sich ebenfalls ein Text. Ich dachte auf den ersten Blick an irgendeinen schönen Vers zu Ehren des geliebten Monarchen oder zumindest an das ›Gott erhalte‹. Weit gefehlt. Herr König placierte dort ein Inserat, was in seiner Papierhandlung alles billigst zu haben ist. Also kommune Geschäftsreklame. Und dazu wird der Name des Kaisers mißbraucht, dazu gibt sich eine k.k. Schulbehörde her, dazu sollen alle Schulen herhalten. Das ist denn doch zu unverschämt. Daß in unseren Behörden der Idiotismus eine gewaltige Rolle spielt, ist bekannt, daß sich aber eine kaiserliche Behörde zu einer Mache hergeben könnte, die fast an eine Majestätsbeleidigung heranreicht, hätte man schlechterdings nicht geglaubt. Was würde denn der Herr von Fürth tun, wenn nun auch der Herr Fontin in Verbindung mit dem Bildnisse Seiner Majestät seine echt französischen Präservativs, der Gustav Pfaff seine Würste, der Picker seine Weine, der Salamon Rudich seinen Schnaps und der Apotheker Kuzmany seine Merkursalbe anpreisen wollte? Die Herren sollten denn doch bedenken, daß es nicht angeht, jedem Czernowitzer Krämer zulieb den Kaiser herhalten zu lassen. Im übrigen hätte da die Staatsanwaltschaft gegen den Herrn Fürth einzuschreiten.«[138]

Das seit 1907 erschienene Druckerzeugnis gehörte zu Emil Kanarski – und damit sowohl einem direkten Konkurrenten Königs als auch einer Person, die mehrmals bereits durch antijüdische Positionen aufgefallen war.[139] Kanarski gehörte dem *Verein der christlichen Deutschen* an und seine Zeitschrift *Die Wahrheit* war, mal offener, mal subtiler von antisemitischen Auslassungen geprägt. Das Postkartengewerbe (und das damit eng verbundene Druckereigewerbe), das vor allem jüdische und christliche Deutschsprachige dominierten, wurde um die Jahrhundertwende einer der Schauplätze des wachsenden Antisemitismus in der Bukowina – wie auch im Kapitel zu den »Grenzen der bukowinischen Toleranz«[140] zu zeigen sein wird.

Sicherlich hatte König die Reklame für sein Geschäft (auch) im Blick, denn Geschick für Marketing bewies er immer wieder, etwa als er dem neu gegründeten Landesmuseum Ansichtskarten schenkte, und es damit in die Zeitung schaffte, oder mit seinen Karten im Bukowina-Pavillon auf der Jubiläumsausstellung vertreten war.[141] König war damit auf der Höhe der Zeit, denn Werbung in direkter und indirekter Form setzte sich mit dem Eintritt in die Konsumgesellschaft durch, der üblicherweise auf die Jahre um 1890 datiert wird.[142] Die *Bukowinaer Post* befand die Tatsache, dass man außer der üblichen Objekte auch Ansichtskarten ausstelle, als überaus modern und lobte König für die außerordentliche Qualität seiner Postkarten und seinen Einsatz; »mit namhaften Opfern« habe er an die dreihundert Karten herstellen lassen, welche »nicht nur Städteansichten, sehenswerthe Gebäude und Landschaften, sondern auch Nationaltypen aus unserem Heimatlande dem Westen vorführen und in ihrer Gesamtheit ein interessantes Bilderbuch auch der Bukowina bilden, welches vollste Beachtung verdient.«[143] König ließ sich in diesem Fall die Aufmerksamkeit für sein Geschäft etwas kosten und auch im Fall der gratis verteilten Ansichtskarten zum Regierungsjubiläum. Für 5 Kreuzer verkauften Postkartenhändler in der Bukowina in jenen Jahren ihre Kärtchen,[144] sodass der entgangene Verkaufswert bei 14 000 verschenkten Karten 3 500 Gulden gewesen sein muss. Zwar lagen die Produktionskosten deutlich niedriger, doch blieb das Geschenk für König auf der materiellen, kurzfristigen Ebene ein Verlustgeschäft – in der längeren Perspektive dürfte er aber auf den Werbeeffekt abgezielt haben, womit er modern dachte. Er und die anderen Postkartenmacher waren Kaufleute, die kommerzielle Interessen hatten und diese mit politischen Überzeugungen verbanden, ohne dass dies gleich und ausschließlich als instrumentalisierend gedeutet werden muss, wie von Konkurrent Kanarski getan. So war König insgesamt ein sehr engagierter Bürger, der in zahlreichen Vereinen Mitglied war, für zahlreiche andere spendete. Zudem galt die jüdische Bevölkerung der Bukowina insgesamt als besonders monarchietreu.[145] Die Toleranzpatente eröffneten im 18. Jahrhundert neue Möglichkeiten für die Gruppe der Juden, die zahlreich in Polen-Litauen lebten und nach den Teilungen zu Untertan*innen des Habsburger Imperiums wurden. Durch die Adaption an die Amtssprache Deutsch gelang es ihnen gerade in der Bukowina, frühzeitig Bedeutung in der regionalen Führungsschicht zu gewinnen. Dem Kaiser wurde immer wieder gehuldigt, wiederholt gab es Gedenkfeierlichkeiten zu seinem Geburtstag in den Synagogen der Bukowina, so auch 1910.[146]

Als Zeichen politischer Ehrerbietung, die zeitgleich den kommerziellen Interessen diente, müssen auch die Huldigungsalben des Verlegers an das Herrscherhaus gedeutet werden: Im Nachgang zum Czernowitz-Besuch von Erzherzog Eugen von Österreich-Teschen am 26. April 1901 schenkte König ihm ein etwa 500 Postkarten umfassendes Album, die allesamt in seinem Verlag erschienen waren. Aus der Kur in Karlsbad übermittelte der Erzherzog seinen Dank für das Album und ließ König eine goldene Anstecknadel mit der bekrönten Initiale »E« übermitteln.[147] Geschenke gehörten seit dem Mittelalter bereits zur diplomatischen Praxis, doch seit 1850 änderten sich die Gebräuche. Immer mehr Untertanen überbrachten Geschenke an das jeweilige Herrscherhaus.[148] Die meisten, so Ulla Fischer-Westhauser, hatten »handfeste Interessen«, seien es mehr Aufträge, Titel, Schutz oder finanzielle Unterstützung.[149] Geschenke von Geschäftsleuten sollten direkt als »Lobbyismus« eingestuft und bezeichnet werden.[150] Personen und Institutionen, die ein Geschenk einbringen wollten, wurden entsprechend angehalten, um Erlaubnis zu ersuchen.[151] Ob König das tat, ist genauso wenig bekannt, wie ob er um etwas Spezielles bat.

So üblich derlei Huldigungsgesten in der Monarchie waren und so routiniert die Antworten des Herrscherhauses,[152] so fällt auf, dass selbst die Standardreaktion in

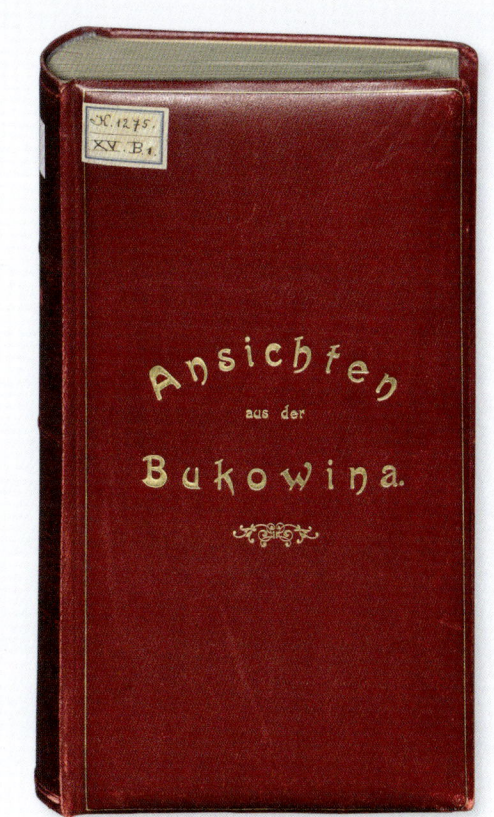
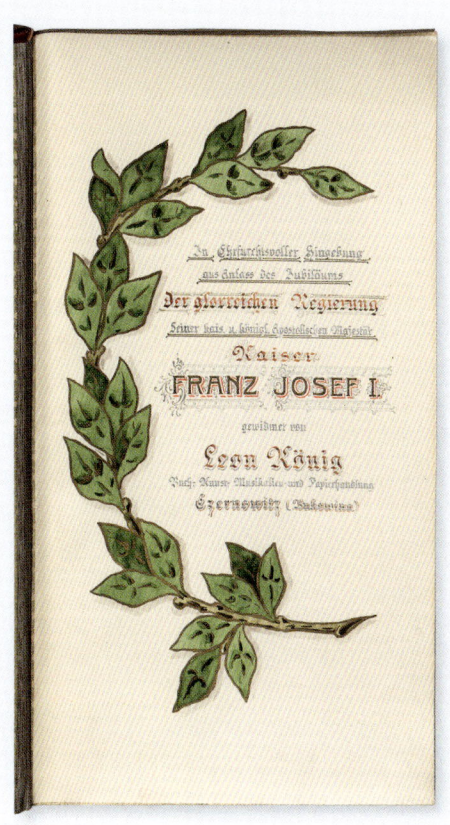

Abb. 26 und 27 Ehrerbietung für das Habsburger Herrscherhaus – Ansichten aus der Bukowina. Postkartenalbum für Kaiser Franz Josef I., Leon König: Czernowitz, 1908.

der Bukowina auf große Resonanz stieß. Denn über diese Auszeichnung berichteten zahlreiche Zeitungen des Kronlandes, darunter die *Bukowinaer Post*, die *Bukowinaer Rundschau* sowie die *Genossenschafts- und Vereinszeitung*. Die *Bukowinaer Post* würdigte besonders, dass Leon König die Bukowina mit seinen Postkarten über ihre Grenzen hinaus bekannt gemacht habe: »Herr König hat sich durch die Editionen seiner schön ausgeführten Ansichtskarten aus der Bukowina ein Verdienst um das Heimatland erworben, denn er hat die Bukowina, ihre landschaftlichen Reize und sonstigen Sehenswürdigkeiten auf diesem gar nicht mehr ungewöhnlichen Wege in der weiten Außenwelt bekannt gemacht. Die Auszeichnung des Erzherzogs Eugen wird ihm ein verdienter Lohn, aber auch ein Ansporn für die Zukunft sein.«[153]

Die standardisierte Aufmerksamkeit des Erzherzogs übersetzte sich in öffentliche Aufmerksamkeit für Königs Postkartengewerbe, womit er seine Marktposition ausbauen konnte. So modern dieser Gedanke von Öffentlichkeitsarbeit war, so demonstrierte Königs Geste auch Loyalität zum Herrscherhaus.[154] Einige Jahre später setzte der Geschäftsmann erneut ein Postkartenalbum ein, um seiner Verehrung für das Herrscherhaus Ausdruck zu verleihen, diesmal für den Kaiser Franz Joseph I. zur Erinnerung an das 60-jährige Regierungsjubiläum. Knapp 500 Postkarten aus seinem Verlag wählte König für das Steckalbum aus, das prachtvoll ausgestaltet war (Abb. 26 und 27). Der Einband bestand aus bordeauxfarbenem Leder, worauf auf der Vorderseite in goldener Schrift »Ansichten aus der Bukowina« eingestanzt worden war.[155] Danach folgte eine von Hand gestaltete, überaus sorgfältige Widmungsseite: »In Ehrfurchtsvoller Hingebung aus Anlass des Jubiläums der glorreichen Regierung Seiner kais. u. königl. Apostolischen Majestät Kaiser Franz Josef I. gewidmet von Leon König Buch- Kunst- Musikalien- und Papierhandlung Czernowitz (Bukowina)«.[156]

Eingefasst war der Schriftzug mit handgezeichneten Blättern, die auf den ersten Blick als Buchenblätter gedeutet werden können, was als Reminiszenz an die Wälder des Kronlandes dominierende und namensgebende Buche nahelege. Doch der zweite Blick lässt auf Lorbeerblätter rückschließen, die klassisches Symbol für Ehrerbietung waren und zudem Teil des Czernowitzer Stadtwappens. Es folgten dann 124 Seiten aus dunkelgrüner Pappe mit je vier Postkarten auf einer Seite, die in vorgegebenen Steckplätzen eingebracht und handschriftlich (und an einigen Stellen fehlerhaft) durchnummeriert wurden. Bis auf eine Ausnahme stammten alle aus dem Hause König, wobei König sowohl die Massenware auswählte, die in mehreren anderen Überlieferungen zu finden sind, als auch besonders aufwendig gestaltete und kolorierte Karten, die nur in kleiner Auflage erschienen waren und die ich an keinem anderen Ort entdecken konnte. Dazu zählte eine mit farbigen Jugendstilelementen gerahmte Schwarz-Weiß-Ansicht der Residenz ebenso wie eine aus der Ferne aufgenommene Perspektive auf Residenzgasse und Residenz, die in eine mehrfarbig gestaltete Seenlandschaft mit Bäumen eingefügt worden waren. Eine weitere, sehr aufwendig gestaltete Karte, zeigte kleine Fotografien von Sparkasse und Ringplatz vor einem grünen Hintergrund, auf dem großformatige rote Blumen und ein Spinnennetz aufgebracht worden waren.

König suchte aber weniger durch eine Auswahl der prächtigsten Karten zu beeindrucken denn mit der Vielfalt der Motive. Seine Auswahl des Sehenswerten – was sich sowohl auf die Bukowina insgesamt als auch auf sein Postkartenschaffen bezieht – drittelte er. Die ersten knapp 150 Postkarten zeigten die Hauptstadt, wobei der Fokus auf den Orten der Moderne und des Ausbaus zur Landeshauptstadt lag. Die nächsten 140 Karten zeigten andere Städte und Dörfer, beliebt waren Ausflugsziele und Kurorte. Die restlichen Karten zeigten dann Angehörige unterschiedlicher Ethnien (bezeichnet als Rumänen, Huzulen, Ruthenen, Zigeuner, Lipowaner, Ungarn), gemischt mit Aufnahmen von Naturorten, aber auch der Klöster. Czernowitz – das machte der Aufbau klar – war die Essenz der Bukowina. Und am Anfang von Czernowitz stand das Wirken des Habsburger Herrscherhauses. Denn als erste Karte hatte König eine Aufnahme des Kaiser-Franz-Joseph-Denkmals an die Spitze des obersten Blattes gesetzt, gefolgt vom Café Habsburg, dem Kriegerdenkmal und einer Ansicht der k.k. Landesregierung – eine klare Huldigung an den Herrscher und die Institutionen der Monarchie (Abb. 28).

Vor der Einführung der Ansichtskarten überreichten Fotografen ähnliche Geschenkalben an Mitglieder des Herrscherhauses. Der Czernowitzer Fotograf Friedrich Schmack schenkte zur »Erinnerung an das hundertjährige Jubiläum der Angehörigkeit Bukowinas zum Kaiserstaate 1775–1875« ein Steckalbum mit 66 Fotografien, überwiegend Aufnahmen von Personen in traditioneller, ländlicher Kleidung, die im Atelier aufgenommen wurden. Im Album sind wenige Außenaufnahmen vertreten, was den Stand der Fotografie 1875 widerspiegelt.[157] Fünf Jahre später, 1880, nahm Anton Kluczenko die Enthüllung des Austria-Denkmals in Anwesenheit des Kaisers zum Anlass, ein hochwertig gestaltetes Album zu überreichen. Eingeschlagen in violetten Samtbezug mit der Goldprägung »Erinnerung an die Bukowina« enthielt der Band etwa 15 Fotografien, ausschließlich Außenaufnahmen aus der Stadt Czernowitz, die zwei Motivgruppen zeigten: Zum einen Kirchen der unterschiedlichen, wenngleich nicht aller Konfessionen, und zum anderen Funktionsbauten des Staates und deren Umgebung: Den Park in der k.k. Landesregierung nahm er ebenso auf wie das Magistratsgebäude und die k.k. Hauptwache.[158]

König erfand mit seinen Huldigungsalben wahrlich kein neues Genre, sondern knüpfte an bewährte Traditionen an, die stets im Spannungsfeld zwischen Ehrerbietung an das Herrscherhaus und positiver Aufmerksamkeitsgenerierung bezüglich der eigenen Person und des Gewerbes standen. König konnte im Gegensatz zu den genannten Fotografen, die etwas schenkten, von der positiven, rückgekoppelten Presseaufmerksamkeit für das Geschenk profitieren.

Auf mehreren Ebenen affirmierten die Postkartenverlage die Zugehörigkeit zum Herrscherhaus, einmal durch Huldigungsalben und -karten, von denen sie sich politische Nähe, aber vor allem positive Effekte für ihr Geschäft versprachen: Öffentlichkeitsarbeit in ihrer frühen Form. Bemerkenswert ist, wie sehr die Öffentlichkeit der Peripherie nach Aufmerksamkeit aus dem Zentrum dürstete, so dass selbst routinierte Antworten auf übliche Geschenke breit und positiv besprochen wurden. Auch fallen die Leerstellen der postkartalischen Erzählungen auf: Das Kulturerbe im Südteil der Bukowina interessiert die Czernowitzer Verleger nicht; hier kann von einer Binnenprovinzialisierung gesprochen werden, da die Produzenten der Landeshauptstadt sich weitgehend am imperialen Ausbau sattsahen, den sie mit zahlreichen kleinen Karten dokumentierten.

Abb. 28 Am Anfang stand das Habsburger Herrscherhaus: Erste Seite des Huldigungsalbums – Ansichten aus der Bukowina. Postkartenalbum für Kaiser Franz Josef I., Leon König: Czernowitz, 1908.

3.3 Sehenswert! Die Inszenierung der Bukowina als Tourismusziel

Ansichtskarten dienten zeitgenössisch der Kommunikation nach innen, indem sie den Bewohner*innen der Region den Wandel in der Phase des Durchbruchs der Moderne visuell vermittelten. Sie fungierten aber ebenso als Werbeträger für bestimmte Orte. All die im Kapitel zuvor beschriebenen Narrative wirkten ebenso nach außen und sollten dies auch. Im folgenden Teilkapitel soll die Inszenierung der Bukowina als Tourismusziel nachgegangen werden, wobei in einem ersten Schritt den Normierungsprozessen der Postkarten im Wechselverhältnis mit textbasierten Reiseführern analysiert werden soll. In einem zweiten Schritt werden die Kurorte der Bukowina in den Blick genommen, die nach Czernowitz die meiste Aufmerksamkeit der Postkartenverleger bekamen – weit mehr als die ehemalige Fürstenresidenz Suczawa, was auf die multimedial getragenen Festlegungen der Bukowina als Teil der Habsburger Monarchie verweist.

Festlegungen des Sehenswürdigen im urbanen Raum: Reiseführer und Postkarten

Überzeugend wude darauf hingewiesen, dass Reiseführer in der Periode des aufkommenden Tourismus zur Normierung von Reisezielen und Sehenswürdigkeiten beitrugen.[159] Karin Walter hat dabei argumentiert, dass Ansichtskarten den Wahrnehmungsmustern der Reiseliteratur gefolgt seien, eigentlich die »Normierung der Sehenswürdigkeiten einer Stadt mit ihren für wichtig erachteten Gebäuden und Plätzen bildlich« direkt umsetzten.[160] Damit hat sie eine klare Deutungshierarchie vorgegeben: Der Reiseführer deklarierte Höhepunkte und die Ansichtskartenverleger folgten. Mit Blick auf Reiseführer über die und Ansichtskarten der Bukowina kann dem nur partiell gefolgt werden. Hier steht nämlich eine mannigfaltige Ansichtskartenproduktion der weitgehenden Abwesenheit von Reiseführerbeschreibungen entgegen. Denn der *Baedeker*, der sich im 19. Jahrhundert als zentraler Reiseführer etablieren konnte,[161] hielt die Bukowina in seinen ersten Gesamtausgaben über das Territorium der Habsburger Monarchie für nicht erwähnenswert, in späteren Ausgaben fielen die Kapitel zur Bukowina und dem benachbarten Galizien denkbar knapp aus und die Urteile denkbar harsch, wie ich in der Einleitung bereits anführte.

Während die Stadt Lemberg in Galizien noch gelobt wurde, fiel das Urteil über Czernowitz vernichtend aus. Weitere Ausflüge in das Umland, jenseits der Bukowiner Hauptstadt, sah der *Baedeker* nicht vor. Nach eigener Aussage sollte das *Reisehandbuch Österreich-Ungarn* »den Reisenden in den Stand setzen, die bedeutendsten Sehenswürdigkeiten beider Länder mit möglichst geringem Zeit- und Geldaufwand kennen zu lernen.«[162] Für abseits gelegene und seltener besuchte Orte mussten wesentliche Angaben ausreichen, wie im Vorwort erklärt wurde.[163] Der *Baedeker* bildete damit nicht nur touristische Hierarchien ab, sondern reproduzierte auch Reiserouten, die eben an der Bukowina vorbeiführten.[164]

Alternativen gab es zeitgenössisch kaum. Rudolph von Jennys *Handbuch für Reisende* aus dem Jahr 1836, also zur Jahrhundertwende schon veraltet, bewertet Czernowitz ambivalent: Zuerst würde es keinen vorteilhaften Eindruck machen, sei aber doch eine ansehnliche Stadt. Eine lange schöne Häuserreihe und einen zentralen Platz sowie einige architektonisch wertvolle Gebäude konnte der Reiseführer entdecken, ebenso zeigte er sich von den Auslagen der Händler angetan. Immerhin fünf Seiten kommentieren Stadt und Verkehrswege.[165] Erst mit dem *Illustrierten Führer durch die Bukowina* von Hermann Mittelmann, der 1907 mit Unterstützung des Landesamts für Fremdenverkehr gedruckt werden konnte, kam ein umfangreiches Kompendium auf den Markt, das in der Breite über das Kronland im Osten informierte.[166] Auch wenn das Büchlein an allen Bahnstationen der k.k. Eisenbahnen verkauft werden konnte, haben neben einigen Spontankäufer*innen wohl eher diejenigen zugegriffen, die sich bereits für die Region interessierten und eine Reise planten. Für andere, die nur durch den *Baedeker* blätterten, um sich anregen zu lassen, rückte die Bukowina durch den eigenen Reiseführer nicht näher.

Der einflussreichste Reiseführer des ausgehenden 19. Jahrhunderts, der *Baedeker*, fand in Czernowitz wenig sehenswürdig. »Die Gebäude der Stadt sind sämtlich neuern Ursprungs, die meisten Kirchen architektonisch ohne Bedeutung«,[167] so das Urteil ab den Ausgaben von 1903.[168] 1898 kommt die Stadt in der Peripherie noch etwas besser weg, und es heißt »wenig bedeutend«.[169] Entsprechend hielt der Reiseführer einen halben Tag für ausreichend und empfahl den Reisenden folgenden Rundgang: »Bahnhof – Ringplatz (Montag Markt, interessante Volkstrachten) – weiter bei Schwarzem Adler durch Tempelgasse, dann Synagoge in maurisch-orientalischen Stil – Marmorstandbild Schiller, Justizpalast, Stadttheater von Helmer & Fellner – Universität – erzbischöfliche Residenz – Austriaplatz – Landesmuseum/ Gewerbemuseum – Austriamonument – Volksgarten – botanischer Garten – Schillerpark«.[170] In der Ausgabe von 1913 fand dann das Deutsche Haus erstmals Erwähnung, nicht jedoch die anderen Nationalhäuser,[171] was einer zunehmenden deutschnationalen Orientierung des Leipziger Verlagshauses zugeschrieben werden kann. Werner Sollors beobachtete an anderen Beispielen, dass Sprachgrenzen und die ethnische Zusammensetzung der Bevölkerung für den Verlag bei seinen Angaben immer wichtiger wurden.[172] Die Reiseführer spiegelten hier Entwicklungen des Nationalismus und beförderten sie selbst.

All die vom *Baedeker* genannten Sehenswürdigkeiten konnten Postkartenkäufer käuflich erwerben. So mögen Postkarten auch den Tourist*innen geholfen haben, die keiner der Landessprachen mächtig waren. Im Russländischen Reich nutzten manche Reisende die kleinen Karten auf diese Art, um Taxifahrern die Wunschziele anzeigen zu können.[173] Alle Motive des *Baedekers* waren verfügbar, wobei manche Motive häufiger verlegt wurden als andere: Bahnhof und Ringplatz waren bedeutend, standen sie doch für die Moderne und die Entwicklung zur Großstadt zur Zeit des Landesausbaus. Ebenso wichtig war die Ansicht des Stadttheaters als Inbegriff der bürgerlichen Kultur. Des Weiteren käuflich zu erwerben waren Ansichten der großen Synagoge, die ganz selbstverständlich zum Repertoire der Verleger gehörten – auf Repräsentationen der Multiethnizität werde ich zurückkommen.

Ein Schwerpunkt der Ansichtskartenproduktion lag auf der erzbischöflichen Residenz, deren Neubau seit den 1860er Jahren projektiert wurde, was im Zentrum der Monarchie mit Aufmerksamkeit verfolgt wurde. Czernowitz sei zu beglückwünschen, schrieb die *Wiener Zeitung* im Jahr 1861 angesichts der Baupläne.[174] Als Baumeister konnte Josef Hlavka gewonnen werden, der bereits einige Bekanntheit erlangt hatte, aber seinen Ruf mit dem Residenzbau deutlich ausbauen konnte.[175] Bereits zeitgenössisch wurde der Bau zur Attraktion.[176] Er vereinte maurisch-byzantinische, mittelalterlich romantisierende und gotisierende Formen plus frühneuzeitliche Elemente.[177] Die *Neue Freie Presse* klassifizierte ihn als eines der drei einzigen Monumentalgebäude, die Czernowitz habe.[178] Es war sicherlich das größte Gebäude der Stadt, das die Verleger dann in allen möglichen Formaten und Ansichten in Szene setzten: Spezialkarten wie ausklappbare Doppel- oder Vierfachkarten, Leporellos, Außenansichten aus verschiedenen Perspektiven, Innenansichten und Gemälde gab es von der Residenz zu kaufen (Abb. 29 und 30). Kasparides sammelte allein an die 40 unterschiedliche Motive der Residenz, in anderen Sammlungen gibt es noch zahlreiche weitere Motive. Auch von der zubringenden Straße, der Residenzgasse, druckten die Verleger in- und außerhalb des Kronlandes unterschiedliche Ansichten ab, die von den Kunden gern gekauft wurden. Die Residenz war ein beliebtes Motiv bei den Reisenden. »Diesen Saal habe ich in all seiner Pracht gesehen. Brief folgt«,[179] ließ Musia ihre Freundin in Hannover im Jahr 1908 wissen, während Fritz seine Minzel mit Grüßen und Küssen darüber informierte, dass er gestern in der Residenz »vom Fürsterzbischof persönlich empfangen u. herumgeführt!« wurde. »You can't imagine how proud I am!« setzte der Absender ganz weltmännisch auf Englisch dazu.[180] Andere nutzten die Ansichten der Residenz, um ihren Bekannten zu vermelden, dass sie gut wieder in ihrer Heimat angekommen seien, empfanden das Motiv offenbar als vorzeigenswert für ihre Herkunftsregion.[181] Wiederum andere sendeten Urlaubsgrüße ohne direkte Bezugnahme auf das Objekt oder nutzten die Residenz, um Alltägliches zu übermitteln: »Liebste Eltern. Recht frohes Fest und schönes Osterwetter wünscht Euch mit vielen Küssen Theodor. Schönen Dank für Pastillen die mir sichtlich wohlgetan haben.«[182] Tonzja, die fünfzig Kilometer entfernt von Czernowitz weilte, erbat auf jener Ansicht von der in Czernowitz befindlichen Mutter Buchweizenmehl und »noch um ein Stück jenes türkischen Samtstoffes, aus dem meine Bluse ist«. Die Czernowitzer Karte hatte sie offenbar auf dem Land bei sich oder konnte sie dort käuflich erwerben.[183] Fräulein Helen erhielt eine Karte der Residenz, verbunden mit der Hoffnung, »Sie bei meiner Reise über Wien nach Reichenberg sehen [zu können]. Sie müssen jetzt schon gross und schön und immer so lieb wie damals, als ich bei Ihnen wohnte.«[184] Mit einer aufwendig kolorierten Mehrfachpostkarte – Leporello in der Fachsprache der Drucktechniker – grüßte kein Tourist, sondern darauf zeigte der erzbischöfliche Aktuar seinen Wiener Bekannten, wo sein Arbeitsplatz lag: »Das oben rot überstrichene Fenster ist das von meinem Büreauzimmer«.[185]

Am Beispiel der Residenz wird deutlich, dass Ansichtskarten und Reiseführer die gleichen Dinge als sehenswert hervorhoben. Sie halfen der Einübung eines *tourist gaze*, wie der Soziologe John Urry argumentierte. Er wies in seinem 1990 erschienenen gleichnamigen Werk auf die soziale Komponente der touristischen Wer-

Abb. 29 und 30 In allen Farben und Formen: Die Erzbischöfliche Residenz als wichtige Sehenswürdigkeit – Czernowitz, Synodensaal in der erzbischöfl. Residenz, E. Karnarski: Czernowitz, 1908; Gruss aus Czernowitz, Gr. or. Erz. Residenz, König: Czernowitz, 1906.

tigkeitsempfindungen hin, für die gerade das Visuelle eine große Rolle spiele.[186] Die visuellen Medien Ansichtskarten und die textbasierteren Medien Reiseführer wirkten zusammen – auf der einen Seite. Auf der anderen Seite war es mitnichten so, dass alle Motive des *Baedeker*-Rundgangs die am häufigsten abgebildeten waren. Vielmehr setzten die lokalen Verleger durchaus eigene Akzente in der Ausprägung einer visuellen Erzählung der Bukowina, formten eine eigene regionale Bilderzählung. Verstärkt wurde dies durch den Reiseführer Mittelmanns, dessen Bildwelten direkt von den lokalen Postkartenverlegern übernommen wurden. Dazu gehörte die Betonung der Zugehörigkeit zum Habsburger Imperium, was sowohl durch Hervorhebung der Repräsentationsbauten als auch durch die Vernachlässigung bestimmter Orte stattfand.

Zahlreiche Reisende sahen die Schönheit, die die Postkartenverleger inszenierten. Sie sendeten auf den kleinen Kärtchen »Herzliche Grüße aus dieser schönen Stadt«. »Czernowitz ist sonst hübsch«, vermerkte ein anderer, »hier sehr schön« wurde 1905 nach Teplitz vermeldet, »es ist eine schöne Stadt« nach Wien, nach Oberösterreich wurde aus »dieser schönen Stadt« geschrieben.[187] Auch nach Bukarest ging die Kunde von einer sehr schönen Stadt.[188] Carl schrieb seinen Eltern aus der »netten Hauptstadt der Bukowina«.[189] Ein anderer Absender grüßte aus »Osterreich's schönem Norden. Vom lieblichen Pruthstrand«.[190] Wladzio schrieb seiner in Waschkoutz ansässigen Bekannten gar: »Du bist wirklich zu beneiden, daß du das gelobte Czernowitz so oft besuchen kannst.« Und setzte fort: Ich [hätte] beinahe auch Lust, deinem Rufe zu folgen. Vielleicht könnte ich den Grund deiner schlechten Laune erfahren. – Näheres brieflich!«[191] Auf der Bildseite war der Corso zu sehen. Ljona freute sich für ihre Freundin Ranzja, »dass Du endlich aus dem langweilen Waslowiwzi weg bist und jetzt Spaß in Czernowitz hast. Da hast Du entsprechende Gesellschaft und musst dich nicht mehr in Einsamkeit quälen.«[192] Der rumänischsprachige Sebastian bekundete: »Ich war die letzten Tage in Czernowitz. Wunderbar. Wann treffen wir uns?«[193] Und der ukrainischsprachige Wasja informierte 1917 seine Eltern, dass die Stadt »noch besser geworden« sei. »Sauber, schön, belebt.«[194] Andere benutzten die Karten, um ihre negative Sichtweise auf Stadt und Region kundzutun – dazu am Ende des Kapitels mehr.

Jenseits von Czernowitz
Dem *Baedeker* war in der Bukowina jenseits von Czernowitz nichts sehenswert. Doch Initiativen aus der Region selbst versuchten, regionale Attraktionen stärker zu bewerben und so das östliche Kronland als Gesamtes anziehender für auswärtige und ausländische Gäste zu machen. Ein neu geschaffener *Landesverband für Fremdenverkehr* wartete gar mit umfassendem Maßnahmenprogramm auf, die Infrastruktur (direkter Personenzug in den Bäderort Dorna Watra) und Werbung (Herausgabe eines illustrierten Führers) umfassten.[195] Zudem versuchte er mit den Ansichtskarten auf Ausstellungen zu werben. Als im Jahr 1908 eine Kunst- und Gewerbeausstellung in St. Petersburg stattfand, die einen Schwerpunkt auf den Tourismus legte, hatte der Landesverband besonders schöne Karten ausgewählt, um auf diese Weise die Bukowina als reizvolles Reiseziel zu präsentieren.[196] Auch bei der Wiener Jagdausstellung 1910 stellten für den Landesverband Ansichtskarten ein wichtiges Medium dar, um den Ausstellungsbesuchern Kenntnis der verschiedenen »Typen, Trachten, Bauten und Oertlichkeiten« zu vermitteln. Dazu stellten die Verantwortlichen ein umfassendes Album mit 500 Karten zusammen, das möglichst die Vielfalt der Region widerspiegeln solle, weshalb Einsendungen erwünscht waren.[197]

Insgesamt konnte die Region langsame Erfolge verbuchen: Reisendenzahlen stiegen ab den 1880er Jahren langsam, aber doch kontinuierlich, woran der Bädertourismus einen wesentlichen Anteil hatte. Begleitet hat dies wiederum das Postkartengewerbe. Gerade die Kurorte konnten Erfolge verbuchen. Doch auch von weniger touristisch frequentierten Orten fertigten größere und kleinere Verlage topografische Ansichtskarten an. In der Sammlung Kasparides waren nicht weniger als fünfzig Ortschaften vertreten: Von Bad Dorna bis bis Wiznitz/Wyżnycia/Vijnița reichten die zu erstehenden Ansichten.[198] So erstaunlich es heute auf uns wirken mag, dass all diese Orte – manche von ihnen zählten nicht mehr als ein paar Hundert Einwohner[199] – eigene Karten hatten, so wenig stellte dies die Zeitgenossen im Postkartenfieber zufrieden, die gewohnt waren, zwischen einer großen Auswahl an Motiven wählen zu können. In Nepolokoutz bekomme man nur zwei Ansichten, die sie beide schon gesendet habe, schrieb Josefa recht neutral.[200] Eine andere Dame wurde deutlicher: »Leider bekommt man hier keine besseren Karten; es ist eben alles ländlich-sittlich«, lautete die Klage, die Mädy Polaczek in Tirol im Jahr 1902 zu lesen bekam.[201] Die Schlittenbahn sei jedoch brillant. Wiznitz, von wo aus diese Karte versendet wurde, schnitt auch bei anderen Postkartenschreibern schlecht ab. Wir »bleiben 3 Tage hier, bin darüber nicht sehr erfreut, wie du siehst, ein elendes Nest, in Wirklichkeit noch ärger. Nach Czernowitz zu fahren auf diese kurze Zeit zahlt sich nicht aus muß schon irgendwie die Zeit totschlagen« klagte Louise nach Graz.[202] Derlei Wahrnehmungen der Bukowina als Habsburger Peripherie, von der man höchstens Czernowitz gelten lassen könne, blieben – trotz aller Anstrengungen – verbreitet, wie im Folgekapitel zu zeigen sein wird.

Landschaftserleben
Außer der Stadt Czernowitz hatte die Bukowina ihren Naturraum anzubieten, der sowohl Wanderer als auch an Flora und Fauna Interessierte anlocken sollte. So pries der *Illustrierte Führer* die Schmetterlingsvielfalt im Kronland ebenso wie die Jagdmöglichkeiten vor Ort als außerordentlich an; Besitzer von Jagdgründen seien überaus entgegenkommend.[203] Das benachbarte Galizien zog Reisende an, die am »Bärenland« interessiert waren.[204] Von diesen Interessenten wollte die Bukowina ebenfalls profitieren, was offenbar gelang. So bekam eine Dame in Brünn im Jahr 1914 Grüße und Handküsse aus dem »Bärenlande« zugesendet. Der Absender schrieb ihr aus Czernowitz mit einer klassischen Stadtansicht.[205] Eine andere Person vermeldete 1908 verzückt, dass ein riesiger Bär an ihnen vorbeigelaufen sei.[206]

Zudem pries der *Illustrierte Führer* Mittelmanns »herrliche Bergpartien« in der Region, in der über die Hälfte der Fläche mit Gebirge bedeckt war (5 325 Quadratkilometer).[207] Mit unterschiedlichen Motiven setzten die Verleger die Karpaten in Szene – mal die rauen Felsen, mal die touristische Zugänglichkeit der Gebirgslandschaften, indem etwa Erschließung durch Pferdekutschen abgebildet war. Der Anschluss der kleinen Gebirgsorte an die Bahnlinie ermöglichte vielen Auswärtigen erst das Erlebnis dieser und anderer Landschaften,[208] die seit etwa einem Jahrhundert – seitdem auch wilde Gebirgsgegenden in der Landschaftsmalerei als bildwürdig empfunden wurden[209] – zunehmend konsumierbar wurden. Nach der künstlerischen Entdeckung der Landschaft übersetzte sich dies in Veduten oder übersteigerte Stimmungslandschaften,[210] was beides in den Visualisierungsstrategien der topografischen Ansichtskarten fortgesetzt wurde. Überzeichnete Gebirgszüge und dramatische Wolkenformationen prägten zeitgenössisch häufig Ansichtskarten von Gebirgslandschaften.[211] Die Bukowiner Verleger blieben dagegen sehr zurückhaltend, denn der Großteil beschränkte die Inszenierung der zahlreichen Berge auf die Bildunterschriften. Die Inszenierung der Landschaft fügt sich ein in den Wunsch, das touristische Aufkommen zu erhöhen. Das Kapital war in dem Bereich nicht der städtebauliche Fortschritt, sondern bestehende Natur, die aber infrastrukturell für moderne Reisebedürfnisse zugerichtet wurde (Abb. 31).

Das Kalkmassiv Rareu war ein beliebtes Motiv. Der *Illustrierte Führer* bezeichnete den 1 653 Meter hohen Rarău (im Reiseführer in rumänischer Schreibweise), den namensgebenden Berg des Massivs, als den »schönsten Berge des Landes, der verhältnismäßig sehr leicht von Kimpolung aus bestiegen werden kann«.[212] Somit stand der Rareu für die wilde Natur, die spätestens seit der Romantik immer wieder inszeniert wurde, aber auch für deren Zurichtung und Beherrschbarkeit in der Moderne; stand für Wildheit und Kontrolle zugleich. Vom Rareu selbst wurden besonders die schroff abstürzenden Talwände abgebildet, die Pietrile Doamnei (Abb. 32).

»Grandiose Felsen!« gebe es in Toraki/Toraky/Torachi, erfuhr Mizzi in Wien im Jahr 1910 per Postkarte.[213] Als ein Mitglied des Österreichischen Touristenclubs 1910 zur Wanderung in die Karpaten aufbrach, fiel das Urteil über die Infrastruktur jedoch vernichtend aus. So schön die Natur sei, so mangelhaft seien die touristischen Voraussetzungen. Die *Sektion Bukowina des Österreichischen Touristenclubs* habe »für halbwegs menschenwürdige Unterkünfte zu sorgen, Ortschaften am Eingange zu bezeichnen und die Landbevölkerung über den Wert des Fremdenverkehrs zu belehren. Möge es derselben gelingen, in Gemeinschaft mit den Behörden und dem Landesverbande für Fremdenverkehr zum Besten des Landes zu wirken.« Denn lohnenswert sei es allemal, so der Bergsteiger Albrecht Gelber: »Für uns Westbewohner aber würde es sich lohnen, hie und da Vergnügungszüge nach diesem uns unbekannten schönen Lande zu veranstalten, denn nirgends in der ganzen Welt dürfte die Gelegenheit gegeben sein, so viele Nationen, wie Deutsche, Rumänen, Ruthenen, Juden, Polen, Armenier, Lipowaner und Ungarn mit verschiedener Sprache, Sitte, Kultur und Tradition, verschieden in Tracht, auf so engbegrenztem Boden beisammen wohnend zu finden.«[214]

Gelber pries die Multiethnizität, die das wahre Distinktionsmerkmal der Region sei. Damit lässt sich ein deutlicher Unterschied zu den Grenzräumen im Russländischen Imperium beobachten. Allison Rowley konstatierte hier: »Notably, most landscape postcards were devoid of people. Their absence negated the ethnic diversity of frontier regions and, instead, let Russians imagine peripheral regions as empty spaces, just primed for takeover and economic development. [...] Through these omissions, picture postcards were instrumental in constructing imaginary geographies of the Russian Empire in the fin-de-siècle period.«[215] Das Habsburger Grenzland wurde hingegen als bewohnt dargestellt. Deutlich wird aber, dass die Himmelsrichtung eine kulturelle Wertung beinhaltet: Die Bukowina lag im exotischen oder zumindest anderen Osten, der dem »Westbewohner«, sprich dem Wiener aus dem imperialen Zentrum, fern lag.

Bädertourismus – Kurorte in der Bukowina
Die üppige Natur lag überwiegend im Süden des Kronlandes und bot damit Ausflugsmöglichkeiten für die Kurorte, die sich als günstigere Alternative zu den etablierten Orten im deutschen Kaiserreich und Böhmen und Mähren in Stellung brachten. Als »das Reichenhall des Ostens« bezeichnete sich der Kurort Bad Dorna in seinen Werbungen, klar auf das bekannte Bad im Deutschen Kaiserreich referierend.[216] Zudem warb der Ort mit den günstigen Preisen in Juli und September.[217] Für Bad Solka/Solka/Solca betonte der Reiseführer Mittelmanns sogar, dass die »Anstaltspreise durchwegs niedrig [seien], niedriger als in jedem ähnlichen Institute des Westens.«[218] Dies mag ein Grund gewesen sein, dass sich die Kurorte trotz der großen Konkurrenz langsam etablieren konn-

3.3 Sehenswert! Die Inszenierung der Bukowina als Tourismusziel

Abb. 31 und 32 Wild und begehbar: Landschaft auf Postkarten – Gruss aus der Bukowina. Prügelweg bei Colbu, König: Czernowitz, 1899; Salutãri din Bucovina. Petrile Doamnei, König: Czernowitz, 1899.

Abb. 33 Werbung für den Kurort in Farbe und fehlerhafter rumänischer Beschriftung – Sălutări [sic!] din Vatra-Dornei, Verlag Warenhaus Schaffer: Baia Nouă, o. J.

ten. Zwischen 1896 und 1905 konnte Dorna Watra die Besucherzahlen vervielfachen. Zwei Drittel der Besucher stammten aus der Bukowina selbst oder dem benachbarten Galizien. Die restlichen Touristen reisten aus Rumänien an, deutlich weniger aus anderen Teilen der Habsburger Monarchie.[219] »Viel Rumäninnen« erfuhr Frau Paula 1898 in Wien, das Bad sei bekannt und »ähnlich Franzensbad«, einem Kurort im Habsburger Böhmen.[220]

Dass der Bädertourismus ein regionaler oder bestenfalls habsburgischer war, bewiesen erneut die Ansichtskarten. Lief sonst der Großteil aus der Sammlung Kasparides in andere Teile der Monarchie, sendeten die Kurgäste ihre Grüße zwar auch nach Wien und Graz, aber eben verstärkt auch nach Suczawa, Radautz und Czernowitz.[221] Sie berichten von ihren Bädern und den ausbleibenden bzw. sich nur langsam einstellenden Erfolgen beim Abspecken.

Die sich entwickelnde Tourismusindustrie und Postkartenindustrie gingen Hand in Hand. Ganze 45 Karten konnte Kasparides Jahrzehnte später sammeln, die von unterschiedlichen Verlegern, Papierwarenhandlungen und Kaufhäusern angefertigt wurden. In den anderen Sammlungen kamen noch Dutzende Motive dazu. Vom kleinen Bad Dorna, wo um die Jahrhundertwende knapp 5 200 Personen lebten, sind damit fast doppelt so viele Motive überliefert wie von der einstigen Fürstenstadt Suczawa.[222] Dies spiegelte touristische Wertigkeiten nicht nur wider, sondern erschuf diese mit. Denn jede versendete Karte hatte Evidenz- und Werbefunktion. Je schönere Kunde die ersten Kurgäste vom schönen Bad Dorna in die Welt senden konnten, umso mehr Besucher konnten in der Folge erwartet werden. Es sei eine »herrliche Gegend«, ließ Mimi das Fräulein Anna Krenmayr in Steir im Jahr 1900 wissen.[223]

Der Großteil der Aufnahmen fokussierte logischerweise den Themenkomplex der Bäderkur: Es waren die Institutionen des Kurens, die Hotels oder Badehäuser, die die Verlage als Motive wählten und sowohl in Schwarz-Weiß als auch nachkoloriert anboten. Die Touristen hatten damit die Beweiskärtchen: Hier kure ich, hier ruhte ich. Den Kurortstatus – ein Prädikat, das schließlich nach langen Bemühungen und Debatten vom Kaiser 1883 verliehen wurde[224] – hoben die Beschriftungen hervor. Bei den Kurorten dominierte Dorna Watra (Abb. 33), doch war Bad Burkut am Czeremosch ebenso vertreten wie Bad Lopuszna und Gurahumora/Gurahumora/Gura Humorului, das sich ebenfalls als Luftkurort in der Region etablieren konnte.[225]

3.3 Sehenswert! Die Inszenierung der Bukowina als Tourismusziel   89

Abb. 34 und 35 Inszenierungen der Waldallee – Gruss aus Solka. Waldallee, Leon König: Czernowitz, 1905; Gruss aus Curort Solka, Schneider & Lux: Wien, 1897.

An den Postkarten lässt sich zudem ablesen, dass ein nahräumlicher Erholungs- und Ausflugstourismus entstand. Das Umland von Kimpolung und die touristische Infrastruktur setzten die Verlage besonders in Szene, konnten sich einige Orte doch im aufkommenden Tourismus als Sommerfrischen für ruhebedürftige Bukowiner etablieren, wie die Kommunikationswege zeigen. Die Karten gingen zumeist nach Czernowitz – Grüße an die zurückgebliebenen Familienmitglieder, Freunde und Arbeitskollegen. Auch von näheren Orten gab es solche Grüße: Das Wäldchen Horecza/Horecza/Horecea war ein beliebter Ausflugsort, von dem dann Karten versendet wurden.[226] Ebenso wie bei den topografischen Stadtansichten bildete sich ein ähnlich repetitives Set an Motiven heraus: Außer den Motiven, die für andere Kleinstädte ebenso ediert wurden (etwa staatliche Institutionen oder repräsentative Plätze/Straßen des Ortes),[227] waren es die Kurhotels, Sanatorien oder die Spazierwege, die den Kurgästen besondere Erholung bieten sollten. Trotz des großen Angebots reichte manchen Kurgästen die Auswahl an Karten nicht – oder sie schützten mangelnde Auswahl als Grund vor, ihrer Schreibverpflichtung nicht nachgekommen zu sein. »Hier eine der schönsten Ansichts Karten aus der hiesigen Gegend. Ich hätte längst schon welche geschickt, wenn sie schöner wären. Allseits viele herzliche Grüsse von Eurem Emil.«[228]

Am Beispiel der Ansichten von Solka lassen sich zudem zeitgenössische Praktiken des Postkartenmachens nachvollziehen: Bei der Waldallee hatte der Verlag Leon König offensichtlich kräftig aus dem Staffagekatalog nachgeholfen – zumindest ist für den zeitgenössischen Kurgast nicht zu wünschen, dass der Spazierweg derartig überfüllt war. Das Mehrmotivgemälde des Verlags Schneider & Lux hat dann wiederum deutlich von der belebten Waldallee abgepaust – Ansichtskartenproduktion um 1900 zeigt sich wieder einmal als munteres Geben und Nehmen (Abb. 34 und 35).

Die Bukowina gehörte zu den wenig bereisten Regionen Europas, nicht zuletzt, da sie von den Standards setzenden Reiseführern der Zeit bestenfalls ignoriert, schlechtestensfalls düpiert wurde. Mit den kleinen Karten konnte eine Gegenerzählung aus der Region heraus geschaffen werden, die öffentliches Bewusstsein für Sehenswertes in der Region schaffte. Dies waren die Heilbäder in der Südbukowina und vor allem neue Architekturen in der größten Stadt Czernowitz. So warben die Karten und normierten zugleich.

3.4 Die Grenzen der Postkartenästhetik oder die Bukowina als rückständiges Kronland

Ein blauer Himmel, davor beeindruckende Naturpanoramen oder moderne und imposante Gebäude mit gut gekleideten Menschen – so sahen üblicherweise Bilder der Städte und der Landschaften aus, die seit den 1890er Jahren in alle Welt versendet werden konnten. »Postkartenästhetik« eben, denn weder Regen noch Schnee noch Schmutz und Matsch trübten die Ansichten auf den Kärtchen.[229] In der Bukowina regnete es, entsprechend der postkartalischen Konvention, ebenfalls nie. Es türmten sich zwar immer wieder Wolkenberge zu einer beachtlichen Höhe auf, doch profanen Niederschlag in der Form von Regen gab es keinen. In der gefrorenen Form, als Schnee, galt der Niederschlag den Postkartenmachern als akzeptabler. »Postkartenästhetik« meint zum einen das technische Handwerk der Macher, das Hinzufügen des ewigen Sonnenscheins, das Hineinretuschieren des strahlenden Mondes, selbstverständlich immer Vollmond, das Auftürmen von imposanten Wolkenbergen und die Dramatisierung des Abendhimmels. Czernowitzer Verleger beherrschten diese Techniken der frühen Bildbearbeitung perfekt – ebenso wie Verleger in anderen Teilen Europas. Leon Königs Team hatte ein Faible für Mondscheinkarten. Der Vollmond schien über Bahngleisen ebenso wie über Sägewerken.[230] Mit dem Begriff der Postkartenästhetik belegt die Forschung zum anderen die selektive Darstellung des Modernisierungsprozesses in den visuellen Massenmedien der Zeit. Keine soziale Verelendung, kein Industrieproletariat, keine Platznot in den Wohnungen, keine Armut in der Stadt – all dies, so der Forschungskanon, zeigten die Postkarten nicht. Die Ansichten zeigten weder die Schattenseiten der Modernisierung noch die Teilbereiche der Gesellschaft, die von der architektonischen Modernisierung nicht profitieren konnten.[231] Für die Bukowina, deren Modernisierungsphase genau in die Zeit des Postkartenfiebers fiel, gilt dies. Und es gilt wiederum nicht.

Auf den ersten Blick spazieren auf den Ansichten von Czernowitz, der Stadt, die die Bukowina nach außen repräsentierte, vor allem bürgerlich Gekleidete. Auf manchen Kärtchen flanierten höchst elegant gekleidete Schönheiten aus dem Katalog – etwa in den Produktionen der Prager Firma Lederer und Popper, die wie die meisten zeitgenössischen Ansichtskartenverlage über

3.4 Die Grenzen der Postkartenästhetik oder die Bukowina als rückständiges Kronland

Abb. 36 und 37 Unbereinigte Stadtlandschaften oder Grenzen der Modernisierungserzählung – Czernowitz – Hauptstrasse, Moritz Gottlieb: Czernowitz, o. J.; Gruss aus Czernowitz – Enzenberg-Hauptstrasse, David Gross: Czernowitz, o. J.

Abb. 38–40 Ansichten ohne Hochglanz – Gruss aus Kimpolung. Herrengasse, König: Czernowitz, o. J.;
Gruss aus Kotzman – Bahnstraße. Pokliy z Kicmayja, M. Gottesmann: Kotzman, 1911;
Gruss aus der Bukowina. Sadagóra, König: Czernowitz, o. J.

Staffagekataloge verfügten. Auf anderen waren es die tatsächlichen Passanten*innen, oft bürgerlich Gekleidete, aber nicht immer. Denn zur Hochphase des Postkartenwesens war Czernowitz eben nicht nur eine bürgerliche Stadt, wie es sich sonst auf den Ansichten der Postkartenmacher so gerne inszenierte, sondern immer noch ländlich-bäuerlich geprägt. Unter die Mehrzahl der bürgerlich Gekleideten mischten sich auf den Bildern immer wieder Personen, die traditionelle Kleidung ihres Standes oder ihrer ethnischen Gruppe trugen. Auf den zahlreichen Marktszenen handelten Rumänen und Ruthenen, seltener traditionell gekleidete Juden. Zu den Ausnahmen gehört eine Karte aus dem Verlag Josef Gottlieb, die – wie viele andere auch – den Ringplatz abbildet. In der Bildmitte im Vordergrund sind bürgerlich Gekleidete zu sehen, auch im Bildhintergrund überwiegt – soweit erkennbar – städtische Kleidung. Im Bildrand links jedoch ist ein Mann mit einem imposanten Bart zu sehen, der vermutlich ein traditionell gekleideter Jude ist.[232]

War die Kleidung der Rumän*innen und Ruthen*innen traditionell sehr bunt, wirkte sie nicht generell arm. Doch ein genauerer Blick offenbarte mitunter die bloßen Füße der Marktfrauen. Deutlicher fiel das Fehlen der Schuhe bei den Portraitaufnahmen im Studio ins Auge – auf die dort vorgenommene und über Postkarte verbreitete Inszenierung der Ethnien werde ich noch zurückkommen.

Ein genauerer Blick auf die Aufnahmen im städtischen Raum zeigt zudem, dass die Region nicht komplett auf »Postkartenästhetik« getrimmt werden konnte: Auf den Straßen ihrer Hauptstadt lag mitunter sichtbarer Schmutz, so lagen vor der Hauptwache Pferdeäpfel, und auch die Hauptstraße der Stadt war schmutzig (Abb. 36 und 37).[233] Für Czernowitz war es eben nicht »ganz generell eine bereinigte Stadtlandschaft [...], die aus den Praktiken der Bildbearbeitung« hervorging, wie Eva Tropper für die Hauptstadt Wien feststellen konnte.[234] Bei den Kleinstädten und Dörfern achteten die Verleger, oft kleine Firmen vor Ort, auf das abgebildete Wetter, doch den Zustand der Straßen konnten sie selbst mit dem grimmigsten Willen zur »Postkartenästhetik« nicht ändern. Erst kürzlich an das Eisenbahnnetz angeschlossen, hatten kleinere Orte in der Peripherie des Habsburgerreiches oft keine gepflasterten Straßen, sodass die kaum befestigten Straßen im Herbst und Winter unpassierbar werden konnten (Abb. 38–40).[235] Und so konnte auch eine Herrengasse – in Anlehnung an das imperiale Zentrum selbst in Dörfern zu finden – im Schlamm versinken.[236]

Zu Retuschen griff keiner. Für die Käufer – überwiegend die lokale Bevölkerung und einige wenige Reisende – wären derartige Manipulationen wohl eher erheiternd gewesen. Wo auf den Dörfern Matsch lag, da zeigte die Postkarte eben Matsch. Allerdings gab es Verschönerungen, indem etwa unebene Bahnstraßen liebevoll koloriert wurden oder der Vollmond den miserablen Straßenzustand ausleuchtete. Nachdem das Postkartenfieber etwas abgeklungen war, hatte die Blendkraft der postkartalischen Hochglanzinszenierungen sowieso abgenommen. So konstatierte das *Czernowitzer Tagblatt* im Jahr 1905, dass die meisten die Bildwelten einzuordnen wüssten: »Der einigermaßen Erfahrene läßt sich denn auch durch derartige Karten so leicht nicht blenden, er weiß, daß, in der Nähe und richtiger Beleuchtung gesehen, die Gebäude ganz anders ausschauen, wie auf dem anmutigen, in Bunt- oder Schwarzdruck ausgeführten Bilde.«[237]

Auch in anderer Hinsicht stieß die Moderneerzählung über Ansichtskarten an ihre Grenzen. Im Fall der Bukowina liegen zwar zahlreiche Karten vor, die die Aufstiegsaspirationen des Bürgertums aufgriffen und über das In-Szene-Setzen der Bildungsinstitutionen Möglichkeiten des sozialen Aufstiegs thematisierten. Damit versprachen die Karten in gewisser Weise vertikale Mobilität für die Bildungswilligen und Fleißigen. Doch blieb diese Mobilität überwiegend dem männlichen Geschlecht vorbehalten. Es fehlten vollständig Postkarten, die als visuelle Miniaturen der Frauenemanzipation gelesen werden können. In den Sammlungen anderer Regionen Europas finden sich Ansichtskarten, die dieses Thema aufgriffen, zumeist indem sie Insignien räumlicher Mobilität, also das Automobil oder das Fahrrad, mit weiblichen Personen – sei es echten oder aus Staffagekatalogen – besetzten.[238] In der Bukowina ließen die regionalen Ansichtskartenproduzenten die Frauen um die »lange Jahrhundertwende« noch nicht steuern, auch nicht, nachdem sich 1906 die *Vereinigung arbeitender Frauen* gründete und damit das Thema der Frauenemanzipation zumindest in die breitere Öffentlichkeit des Kronlandes brachte.[239] Interessent*innen für derlei Ansichtskarten hätte es aber sicher gegeben, wie diese Postkartennachricht einer Frau zeigt, die emphatisch und unterstützend im August 1898 an ihre Cousine schrieb: »All'Heil der feschen Radlerfrau! Wie mich die Nachricht gefreut hat, dass Dein Wunsch Radzufahren, sich verwirklicht hat, kannst Du Dir lebhaft vorstellen. Eine so fesche Sportkollegin noch dazu in seiner eigenen Cousine zu haben, ist keine Kleinigkeit. Dass wir Frauen Radtouren in die Welt machen werden, ist wol selbstverständlich.«²⁴⁰ Ausgewählt hatte sie dazu eine Doppelansicht des Volksgartens und des Cecina, untertitelt mit »Gruss aus Czernowitz«.

Perspektiven der Ansichtskartenschreiber: Moderneerzählung und Modernewahrnehmung
Postkartenkommunikation war – im Gegensatz zur stark reglementierten Briefkommunikation zuvor – von vielen Schreibkonventionen befreit, sodass deutlich mehr Personen im Postkartenfieber zum Stift griffen. Ohne auf stilistische Konventionen, häufig auch ohne auf grammatikalische und orthografische Regeln zu achten, nutzten nun Angehörige unterschiedlicher sozialer Gruppen die kleinen Kärtchen, um ihre Botschaften zu übermitteln. Die Einführung der Correspondenzkarten führte neue Personenkreise an das Schreiben, da nun »auch Ungeübte im Schreiben mit wenig Zeit ohne Scheu vor Abkürzungen, Standardverwendungen und Klischees miteinander in Verbindung treten« konnten.²⁴¹ Manchmal beschränkten sich die Absender auf eine handschriftliche Unterschrift neben der vorgedruckten Grußformel, manchmal fügten sie ein schnelles »Grüße aus« hinzu, andere regelten ihren Alltag über die kleinen Kärtchen. Einer bestellte bei der Verwandtschaft 20 Eier bei Ankunft, ein anderer informierte den Bruder, er habe sich einen neuen »Oberrok« machen lassen, eine junge Frau sendete ihrer Freundin Helene die herzlichsten Glückwünsche zum Geburtstag.²⁴² Postkarten erlauben einen Wimpernschlag Einblick in die Lebenswelten von unterschiedlichen Schichten, natürlich der Bürgerlichen, von denen wir aber insgesamt mehr Briefe und Tagebücher haben, in denen sie sich und ihre Umwelt bespiegeln und zugleich darstellen, aber nun auch der Bauern und Arbeiterinnen, die – wie viele Postkartentexte aufzeigen – nur halbalphabetisiert waren oder zumindest von sprachlichen Regeln nicht viel hielten. Jene kurzen Texte ermöglichen unter anderem Mikroeinblicke in den Alltag von Schichten, die üblicherweise wenige Egodokumente hinterlassen haben.²⁴³

An all den vielen Karten, die simple Grüße, Alltags- oder Reiseorganisation enthielten, lässt sich zeigen, wie beliebt das Kommunikationsmittel zu der Zeit war, aber über die Wahrnehmung der Bukowina und ihrer Orte weniger erfahren. Es waren eher Tourist*innen, Geschäftsreisende, Militärangehörige und sonstige im Dienste des Imperiums versetzte Angestellte und Beamte sowie Rückkehrer – also aus der Region stammende, inzwischen aber in anderen Teilen des Habsburger Imperiums wohnende Personen –, die den Zustand des Kronlandes und der Stadt kommentierten. Das Kommunikationsnetz, das an den Postkarten sichtbar wird, spannt sich dabei vor allem ins imperiale Zentrum, nach Wien, wohin die meisten Postkarten aus der Sammlung Kasparides gingen, dann in die Steiermark, Oberösterreich sowie Böhmen und Mähren. Von der Sammlung Salahor sind nur die Bildseiten zugänglich, doch an der recht häufigen Kommunikationssprache Tschechisch können Zielorte in Böhmen und Mähren vermutet werden. Auch in die polnischsprachigen Regionen liefen zahlreiche Karten, aber die deutschsprachige Kommunikation in jener Sammlung dominierte ebenso. Nahräumliche Kommunikation findet sich ebenfalls in den Überlieferungen, in die Südbukowina, ebenso ins benachbarte Galizien gingen die Postkarten. Die Bandbreite der Bewertungen war dabei denkbar weit. Lobten einigen Absender Czernowitz als schöne Stadt, gar als schönste Stadt Österreichs, wie in den vorangegangenen Kapiteln über die Habsburger Normierungen und touristischen Wertigkeiten zitiert wurde, oder hatten zumindest einen guten ersten Eindruck, fällt bei vielen anderen auf, dass sie die Region als Grenzland der Zivilisation empfanden, wobei Galizien und die Bukowina auch Jahrzehnte nach der Trennung in zwei unterschiedliche politische Entitäten des öfteren in einen Topf geworfen wurden.²⁴⁴ Damit reproduzierten die Schreibenden den Topos über das kulturell minderwertige Kronland im Osten, der von Schriftstellern und Zeitungen ebenso bemüht wurde wie von Politikern und den die Akteure innerhalb der Bukowina so energisch zu bekämpfen versuchten.²⁴⁵ »Aus dem fernen Osten« werden Neujahrswünsche übermittelt.²⁴⁶ Eine Person in Znaim wurde 1898 auf einer Mehrmotivpostkarte informiert: »Czernowitz liegt ganz im Osten, wo von draußen Russen warten, wo der edle Moldaufürst, froh begeistert Mensch und Schwein, wo der Wunder-Rabbi haust, seine gläubigen Schriften las?«²⁴⁷

Die Bukowina war der geografische und kulturelle Osten – man selbst war Westbewohner oder kam aus dem Westen. Bertha, offenbar vor noch nicht allzu langer Zeit nach Czernowitz verzogen, berichtete 1897 ihrer Freundin Resi in Wien: »Liebe Resi! Ein herzliches ›Prosit Neujahr!‹ Dir u. den lb. Deinen. Wie geht es der armen Frieda mit ihrem Kugerl? – Hier sende ich Dir eine Ansichtskarte von Cz. Du siehst, es ist eigentlich nur ein gr. Dorf trotz der 55 000 E. Wir haben uns in die hiesigen

Verhältnisse schon gut eingelebt u. recht liebe Bekannte gefunden. Das Leben ist hier ganz anders als bei uns im Westen u. nicht uninteressant, dasselbe kennen zu lernen. Herzlichste Grüße Bertha«.[248]

Das Leben sei anders, wenngleich für Bertha akzeptabel, doch Czernowitz empfand sie als Provinz. Solche Stimmen finden sich zahlreich. Ernesto erfuhr von seinem Freund Leo, dass es in Czernowitz »fad wie überal in der Provinz« sei, Erna von ihrer Freundin, es sei in Czernowitz »riesig fad« und sie »erwarte täglich mit gesteigerter Sehnsucht« ihre Ankunft, und Fräulein Medy in Wien hörte von einer »gottverlassenen Gegend«.[249] Die Infrastruktur gab wiederholt Anlass zur Klage. »Stundenweit von der Bahn« lägen »die zu besuchenden Nester«, klagte Frieda Neumann nach Kiel.[250] Lediglich ein junger Mann empfand die Hauptstadt, in der er die Schule besuchte, als Zumutung und sehnte sich nach seinem Dorf. 1906 schrieb er aus Czernowitz: »Ich erwarte die Ferien mit größter Sehnsucht, um nach Hause zu kommen, weil hier alles langweilig ist. Wie war die Feier auf dem Dorf? Wer war da? Handküsse für Mama und Papa.«[251]

Sehnsucht nach dem imperialen Zentrum wurde entsprechend immer wieder artikuliert und von den Personen unterschiedlich gestillt. Alexy ging dann stets ins Deutsche Haus, für ihn offenbar der Ort, an dem er sich der österreichischen Kultur am nächsten fühlte. So wählte er dessen Ansicht auch als Postkarte und teilte nach Wien mit: »Das ist nämlich das hübscheste Haus in Czernovitz darum musz ich es Dir zeigen. Die Erna hat ganz recht wir sitzen hier immer wenn wir Sehnsucht nach Wien haben.«[252]

Finden sich jene Zivilisationsdiskurse in Miniaturform auf Ansichten der Grenzbahnhöfe vermehrt, aber auch auf topografischen Stadtansichten wieder, scheinen vor allem Abbildungen ethnischer Gruppen die Schreibenden aus der Zentrumskultur zu diesen Kommentaren verleitet zu haben bzw. scheinen diejenigen, die solche Kommentare machen wollten, beim Papierwarenhändler oder am Zeitungsstand solche Abbildungen ausgewählt zu haben. Der Kommentar »Die besten Grüße aus Halbasien«,[253] also eine direkte Referenz auf Karl Emil Franzos Schmähung der östlichen Kronländer Galizien und Bukowina (wovon er Czernowitz aber eigentlich ausgenommen hatte), auf einer stereotypen Abbildung von drei Juden, untertitelt mit der desavouierenden Zeile »Firma Wolf Hirsch et. Schlamassel« steht paradigmatisch für diese abwertende Bild-Text-Kombinationen, worauf ich im Folgekapitel zurückkommen werde.

Die Modernisierungserzählung traf an doppelte Grenzen. Zum einen an die harte Grenze der fotografischen Evidenz, wo die bukowinischen Städte weiter dörflich wirkten und Dörfer kaum städtisch. Zum anderen an die persistenten Wahrnehmungen der Postkartenschreibenden: Denn auch wenn die Region kleine Billets der Moderne in die (imperiale) Welt senden wollte, verharrten manche Schreibende in vorher oder vor Ort gefassten Meinungen eines zivilisatorischen Grenzraumes. Die zwei Sender – die Bildwelten, von postkartenmachenden Eliten angefertigt, sowie die Absender der Karte – konnten so zwei ganz unterschiedliche Botschaften auf den Weg bringen.

Anmerkungen

1 Vgl. Tropper, Anschlüsse, S. 37.

2 Orte der Moderne. Erfahrungswelten des 19. und 20. Jahrhunderts. Hg. v. Alexa Geisthövel und Habbo Knoch. Frankfurt a. M. 2005.

3 Vgl. Franzos, Karl Emil: Aus Halb-Asien. Culturbilder aus Galizien, der Bukowina, Südrussland und Rumänien. Bd. 2, Leipzig 1876, S. 224–225. Vgl. weitergehend Corbea-Hoişie, Czernowitz 1892, S. 43; und Maner, Hans-Christian: Galizien. Eine Grenzregion im Kalkül der Donaumonarchie im 18. und 19. Jahrhundert. München 2007.

4 Die österreichisch-ungarische Monarchie in Wort und Bild [kurz: Kronprinzenwerk]. Bd. 20. Bukowina. Wien 1899, S. 12.

5 o. V.: Czernowitz. In: Neue Freie Presse, 4. 9. 1904, S. 8–9, hier S. 8.

6 Vgl. Corbea-Hoişie, Czernowitz 1892, S. 41 für die deutschsprachige Presse. Zur Positionierung der Abgeordneten vgl. Maner, Galizien, S. 144.

7 Vgl. ebd.

8 Bukowinaer Rundschau, 24. 10. 1900, Angabe nach Corbea-Hoişie, Czernowitz 1892, S. 42.

9 o. V.: Wo bleibt die Wahlreform? In: Bukowinaer Post, 22. 6. 1902, S. 1–2.

10 o. V.: Aus dem Gemeinderathe. In: Bukowinaer Rundschau vom 12. 10. 1900, S. 2.

11 Vgl. Rymlianskyi, Andrii: Zwischen Europäisierung und Isolation. Geschichte und Gegenwart der Infrastrukturpolitik in der Nordbukowina. Augsburg 2018, S. 22.

12 Angaben nach Seewald, Michaela: Rathaus – Bahnhof – Museum. Auswirkungen ausgewählter kommunaler und privater Einrichtungen auf das soziale Leben der Bevölkerung in Czernowitz zur Zeit der Habsburgermonarchie. In: Historia scribere 9 (2017), S. 167–196, hier S. 178.

13 Zeitangaben in der Reihenfolge nach Andruchowytsch, Juri/Ohlbaum, Isolde: Czernowitz & Lemberg. In Fotos und Text. Heidelberg 2017, S. 71–72; Der Conducteur. Fahrpläne der österreichisch-ungarischen Eisenbahn-, Post- und Dampfschiff-Course nebst den wichtigsten Eisenbahnverbindungen des Auslandes mit einer Eisenbahnkarte für Oesterreich-Ungarn und Wiener Fremdenführer. Mit einem Plane der inneren Stadt Wien und einem Situationsplane der Weltausstellung, Wien 1873, S. 66; Kusdat, Helmut: Habsburgs Osterweiterung – das österreichische Czernowitz. In: Mythos Czernowitz. Eine Stadt im Spiegel der Nationalitäten. Hg. v. Arianne Afsafari. Potsdam 2008, S. 14–47, hier S. 18–19.

14 Brücken und Bahnhöfe standen für das Vernetzungspotential des Staates. Vgl. Sabol, Harieta/Purici, Ştefan: »Reading the Image«. Identity and Modernization reflected in Postcards from Bukovina. Manuskript eines

Vortrags gehalten auf der Tagung »Die Geschichte der Bukowina nach dem Visual Turn«, Augsburg 18.10.2019, S. 4. Ich danke den Verfasser*innen für die Überlassung des Manuskripts.

15 O.V.: Zum 1. September II. In: Bukowina. Landes-Zeitung des Herzogthums Bukowina, 5.9.1866, S. 2.

16 Vgl. ebd.

17 O.V.: Zum 1. September I. In: Bukowina. Landes-Zeitung des Herzogthums Bukowina, 2.9.1866, S. 2; o.V.: Zum 1. September II. In: Bukowina. Landes-Zeitung des Herzogthums Bukowina, 5.9.1866, S. 2. Bei heutigen ukrainischen Wissenschaftlern liest sich dies retrospektiv gleich als Anschluss an die europäische Gemeinschaft: »Einst verkehrte hier der Zug ›Czernowitz – Wien‹, mit dem Czernowitzer Musikliebhaber über das Wochenende in die Hauptstadt der Donaumonarchie reisten. Dort besuchten sie die Wiener Oper, genossen den Wiener Kaffee und freuten sich über ihre Zugehörigkeit zur europäischen Gemeinschaft.« Zu den Deutungen heutiger Wissenschaftler MEL'NYK, Ihor u.a.: Czernowitz. Istoryčni vulyci, budynky ta vydatni osobystosti: urbanystyčni eseï [Czernowitz. Historische Figuren, Bauwerke und bedeutende Persönlichkeiten: urbane Essays]. Černivci 2015, S. 31.

18 O.V.: Zum 1. September II. In: Bukowina. Landes-Zeitung des Herzogthums Bukowina, 5.9.1866, S. 2.

19 Czernowitz – Hauptbahnhof. Czernowitz: Moritz Gottlieb, 1915. In: BI, Slg. E.K., 7.8.1 [Signatur alt BI-Kasp_07_0029_a]; Czernowitz – Bahnhof. Czernowitz: o.Verl., 1918. In: BI, Slg. E.K., 7.8.3 [Signatur alt BI-Kasp_07_0031_a].

20 Vgl. die Überlegungen bei TROPPER, Anschlüsse.

21 Vgl. für Beispiele FALKENBERG, Hans: Gruß von der Bahnfahrt. Ein Beitrag zur Kulturgeschichte Bahnfahrt auf Ansichtskarten und Werbemarken. Nürnberg 1985.

22 Vgl. SEEWALD, Rathaus, S. 178.

23 Nepolokoutz, Luzan, Czernowitz, Hliboka, Hadikfalva, Hatna und Itzkany galten als größere Bahnhöfe auf der Hauptlinie. Vgl. MITTELMANN, Illustrierter Führer, S. 55.

24 Dazu SCHENK, Frithjof Benjamin: Russlands Aufbruch in die Moderne? Konzeptionelle Überlegungen zur Beschreibung historischen Wandels im Zarenreich im 19. Jahrhundert. In: DEJUNG/LENGWILER, Ränder der Moderne, S. 183–203, hier S. 188.

25 KRAUS, Karl: Zuckersteuer auf Ansichtskarten. In: Die Fackel 14 (1899), S. 12–14, hier S. 13.

26 Czernowitz – Siebenbürgerstrasse. o.O.: o.Verl., o.J. In: Slg. E.K., 6.18.2 [Signatur alt BI-Kasp_06_0071_b]. Hanna an Herrn Carl Honoldt in Obertürkheim, Datum ul.

27 Vgl. für das Argument in Bezug auf das Russländische Reich SCHENK, Fahrt in die Moderne, S. 87, hier angegeben nach FEHRENBACH, Bildfabriken, S. 309.

28 Gruss aus Czernowitz. Pruthbrücke. Czernowitz: Verlag Siegmund Jäger, o.J. In: SALAHOR, Vitannja z Černivciv, S. 456, Karte 3 (eigene Nummerierung bei diesem und allen weiteren Angaben der Postkarten-Bücher von Salahor. Die Nummerierung erfolgt von oben nach unten und ggf. zusätzlich von rechts nach links). Victoria an die liebe Schwester. Text im Original auf Rumänisch.

29 Ebenso wichtig war die Anbindung an das Telegrafennetz. In den 1880er Jahren beschäftigte eine direkte Verbindung nach Wien die Bukowiner Landesregierung. Vgl. DAČO, Fond 3: K.k. Bukowiner Landesregierung, Opis 1, sprava 4942–4943. Da der Telegraf als Medium der Moderne aber nicht sichtbar war, taucht er auf den Postkarten nicht auf. Zum Postwesen vgl. MAYER, Entwicklung des Postwesens, S. 34–37.

30 An anderen Orten waren Postämter die einzig repräsentativen Gebäude und somit präsent. Vgl. LECLERC, Ansichtskarten, S. 48.

31 Vgl. Abb 3. Es gab noch weitere Ansichtskarten der Post in Bad Dorna: Bad Dorna Postgebäude. Bad Dorna: Verlag der Buchhandlung Rosenfeld, 1908. In: ČKM, 3676-II-22765.

32 So Eva Tropper unter Rückbezug auf Schor. Vgl. TROPPER, Anschlüsse, S. 9–40.

33 Vgl. SONNTAG, Oldtimergrüße, S. 81.

34 Vgl. ebd.; vgl. FALKENBERG, Bahnfahrt.

35 Leon König probierte sich ebenfalls in dem Subgenre der Zukunftsutopien, indem er eine futuristische Karte vom Ringplatz, dem urbansten Platz in Czernowitz, verlegte. Die Schwebebahn am Himmel drohte mit diversen Flugzeugen zu kollabieren, am Boden stritten Fußgänger, Omnibusse, Automobile und Fahrradfahrer um ihren Platz. Dazu kam auf der rechten Bildseite eine Militäreinheit, sowohl Kavallerie als auch Infanterie. Produziert und versendet wurde die Karte 1915, also fertigte er sie mit dieser Figurengruppe unter dem Eindruck des Kriegsgeschehens. Vgl. Czernowitz in der Zukunft. Czernowitz: Leon König, 1915. In: ČKM, 12498-II-21865.

36 Vgl. zu den Jahreszahlen MERKI, Christoph Maria: Verkehrsgeschichte und Mobilität. Köln u.a. 2008, S. 53, 60; REINHARDT, Winfried: Geschichte des Öffentlichen Personenverkehrs von den Anfängen bis 2014. Mobilität in Deutschland mit Eisenbahn, U-Bahn, Straßenbahn und Bus. Wiesbaden 2015, S. 151; LESSING, Hans-Erhard: Das Fahrrad. Eine Kulturgeschichte. Stuttgart 2018, S. 31–32.

37 Vgl. TARCHOV, Sergej A.: 100 Jahre elektrischer Nahverkehr in der ehemaligen Landeshauptstadt Tschernowitz. Oslo 1997, S. 8–9.

38 o.V.: Überfahren. In: Bukowinaer Post, 12.7.1896, S. 5.

39 KRACHERL, Josua: Wie man in Czernowitz geht. In: Czernowitzer Tagblatt, 14.7.1907, S. 4.

40 Ebd.

41 Vgl. MENTE, Ansichtskarten, S. 128.

42 SCHOR, Naomi: Cartes postales: Representing Paris 1900. In: Postcards. Ephemeral Histories of Modernity. Hg. v. David PROCHASKA und Jordana MENDELSON. University Park 2010, S. 1–23, hier S. 19.

43 Vgl. ČMIKJB, Bildsammlung 83/4/A-15; ČKM, Bildsammlung; Slg. S.O., o. Sig.; Slg. G.J., o. Sig.

44 Vgl. TROPPER, Prater.

45 Vgl. dazu auch SEEWALD, Rathaus. Vgl. auch Czernowitz. Ringplatz und Rathaus. Czernowitz: Leon König, 1915. In: BI, Slg. E.K., 6.2.2 [Signatur alt BI-Kasp_06_0006_a].

46 o.V.: Ein Czernowitzer Rückblick und Ausblick. In: Czernowitzer Allgemeine Zeitung, 1.1.1904, S. 5; zitiert nach SEEWALD, Rathaus, S. 173.

47 HAUSLEITNER, Mariana: Fünf verschiedene Vereinshäuser in Czernowitz und ihre Entwicklung bis 1914. In: Heimstätten der Nation. Ostmitteleuropäische Vereins- und Gesellschaftshäuser im transnationalen Vergleich. Hg. v. Peter HASLINGER u.a. Marburg 2013, S. 89–112.

48 Einleitung: Aufbau, Ortsnamen, Begriff, S. 14–15.

49 Vgl. Czernowitz. Ein Blick vom Rathausturm auf die Hauptstrasse. o.O.: o.Verl., o.J. In: ČKM, 11992-II-21901. Hermine an Ludmilla Getzlinger in Czernowitz, 1910.

50 Vgl. Czernowitz. Rathaus. Czernowitz: Josef Gottlieb Papierhandlung, o.J. In: Černivec'kyj Oblasnyj Chudožnij Muzej (ČOChM) [Regionales Kunstmuseum Černivci], KW II/236. Im Original auf Ukrainisch. Der Gast beim Tabakhändler (Unterschrift) an Maria Manchu in Czernowitz, 1913.

51 Vgl. Gruß aus Czernowitz. Kuczurmrerstrasse. Czernowitz: Simon Gross, o.J. In: ČKM, 12498-II-21892. Josef an Lina Potokar, ohne Poststempel.

52 Vgl. Czernowitz–Enzenberg Hauptstrasse. Czernowitz: Moritz Gottlieb, o.J. In: ČKM, 12498-II-21921. Unbekannt an Ettica Löbel in Bârlad, o.PSt.

53 Vgl. Czernowitz. Elisabethplatz. o. O.: o. Verl., o. J. In: ČKM, 12498-II-21962. Henriette an Charlotte Biederberg in Bad Gräfenberg, D. ul.; Gruss aus Czernowitz. Hotel Weiss-Sparcassa. Hotel Schwarzer Adler. Czernowitz: Leon König, Papierhandlung, o. J. In: SALAHOR, Vitannja z Černivciv, S. 101, Karte 3. Unbekannt an die lieben Eltern. Im Original auf Tschechisch. Diese und alle weiteren Übersetzungen aus dem Tschechischen stammen von Jonas Majdalani.

54 Zu den Krankenhäusern vgl. o. V.: Neue Landeskrankenanstalt eröffnet am 1. Oktober 1886. In: Bukowinaer Rundschau, 30. 9. 1886, S. 3; o. V.: Eröffnung der »Landesirrenanstalt« am 20. April 1902. In: Bukowinaer Post, 27. 4. 1902, S. 5; WECZERKA, Hugo: Czernowitz. Städtebauliche Entwicklung in österreichischer Zeit. Wien 2000, S. 40; LIENEMEYER, Stadtentwicklung, S. 106; o. V.: Die Fischerische Stiftung. In: Bukowinaer Post, 1. 2. 1910, S. 2–3; vgl. o. V.: Vom Blinden- und Taubstummen-Institut. In: Czernowitzer Allgemeine Zeitung, 22. 11. 1908, S. 7. Vgl. auch Czernowitz. Landeskrankenanstalt. Czernowitz: Simon Gross, o. J. In: BI, Slg. E. K., 7.16.4 [Signatur alt BI-Kasp_07_0064_a].

55 SEEWALD, Rathaus, S. 168.

56 Vgl. LABISCH, Alfons: Stadt und Krankenhaus. Das Allgemeine Krankenhaus in der kommunalen Sozial- und Gesundheitspolitik des 19. Jahrhunderts. In: »Einem jeden Kranken in einem Hospitale sein eigenes Bett«. Zur Sozialgeschichte des Allgemeinen Krankenhauses in Deutschland im 19. Jahrhundert. Hg. v. DERS. Frankfurt a. M. 1996, S. 23–296, hier S. 285.

57 Vgl. UNGUREANU, Constantin: Școlile secundare din Bucovina (1808–1918) [Sekundarschulen in der Bukowina (1808–1918)], Chișinău 2016. Insgesamt gab es im Schuljahr 1913/14 13 Knabengymnasien, 5 Realschulen bzw. Schulen mit Realschulprofil, 6 Mädchenlyzeen sowie weitere Gewerbe- und Handelsschulen, jedoch ohne Gründungsdatum.

58 1880 konnten nur 11,6 Prozent, 1900 33 Prozent und 1910 45,2 Prozent der Bevölkerung in Bukowina lesen und schreiben. Vgl. MELISCHEK/SEETHALER, Presse und Modernisierung, S. 1572 und 1583.

59 Bildung spielte eine zentrale Rolle für die Entwicklung des Kronlandes insgesamt, doch diente sie ebenso den Partikularinteressen einiger Ethnien. Insbesondere die rumänische und ruthenische Elite trieb die Alphabetisierung und Bildung in der eigenen Sprache voran, nicht zuletzt, um die Nationalbewegung zu stärken. Zum Schulwesen in der Bukowina vgl. die Publikationen von Constantin Ungureanu, darunter UNGUREANU, Școlile secundare. Zur Nationalbewegung der Ukraine vgl. mehrere Beiträge in Die Ukraine. Prozesse der Nationsbildung. Hg. v. Andreas KAPPELER. Köln 2011.

60 Zudem beförderte die Gründung der Universität den öffentlichen Diskurs: In der Stadt am Pruth entstand eine mannigfaltige Presselandschaft, die ihresgleichen suchte. Vgl. Presselandschaft in der Bukowina und den Nachbarregionen. Akteure – Inhalte – Ereignisse (1900–1945). Hg. v. Markus WINKLER. München 2011.

61 o. V.: Im Zeichen der Zeit. In: Bukowinaer Post, 2. 12. 1900, S. 5.

62 Vgl. o. V.: E. v. Schiller: Das neue Stadttheater. In: Czernowitzer Tagblatt, 10. 11. 1903, S. 4–5.

63 DIENES, Gerhard M.: Fellner & Helmer. Die Architekten der Illusion. Theaterbau und Bühnenbild in Europa. Graz 1999, S. 20.

64 Vgl. ebd.

65 Vgl. Czernowitz. Rudolfsplatz mit Hotel Bristol. o. O.: o. Verl., o. J. In: ČKM, 11992-II-21964. Rau an Fräulein Constanța Czechovski in Suczawa, o. D.

66 Gruss aus Czernowitz. Stadttheater. Czernowitz: Josef Horowitz, o. J. In: SALAHOR, Vitannja z Černivciv, S. 352, Karte 1. Puchanek an einen »lieben Freund«, o. D. Im Original auf Tschechisch.

67 Vgl. Czernowitz. Stadttheater. o. O.: Leon König, 1916. In: Slg S. O., o. Sig. Im Original auf Ukrainisch. Unbekannt an Unbekannt, o. D. (Postkarte lag offenbar einem Brief bei).

68 Esias an Wilhelm Feier in Czernowitz, 1912. In: ČKM, 12498 II-22029.

69 Musikvereinsgebäude, Czernowitz. Czernowitz. E. v. Schiller, 1900. In: BI, Slg. E. K., 5.23.1 [Signatur alt BI-Kasp_05_0085_a]. Hupel an Fräulein Anna Konvalin in Graz, 1900.

70 Vgl. Gruss aus Czernowitz. Musikverein u. Hormuzakigasse. Czernowitz: Anna Fischer, o. J. In: ČKM, 12498-II-22065. Amelie an Lina Potokar in Czernowitz, 1906.

71 WALTER, Ansichtskarte, S. 57.

72 BECKER, Tobias/NIEDBALSKI, Johanna: Die Metropole der tausend Freuden. Stadt und Vergnügungskultur um 1900. In: Die tausend Freuden der Metropole. Vergnügungskultur um 1900. Hg. v. DIES. u. a. Bielefeld 2011, S. 7–20, hier S. 7.

73 CORBEA-HOIȘIE, Czernowitz 1892, S. 41. Vgl. auch MANER, Galizien, S. 161.

74 Vgl. o. V.: Gastspiel des »Kino«-Theaters. In: Czernowitzer Tagblatt, 29. 8. 1909, S. 6; und erste Anzeige des »Kino – Theater – Cinephon im neu-renovierten und geschmackvoll eingerichteten Saale des alten Stadt-Theaters«. o. V.: Anzeige. Kino – Theater – Cinephon. In: Bukowinaer Post, 24. 7. 1910, S. 6.

75 Angaben nach FRITZ, Walter: Kino in Österreich 1896–1930. Der Stummfilm. Wien 1981, S. 18; JELINEK, Thomas: Metamorphosen der »Lebenden Photographien«. Kino in Österreich vor 1919. In: Archiv der Schaulust. Eine Geschichte des frühen Kinos in der K.u.K. Ära 1896–1918. Hg. v. Ernst KIENINGER u. a. Wien 2016, S. 77–94, hier S. 78. Die Zahlenangaben differieren dabei durchaus. Vgl. ebenfalls KIENINGER u. a.: Zeittafel. In: DIES. Archiv der Schaulust, S. 414–422, hier S. 417.

76 Vgl. MITTELMANN, Illustrierter Führer, S. 70.

77 Vgl. ebd., S. 56.

78 Vgl. LIENEMEYER, Stadtentwicklung, S. 122. Das Hotel »Schwarzer Adler«, das der *Baedeker* nannte, galt als bestes Hotel am Platz.

79 Vgl. in ihrem einführenden Werk zur Konsumgesellschaft TORP, Claudius/HAUPT, Heinz-Gerhard: Einleitung. Die vielen Wege der deutschen Konsumgesellschaft. In: Die Konsumgesellschaft in Deutschland 1890–1990. Ein Handbuch. Hg. v. Heinz-Gerhard HAUPT und Claudius TORP. Frankfurt a. M. 2009, S. 9–24, hier S. 11–12. Zum Zusammenhang von Massenmedien und Konsumgesellschaft vertieft siehe den Beitrag von Kaspar Maase in dem Band. MAASE, Kaspar: Massenmedien und Konsumgesellschaft. In: HAUPT/TORP, Konsumgesellschaft, S. 62–78.

80 Czernowitz. Herrengasse. o. O.: o. Verl., o. J. In: ČKM, 12498-II-21889. Rosalie an Eveline in Craiova, 1913.

81 Czernowitz. Hotel Bristol. Czernowitz: Leon König, 1916. In: BI, Slg. E. K., 5.25.4, Signatur alt BI-Kasp_05_0096_a]. Unbekannt an Frau Hermine in Wien, 1916.

82 Czernowitz. Glückshof: o. Verl., o. J. In: BI, Slg. E. K., 5.25.3 [Signatur alt BI-Kasp_05_0095,2_b]. Rückseitenbeschriftung; vermutlich im Briefumschlag versendet. Orthografie und Interpunktation aus Gründen der Lesbarkeit angepasst.

83 Vgl. WEICHMANN, Städterepräsentant, S. 21.

84 o. V.: Ansichtskarten. In: Czernowitzer Presse, 1. 5. 1899, S. 2–3.

85 o. V.: Ansichtskarten und kein Ende. In: Czernowitzer Tagblatt, 12. 8. 1905, S. 5.

86 SEEWALD, Rathaus, S. 172.

87 Vgl. VYORAL-TSCHAPKA, Margaret: Der Einfluss der Otto-Wagner-Schule auf die Czernowitzer Architektur des frühen 20. Jahrhunderts. In: Mitteilungen der Gesellschaft für vergleichende Kunstforschung in Wien 54 (2002), S. 13–21, hier S. 13.

88 Zusätzlich gab es Ansichten der Holzverarbeitung, etwa Karpaty. Kolomyi: J. Orensteina, o. J. In: BI, Slg. E. K., 6.33.2 [Signatur alt BI-Kasp_06_0131_a].

89 Vgl. MITTELMANN, Illustrierter Führer, S. 23.

90 Gruss aus Czernowitz. Dampfbrettsäge. Czernowitz.: Leon König, 1909. In: BI Slg. E.K., 1.3.4 [Signatur alt BI-Kasp_01_0012_a]. Unbekannt an Alois Bokor in Wien, 1909.

91 Gruß aus Russ.-Moldawitza. Dampfsäge. Russ-Moldawitza: Mechel Schaffer, o. J. In: BI, Slg. E.K., 6.31.3 [Signatur alt BI-Kasp_06_0124_a]. Gottlieb an Herrn Martin Klein in Linz, D. ul.; Ähnlich o. T. o. O.: o. Verl., o. J. In: BI, Slg. E.K., 6.19.1 [Signatur alt BI-Kasp_06_0074_a]; Rajcza an Herrn Konstantin Czechowski in Czernowitz, D. ul.

92 Vgl. Gruss aus der Bukowina. Waldpartie bei Dorna Watra: Czernowitz: Leon König, o. J. In: BI, Slg. E.K., 2.18.1 [Signatur alt BI-Kasp_02_0069_a].

93 Vgl. für die Idee, Postkarten von Fabriken als Vorstellung eines industrialisierten Raumes zu begreifen FEHRENBACH, Bildfabriken, S. 287.

94 MANER, Galizien, S. 275.

95 MITTELMANN, Illustrierter Führer, S. 66.

96 Czernowitz. Justizpalast. Czernowitz: E. Kanarski, o. J. In: BI, Slg. E.K., 5.13.1 [Signatur alt BI-Kasp_05_0045_b]. Wielemans an Herrn Viktor Schwerdtner in Wien, D. ul.

97 Gruss aus Czernowitz. K.k. Landes-Regierung. Czernowitz: Verlag Josef Horowitz. In: SALAHOR, Vitannja z Černivciv, S. 181, Karte 1. Unbekannt an den geliebten Freund. Im Original auf Tschechisch.

98 Vgl. Gruss aus Czernowitz. K.k. Landesregierung. Czernowitz: Verlag Simon Gross, o. J. In: SALAHOR, Vitannja z Černivciv, S. 180, Karte 2. Ul. an unbekannt. Im Original auf Rumänisch.

99 Vgl. Gruß aus Czernowitz. K.k. Landesgericht. Czernowitz: Verlag von Simon Gross, o. J. In: SALAHOR, Vitannja z Černivciv, S. 186, Karte 3. Im Original auf Polnisch. Ul. an Unbekannt, o. D.

100 Gruss aus Czernowitz. k.k. Landesregierung. o. O.: o. Verl., o. J. In: SALAHOR, Vitannja z Černivciv, S. 181, Karte 2. Anda an die geliebte Oma, 1913. Im Original auf Tschechisch.

101 Vgl. Czernowitz. Landesregierung. Czernowitz: A. Tennenbaum, o. J. In: Slg. G. J., o. Sig. Unleserlich an Olga Brandstätterova, o. D. (da Briefmarke entnommen).

102 Gruss aus Czernowitz. K.k. Landesregierung. Czernowitz: Verlag Simon Gross, o. J. In: SALAHOR, Vitannja z Černivciv, S. 180, Karte 2. Ul. an unbekannt. Im Original auf Rumänisch.

103 Siehe zu diesem Befund für das Russländische Reich ROWLEY, Open Letters, S. 62.

104 K.E.F. [vmtl. FRANZOS, Karl Emil]: 29. September. In: Neue Freie Presse, 2.10.1875, S. 3.

105 Czernowitz. Austriaplatz. Trier: Schaar & Dathe, 1903. In: BI, Slg. E.K., 1.22.4 [Signatur alt BI-Kasp_01_0096_a].

106 Vgl. o. V.: Denkmäler in Czernowitz. In: StudyLib, http://studylibde.com/doc/2152877/denkm%C3%A4ler-in-czernowitz-austria-denkmal-ausf%C3%BChrlich-unter (zuletzt geprüft am 6.4.2023).

107 Zahlreiche Exemplare sind ebenfalls überliefert in der Bildsammlung des Ethnologischen Museum Černivci (ČKM).

108 Gruss aus Czernowitz. Erzherzog Rainer Kaserne. Czernowitz: Simon Gross, 1907. In: BI, Slg. E.K., 5.11.3 [Signatur alt BI-Kasp_05_0039_a]. Unbekannt an Herrn Gustav Kölbl in Wien, 1907.

109 Gruss aus Czernowitz. Landwehrcaserne. Czernowitz: Verlag v. Leon König, o. J. In: SALAHOR, Vitannja z Černivciv, S. 329, Karte 1. Edek an Unbekannt, o. D. Im Original auf Polnisch.

110 Gruss aus Czernowitz. Erzherzog Eugen-Kaserne. Czernowitz: Verlag von Simon Gross, o. J. In: SALAHOR, Vitannja z Černivciv, S. 327, Karte 1. Unbekannt an Mundziu, o. D. Im Original auf Polnisch.

111 Czernowitz. Bahnbetriebsleitung. Czernowitz: A. Tennenbaum, o. J. In: BI, Slg. E.K., 7.14.3 [Signatur alt BI-Kasp_07_0055_b]. Peter Koroliuk an Augustin Melnicki in Radautz, D. ul.

112 Vgl. Gruss aus Czernowitz. Sparcasse-Gebäude. Czernowitz: S. Kiesler, 1902. In: BI, Slg. E.K., 6.3.1 [Signatur alt BI-Kasp_06_0009_b]. Marek an Herrn Ernst Lindl in Laibach, 1899.

113 Gruss aus Czernowitz. Czernowitz: M. Langberg, 1902. In: BI, Slg. E.K., 7.5.3 [Signatur alt BI-Kasp_07_0019_a]. Mehrere Personen an Ernst Lindl in Laibach, 1902.

114 Gruss aus Czernowitz. Stephaniegasse. Czernowitz: Leon König, 1899. In: BI, Slg. E.K., 5.23.4 [Signatur alt BI-Kasp_05_0088_a]. Wernaro an Herrn Richard Kleinoscheg in Laibach, 1899.

115 o. T.: o. O.: o. Verl., o. J. In: BI, Slg. E.K., 3.3.4 [Signatur alt BI-Kasp_03_0012_b]. Herr Pawlawski an Herrn H. Rothballer in Wien, D. ul.

116 Vgl. Gruss aus Czernowitz. Zagreb: R. Mosinger, 1901. In: BI, Slg. E.K., 6.12.2 [Signatur alt BI-Kasp_06_0046_a]. Unbekannt an Herrn Carl Truhelka in Czernowitz, 1901; Zitat entnommen aus Gruss aus Czernowitz – Ringplatz. Czernowitz: Leon König, 1910. In: BI, Slg. E.K., 6.2.3 [Signatur alt BI-Kasp_06_0007_b]. Unbekannt an Herrn Carl Gartenzaun in Wien, 1910.

117 Unleserlich an Kassian Pavliuk in Waschkoutz, Stanislau 1908. In: ČKM, 3326-II-23028.

118 Vgl. SCHEER, Tamara: Garnisonswechsel. Arbeitsmigration und deren Auswirkungen auf das österreichisch-ungarische Offizierskorps (1868–1914). In: Migrationen im späten Habsburger-Imperium. Hg. v. Carl BETHKE. Tübingen 2020, S. 79–100.

119 Vgl. Gruss. Abkochen im Freien. Wien: Verlag von Alex J. Klein, o. J. In: SALAHOR, Vitannja z Černivciv, S. 510, Karte 3. Kanarek an Unbekannt, 1906. Im Original auf Polnisch.

120 Gruss aus Czernowitz – Totalansicht. Czernowitz: Leon König, 1909. In: BI, Slg. E.K., 7.5.3 [Signatur alt BI-Kasp_07_0051_b]. Herr Noßek an Herrn Viktor in Postl in Böhmen, 1909.

121 Gruß von der Österr.-Russ. Grenze, Grenze in Österr.-Nowosielitza. Czernowitz: Leon König, 1912. In: BI, Slg. E.K., 7.27.2 [Signatur alt BI-Kasp_07_0104_b]. Herr G. Bojan an Fräulein Mathilde in Wien, 1912.

122 Eine der Karten lief bereits 1899, was erneut zeigen kann, wie schnell die Fotografen des Verlages alle Winkel der Bukowina bereisten.

123 Vgl. SCHARR, Kurt: Die Landschaft der Bukowina. Wien 2010, S. 53.

124 Vgl. ebd., S. 158–159.

125 Vgl. dazu TURCZYNSKI, Emanuel: Geschichte der Bukowina in der Neuzeit. Zur Sozial- und Kulturgeschichte einer mitteleuropäisch geprägten Landschaft. Wiesbaden 1993, S. 103–104.

126 MITTELMANN, Führer, S. 44, 96.

127 Salutări din Suceava. Biserica Mirăuțiior înainte de restaurare. Suceava: Verlag »Școala Română«, 1905. In: BI, Slg. E.K., 6.39.3 [Signatur alt BI-Kasp_06_0156_a]. Unbekannt an Fräulein Dora Zalinka in Graz, 1905.

128 Salutărĭ din Suceava. »Zamca« (odinoeară mănăstire armenească). Suceava: »Școala Română«, 1903. In: BI, Slg. E.K., 4.13.2 [Signatur alt BI-Kasp_04_0050_a]. Unbekannt an Fräulein Dora Zalinka in Graz, 1903.

129 Vgl. Edit. și Tip. Suceava: Otto Binder, o. J. In: VKW, Fotothek 228. A. Unleserlich an Unbekannt.

130 Vgl. JAWORSKI, Ansichten.

131 Weitere Bsp. bei SALAHOR, Vitannja z Černivciv, S. 52–55, 88. Gerade im Ersten Weltkrieg nahm die Produktion von derlei Grußkarten zu. Vgl. Totalansicht Czernowitz. Gott schütze unser Kaiserhaus. Czernowitz: A. T., 1916. In: BI, Slg. E.K., 1.9.4 [Signatur alt BI-Kasp_01_0044_a].

132 Vgl. BRIX, Emil: Geschenke für den Mythos. Kaiser Franz Joseph I. als übernationale Integrationsfigur. In: Geschenke für das Kaiserhaus. Huldigungen an Kaiser Franz Joseph und Kaiserin Elisabeth. Hg. v. Ulla FISCHER-WESTHAUSER. Wien 2007, S. 48–77, hier. S. 48.

133 Vgl. Unowsky, Daniel: Dynastic Symbolism and Popular Patriotism. Monarchy and Dynasty in Late Imperial Austria. In: Comparing Empires. Encounters and Transfers in the Long Nineteenth Century. Hg. v. Jörn Leonard und Ulrike von Hirschhausen. Göttingen 2012, S. 237–265, hier S. 238.

134 Vgl. Fischer-Westhauser, Ulla: Vorwort. In: Dies., Geschenke, S. 7–9.

135 Unowsky, Dynastic Symbolism, S. 243.

136 Eine amtliche Jubiläumspostkarte wurde vom Wiener Hof selbst vertrieben. Vgl. dazu o. V.: Ausgabe amtlicher Jubiläumspostkarten. In: Czernowitzer Tagblatt, 13. 8. 1910, S. 5.

137 o. V.: Ein Erinnerungszeichen. In: Czernowitzer Tagblatt, 28. 5. 1908, S. 3. In der *Czernowitzer Allgemeinen Zeitung* erschien eine kurze Meldung über Königs Geschenk. Vgl. o. V.: Zum Kinderfestzug. In: Czernowitzer Allgemeine Zeitung, 28. 5. 1908, S. 4.

138 o. V.: Wozu der Name des Kaisers gut genug ist. In: Die Wahrheit, 14. 6. 1908, S. 18–19.

139 Vgl. die Information über Emil Kanarski. In: ANNO. Historische österreichische Zeitungen und Zeitschriften, http://anno.onb.ac.at/info/dwa_info.htm (zuletzt geprüft am 6. 4. 2023). Vgl. Die politischen Lehrlinge. In: Bukowinaer Rundschau, 11. 10. 1898, S. 1.

140 Siehe Kap. IV, insbesondere Abschnitt »Judaika und Antisemitika – Vom Geschäft oder den Grenzen der bukowinischen Toleranz«.

141 Vgl. o. V.: Bukowiner Landesmuseum. In: Genossenschafts- und Vereins-Zeitung, 15. 4. 1898, S. 4. Zur Jubiläumsausstellung vgl. o. V.: Der Pavillon der Herzogthumes Bukowina auf der land- und forstwirtschaftlichen Jubiläumsausstellung Wien 1898. In: Bukowinaer Landwirtschaftliche Blätter, 5. 9. 1898, S. 136–138, hier S. 138.

142 Vgl. Wischermann, Clemens: Einleitung: Der kulturgeschichtliche Ort der Werbung. In: Bilderwelt des Alltags. Werbung in der Konsumgesellschaft des 19. und 20. Jahrhunderts: Festschrift für Hans Jürgen Teuteberg. Hg. v. Peter Borscheid und Ders. Stuttgart 1995, S. 8–19, hier S. 13.

143 o. V.: Die Bukowina in der Landesausstellung. In: Bukowinaer Post, 1. 5. 1898, S. 4.

144 Vgl. Angabe zu Schiller o. V.: Das photographische Atelier E. v. Schiller. In: Bukowiner Bote, 25. 11. 1898, S. 18.

145 Vgl. Rechter, David: Becoming Habsburg. The Jews of Habsburg Bukovina 1774–1918. Oxford 2013, S. 5.

146 Vgl. Einladung. In: Staatsarchiv Černivci (DAČO), Fond 325: Jüdische Gemeinde, Opis 1, sprava 905, s. 2–2a. Kaiserhuldigung. Die anderen Synagogen, an denen Festlichkeiten begangen wurden, stehen zum Beispiel in o. V.: Solka. In: Czernowitzer Allgemeine Zeitung, 21. 8. 1910, S. 6, und o. V.: Nepolokoutz. In: Czernowitzer Allgemeine Zeitung, 24. 8. 1910, S. 5.

147 Der Verbleib des Albums ist unklar. Leon König schickte es nach dem Besuch von Erzherzog Eugen Ende April 1901 nach Karlsbad, wo sich dieser nach dem Besuch in der Bukowina als Kurgast aufhielt (Karlsbader Kurliste, Nr. 30, 3. 5. 1901, S. 1: »Angemeldet seit 1. Mai: Nr. 2151 Seine kaiserl. und königl. Hoheit Erzherzog Eugen von Oesterreich, k.u.k. General der Cavallerie, Nr. 2153 Kammervorsteher und k.u.k. Oberst Vincenz Freiherr Henninger und Bedienung«). Ein Dankschreiben kam von Eugens Kammervorsteher, Oberst Henninger, aus Innsbruck, wo Erzherzog Eugen als Kommandierender General des XIV. Armeekorps von 1900 bis 1908 einen Hofstaat unterhielt. Im Tiroler Landesarchiv, das einen (Teil-)Nachlass von Erzherzog Eugen verwahrt, findet sich kein Hinweis auf das Postkartenalbum. Möglich ist auch, dass Erzherzog Eugen das Album auf der Burg Hohenwerfen bei Salzburg verwahrte, die er 1898 erwarb und zu einem Fürstensitz mit einer umfangreichen Kunst- und Waffensammlung ausbauen ließ. Weder die Burg Hohenwerfen noch das Landesarchiv Salzburg, das einen weiteren (Teil-)Nachlass von Erzherzog Eugen verwahrt, führen das Album aber in ihrem Bestand. Sollte es auf der Burg Hohenwerfen verwahrt worden sein, könnte es bei einem Brand 1931 verloren gegangen sein oder im Anschluss mit weiteren Beständen verkauft worden sein, um die Renovierung der Burg zu finanzieren. Für die Recherchen in der Österreichischen Nationalbibliothek (ÖNB) danke ich Martina Egger, M. A.

148 Brix klassifiziert dies als »Verbürgerlichung« des Systems. Brix, Mythos, S. 52.

149 Fischer-Westhauser, Ulla: Allergnädigster Kaiser und Herr! Allergnädigste Kaiserin! Über die Huldigungsadressen in der Österreichischen Nationalbibliothek. In: Geschenke, Dies., S. 10–39, hier S. 12.

150 Vgl. Dies.: Huldigungen als Selbstdarstellungen der Wirtschaft. Widmungsexemplare aus der Industrie als Repräsentationsform. In: Dies., Geschenke, S. 174–197, hier S. 178.

151 Vgl. Dies. Allergnädigster Kaiser und Herr!, S. 12.

152 Vgl. Brix, Mythos, S. 54.

153 o. V.: Auszeichnung. In: Bukowinaer Post, 30. 5. 1901, S. 4; o. V.: Siehe auch Ehrung. In: Bukowinaer Rundschau, 30. 5. 1901, S. 3.

154 Zu diesem Argument vgl. Brix, Mythos, S. 53.

155 Vgl. Ansichten aus der Bukowina. Postkartenalbum für Kaiser Franz Josef I. von Leon König, 1908. In: ÖNB PK 1275.

156 Ebd.

157 Fotoalbum von Friedrich Schmack, 1875, »Zur Erinnerung an das 100jährige Jubiläum der Angehörigkeit zum Kaiserstaate Oesterreich 1775–1875«. In: ÖNB Fid 2912.

158 Fotoalbum Erinnerung an die Bukowina 1880 von Anton Kluczenko (Apotheker und Fotograf, »Erstes artistisches Atelier für Fotographie«, Czernowitz) für Kaiser Franz Joseph I. In: ÖNB PK 109.

159 Vgl. Pretzel, Ulrike: Die Literaturform Reiseführer im 19. und 20. Jahrhundert. Untersuchung am Beispiel des Rheins, Frankfurt a. M. 1995, S. 60; Brenner, Peter J.: Die Erfahrung der Fremde. Zur Entwicklung einer Wahrnehmungsform in der Geschichte des Reiseberichts. In: Der Reisebericht. Die Entwicklung einer Gattung in der deutschen Literatur. Hg. v. Ders. Frankfurt a. M. [2]1992, S. 14–49, hier S. 38; Jost, Herbert: Selbst-Verwirklichung und Seelensuche. Zur Bedeutung des Reiseberichts im Zeitalter des Massentourismus. In: Brenner, Reisebericht, S. 490–507, hier S. 492–493.

160 Vgl. Walter, Ansichtskarte, S. 56.

161 Zur Verlagsgeschichte und Aufstieg Müller, Susanne: Die Welt des Baedeker. Eine Medienkulturgeschichte des Reiseführers 1830–1945. Frankfurt a. M. 2012, S. 29–59.

162 Baedeker, Karl: Österreich-Ungarn. Nebst Cetinje, Belgrad, Bukarest. Handbuch für Reisende. Leipzig [10]1910, S. V.

163 Vgl. ebd.

164 Vgl. Schlögel, Karl: Im Raume lesen wir die Zeit. Über Zivilisationsgeschichte und Geopolitik. München 2004 [Nachdr.]; darin das Unterkapitel »Karl Baedekers Handbuch für Reisende oder die Konstruktion Mitteleuropas«, S. 372.

165 Vgl. Jenny, Rudolph von: Handbuch für Reisende in dem österreichischen Kaiserstaate. Reisehandbuch durch das Erzherzgotum Oesterreich mit Salzburg, Obersteyermark und Tirol. Büns–Leipzig 1834, S. 292–297.

166 Mittelmann, Illustrierter Führer. Zu den Hintergründen vgl. Kusdat, Vorwort.

167 Baedeker, Österreich-Ungarn, 1910, S. 367.

168 Baedeker, Karl: Österreich-Ungarn. Handbuch für Reisende. Leipzig [26]1903, S. 343.

169 Baedeker, Karl: Österreich-Ungarn. Handbuch für Reisende. Leipzig [25]1898, S. 332.

170 Baedeker, Österreich-Ungarn, 1910, S. 368.

171 Vgl. Baedeker, Karl: Österreich-Ungarn. Nebst Cetinje, Belgrad, Bukarest. Handbuch für Reisende. Leipzig [29]1913.

172 Vgl. Sollors, Werner: Kleine Reise in die Baedeker-Vergangenheit. In: Schauplatz Kultur – Zentraleuropa. Transdisziplinäre Annäherungen. Hg. v. Johannes Feichtinger u. a. Bozen u. a. 2006, S. 215–223, hier S. 219.

173 Vgl. WOOD, Ruth Kedzie: Hooneymooning in Russia. London 1912, S. 42, angegeben bei ROWLEY, Open Letters, S. 38.

174 Vgl. o. V.: Die griechisch nicht-unierten bischöflichen Residenzgebäude in Czernowitz. In: Wiener Zeitung, 24.10.1861, S. 3861.

175 Zu Hlavkas Schaffen vgl. SAILER, Gerhard: Josef Hlavka und die K.K. Central-Commission. In: Österreichische Zeitschrift für Kunst und Denkmalpflege XLIV/1 (1990), S. 151–155.

176 Vgl. LIENEMEYER, Stadtentwicklung, S. 131.

177 Nach ebd., S. 134; Vgl. REDL, Dagmar: Zwischen Wien und Czernowitz: Zu Werdegang und Wirken historistischer Architekten der k.k. Monarchie. In: Mitteilungen der Gesellschaft für vergleichende Kunstforschung in Wien 54 (2002), S. 2–12, hier S. 8.

178 Vgl. o. V.: Säkularfeier in Czernowitz. In: Neue Freie Presse, 2.10.1875, S. 2.

179 Czernowitz, Synodensaal in der erzbischöfl. Residenz. Czernowitz: E. Kanarski, 1908. In: Archiv des Bukowina-Instituts an der Universität Augsburg (BI), Slg. E.K., 3.10.3 [Signatur alt BI-Kasp_03_0039_b]. Musia an M. L. Staudt in Hannover, 1908.

180 Czernowitz, Erzbischöfliche Residenz. Czernowitz: E. Kanarski, 1908. In: BI, Slg. E.K., 6.13.1 [Signatur alt BI-Kasp_06_0049_b]. Fritz an Marie Binkau in Vöslau bei Wien, 1911.

181 Unbekannt an Fräulein [unleserlich] in Wien, 1910. In: ČKM, 12543-II-21971.

182 Czernowitz. Czernowitz: Moritz Gottlieb, 1913. In: BI, Slg. E.K., 7.15.2 [Signatur alt BI-Kasp_07_0058_b]. Triska an den Kapuziner-Konvent in Knittelfeld, 1913; Czernowitz. Erzbischöfliche Residenz. Czernowitz: Leon König, 1916. In: BI, Slg. E.K., 7.31.2 [Signatur alt BI-Kasp_07_0119_a]. Theodor an Herrn Oswald in Mödling bei Wien, 1916. Interpunktion aus Gründen der Lesbarkeit hinzugefügt.

183 Gruss aus Czernowitz. Gr. or. Erzbischöfliche Residenz. o. O.: o. Verl., o. J. In: Slg. S. O., o. Sig. Tonzja, Berhomet a. P., an Rosalija Kulyk in Czernowitz, 1913.

184 Drozdowski, Wien, an Helen Möller in Czernowitz, 1906. In: Slg. G. J., o. Sig.

185 Gruss aus Czernowitz. Gr. or. Erz. Residenz. Czernowitz: Leon König, 1906. In: BI, Slg. E.K., 1.3.3 [Signatur alt BI-Kasp_01_0011_a]. Eugen Teszczuk an Nanci Kovats in Wien, 1906.

186 Vgl. URRY, John: The Tourist Gaze. Leisure and Travel in Contemporary Societies. London ²2002, S. 8.

187 Czernowitz. Städtisches Nationalhaus mit Theater. Czernowitz: Moritz Gottlieb, o. J. In: BI, Slg. E.K., 5.18.2 [Signatur alt BI-Kasp_05_0066_b]; Gruss aus Czernowitz. Czernowitz: Sigmund Jäger, 1905. In: BI, Slg. E.K., 7.18.2 [Signatur alt BI-Kasp_07_0070_b]; Gruss aus Czernowitz. Bukowiner Handels- und Gewerbekammer mit Kaiser-Café. Czernowitz: Moritz Gottlieb. In: Slg. S. O., o. Sig. Bruder an Franz Rosner in Wien, 1915; Gr. Or. Erzb. Residenz. Czernowitz: David Gross, o. J. In: BI, Slg. E.K., 6.4.4 [Signatur alt BI-Kasp_06_0016_b]. Kramer an Therese Kellerer in Gmunden, D. ul.

188 Vgl. Gruss aus Czernowitz. Stadttheater. o. O.: Verlag Josef Horowitz. In: Slg. S. O., o. S. Alin an Costica in Bucarest, 1910.

189 Czernowitz Residenz-Einfahrt. o. O.: Verlag Tennenbaum. In: BI, Slg. VINO, 1361. Carl an seine Eltern o. O., 1917.

190 Angaben in der angegebenen Reihenfolge: Gruss aus Czernowitz. Pruthbrücke. Czernowitz: Leon König, o. J. In: BI, Slg. E.K., 7.11.3 [Signatur alt BI-Kasp_07_0043,1_b]. Unleserlich an Karl Zak in Wien, 1898.

191 Wladzio an Fräulein Romzia Pavolinko in Waschkoutz. In: ČKM, 33254-III/ II-23879.

192 Mist želïznyj kolejovanyj. Zališčyky. Zaleszczyki. Most zelazny kolejowy. Eisenbahnbrücke. Zalischtschyky. Zaleszczyki: Buchhandlung Jakob Koffler, 1909. In: ČKM, 33282-II-22793. Ljona an Ranzja Pauliukiwna in Czernowitz, 1909. Im Original auf Ukrainisch.

193 Gruß aus Czernowitz. Kuczurmarerstrasse. Czernowitz: Verlag von Simon Gross, o. J. In: SALAHOR, Vitannja z Černivciv, S. 191, Karte 2. Sebastian an Unbekannt, o. D. Im Original auf Rumänisch.

194 Wasilij Stepanowich an Herr Terechow o. O., 1917. In: Slg. S. O., o. Sign. Im Original auf Ukrainisch.

195 Vgl. CORBEA-HOIŞIE, Andrei: Die Bukowina und Czernowitz. Hybrider Kulturraum und Faszinosum. In: STACHEL/THOMSEN, Exotik, S. 113–122, hier S. 114–115.

196 Vgl. o. V.: Die Bukowina in Petersburg. In: Bukowinaer Post, 9.8.1908, S. 5.

197 o. V.: Die Bukowina auf der Wiener Jagdausstellung. In: Bukowiner Post, 17.4.1910, S. 5.

198 Bad Dorna, Bad Lopuszna, Bobestie/Bobiwci/Bobeşti, Bojanczuk/Bojanczuk/Boiancine, Burdujeni, Colbu, Dorna Watra, Dorosoutz, Dragomirna, Dubioutz/Dubiwci/Dubǎuţ, Eisenau/Ajzenaw/Prisaca, Falkeu, Gurahumora, Hadikfalva, Hatna, Hliboka, Horecza, Illischestie/Iliszeszty/Ilişeşti, Itzkany, Jakobeny/Jakobeny/Jacobeni, Kaczika/Kaczyka/Cacica, Karapcziu/Karapcziw/Carapciu, Kimpolung, Kirlibaba/Kirlibaba/Cîrlibaba, Komarestie Slobodzia/Komariwci, Słobodzia/Slobodia Comarestilor, Kotzman/Kicmań/Coţman, Lužan, Molit, Nepolokoutz, Neufratautz/Fratiwci Nowi/Frătăuţii Noi, Nowosielitza, Oschechlib/Oszychliby/Oşehlib, Petroutz, Podzacharycz/Pidzacharycz/Podzaharice, Prutem, Puczosthal bei Jakobeny, Putna, Putnathal/Waleputna/Valea Putnei, Radautz, Rarancze/Rarancze/Rarance, Rewna/Rewna/Revna, Rostoki/Rostoky/Rostochi, Russ Moldawitza/Ruska Mołdawycia/Rusii Moldoviţei, Sadagora, Seletin, Sereth, Solka, St. Putilla, Stawczan/Stawczany/Stauceni, Storozynetz, Strilecki Kut, Suczawa, Suczawitza, Tereblestie, Toraki, Waschkoutz, Wiznitz.

199 Vgl. die Einzelangaben in: Gemeindelexikon der im Reichsrate vertretenen Königreiche vom 31. Dezember 1900. XIIII Bukowina. Hg. v. k.k. statistische Central-Commission. Wien 1907.

200 Vgl. Gruss aus der Bukowina. Bahnhof Nepolokoutz. Czernowitz: Leon König, o. J. In: SALAHOR, Vitannja z Bukovyny, S. 296, Karte 2. Josefa Mardarowicz an Unbekannt, o. D. Im Original auf Polnisch.

201 Gora Sokolskie kolo Kut. Pozdrownienie z Kut: o. Verl., 1902. In: BI, Slg. E.K., 7.31.1 [Signatur alt BI-Kasp_07_0118_a]. Unbekannt an Mädy Polaczek in Innsbruck, 1902.

202 Wiznitz. Total-Ansicht. Stanislawowie: Nakl Schreiera, 1910. In: BI, Slg. E.K., 7.24.2 [Signatur alt BI-Kasp_07_0091_b]. Loise an Fräulein Erna Spitra in Graz, 1910.

203 Vgl. MITTELMANN, Illustrierter Führer, S. 24–28.

204 STACHEL, Peter/THOMSEN, Martina: Vorwort. In: DIES., Exotik, S. 9–10, hier S. 9.

205 Unleserlich, Czernowitz, an Frl. Plesch in Brünn, 1914. In: Slg. G. J., o. Sig.

206 Vgl. Landungsplatz Jablonitza. Czernowitz: Verlag v. Leon König, Papierhdlg., o. J. In: SALAHOR, Vitannja z Bukovyny, S. 310, Karte 3. Unbekannt an Unbekannt, o. D. Im Original auf Polnisch.

207 MITTELMANN, Illustrierter Führer, S. 6, 18.

208 Vgl. SONNTAG, Gruß von der Bahn, S. 71.

209 Vgl. KOS, Wolfgang: Das Malerische und das Touristische. Über die Bildwürdigkeit von Motiven – Landschaftsmoden im 19. Jahrhundert. In: Faszination Landschaft. Österreichische Landschaftsmaler des 19. Jahrhunderts auf Reisen. Hg. v. Residenzgalerie Salzburg. Salzburg 1995, S. 7–26, hier S. 7–8.

210 BIERI, Susanne/PIATTI, Barbara: Ansichtskarten. Landschaften im Taschenformat = Cartes postales ou le monde en poche. Basel 2003, S. 55.

211 Bieri/Piatti, Ansichtskarten, S. 45.
212 Mittelmann, Illustrierter Führer, S. 12.
213 Toraki. Czernowitz: Leon König, 1910. In: BI, Slg. E.K., 7.22.3 [Signatur alt BI-Kasp_07_0084_a]. Unbekannt an Fräulein Mizzi von Melecki in Wien, 1910.
214 Gelber, Alb.: Aus dem fernsten Osten der Monarchie. In: Österreichische Touristen-Zeitung. Offizielles Organ des Österreichischen Touristen-Klubs XXX/16 (1910), S. 182–186, hier S. 186.
215 Rowley, Open Letters, S. 45.
216 Mittelmann, Illustrierter Führer, S. 113.
217 o. V.: Anzeige. In: Mittelmann, Illustrierter Reiseführer, S. 109.
218 Mittelmann, Illustrierter Führer, S. 114.
219 Vgl. Corbea-Hoișie, Bukowina und Czernowitz, S. 122.
220 Gruss aus der Bukowina. Dorna-Watra. Czernowitz: Leon König, 1898. In: BI, Slg. E.K., 2.12.2 [Signatur alt BI-Kasp_02_0046_b]. Unbekannt an Frau Paula von Bitter in Wien, 1898.
221 Vgl. beispielhaft Gruss aus Bad Dorna. Salutari din Vatra Dornei. Totalansicht – Vederea totala: Verlag der Papierhandlung Hammer, 1915. In: BI, Slg. E.K., 2.14.3 [Signatur alt BI-Kasp_02_0055_a].
222 Angabe nach K.K. statistische Zentralkommission, Vorwort, S. 24.
223 Gruss aus Dorna-Watra. Dorna Watra: Hermann Fischer, 1900. In: BI, Slg. E.K., 2.19.1 [Signatur alt BI-Kasp_02_0073_b]. Mimi an Fräulein Anna Krenmayr in Steyr, 1900.
224 Vgl. Loebel, Arthur: Geschichtliche Entwicklung des Eisenbades Dorna. Evoluția istorică a băilor feroase Dorna. Iași 2012, S. 107.
225 Vgl. Haberkorn, Katharina: Steinerne Ränder gesellschaftlicher Umbrüche. Grabsteine und Todeszeichen in der Bukowina ziwschen 1900 und 1941. Dissertation. Budapest 2017, S. 123.
226 Vgl. Osačuk, Serhij / Salahor Mykola: Černivci. Antikvarni narysy [Czernowitz. Antiquarische Essays]. Černivci 2019, S. 81.
227 Von Bad Dorna portraitierten die Verlage aber nicht nur die touristische Seite, sondern ebenso die Moderne. Das dortige Sägewerk und das Elektrizitätswerk wurden abgebildet.
228 Gruss aus Kandreni. Floss-Parthie. Dorna-Watra: A. Stamper, 1901. In: BI, Slg. E.K., 2.13.3 [Signatur alt BI-Kasp_02_0051_a]. Emil an Frau Helene Ulzer in Mauer bei Wien, 1901.
229 Im Original Bieri/Piatti, Ansichtskarten, S. 24.
230 Vgl. Taxis, Katharina: »Ich mach mir die Welt, wie sie mir gefällt« – Bildbearbeitung in der Postkartenproduktion um 1900. In: Röger/Eiden, #Postkartenfieber, S. 18–19.
231 Vgl. zu Amsterdam Stieber, Nancy: Postcards and the Invention of Old Amsterdam around 1900. In: Mendelson/Prochaska, Postcards, S. 24–41, hier S. 35.
232 Vgl. JMČ, 83/4/A-15.
233 Vgl. Czernowitz – Hauptwache. Czernowitz: Moritz Gottlieb, o. J. In: Archiv des Bukowina-Insituts an der Universität Augsburg (BI), Slg. E.K., 6.19.2 [Signatur alt BI-Kasp_06_0075_a]; Czernowitz – Hauptstrasse. Czernowitz: Moritz Gottlieb, o. J. In: BI, Slg. E.K., 1.32.1 [Signatur alt BI-Kasp_01_0133_a].
234 Tropper, Prater, S. 114.
235 Vgl. Mittelmann, Illustrierter Führer, S. 53, über Straßen zwischen den Dörfern.
236 Gruss aus der Bukowina. Hauptstrasse in Dorna Watra. Czernowitz: Leon König, o. J. In: VKW, Fotothek, Pos. 15.386. Vgl. auch Bsp. in der Sammlung des Ethnologischen Museums Černivci, etwa Altbad. Bad Dorna: Verlag der Buchhandlung Rosenfeld, 1908. In: ČKM, 3681-II-22771.

237 o. V.: Ansichtskarten und kein Ende. In: Czernowitzer Tagblatt, 12. 8. 1905, S. 5.
238 Vgl. Carline, Richard: Pictures in the Post. The Story of the Picture Postcard. Bedford 1959, S. 32.
239 Angabe nach der Homepage des Projektes »Frauen in Bewegung 1848–1938«, https://fraueninbewegung.onb.ac.at/organisationen (zuletzt geprüft am 6. 4. 2023). Es gab eine futuristische Postkarte von König aus dem Jahr 1916, die eine Frau auf dem Fahrrad hineinmontiert hatte.
240 Vgl. Osačuk/Salahor: Antikvarni narysy, S. 51.
241 May, Geschichte der Propaganda-Postkarte, S. 35.
242 Bad Dorna. – Vatra Dornei, Klause »pareu negru« mit dem »bucaciu«, Haitul »pareu negru« in fundul »bucaciu« [sic!]. Bad Dorna: Verlag der Buchhandlung Rosenfeld, o. J. In: BI, Slg. E.K., 2.14.1 [Signatur alt BI-Kasp_02_0053]. Unleserlich u. Willi an Familie Eichmauer in Steyr, D. ul.; Gruss aus Bad Dorna, Salutari din Vatra Dornei. Städisches Electricitätswerk. Bad Dorna: Verlag der Papierhandlung Hammer, 1910. In: BI, Slg. E.K., 2.12.4 [Signatur alt BI-Kasp_02_0048]. Adolf an Friedrich Großdorfer in Wien, 1910; o. T. Czernowitz: Verlag von E. Kanarski, Papierhandlung. In: JMČ, KB-83/3/A-14. Clara an Helene Bosch in Czernowitz, D. ul.
243 Vgl. hierzu auch Almasy, Portayal, S. 41.
244 Vgl. Czernowitz. Ringplatz. Czernowitz: o. Verl., 1909. In: BI, Slg. E.K., 6.8.2 [Signatur alt BI-Kasp_06_0030_a]. Unbekannt an Felix Kaschke in Wien, 1909.
245 Vgl. Corbea-Hoișie, Czernowitz 1892, S. 43.
246 Gruss aus der Bukowina. Waldparthie in Seletin. Czernowitz: Leon König, 1909. In: BI, Slg. E.K., 1.7.4 [Signatur alt BI-Kasp_01_0028_b]. Unbekannt an Franz Serek in Kremsier, 1909.
247 Gruss aus Czernowitz. Mehrmotivpostkarte. o. O.: Leon König, o. J. In: Slg. G. J., o. Sig. Unbekannt an Herrn Rybitcka in Znaim, vmtl. 1899.
248 Gruss aus Czernowitz. Wien: Karl Schwiedernoch, 1897. In: BI, Slg. E.K., 6.20.1 [Signatur alt BI-Kasp_06_0078_b]. Unbekannt an Theresia Azwanger in Wien, 1897.
249 Gruss aus Czernowitz. Bukowiner Handels- und Gewerbekammer mit Kaiser-Café. Czernowitz: Friedrich Rieber, 1910. In: BI, Slg. E.K., 5.20.3 [Signatur alt BI-Kasp_05_0075_b]. Leo an Ernesto F. a. Schattingen in Wien, 1910; Czernowitz. Bahnbetriebssiedlung. Totalansicht. o. O.: D. Gross, o. J. In: ČKM, 12498-II-21879. Unbekannt, Czernowitz an Erna Singer in Dorna Watra, 1910; Rumänisches Bauernmädchen. Czernowitz: Simon Gross, 1903. In: BI, Slg. E.K., 1.33.4 [Signatur alt BI-Kasp_01_0140_b]. Unbekannt an Medy Solaczek in Dumbartonshire, 1903.
250 Gruss aus Czernowitz. Czernowitz: o. Verl., 1898. In: BI, Slg. E.K., 1.2.1 [Signatur alt BI-Kasp_01_0005_a]. Frau Frieda Neumann an Frau Schroeder in Kiel (Preussen), o. D.
251 Gruss aus Czernowitz. Kathedrale. o. O.: o. Verl., o. J. In: Salahor, Vitannja z Černivciv, S. 378, Karte 1. Ul. an Unbekannt, o. D. Im Original auf Rumänisch.
252 Deutsches Haus in Czernowitz (Bukowina). Äußere Ansicht. o. O.: o. Verl., o. J. In: BI, Slg. E.K., 6.14.4 [Signatur alt BI-Kasp_06_0056_b] Alexander Semnitz an Vally Richter in Wien, 1912.
253 Firma: Wolf Hirsch et Schlamasel. Czernowitz: E. v. Schiller, 1899. In: Jüdisches Museum Wien (JMW), 17483, 3.

4 Bukowinismus im Kleinformat?

Darstellung und Aneignung von Multiethnizität

Die Eliten der im Osten Cisleithaniens gelegenen Region betonten und begrüßten die Zugehörigkeit zur Habsburger Monarchie. Wie im vorangegangenen Kapitel dargelegt, zeigte sich dieses Selbstbild in der Postkartenproduktion, indem die Verleger die Orte des imperialen Ausbaus betonten und wenige Ansichten des moldauischen, prä-habsburgischen Kulturerbes herstellten und verkauften. In der Postkartenproduktion wurde die politische Zugehörigkeit immer wieder festgeschrieben. Die kleinen Karten festigten folglich den Teil der Leiterzählung des Bukowinismus, der die österreichisch-deutsche Kultur als wesentlich für die Entwicklung des Kronlandes darstellte.[1] Wesentlicher anderer Bestandteil des identitätsstiftenden Narrativs des Bukowinismus war, den Beitrag der unterschiedlichen ethnischen, sprachlichen und religiösen Gruppen zur Geschichte und Gegenwart der Region zu betonen. Wenngleich die Beschreibung des Bukowinismus als »Gemeinsamkeitsideologie« ohne Wertung irreführend ist,[2] so lässt er sich als grundsätzliche Bejahung des Zusammenlebens unterschiedlicher ethnisierter Gruppen lesen, als Affirmation der Multiethnizität.

In diesem Kapitel werde ich in drei Schritten deshalb der Frage nachgehen, ob und wie Postkarten die Leiterzählung des Bukowinismus in Bezug auf die Multiethnizität mitgestalteten. In einem ersten Schritt werde ich nach der Sprachwahl der Postkartenverleger und der Aneignung durch die Postkartenschreiber*innen fragen, da sich in anderen Regionen des Habsburger Imperiums daran politische Auseinandersetzungen festmachten. Übergeordnet stehen im Teilkapitel nationalistische Gegenerzählungen im Fokus. Denn in ganz Europa wurde das hochmoderne und beliebte Massenkommunikationsmittel der Postkarte damals für politische Zwecke genutzt, von Gruppierungen, die sich entweder der Stärkung der Klasse oder der Nation verschrieben hatten.[3] Ansichtskarten waren ein schichten- und raumübergreifendes Massenmedium der Zeit, das alle erreichte: Stadt- und Dorfbevölkerung, des Lesens und Schreibens Kundige und Illiterate – und die stellten im Zeitalter der Postkarten eine immer noch große Gruppe in der Region.[4]

In einem zweiten Schritt untersuche ich die Darstellung der Ethnien, die nach den topografischen Ansichtskarten das zweihäufigste Motiv darstellten. Welche Gruppen zeigten die Verleger, wie beschrifteten sie die Bilder und essentialisierten sie somit abgebildete Personengruppen? Und (wie) reagierten die Käufer*innen der Ansichtskarten? In einem dritten Schritt gehe ich gesondert auf die Darstellung der jüdischen Bevölkerung ein, aus der sich in der Bukowina auf der einen Seite die lokale Elite und ein Großteil der Postkartenverleger rekrutierte, deren Abwertung auf der anderen Seite auf Ansichtskarten aber vor Ort – ebenso wie in anderen Teilen Europas auch – zum Geschäft wurde. In einem vierten kürzeren Schritt untersuche ich die Darstellung und Aneignung der topografischen Ansichtskarten, die Orte der Religion und der Nation(en) zeigen. Wie verhalten sich die Miniaturen der entsprechend markierten Personen zu den Miniaturen der entsprechend markierten Orte?

4.1 Kein Medium des Nationalismus oder die Bukowina als Sonderfall

Fehlanzeige I: Postkarten der ethnopolitischen Akteure

In ganz Europa wurden Bildpostkarten damals für politische Zwecke vereinnahmt. Gerade im multiethnischen Imperium der Habsburger agitierten zahlreiche Gruppen, die sich allmählich als ethnisch zusammengehörig und von ihren Nachbarn als unterschiedlich zu begreifen begannen, gegen die Zugehörigkeit zur Habsburger Monarchie. In polemischer Zuspitzung bezeichneten sie das Imperium häufig als »Völkerkerker« und setzten auf die Gründung eines je eigenen Nationalstaates.[5] Dazu setzten die »ethnopolitischen Unternehmer«, wie Rogers Brubaker federführende Akteure in Ethnisierungsprozessen unter Rückgriff auf Pierre Bourdieu benennt, eine Vielzahl von Maßnahmen und Medien ein, die in ständigem Rückkopplungsprozess mit den Adressat*innen in der Identitätspolitik standen.[6] Zu diesem Set gehörten visuelle Codes, nationale Symbole und Allegorien. In der Wiederholung, nicht zuletzt durch das Massenmedium der Postkarten, verdichteten sie sich zu einer »illustrierten Nation«. In Böhmen und Mähren, wo die politische Auseinandersetzung besonders intensiv geführt wurde, avancierten Postkarten zu einem prononcierten Medium des politischen Kampfes. Deutsche und tschechische Mythen und Sagen wurden nationalpolitisch besetzt und ihre Visualisierungen auf Postkarten umgesetzt, Farben als Nationalfarben reichlich eingesetzt. »Mythen, Wappen, Farben und selbst Baumsymbole« sollten über Postkarten die nationale Sache vorantreiben.[7] Auch im Kronland Steiermark fertigten die Verlage Bildpostkarten an, die nationale Allegorien oder Symbole zeigten und somit zur ethnonationalen Politisierung des öffentlichen Raums beitragen.[8]

Im Kronland der Bukowina gründeten sich im Laufe des 19. Jahrhunderts mehrere Vereine, die die Kultur und oft genug den politischen Einfluss ihrer ethnischen Gruppe befördern wollten. Auf universitärer Ebene bildeten sich seit den 1870er Jahren Verbindungen entlang

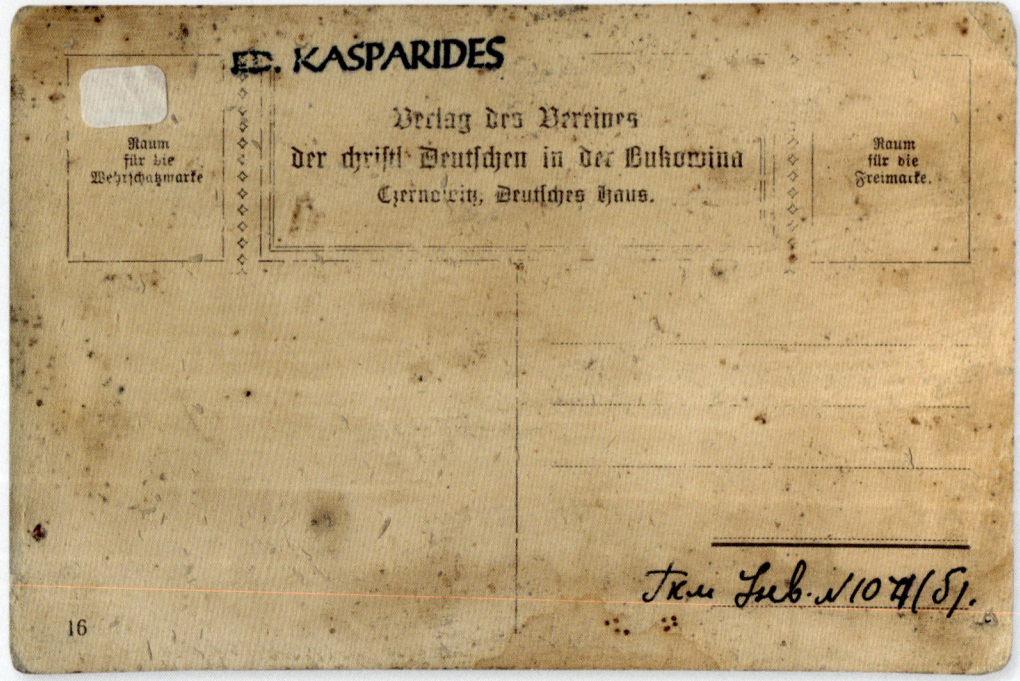

Abb. 1 und 2 Erzählungen des Deutschen in einfacher Qualität – Deutsches Bauernhaus in Hliboka (Bukowina), Verlag des Vereins der christlichen Deutschen in der Bukowina: Czernowitz, o. J.

ethnischer Trennlinien.⁹ Zudem gründeten sich für breitere Gesellschaftsschichten Gesellschaften und Vereine: Die *Gesellschaft für Kultur und Literatur der Rumänen in der Bukowina* wurde bereits genannt, zudem existierte mit *Concordia* eine rumänisch-nationalistische Vereinigung. In Suczawa gab es den rumänischen Schulverein *Școala Română* ab 1883 und den *Clubul Român* ab 1887; ab 1869 mit *Russiska Bessida* einen Verein der Ruthenen. 1897 hat sich der *Verein der christlichen Deutschen in der Bukowina* gebildet, dessen Mitgliederzahl zwischen dem Gründungsjahr 1897 und dem Vorabend des Ersten Weltkrieges 1912 auf 7 500 Mitglieder in 54 Ortsgruppen anwuchs, womit etwa zehn Prozent der Bukowina-Deutschen in ihm vertreten waren. Er legte die Grundlage für ein deutsch-völkisches regionales Bewusstsein, wobei betont werden muss, dass sich die Deutschen in der Bukowina bis zum Ende des Ersten Weltkrieges nicht als eigene und distinkte Gruppe verstanden. Erst in der Zwischenkriegszeit wurde, unter dem Druck der Rumänisierung und vor dem Hintergrund allgemeiner völkisch-nationaler Umtriebe, das Verbindende der deutschen Siedlergruppen stärker betont: In der Festschrift zum 25-jährigen Bestehen der wichtigsten dieser Organisationen, des 1897 gegründeten *Vereins der christlichen Deutschen in der Bukowina*, wurde die Trennung der deutschen Gruppen ebenso herausgestrichen wie die langsame Integration betont: Erst die »Sammlung aller soweit zerstreuten und durch verschiedene Schranken getrennten Deutschen in einem einzigen Vereine [konnte] dem Begriff des Bukowiner Deutschtums den rechten Sinn und Ausdruck verleihen«.¹⁰

Wenngleich die Integration der deutschsprachigen evangelischen und katholischen Zuwanderungsgruppen auf sich warten ließ, bedeutete das Agieren des Vereins Exklusion. Denn die Vereinsmitglieder betonten die christliche Konfession und damit den Unterschied zu den jüdischen Deutschsprachigen in der Region.¹¹ Ab 1907 hielten, auch unter dem Eindruck der Entwicklungen in Wien, das mit Karl Lueger einen offen antisemitischen Bürgermeister hatte, zunehmend antisemitische Töne Einzug.¹² So sehr der Verein insgesamt zur Spaltung der bukowinischen Gesellschaft beigetragen hat, so spärlich hat er dazu offenbar das erste globale Bildmedium der Postkarte benutzt. Ein 2006 publiziertes Überblickswerk über die Bildpostkartenproduktion der deutschen Schul- und Schutzvereine in Europa und Übersee fand für die Bukowina keine einzige Karte.¹³ In den von mir konsultierten Sammlungen sind wiederum eine wenige Karten des Vereins zu finden, doch wird deutlich, dass das Kommunikationsmittel weder allzu professionell noch allzu agitierend eingesetzt wurde. Auf einer der Postkarten war ein Haus abgebildet, im Vordergrund ein Bauer und Kühe. Die Beschriftung auf der Vorderseite kennzeichnete das Haus als »Deutsches Bauernhaus in Hliboka«, einem Ort südlich von Czernowitz, in den Mitte des 19. Jahrhunderts vor allem evangelische Deutschsprachige zugezogen waren (Abb. 1). Als Ansichtskarte mag sie das Leben dieser Volksgruppe gepriesen haben, gegen andere Gruppen agitierte der Verein damit nicht. 1912 wurde das Foto im Deutschen Kalender für die Bukowina in einem Bericht des Volkskundlers Raimund Friedrich Kaindl abgedruckt, der für die deutschvölkische Agitation in der Bukowina eine wichtige Rolle spielte.¹⁴ Kaindl setzte mit diesem Beitrag seine Reihe über die deutsche Ansiedlung fort. Zu dem Bild erläuterte er, es zeige das »Anwesen eines wohlhabenden deutschen Grundwirtes« in Hliboka, die Bildunterschrift nannte eine konkrete Person: Das Haus des Philipp Armbrüster in Hliboka sei abgebildet.¹⁵ War Armbrüster im Artikel noch persönlich genannt, wurde er auf der Postkarte zu einem »deutschen Bauern« – ein klassisches Beispiel für die Entkonkretisierung und damit Essentialisierung von ethnischen Gruppen durch das Postkartenschaffen.

Die Karte war auf der Rückseite simpel gestempelt, doch wurde sie etwas hochtrabend mit »Verlag des Vereins der christl. Deutschen in der Bukowina. Czernowitz, Deutsches Haus« als Herausgeber beschriftet (Abb. 2). Die aufgebrachte Nummer 16 deutet darauf hin, dass noch mehr Postkarten des Vereins existierten. In der Sammlung Salahor findet sich lediglich noch eine ganz klassische Karte des Vereins mit dem Wappen auf der Vorderseite (Abb. 3). Eine ähnliche ist ebenso vom *Rumänischen Kulturverein* überliefert (Abb. 4). Rumänischsprachige Personen bildeten schon in den 1840er Jahren Vereine und arbeiteten mit der 1865 gegründeten *Gesellschaft für Rumänische Kultur in der Bukowina* (*Societatea pentru Cultura și Literatura Română în Bucovina*) an Literarisierung und nationalem Bewusstsein. Zudem gab es Erinnerungspostkarten an die Feierlichkeiten zu Ehren des polnischen Nationaldichters Mickiewicz.¹⁶

Postkartalische deutschnationale Agitationen gab es in der Bukowina dennoch. So verlegte das in Berlin und Dresden ansässige Verlagshaus Stengel & Co eine Karte des frühen deutschen Hauses, die unter der gedruckten Inschrift »Treudeutscher Gruß« auch versendet wurde (Abb. 5).¹⁷ Da dies das einzig derartige Beispiel

Abb. 3 und 4 Selten in der Bukowina: Postkarten der sprachlich-national organisierten Vereine – Verein der christlichen Deutschen in der Bukowina, o. Verl.: o. O., o. J.; Uniți să fim în cugete. Uniți în Dumnezeu, BUK S.P.: Cernăuți, o. J.

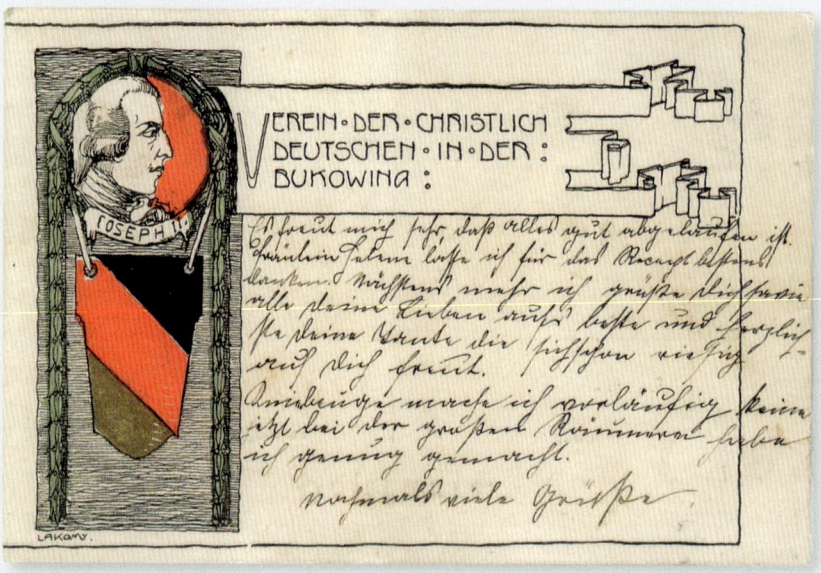

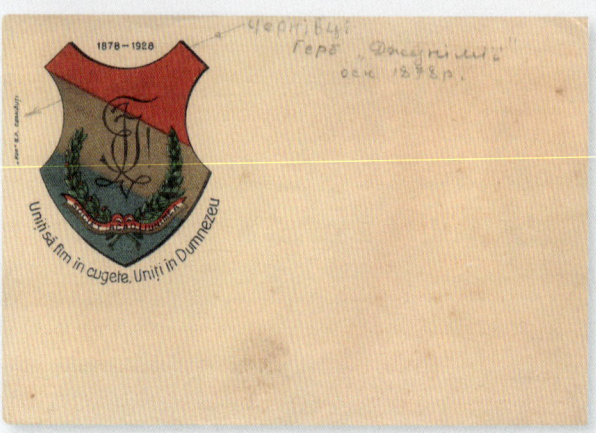

Abb. 5 Im Kaiserreich produzierte »treudeutsche Grüße« – Treudeutscher Gruss aus Czernowitz, Stengel & Co: Berlin/Dresden, o. J.

blieb, das ich finden konnte, soll keine überzogene These formuliert werden. Doch kann natürlich die Frage gestellt werden, ob derlei postkartalische deutschnationale Agitation überwiegend von außen, vom Kaiserreich aus, wo sich um die Jahrhundertwende eine völkischnationale Bewegung mit Macht formierte, ins Kronland an der Habsburger Peripherie getragen wurde.

Die Nationalvereine selbst als klassische ethnopolitische Akteure nutzten in der Bukowina Bildlichkeit offenbar nur peripher. Nationalistische (und antisemitische) Agenden verbreiteten sie und andere entsprechende Akteure überwiegend in Printform. So gab der *Verein der christlichen Deutschen in der Bukowina* ab dem Jahr 1900 den *Deutschen Kalender für die Bukowina* heraus, in dem flammende Appelle für das Deutschtum vorgetragen wurden.[18] Doch dominierte hier klar Schriftlichkeit. Zum Sprachrohr der Nationalitäten sei im ausgehenden 19. Jahrhundert die Presse geworden, so Francisca Solomon.[19] Und tatsächlich agitierten einige Titel deutlich. Zu nennen ist etwa *Der Volksfreund. Unabhängige Zeitung für das christliche Volk der Bukowina* oder *Die Wahrheit*, das Blatt von Kanarski, der Mitglied im *Verein der christlichen Deutschen* war und offen antisemitisch gegen seinen wirtschaftlichen Konkurrenten König wetterte. Doch was schriftlich passierte, wurde durch das wichtigste visuelle Massenmedium der Zeit, die Postkarten, visuell nicht flankiert – ein wichtiges Ergebnis für eine immer noch stark illiterate Region. Offenbar fehlte es bei den patriotischen Trägerschichten an Personen, die das Visuelle ernst nahmen.[20]

Fehlanzeige II: Nationalistische Auseinandersetzungen über Postkarten

Im Gegensatz zur Briefkommunikation sind Postkartenkorrespondenzen nicht geheim zu halten. Postbeschäftigte, Briefträger und andere Familienmitglieder konnten und können mitlesen, weshalb die Kommunikation über die kleinen Karten als halböffentlich bezeichnet werden kann.[21] Verursachte dies bei der Einführung des neuen Korrespondenzformats schwere juristische Bedenken, konnte diese Form der Kommunikation später gezielt genutzt werden, um politische Botschaften en passant zu übermitteln oder gar gezielt unter dem Radar der Zensurbehörden zu bleiben.[22] Für die Steiermark machte Heinrich Pfandl unterschiedliche subtile Formen der politischen Auseinandersetzung über Postkarten aus: »Schließlich sei noch darauf hingewiesen, dass die Ansichtskarten von national gesinnten Schreibern beider Lager dazu verwendet wurden, das jeweils andere andersprachige Element negativ zu markieren, was zumeist durch Wegstreichen geschah; bei einsprachigen Karten wurden die ›eigenen‹ Formen oft hinzugefügt oder man überschrieb mit dieser die vorgedruckte Beschriftung in der ›anderen‹ Sprache. Provoziert wurde diese Auseinandersetzung durch das Vorhandensein zahlreicher patriotischer Karten, welche nicht selten zur Hintanstellung, Verachtung oder gar Vernichtung der jeweils anderen Kultur aufrufen.«[23]

Es stellt sich die Frage, ob und wenn ja inwiefern in der Bukowina Ansichtskarten ähnlich genutzt wurden. Eine Voraussetzung des Nationalitätenkampfes über Karten war, wie gezeigt, nicht gegeben: Es kursierten in der Region kaum Karten mit patriotischen Symbolen. Eine zweite Voraussetzung des Nationalitätenkampfes in der Steiermark war die Sprachverwendung, da sich dort – wie an zahlreichen anderen Orten auch – das erstarkende nationale Selbstbewusstsein mit der (Möglichkeit der) Verwendung der eigenen Sprache verknüpfte, wobei »Entdeckung« und Propagierung der jeweils eigenen Nationalsprache Hand in Hand mit den Nationalisierungsprozessen ging.

Es ist also zu fragen, in welchen Sprachen die regionalen Verlage beschrifteten? Manche Verlage wie Kanarski beschrifteten die Rückseite auf Französisch oder, wie Simon Gross, gleich in den elf Sprachen des *Weltpostvereins*. Die international gültige Aufschrift »carte postale«, wie sie 1878 der *Weltpostverein* festlegte, musste in Österreich nicht abgedruckt sein.[24] Dazu entschieden sich die Verlage, wenn überhaupt, freiwillig, vermutlich, um eine gewisse Weltläufigkeit zu demonstrieren. Doch üblicherweise waren sowohl die Bildseite als auch die Rückseite auf Deutsch gehalten. Erst danach kamen zweisprachige Versionen, dabei war selten die Bildseite zweisprachig gehalten, etwas häufiger griffen die Verlage auf der Rückseite auf Deutsch und Rumänisch zurück, dann Deutsch und Polnisch, was auf den gemeinsamen Markt mit Galizien verweist. Mitunter waren die Rückseiten dreisprachig, womit alle äußeren Amtssprachen der Bukowina vertreten waren. In der Habsburger Monarchie war Deutsch die innere und erste äußere Amtssprache der Bukowina; 1860 wurden Rumänisch und Ruthenisch zusätzlich äußere Amtssprachen in der Bukowina, sodass Behördenkorrespondenz und Reden im Landtag in diesen Sprachen geführt werden konnten. Zwar fand sich in der *Bukowinaer Post* im Jahr 1898, als das »Postkartenfieber« begann, ein Lob für den Verlag

Abb. 6 Zweisprachig beschriftete Ansichtskarte – Gruss aus Kimpolung. Salutare din Campolung [sic!]. Hauptstrasse, O. Kreindler: o. O., 1907.

König, dass er »den nationalen Anforderungen [...] Rechnung getragen« habe und »alle Karten auch rumänischen Text« enthielten,[25] doch kann dies nach Durchsicht mehrerer Postkartenüberlieferungen nicht bestätigt werden. Vielmehr scheint die lokale Zeitung schon einige Beschriftungen auf Rumänisch lobenswert gefunden zu haben.[26] Auch hier fällt auf, dass das Ruthenische kein Thema war – weder verlagsseitig, wo nur in wenigen Fällen deutsche und ruthenische Beschriftungen zu finden waren, noch in der Beobachtung der lokalen Presse.

Wenn die Verlage auch die Bildseiten zweisprachig gestalteten, handelte es sich überwiegend um topografische Ansichtskarten des Südteils der Region, wo viele Personen mit rumänischem Selbstverständnis lebten. Die auf Deutsch und Rumänisch beschriftete Stadtansicht von Kimpolung kann hier beispielhaft stehen (Abb. 6) – weitere Beispiele wurden bereits im Kapitel über Habsburger Normierungen benannt.

Es lassen sich Anpassungen an die Zielgruppe finden: So fertigte Leon König Postkarten von rumänischen Bäuerinnen nur in rumänischer Sprache an (Abb. 7). Auch Katz und Herzberg agierten so. Katz wählte für seine Ansicht des Rumänischen Nationalhauses ebenso eine komplett rumänischsprachige Beschriftung (Abb. 8). Sogar seinen Verlag machte er zu »Editura lui A. Katz, Cernăuți«. Sonst figurierte der Verlag stets unter Papierhandlung A. Katz. Ähnlich ging Herzberg in Radautz vor. Üblicherweise gab er die Ansichtskarten mit deutschem Text heraus, nur eine Aufnahme des rumänischen Jungeninternats – eine wichtige Errungenschaft des rumänischen Kultur- bzw. Schulvereins[27] – bezeichnete er ausschließlich auf Rumänisch. Auf einer der frühen Karten von Herzberg ist das Rumänische noch fehlerhaft: »Cartá Postalá« schreibt er. Kein Einzelfall im Übrigen, da auch andere Verlage rumänische Schriftzeichen falsch setzten. Selbst simple Grüße, *salutări* auf Rumänisch, setzte das Warenhaus Schaffer, hier editorisch tätig, falsch, und fügte ein Sonderzeichen hinzu.[28] Andere kannten jene rumänischen Buchstaben gar nicht. Offenbar fürchtete man die Schmähung der Kundschaft nicht. Zu den rumänischsprachigen Ausgaben motivierten die rumänischen Touristen in der Region, die spätestens mit der Entwicklung eines Kurtourismus kamen. Für diese Reisenden allein, die die zweite Gruppe nach den Kurgästen aus dem Habsburger Imperium bildeten, lohnten sich entsprechende Sprachausgaben.[29]

Ukrainischsprachige Ausgaben produzierten die Verlage kaum. Erklären lässt sich dies erstens damit,

Abb. 7 und 8 Beschriftungen auf Rumänisch – Salutare din Bucovina. Țěrance romăne, König: Czernowitz, 1898; Salutare din Cernăuți. »Palatul National.«, Editura lui A. Katz: Czernowitz, 1908.

dass die Ruthenen bis zum Untergang des Habsburger Imperiums die niedrigste Alphabetisierungsquote aufwiesen. Im Jahr 1910 waren gerade 28,5 Prozent der überwiegend bäuerlichen Gruppe des Lesens und Schreibens mächtig.[30] Wenn sie Ansichtskarten kauften, dann entschieden sie sich wohl eher über das Bild. Gemeinsam mit den Rumän*innen stellten die Ruthen*innen – wie die Bezeichnung für Ukrainer*innen im Habsburger Imperium lautete – die zahlenmäßig größte Gruppe in der Bukowina dar, was sie aber nicht in gesellschaftlichen Einfluss umsetzen konnten. Das *nation-building*-Projekt der Ukrainer kam im 19. Jahrhundert nicht so gut voran wie das anderer Gruppen in anderen Regionen.[31] Stets knapp bei Kasse blieb die dortige Nationalbewegung, sodass sie nur begrenzten gesellschaftlichen Einfluss entwickeln konnten.[32] Zudem hatte die überwiegend bäuerliche Gruppe weder eine große Kaufkraft, noch rekrutierte sich aus ihr das Milieu der Ansichtskartensammler*innen, das klassischerweise doch ein bürgerliches war. Entsprechend gab es nur einen Verlag, den ukrainischen Verlag Seletyn, und nur wenige Karten, die auf Ruthenisch/Ukrainisch beschriftet waren. Erst in den 1910er Jahren scheinen dann vermehrt Postkarten mit nationalen Identifikationsfiguren produziert worden zu sein: Dem Nationaldichter Taras Ševčenko widmeten Verleger aus Galizien, aber auch der kleineren Bukowina, Bildpostkarten, entweder Portraits seiner Person oder Auszüge aus seinen Werken, etwa seinem ersten und bekannten Gedichtzyklus Kobsar.[33] Zudem wurden Ansichtskarten gedruckt, um Geld für lokale Ševčenko-Nationalhäuser einzusammeln.[34]

Die Postkartenschreiber*innen reagierten auf die sprachliche Ausgestaltung der Ansichtskarten jedoch recht einhellig, nämlich gar nicht bis kaum. Diejenigen, die nur auf Deutsch schrieben, kauften und versendeten auf Polnisch und Deutsch beschriftete Ansichtskarten ebenso wie solche, die auf Rumänisch und Deutsch, oder in allen Sprachen des *Weltpostvereins* ausgewiesene. Die komplett auf Rumänisch gehaltene Karte des rumänischen Nationalhauses von Katz versendete ein Emed 1908 schnöde mit »vielen herzlichsten Grüßen« nach Wien.[35] Insgesamt dominierte die Kommunikation auf Deutsch. Dies lässt sich zum einen mit den Literarisierungszahlen in der Bukowina erklären, wo die ruthenische und rumänische Bevölkerungsgruppe von der – im Vergleich zum Rest Cisleithaniens sowieso schon überdurchschnittlich hohen Analphabetenrate – nochmals überdurchschnittlich betroffen war.[36] Zum anderen blieb Deutsch über lange Zeit die Lingua franca der Habsburger Monarchie, war es doch die Sprache des sozialen und Bildungsaufstiegs.[37] Als Korrespondenzsprache dominierte sie weiterhin.[38] Weitere Kommunikationssprachen in den Sammlungen sind Tschechisch, Rumänisch, Polnisch, Ruthenisch und Russisch, Hebräisch und Jiddisch, zudem finden sich einige französischsprachige Karten, vor allem in der Sammlerkorrespondenz, sowie englische Texte.[39]

Zudem fällt deutlich auf, dass die eingeschränkte Mehrsprachigkeit der Postkartenmacher nicht störte – im Gegensatz zu den Kronländern Steiermark, Böhmen und Mähren.[40] Durchstreichen und Überschreiben waren zwar politische Praktiken, die sich für bukowinische Postkarten nachvollziehen lassen, aber ihr Ausmaß blieb begrenzt. In wenigen Fällen wurden andere Sprachversionen ergänzt, etwa Czernowitz in kyrillischen Buchstaben hinzugefügt.[41] Oder der »Gruss aus Czernowitz« mit schwarzem Stift durchgestrichen, um das rumänische Äquivalent an die Stelle zu setzen bzw. nur die rumänischsprachige Version stehenzulassen – eine klare nationalistische Intervention in den halböffentlichen Raum der Postkarte (Abb. 9 und 10).[42] Einmal wurde das rumänische Cernăuți durch das polnische Czerniowce ersetzt, der rumänische Straßenname aber mit der deutschen Poststraße angegeben.[43]

Folgen wir dem Verständnis von Postkarten als halböffentlicher Sphäre, lässt sich festhalten, dass dieser halböffentliche Raum nur in geringem Ausmaß – vor allem in Abgrenzung zu den genannten und untersuchten Kronländern Böhmen und Mähren und der Steiermark – umkämpft war. Bei den offiziellen Drucksachen und Wertzeichen der Post gestaltete sich dies anders. Hier beschweren sich so viele Personen bei den Ämtern, dass entsprechende Dokumente nicht in ihrer jeweiligen Sprache verfügbar seien, dass im Jahr 1898 der k.k. Postdirektor Czernowitz sich in einer Eingabe an die Landesregierung wandte: »Um den Wünschen der hierländischen Bevölkerung in sprachlicher Richtung seitens der Postanstalt entsprechen zu können, mussten seinerzeit Wertzeichen und Drucksorten entsprechend den drei Landessprachen, mit deutschem, deutsch-rumänischem und deutsch-ruthenischem Texte aufgelegt und die hierbezirkigen k.k. Postämter verpflichtet werden, von jeder Sorte von Wertzeichen und Drucksorten stets ein bestimmtes Quantum am Lager zu halten.

Dieser Umstand hat jedoch häufig Anlass zu Beschwerden von seitens einzelner Partheien gegeben, in-

Abb. 9 und 10 Patriotische Interventionen auf einem semiöffentlichen Medium: Durchstreichen der deutschen Sprachversion – Gruss aus Czernowitz. Salutare din Cernăuți, König: Czernowitz, o. J.; Gruss aus Czernowitz. Bahnhof, König: Czernowitz, o. J.

dem die Postämter oft im Andrange der Geschäfte ein anderssprachiges Werthzeichen oder eine andere Drucksorte der Parteien ausfolgten, bzw. ausfüllten, als es von derselben mit Rücksicht auf deren Nationalität gewünscht wurde. Auch hat es sich getroffen, dass einzelne Postämter den Wünschen der Parteien in der gedachten Richtung momentan nicht entsprechen konnten, weil zufälligerweise die eine oder andere Sorte von Werthzeichen und Drucksorten aus irgendeinem Grund gerade ausgegangen war.«

Der Postdirektor äußerte Verständnis für die Wünsche der Personengruppen, befand aber die Bevorratung und entsprechende Herausgabe von jeweils einschlägigen Formularen für dienstersschwerend, gar »lästig«. Er schlug vor, gleich alle Vordrucke und Marken in drei Sprachen herauszubringen, »wie sie in anderen mehrsprachigen Provinzen mit dem besten Erfolge verwendet werden«, und bat die Landesregierung um ihr Placet.[44] Der Antrag hatte Erfolg. Offenbar störte sich die lokale Bevölkerung – in der eine große Gruppe immer noch nicht des Lesens und Schreibens mächtig war – an konkreten sprachlichen Hindernissen bei amtlichen Erledigungen. An symbolischer Kommunikation der Ansichtskartenbeschriftungen störten sie sich hingegen kaum, auch weil die Deutschsprachigen der Region deutlich häufiger zum Medium der Ansichtskarten griffen.

Insgesamt lässt sich also festhalten, dass Ansichtskarten in der Bukowina kaum als Mittel politischer Auseinandersetzung im Volkstums- oder Nationalitätenkampf genutzt wurden. Es gab kaum Durchstreichen und Überschreiben durch Einzelpersonen; es gab aber auch keine institutionellen Akteure, die das »erste globale Bildmedium« zur Agitation benutzten.[45] Dieser Nichtbefund ist gleichzeitig ein interessanter Befund über die politische Kommunikation und Verfasstheit der Bukowina. Er zeigt, dass die Lage im östlichsten Kronland Cisleithaniens deutlich befriedeter war als in anderen Teilen der österreichischen Reichshälfte. Die ethnischen Verhältnisse des Kronlandes, das keine Mehrheit kannte, an der sich eine weitere Gruppe exklusiv abarbeitete, hat das offene Ausbrechen ethnischer Spannungen bis zum Zerfall des Habsburgerreiches verhindert. Dies hat zu einem Bukowina-Mythos beigetragen, der seit den 1920er Jahren die relativ lange Friedensperiode ohne größere Spannungen seit Übernahme durch das Habsburgerreich betonte, und nach den Erfahrungen der Judenvernichtung im Zweiten Weltkrieg insbesondere das deutsch-jüdische Zusammenleben in den Vordergrund rückte, das insbesondere auf dem Gebiet des literarischen Schaffens imposante Wirkung zeigte. Kritische Forschung hat in den letzten Jahren zunehmend auf Sollbruchstellen der bukowinischen Gesellschaft bereits in Habsburger Zeit aufmerksam gemacht. Mit dem Bukowiner Ausgleich erhielt sie 1910 eine Wahlordnung, die die Landtagsmandate nach einem komplizierten Schlüssel auf die unterschiedlichen ethnischen und ständischen Gruppen verteilte und somit einen Ausgleich zwischen ihnen schaffen sollte. So wichtig es ist, die Bukowina nicht zu verklären, so wichtig ist es auch, ihre Besonderheiten zu sehen: Und bei den Postkarten, dem wichtigsten Bildmedium der damaligen Zeit, können wir eben deutlich die Abwesenheit visueller Agitation bemerken. Im Gegensatz zu anderen Territorien des Habsburger Imperiums – allen voran wohl Böhmen und Mähren – blieb der Nationalitätenkampf in der Bukowina klarer begrenzt. Nationalisierungsprozesse ethnopolitischer Akteure blieben in der Bukowina enger umrissen und fanden in einem überschaubaren Medienset statt, zu dem visuelle Medien offenbar nicht gehörten.[46] Dennoch trugen die Verleger, die sich überwiegend aus christlichen und jüdischen Deutschsprachigen zusammensetzten, sehr wohl zu den zunehmenden Auseinandersetzungen bei.

4.2 Ethnische Gruppen auf Postkarten: Zwischen Bukowinismus und Othering

In den Auslagen der Papier- und Schreibwarenhändler fanden sich neben den topografischen Ansichten der Bukowina Postkarten, die die Bewohner der Region zeigten. Darunter waren einige wenige Portraits wichtiger Persönlichkeiten, Schriftsteller*innen, Musiker*innen, Schauspieler*innen, Politiker und Militärs.[47] 1907 lobte die *Czernowitzer Allgemeine Zeitung* die neue Postkartenserie der Papierhandlung Katz, die sich durch »geschmackvolle Ausführung und getreue Wiedergabe der Bilder« von Bukowiner Abgeordneten auszeichne.[48] Der Großteil der käuflich erwerbbaren Postkarten zeigte aber namentlich nicht bekannte oder gekennzeichnete Personen, die allerdings über ihre Kleidung und/oder die Bildunterschrift ethnisch oder religiös markiert wurden. So präsentierten die Postkarten zum einen Perso-

4.2 Ethnische Gruppen auf Postkarten: Zwischen Bukowinismus und Othering

Abb. 11 und 12 Private Portraitfotografien und ihre Klassifikation als Bukowiner (Bauern-)Typen –
Bukowinaer Bauerntypen, David Gross: Czernowitz, 1916;
Bukowiner Typen, A. Katz: Czernowitz, o. J.

nen mit Insignien ihrer Religion, was überwiegend auf die jüdische Bevölkerung zutraf. Zum anderen waren die Personen in der traditionellen Kleidung ihrer ethnischen Gruppe zu sehen. Portraitaufnahmen – ob Einzel-, Doppel- oder Gruppenportraits, ob als Ganz- oder Halbfigur – zeigten stets Personen in Volkstracht.[49]

Im Folgenden werde ich zuerst darlegen, wie Atelieraufnahmen von Privatpersonen zu Postkarten von ethnisch markierten Gruppen gemacht wurden und sich Postkartenproduzenten damit zu Gehilfen der Nationalisierung machten. In einem zweiten Schritt werde ich ausleuchten, welche Erzählungen des multiethnischen Zusammenlebens die kleinen Karten verbreiteten, die entweder mit »Bukowiner Typen« oder »Bukowiner Bauerntypen« untertitelt waren oder die einzelnen ethnischen Gruppen benannten. Dabei werden Aneignungsmuster der multiethnischen Gesellschaft durch die Absender*innen herausgearbeitet.

Vom Atelier zum Verkaufsstand – oder über den Ausverkauf von Personen an den Nationalismus
Auf den ersten Blick ähnelten sich die Postkarten mit ethnisch markierten Personen. Es dominierten deutlich im Atelier aufgenommene Portraits, was sich aus der technischen Geschichte der Fotografie ableiten lässt. Nach Erfindung des Mediums blieb dies über lange Zeit die einzig technisch mögliche Form des Fotografierens.[50] Erst neue Techniken und eine verbesserte Ausrüstung ermöglichten Außenaufnahmen in der Breite, was den Boom der topografischen Ansichtskarten deutlich beförderte.[51] Doch auch als Aufnahmen im Gelände technisch möglich wurden, blieben sie aufwendig und kostspielig, sodass die überlieferten Portraitpostkarten der Bukowina selten im Freien aufgenommen wurden. Fotografen arrangierten entsprechend sowohl ihre Landschafts- als auch Personenaufnahmen im Gelände sorgfältig, was den wenigen Personenaufnahmen im Freien, die in der Bukowina ihren Weg auf Postkarten fanden, anzusehen ist. Spontane Aufnahmen ermöglichte erst die Einführung der günstigeren und einfacher zu handhabenden Kameras für Privatleute, die ihre Fotografien aber in der privaten Sphäre behielten.

Ein weiterer Aspekt fällt an den Postkarten mit ethnisch markierten Personen auf. Zumeist trafen den Kaufinteressenten ernste Blicke, egal, ob Mütter mit Kindern, jüngere oder ältere Paare oder andere Personengruppen auf der Postkarte abgebildet waren (Abb. 11 und 12). Damit weisen die Postkarten alle Insignien des klassischen Portraits auf, wie es in den professionellen Fotografenstudios des 19. Jahrhundert entwickelt wurde. Personen sollten möglichst ernst schauen, da dies als würdevoll und somit zeitlos galt. Schließlich nahmen viele Personen, gerade aus den niedrigeren Schichten, die hohe Ausgabe für eine professionelle Fotografie nur ein oder wenige Male im Leben auf sich. Zudem sollten sie sich direkt zur Kamera wenden, da so Ähnlichkeiten der Familienmitglieder deutlicher zu Tage treten würden.[52] Körperkontakt blieb auf Aufnahmen mit Kindern beschränkt, während Erwachsene sich kaum berührten.[53] Zwei Lesarten lassen sich daran anschließen: So könnte vermutet werden, dass die Studiofotografen die Personen für die Postkarten eben genauso arrangierten, wie sie es üblicherweise bei Familien- oder Paarportraits taten. Doch vieles spricht für eine andere Deutung, und zwar, dass Fotografen Portraitaufnahmen von Privatpersonen schlicht und einfach weiterverwendet haben, indem sie sie selbst zu Postkarten machten oder an andere editorisch tätige Institutionen weiterverkauften bzw. weitergaben. Von der damaligen Rechtslage war dies keineswegs gedeckt, denn die verortete das Urheberrecht bei Fotografien eigentlich klar bei den Portraitierten: »Bei Porträts, welche gegen Entgelt bestellt wurden, sie mögen Werke der bildenden Künste oder der Photographie sein, stehen die Rechte des Urhebers dem Besteller zu. Bei Photographieporträts ist die Ausübung des Urheberrechts in allen Fällen an die Zustimmung der dargestellten Person oder ihrer Erben gebunden; ausgenommen sind Photographieporträts zu amtlichen Zwecken.«[54]

Gerade für die Postkartenindustrie empfand der Wiener Anwalt Leo Munk das Gesetz von 1895 als lückenhaft. Munk galt als Experte auf dem Gebiet des Urheberrechts.[55] In dieser Kapazität lud ihn der Wiener *Verband der Postkarten-Interessenten* im Jahr 1906 zum Vortrag, der in drei Teilen im Verbandsorgan, in der *Papier- und Schreibwarenzeitung*, erschien. Das Urheberrecht von 1895 behandele, so Munk, die Werke der Literatur, der Tonkunst, der bildenden Künste und der Fotografie, doch das Postkartenwesen sei eben nicht geregelt worden. Aus seiner Sicht gab das Gesetz »auf die den Postkarteninteressenten betreffenden Fragen manchen Zweifeln Raum«, weise sogar »manchen Fehler« auf. Normen zum Schutze des Verlegers kämen nur sporadisch vor.[56] Wenn ein Verleger die abgebildete Person entlohnt hätte, könne dies als Einwilligung in die Weiterverbreitung in Form von Postkarten gedeutet werden, argumentierte er. Dem

Abb. 13 und 14 Modell für eine ethnische Gruppe? Mehrere Postkarten eines »Huzulen« – »Huzule«, König: Czernowitz, 1904; o. T., J. Dutkiewicz: Kołomyi, o. J.

deutschen Reichstag sei ein solcher Gesetzesentwurf vorgelegt worden, dessen Rechtssatz auch in Österreich als geltend angesehen werden dürfe.[57]

Zwischen den Fotografen und Portraitierten in der Bukowina könnte also Geld geflossen sein, bevor ihre Aufnahmen in Postkarten umgewandelt wurden. Vorstellbar ist aber auch, dass die Fotografen/Postkartenverleger auf Risiko spielten, in der Annahme, dass die aufgenommenen Personen – ihrem Aussehen nach zumeist Bauern – sowieso nie Klage einreichen würden, vielleicht sogar die Weiterverwendung niemals mitbekamen oder, ebenfalls möglich, gar geschmeichelt wären, dass sie für Postkarten ausgewählt worden waren. In der Tat ist kein einziger Rechtsstreit in den einschlägigen Archiven überliefert und in den regionalen Zeitungen keine Beschwerde nachzulesen.

Deutlich für die Weiterverwendung von Privatfotografien spricht zudem, dass die überwältigende Mehrheit der Kärtchen von Personen in Tracht in allen konsultierten Sammlungen stets unterschiedliche Personen zeigt. Nur ein Mann, den Bildunterschriften nach Huzule, zierte mehrere unterschiedliche Postkarten (Abb. 13 und 14). Er mag aufgrund seiner imposanten Statur und der kräftigen Gesichtszüge besonders gut diese Gruppe verkörpert haben, die landläufig als besonders robust galt (vgl. Abschnitt zu den Darstellungen von Einzelethnien im Folgekapitel). Eine Aufnahme des Herrn entstand im Fotografenstudio von Juliusz Dutkiewicz in Kolomea.[58]

Abb. 15–18
Beispiele für bürgerliche Portraitfotografien, die nie in Postkarten umgesetzt wurden –
o. T., Gebrüder König: Czernowitz, o. J.;
o. T., T. Bahrynowicz: Czernowitz, o. J.

der »Bauerntypen« war also durchaus realitätsnah, lässt man einmal beiseite, dass diese Personen – wie bei den Portraitaufnahmen damals üblich – in Festtagskleidung, häufig in der prächtigen Hochzeitstracht oder eben im Sonntagskleid und kaum je in der Arbeits- und Alltagskleidung portraitiert wurden.

Doch auch Ansichtskarten der »Bukowiner Typen« zeigten selten andere ethnische Gruppen: Polen, Juden, Deutsche und Ungarn – zusammen etwa ein Viertel der Bevölkerung – markierten die (Selbst-)Bilder in Form der Postkarten kaum je mit dieser Formulierung.[82] Damit fehlten bei den »Bukowiner Typen« nicht zuletzt die Gruppen, aus denen sich weite Teile der Elite des Kronlandes rekrutierten. So fungierten die Ansichtskarten, wie oben argumentiert, ansatzweise zwar als visueller Träger eines gemeinschaftsstiftenden Bukowinismus. Doch beinhalteten sie auch Elemente der Exotisierung einzelner ethnischer Gruppen und insgesamt einer Selbstexotisierung des Kronlandes. Denn wenn ein »Bukowiner Typ« damit nach außen den typischen Bukowiner verkörperte, reproduzierten die Verleger mit ihrer Massenware das bereits dominierende Bild des rückständigen Kronlandes mit seiner bäuerlichen Bevölkerung. Damit bedienten die Bukowiner Verleger ähnliche Muster wie sie auch bei der galizischen Ethnografischen Ausstellung zu beobachten waren: Aus »dem von außen und innen wahrgenommenen Malus Galiziens – nämlich dem sozioökonomischen Rückstand einer Bauernschaft, deren Lebensbedingungen von der Guts- und Subsistenzwirtschaft geprägt waren – einen Bonus zu machen […]«.[83]

Allein waren die Bukowiner Verleger mit der Selbstexotisierung zum Ziel der Auflagensteigerung nicht. Überall in Europa und Übersee druckten die Verleger auf Postkarten das ab, was sie für speziell hielten, denn Ansichtskartenkäufer*innen setzten sich aus zwei Gruppen zusammen. Zum einen gab es einen lokalen bzw. regionalen Markt. Für diese Käufer*innen stellten die Ansichtskarten eine günstige Möglichkeit dar, Fotografien von Orten und Personen des Nahraumes zu erhalten und zu sammeln – eine große Mode der damaligen Zeit. Zum zweiten hatten Postkarten die Funktion für Besucher*innen, ihre Anwesenheit an dem Ort zu bezeugen. Studien zu Kolonialpostkarten haben deshalb argumentiert, dass dort Bilder ausgewählt worden seien, »die die Unterschiede der lokalen Gewohnheiten und Bräuche, die Exotik der Orte und der Menschen, die Fortdauer überwunden geglaubter Lebensformen darstellen und dokumentieren sollten« und »fast ausschließlich die marginalisierte und traditionalistische Gesellschaft« zeigten.[84] Dieser »Konsum des Fremden« hat vor dem Hintergrund von anwachsendem Nationalismus und Rassismus stattgefunden.[85] Über diesen wichtigen Befund hinaus muss im Blick behalten werden, dass die Exotisierung nicht nur Gruppen umfasst, die im rassisch motivierten Wertigkeitsdenken einen der unteren Plätze einnahmen. So wurden auf US-amerikanischen Postkarten »Indianer*innen« und Cowboys* Cowgirls oft als ähnlich kulturell fremd dargestellt, mitunter auf derselben Ansichtskarte mit den exotisierten Personen.[86]

Die bevorzugte Abbildung von Bauern schreibt sich des Weiteren in die europäische Kulturgeschichte ein, die im 19. Jahrhundert das ländliche Leben romantisierte.[87] Die verklärte Welt der Bauern diente im Zeitalter der Industrialisierung, das eine oft verarmte Arbeiterschaft hervorgebracht hatte, in zeitgenössischen Diskursen als fernes Ideal, aber doch als Ideal. Europäische Postkartenproduzenten beförderten dies mit: Die Landbevölkerung war abbildungswürdig; ganz im Gegensatz zum Industrieproletariat, das kaum – so die Beobachtung von Robert Lebeck und Gerhard Kaufmann – je auf Ansichtskarten porträtiert wurde.[88] Jene Bilder der »Bauerntypen«, auch die weiteren Trachtenbilder, so meine These, können folglich als Kehrseite der visuellen Modernisierungsdiskurse verstanden werden, die in den Stadtansichten zum Tragen kamen. Somit können diese Abbildungen als Komplementärnarrativ zum visuellen Narrativ der Modernisierung gelesen werden, indem die Verwurzelung in der Region, in der Scholle, betont wurde.[89]

Darstellung und Aneignung der einzelnen ethnischen Gruppen

Deutlich verbreiteter waren Ansichtskarten mit schlichten ethnischen Gruppenbezeichnungen (Ruthene/Ruthenin, Rumäne/Rumänin), teils in Kombination mit Berufsstand und Alter (Ruthenisches Bauernmädchen), selten unter Verweis auf die soziale Situation (Ruthenisches Brautpaar in Nationaltracht). Seit dem 16. Jahrhundert gab es in der europäischen Grafik ungezählte Visualisierungen von unterschiedlichen (ethnischen) Gruppen, ihren typischen Kleidern, ihrem Aussehen und ihren tatsächlichen oder mutmaßlichen Gewohnheiten. Diese Visualisierungen sind unter anderem als Folge der Erschließung bislang unbekannter Weltregionen zu werten, die ein Bedürfnis ausgelöst hatten, die vor Ort vorgefundenen Gruppen zeichnerisch festzuhalten.[90] Mit der Erfindung der Fotografie trat nun ein anderes Medium an die Stelle von bzw. neben Stift und Papier, doch hatten die Fotografen etablierte Darstellungskonventionen im Kopf, was zu der Darstellung einer bestimmten ethnisch, religiös oder sozial definierten Gruppe gehörte. Legen wir Zeichnungen von ethnischen Gruppen, wie sie etwa im *Kronprinzenwerk* oder in Illustrierten häufig vorkamen, neben das neue visuelle Massenmedium der Postkarten, sehen wir deutlich, dass die neuen Medien alten Darstellungskonventionen folgten (Abb. 24 und 25).[91] Gemälde verschwanden im Zeitalter der Fotografie nicht und hatten auch weiterhin Prägekraft.[92] Doch erst Postkarten – und hier vor allem die fotografierten – popularisierten Bildwelten in einem zuvor ungeahnten Ausmaß. Deshalb werden sie als erstes »visuelles Massenmedium«[93] bezeichnet, das entscheidend dazu beitrug, darstellerische Klischees zu verfestigen.

Früh hat die Forschung darauf hingewiesen, dass gerade Postkarten aus den Kolonien eine wichtige Rolle im visuellen »Othering« spielten.[94] Doch wozu sollten uns diese Interpretationen der Kolonialpostkarten beschäftigen? Die Bukowina war schließlich keine Kolonie, kann die schnelle Antwort lauten, die es uns doch zu einfach macht. Denn die Habsburg-Forschung jüngeren Datums hat Ansätze der postkolonialen Studien fruchtbar gemacht. Zwar betonen deren Vertreter*innen, dass das Habsburger Imperium »keine koloniale Macht im eigentlichen Sinne« gewesen sei, aber doch in dem heterogenen Vielvölkerstaat »innere Kolonisierung« betrieben habe.[95] Dazu zählen sie die Sprachpolitik – deren Widerhall auf Postkarten ich schon kommentiert hatte – und die Zentralisierungsbemühungen im öffentlichen Raum, indem ähnliche Architektur über die Kronländer ausgebreitet wurde, wie im Absatz über die Architektur auf Postkarten gezeigt wurde. Des Weiteren verfolgte das Zentrum Zivilisierungsmissionen, zuerst in Galizien und der Bukowina, der es – erstmals seit fünfzig Jahren – eine neugegründete Universität in einer Provinzstadt schenkte, dann später in Bosnien.[96] Und selbst wenn das Ideologem des Bukowinismus den Beitrag der unterschiedlichen ethnischen, religiösen und sprachlichen Gruppen zur Kultur und Geschichte des Kronlandes positiv würdigte, war das Denken in wertenden Kategorien impliziter Teil des Bukowinismus. Inwiefern spiegelt sich dies also in der postkartalischen Darstellung und Aneignung?

Eingangs kann festgehalten werden, dass die Ethnienpostkarten nicht als sozialrealistische Fotografien begriffen werden können, sondern als Motive, die in Szene gesetzt wurden: Durch entsprechende Inszenierungen im Atelier, seltener im Freien, indem Accessoires beigegeben wurden, und durch deutende Bildunterschriften. Die Verlage, wie im vorangegangenen Kapitel geschildert, griffen für die Ethnienpostkarten überwiegend auf private Portraitfotografien zurück, weshalb Atelierinszenierungen sich zumeist auf Mobiliar und Hintergrund beschränkten. Nur in einigen Fällen waren den Fotografierten im Atelier derart viele Accessoires beigegeben, dass eine simple Privatpersonenfotografie nicht mehr in Frage kommt. In diesen Fällen mögen es engagierte Modelle, Theater- oder Musikgruppen gewesen sein.

Fotografische Inszenierungen erzählten durch die Auswahl der Accessoires und Auswahl der Motive Geschichten der Ethnien, wenn etwa von den Lipowanern vor allem die Geistlichkeit und den Huzulen häufig ihre Reitkunst aufs postkartalische Bild gebracht wurde. Verzerrungen gab es hinsichtlich der Quantitäten und der Attribute, wenngleich in den Darstellungen ein deutlicher Unterschied zu den Antisemitika bestand, die ebenfalls in der Region produziert wurden, wie im nächsten Kapitel zu zeigen sein wird. Doch dienten die Postkarten, wohlgemerkt zumeist Reproduktionen von privat initiierten Erinnerungsbildern, manchen Absender*innen zu desavouierenden Kommentaren. Hierbei muss bedacht werden, dass die Postkarten in das diskursive Netz im Habsburgerreich eingebunden waren, es gab mediale Nachbarschaften, in denen diese Bilder standen.[97] So hieß es etwa im *Kronprinzenwerk*, dessen Band über die Bukowina 1899, also zur Hochphase der Postkartenproduktion, erschien, über die rumänische Bevölkerung vor Ort: »Die Sitten der Rumänen in der Bukowina sind durchwegs rein, nur in den Gegenden, wo viele Schankhäuser sich befinden, lassen sie manches zu wünschen übrig. [...] Der Rumäne ist überhaupt eher ein Gemütsmensch; er hält alle für ebenso aufrichtig und wohlwollend wie er selbst ist, was ihm viele, bittere Enttäuschungen gebracht hat. Die Rumänen achten jede Autorität; sie anerkennen diese leicht und unterwerfen sich ihr auch dann, wenn sie fühlen, dass ihnen Unrecht geschieht.«[98]

Narrative des edlen und ein paar Seiten später auch des schönen Wilden (»von seltener Schönheit« seien die Rumänen) treten dem Leser im *Kronprinzenwerk* in Reinform entgegen.[99] Im *Illustrierten Führer durch die Bukowina* klang dies ganz ähnlich.[100] Kauften Bukowina-Besucher*innen nun eine Ansichtskarte, betrachteten sie diese natürlich vor dem Hintergrund eingeübter Vorstellungen über bestimmte ethnische Gruppen, war die

Abb. 24 und 25 Kontinuitäten in der Darstellung ethnischer Gruppen – Rumänische Landsleute in ihrer Tracht, Illustration aus dem Kronprinzenwerk; Rumänische Hirten, Horrowitz: Bukarest, o.J.

Hochmoderne doch geprägt von westlichen Wertigkeitsdiskursen, die sich aus älteren angenommenen Hierarchien der Völker speisten, aber bereits völkische und rassische Aufladung erhalten hatten.

Anwesende und Abwesende

Eine weitere Ebene der visuellen Erzählung erschließen die Quantitäten. Denn bei jenen Postkarten fällt auf, dass die Gruppen unterschiedlich präsent waren. Vor allem Aufnahmen von Ruthen*innen sowie Rumän*innen waren zu finden, also den tatsächlichen Mehrheitsethnien im Kronland. Danach folgten postkartalische Präsentationen von Huzulen und Huzulinnen sowie von Lipowanern, kaum Lipowanerinnen, deutlich weniger fanden sich in den unterschiedlichen überlieferten Sammlungen von Ungar*innen/Magyar*innen, Pol*innen und Schwaben*Schwäbinnen. Von der ungarischen Bevölkerung scheint hauptsächlich ein Motiv kursiert zu haben, eine Gruppenaufnahme von Tanzenden in dem Ort Hadikfalva.[101] Inszenierungen der jüdischen Bevölkerung vertrieben die Verlage auch, die m. E. aber deutlich von den anderen Ethniendarstellungen abwichen.

Die Postkartenverleger erzählten mit ihrer Kartenauswahl folglich eine bestimmte und an einigen Stellen durchaus verzerrte Geschichte der multiethnischen und multireligiösen Bukowina. Sie setzten – ähnlich wie bei der Darstellung der Landeshauptstadt – eigene Akzente, was auf ihre Weltsicht, ihre politischen Überzeugungen und ihre kaufmännischen Annahmen zurückgeführt werden kann, also auf Erfahrungswissen oder Vermutungen aufbaute, was bei ihrer Käuferschaft ankommen würde. So ist auffällig, dass die Lipowaner, die in den Volkszählungen nur einen verschwindend geringen Anteil ausmachten, in den Postkarten deutlich überrepräsentiert waren – sie stellten für viele Besucher*innen des Kronlandes ein Faszinosum dar, wie im weiteren Verlauf des Kapitels zu zeigen sein wird. Auffällig ist zudem die weitgehende visuelle Abwesenheit der christlichen Deutschen. 1890 wurde immerhin ein Fünftel als deutschsprachig gezählt, wobei aufgrund der Verfasstheit der Habsburger Sprachenstatistik stets mitzudenken ist, dass sich darunter sowohl jüdische als auch christliche Deutschsprachige befanden.[102] Insgesamt handelt es sich bei den »Deutschen« – je nach Unterscheidung – um drei oder vier distinkte Gruppen, zwischen denen sprachlich, konfessionell und kulturell deutliche Unterschiede bestanden. In den wenigen überlieferten Motiven der Gruppe finden sich diese Distinktionen nur einmal: Zipser wurden in einem Fall von Schwaben unter-

Abb. 26 (Fehlerhafte) Korrektur der ethnischen Zuordnung: Rumänisches oder schwäbisches »Milchweib«? – Gruss aus der Bukowina. Rumänisches Milchweib, Leon König: Czernowitz, 1899.

schieden, was der oft verwendete Sammelbegriff in der Region Ostmitteleuropa für die zugewanderten Gruppen aus dem deutschsprachigen Raum war. Entsprechend ist der Oberbegriff der Schwaben bei der Mehrzahl der wenigen Karten vertreten.[103] Interessant ist ein Fall, in dem eine Durchstreichung der verlagsseitigen Beschriftung vorgenommen wurde. Leon König hatte die Portraitaufnahme einer Frau in Faltenrock und in reichlich bestickter Bluse mit »Rumänisches Milchweib« untertitelt, was der Absender für falsch befand, da er eine Zuordnung zu den Schwaben richtiger gefunden hätte (Abb. 26). Dass es bei weitem kein deutschnationaler Patriot war, der hier korrigierte, zeigte sich an den von ihm eingebauten Fehlern: Statt des »Schwäbischen Milchweibs« wurde es ein »Schwabines«. Unterzeichnet hatte der Besserwisser mit einer polnischen Grußformel. Warum er den Korrekturstift auspackte, bleibt unklar.

Präsenz und Abwesenheit decken sich dabei mit textlichen Repräsentationen: Im Reiseführer von Mittelmann, der die Bukowina erklärtermaßen nach außen repräsentieren sollte, bildeten die Erklärungen zu Rumänen und Ruthenen einen Schwerpunkt. Sie, die »autochthone Bevölkerung«, hätten originelle Gebräuche.[104] Dagegen werden Polen, Ungarn, Armenier, Deutsche und Juden kaum in seinen Texten behandelt, also kaum erklärt.[105] Sie wurden als Norm gesetzt, was die Kommentierten zur Besonderheit, zur Abweichung, machte. Auch die zeitgenössische Ethnografie, die Gruppen statisch und homogen konzeptualisierte, Völker und Ethnien manchmal nahezu herbeischrieb – wie Viktoriya Hryaban treffend formulierte – richtete ihren Blick auf die bäuerlichen Gruppen und vernachlässigte die anderen.[106]

Bei den Ansichtskartenschreibern waren die Aufnahmen der Huzulen beliebte Motive, die sie in unterschiedliche Teile des Habsburger Imperiums und auch nach Deutschland sendeten. Doch besondere Kommentare auf den Ansichtskarten gab es nicht – im Gegensatz zu den Lipowanern. Als zeigenswert wurden die Huzulen empfunden, aber nicht als so fremd, dass dies Kommentare evozierte. Das *Kronprinzenwerk* beschrieb: »Daher weisen die Huzulen alle Eigentümlichkeiten auf, welche den Gebirgsbewohnern eigen zu sein pflegen. Sie sind, insofern übermäßiger Branntweingenus oder ausschweifender Lebenswandel nicht entnervend einwirkte, kräftiger und selbstbewusster als die Bewohner des Hügellandes; die alten Sitten bewahren sie überaus treu [...]. Die reiche Fülle ihres Aberglaubens, ferner ihrer Mythen und Sagen, ebenso der Räthsel und Sprichwörter legt Zeugnis ab von einer lebhaften Phantasie [...].«[107]

Der Text lobt ihre Musikalität, die Handhabung ihres langen Alphornes, das entsprechend häufig auf den Ansichtskarten abgebildet war. Ebenso bekannt waren sie für ihre Reitkünste: »Es entspricht also durchaus den natürlichen Verhältnissen, wenn die Huzulen ohne Unterschied des Geschlechtes und des Alters gute Reiter sind und das Pferd hoch schätzen.«[108] Reitende Frauen stellten in der damaligen Zeit keine absolute Ausnahme dar, da gerade beim Springen weiterhin im konventionellen Sitz geritten wurde. Doch eine gewisse Faszination der Grenzüberschreitung von andernorts gültigen Geschlechterrollen konnten die guten Reiterinnen der Huzulen durchaus auslösen, und entsprechend bildeten die Postkartenverleger dies bevorzugt ab (Abb. 27 und 28).[109] Von den Huzul*innen existieren einige Postkarten, die Einzelpersonen oder Gruppen im Freien zeigen, was dafür spricht, dass die Fotografen zu ihnen aufs Land fuhren und sie weniger in die Ateliers in die Städte und Dörfer kamen. Ansichtskarten von Huzul*innen fertigten Verlage aus der Bukowina selbst an, und natürlich hatte der Marktführer König solche Aufnahmen im Angebot.[110] In der Sammlung Kasparides dominierten aber die Verlage aus Galizien: Stanislau und Kolomea waren die wichtigsten Verlagsorte. Denn in Galizien, wo ungleich mehr Huzul*innen als in der Bukowina lebten, waren die meisten Abnehmer dieser Postkarten zu vermuten. Auch die Czernowitzer Häuser wie Horowitz und Schiller beschrifteten die Huzulen-Postkarten direkt zweisprachig auf Deutsch und Polnisch.

Im polnischen Nationalistendiskurs waren die Huzul*innen Sympathieträger, deren Lebensweise als Projektionsfläche für eigene Freiheitsliebe diente. Erst nach 1918 wurden sie aber in die Nationalerzählung vereinnahmt.[111] Für die galizischen Ukrainer*innen wurden sie deutlich früher zu nationalen Symbolen.[112] Jene Entdeckung und Aneignung fiel in die ersten Jahrzehnte des 20. Jahrhunderts,[113] was sich mit dem Postkartenfieber überschnitt. In den gesichteten Postkarten aus der Bukowina finden sich allerdings keine ukrainisch-nationalistischen Aneignungen der kleinen Karten, auch die Beschriftungen waren in den seltensten Fällen auf Ukrainisch.[114]

Aneignungen der Multiethnizität
Viele Bukowiner*innen und Bukowina-Besucher*innen kauften und versendeten Karten mit den Abbildungen ethnisch markierter Personen. Nicht alle kommentierten die Bilder, sondern schrieben dem »reschen und feschen Herrn Vetter zum Namenstag« Grüße, gratulierten verspätet zum Geburtstag oder gedachten mit der Karte des »Bubi« bei einem lieblichen Wein.[115] Andere schickten Grüße und informierten: »I remember often of that musical afternoon at you – you too??«[116] Ein Herr bedauerte gar, dass er so dumm gewesen sei und sich in die Adressatin nicht verliebt habe. »Ich hätte für jede Aufgabe, die ich Ihnen ausarbeiten geholfen habe, ein Busserl verlangen sollen.« Nun blieben ihm nur noch Glückwünsche zur Vermählung.[117] Ein anderer wählte die Karte einer Huzulin aus, um seine Ehe zu kitten: »Franzi, lass es uns zuhause wieder in Ordnung bringen. [...] Du könntest auch mal antworten!«[118] Oder um die Eltern um Verzeihung zu bitten: »Teure Mutter. Obwohl ich gestern ein wenig erfroren bin, geht es mir gut, ich bin gesund. So kehre ich früher nach Hause zurück. Ich bereue es sehr, dass ich lange nicht bei Ihnen war.«[119]

Abb. 27 und 28   Motive nicht zuletzt für den galizischen Markt: Die Huzulinnen zu Pferde – Huculka na koniu. Huculka na koni, M. Senkowski: Kosów, 1927; Huzulen in Sommerkleidung am Werktag, Illustration aus dem Kronprinzenwerk.

Zudem zirkulierten sie in Sammlerkontexten. Eine Frau Jarczewska aus Krakau/Kraków im damaligen Galizien versendete eine weit verbreitete, auch in anderen Sammlungen zu findende Aufnahme eines »ruthenischen Bauernmädchens« nach Finnland und bat um »Revanche«, also Karten von dort im Austausch (Abb. 29).[120] Das Fräulein Sophie Beyschlag erhielt im Laufe der Jahre 1899 und 1900 mehrere Karten von Jetti Baltuch aus dem bukowinischen Nowosielitza zugesandt. Die beiden Frauen unterhielten eine Sammlerkorrespondenz. Ausgesucht hatte die junge Frau aus der Bukowina fast nur Ethnienpostkarten. Dies war für sie das Zeigenswerte an der Bukowina.[121] Ein Anderer sendete eine Aufnahme einer Ruthenin seinem Freund explizit für seine Sammlung: »Hier etwas für Deine Typensammlung«.[122] Dies zeigt zum einen, wie weit die Ethnienmotive kursierten und dass hinter dem Sammeln die Erschließung der Welt stehen konnte.[123] Zum anderen zeigt es, dass Schillers Karten außerhalb der Bukowina verkauft wurden, vor allem in Galizien, was sich besonders bei seinen Antisemitika bestätigen wird.[124] Ganz deutlich zeigt sich die Form der bildungsbürgerlichen Aneignung von Welt durch Typenpostkarten, bei der gleichzeitig eine Wertung mitschwang, in einer auf Latein beschrifteten Ansichtskarte mit der Abbildung eines podolischen Bauern (Abb. 30). Ein M. L. schrieb darauf an seinen Kollegen, der Beamter an der Hofbibliothek war und zudem Privatdozent an der Universität Wien: »Exemplar et credo admodum admirabile gentium harem orientalium«, was sich übersetzen lässt mit »Ein Exemplar, dass wie ich glaube, ein wundervolles dieser orientalischen Nationen ist.«[125]

Abb. 29 und 30   Darstellung ethnischer Gruppen als Motivation für den Kauf – Ruthenisches Bauernmädchen. Ruska dziewczyna, E. v. Schiller: Czernowitz, 1899; Podolischer Bauer. Chlop z podola, E. v. Schiller: Czernowitz, 1899.

Andere wählten die Karten aus, um zu veranschaulichen – sie hatten für den Absender Evidenzfunktion. So erhielt ein Fräulein in Wien von ihrem Bekannten eine Ansichtskarte aus dem Verlag Leon König, die eine Frau in Festtagstracht zeigte. Betitelt hatte König die Karte mit »Gruß aus der Bukowina. Ruthenische Bäuerin«. Der Absender erklärte seine Wahl: »Liebes Fräulein Liserl! Damit Sie einen Begriff haben, wie die Bauern in der Bukowina an Sonntagen gekleidet sind, habe ich diese Ansichtskarte gewählt. Ich bitte Sie von meiner Heimat von mir die besten Grüße zu empfangen.«[126]

Wiederum andere wählten sie explizit aus, um sich über die abgebildeten Personen, die Pars pro Toto für ethnische Gruppen standen, auszulassen. Eine Gruppenaufnahme von vier Personen, ein Mann und drei Frauen, der Tracht nach Rumän*innen, kommentierte die Absenderin mit den Worten (Abb. 31): »Liebste Frau Watra! Meinem versprechen nach sende ich Ihnen aus meiner Heimat, die Herzlichsten Grüsse, und kann Ihnen versichern dass mein innigster Wunsch ist nach meinem lieben, lieben Wien zurückkehren zu können. Damit Sie einen Begrif haben mit was für Menschen man Leben muss, sende ich Ihnen diese Karte.«[127] Ihre Herkunftsregion empfand die Dame, die inzwischen offenbar in Wien gelebt hatte, aufgrund der anderen Ethnien als unzumutbar.

Eine andere Frau namens Telly kommentierte, dass auf der ausgewählten Postkarte abgebildete Personen wie »richtige Zigeuner, denen ich nicht des Abends im Gebirge begegnen möchte« aussähen, zeigte sich aber erfreut, dass es insgesamt in Czernowitz »besser als in Lemberg, wenigstens sauber« sei.[128] Die Landeshaupt-

Abb. 31 und 32 Typenbilder als Referenzpunkt abwertender Kommentare – Bukowinaer Bauerntypen, S.W.: Czernowitz, 1918; Bukowiner Typen, A. Katz: Czernowitz, o. J.

stadt des Kronlandes Bukowina verlegt sie im Text kurzerhand nach Rumänien, obwohl die Karte vor 1918 versendet wurde (Abb. 32). Max nutzte eine Karte zweier rumänischer Bäuerinnen in Tracht als Ausgangspunkt eines eher chauvinistischen als nationalistischen Spruchs: »Die Tracht ist schöner als sie selbst.«[129]

Als exotisch, ja orientalisch empfanden einige Reisende Teile der bukowinischen Bevölkerung und wählten entsprechende Ansichtskarten für ihre Grüße nach Hause aus. »Hier treffen sich Orient und Okzident. Wer ist der Stärkere?« fragte ein Bukowina-Reisender 1899. Vermutlich selbst aus dem Zentrum kommend, figurierte das östlichste Kronland Cisleithaniens als zivilisatorisches *borderland* auf seiner *mental map*. Ausgewählt hatte er für seinen Gruß nach Wien eine Ansichtskarte aus Putna, wo eine der bukowinischen Lipowaner-Gemeinden sich angesiedelt hatte (Abb. 34).[130] Obwohl die Habsburger Obrigkeiten die Lipowaner als sehr gute Kolonisten befanden,[131] scheinen die Bürger*innen aus dem Zentrum mit ihnen gefremdelt zu haben, aber auch die Bewohner*innen der Bukowina selbst. »Ein höchst merkwürdiger Volksstamm sind die Lipowaner«, befand Hermann Mittelmann im illustrierten Reiseführer des Kronlandes.[132] Die Altgläubigen, die aus dem Russländischen Reich vor Verfolgung geflohen waren, lebten in der Bukowina als Obst-, Flachs- und Hanfbauern sowie

Imker.¹³³ Zwar verlegte Leon König auch eine Gruppenaufnahme »Lipowaner Obsthändler«, doch länger verkauft wurden Ansichten ihrer andersartig aussehenden Geistlichkeit, der Männer mit langen Bärten und langen schwarzen Gewändern. Ein Gruppenbild blieb über Jahrzehnte im Sortiment mehrerer Postkartenhändler: Horowitz vertrieb es bereits um die Jahrhundertwende, Leon König – nur in anderem Ausschnitt – noch 1916 (Abb. 33). Einmal mehr zeigt dies, wie prägend die Bilderwelten waren, die um die Jahrhundertwende im Zuge des Postkartenbooms entstanden sind. Gibt man in eine der großen Suchmaschinen Lipowaner ein, dann befindet sich unter den ersten Ergebnissen der Bildersuche eine der damaligen Ansichtskarten.¹³⁴

Besonders intensiv kommentierten die Absender*innen aber die Bilder von denjenigen Lipowanern, die als Eremiten in der Nähe von Putna lebten. »Klause der Einsiedler« erläuterte ein Thomas an eine Anna Thurn in Wien.¹³⁵ Eine andere Person schrieb, ebenfalls nach Wien: »Eremitage. wo wir neulich zwei ihren Rausch ausschlafenden Bauern trafen. zwei würdige Eremiten a la Busch«.¹³⁶ Jene geschilderten Erfahrungen der Exotik suchten einige Touristen durchaus.¹³⁷ Rudolf Jaworski vermerkte, dass hierin ein besonderer Reiz des Binnentourismus im Habsburgerreich gelegen habe. »Zwischen dem Zentrum Wien und Galizien, zwischen Prag, Czernowitz und Sarajevo lebte eine Vielfalt an Ethnien, die in einem permanenten interkulturellen Aushandlungsprozess miteinander standen, wobei sich verschiedene und teilweise gegenläufige Strategien von In- und Exklusion kreuzten, die ihre Brisanz wiederum aus einer Verquickung sozialer und ethnisch-nationaler Gemengelagen erhalten haben. Neben Verwaltung und Militär war es seit Ausgang des 19. Jahrhunderts vor allem der Tourismus, der die Bewohner der verschiedenen Reichsteile miteinander in Beziehung setzte. Die materiell meist bessergestellten Touristen trafen auf eine in der Regel ärmere und zudem ethnisch differente ländliche Bevölkerung, sodass Fremdheitserlebnisse und Spannungen nicht ausbleiben konnten.«¹³⁸

Nicht alle Reaktionen waren abwertend. Viele derjenigen, die im Zuge des entstehenden Tourismus erstmals in die Bukowina kamen, waren fasziniert vom »bunten Völkergemisch«, wie eine andere Postkartenschreiberin 1898 in positiver Bezugnahme formulierte: »Liebe Sissy! Hoffentlich geht es Dir u Deinen lieben Angehörigen recht gut u. sehe ich Euch in einiger Zeit vergnügt in Köln wieder. Ich bin derweil viel herumgeworfen worden u befinde mich jetzt zur Feier des Pfingstsonntags in dem benachbarten, durch sein selten buntes Völkergemisch interessantem Czernowitz. Mit herzl. Gruss an Dich, Deine verehrten Angehörigen bin ich Dein.«¹³⁹

Andere schrieben mindestens spöttisch. Auf der Bildseite einer Ansichtskarte rumänischer Bauern in traditionellem Feldmantel setzte ein Vater aus Niederösterreich – der im Kriegseinsatz war – bereits ein Ausrufungszeichen (Abb. 35). »Es sind Hirten!« schrieb er seiner Tochter und fuhr fasziniert fort: »Liebe Mitz! Hier sehnde ich dir 2 […] welcher gefällt dir da am besten??? viele Busel von deinem Vater«.¹⁴⁰

In welche Richtung die Kommentare auch immer gingen, ob positiv fasziniert, spöttisch oder abgestoßen und negativ: Die kleinen Karten mit Personendarstellungen gaben die Einzelpersonen auf den Postkarten, die zumeist Pars pro Toto für eine ethnische Gruppe standen, der Beurteilung frei. Insbesondere aufgrund der Tatsache, dass das semiöffentliche Medium der Postkarte Raum für individuelle Aneignung gab, bot es dabei die Möglichkeit, Chauvinismen und Rassismen selbst schriftlich zu äußern und zu verbreiten. Dies war eine neue mediale Qualität im Zeitalter des Nationalismus, die Bildmedien in früheren Epochen nicht hatten.

Binnenkolonialistische Denkmuster verleiteten einige Postkartenschreiber*innen zur Auswahl der Ethnienpostkarten, was den Produzenten bewusst gewesen sein mag, weshalb sie entsprechende Motive anboten. Allerdings gab es deutliche Grenzen der Exotisierung auf Produzentenseite, was besonders klar wird, wenn man die Postkarten aus der Bukowina mit den Postkarten lokaler Frauen in wirklich kolonialen Settings vergleicht. Gerade da habe sich gezeigt, so Malek Alloula, dass das ethnografische Interesse partiell nur Alibi gewesen sei, um sexuell motivierten Voyeurismus zu stillen: Das Entblößen der Brüste sei auf Kolonialpostkarten sehr häufig zu finden, aber nicht bei Aufnahmen anderer Gruppen vom europäischen Kontinent.¹⁴¹ Diese Form der Exotisierung, gepaart mit Voyeurismus, gab es lediglich auf einigen wenigen Ansichtskarten der »Zigeuner«, die in der Bukowina eine kleine Gruppe stellten und vergleichsweise wenig postkartalische Aufmerksamkeit bekamen. Überliefert sind Karten, betitelt mit »Zigeuner in Wama« und »Zigeunergruppe in Kimpolung«, beide aus dem Verlag Leon König, eine andere handkolorierte ist mit der Kombination »Zigeuner. Bukowinaer Bauerntypen« beschriftet. Der Verlag bleibt unklar.¹⁴² Die wenigen Karten eint, dass die Fotografien – im Gegensatz zum

Abb. 33 und 34 Für viele eine exotische Gruppe: Die Lipowaner – Gruss aus der Bukowina.
Lipowaner Mönche, König: Czernowitz, 1916; Gruss aus der Bukowina, König: Czernowitz, 1899.

Abb. 35 Faszination bis Belustigung: Das traditionelle Gewand der rumänischen Hirten – Bukowinaer Bauerntypen, o. Verl.: o. O., o. J.

Großteil der anderen Ethnienpostkarten – allesamt im Freien aufgenommen wurden. Dies verweist darauf, dass die abgebildeten Sinti und Roma von Fotografen auf Reisen aufgenommen wurden, die ihre Aufnahmen später weiterverwerteten. Sie selbst suchten die Fotoateliers nicht auf, um wichtige Lebensereignisse festzuhalten – vielleicht wären sie dort auch nicht empfangen worden, denn die Ablehnung war seinerzeit tief. Jene andere Aufnahmesituation hatte Folgen: Waren Hochzeitspaare, Familien oder Geschwister der anderen Ethnien bei ihrem Besuch möglichst gut gekleidet, bildeten die Außenaufnahmen die »Zigeuner« in eher ärmlichen Kleidern ab. Kinder ohne Kleidung waren Teil des Bildensembles, ein sozialrealistisches Element sicherlich, aber auch eine narrative Bildtradition, die bis in die Gegenwart reicht und symbolisch für Armut und Verwahrlosung in dieser ethnischen Gruppe steht.[143]

Die Postkarte übersetzte nicht nur die dreidimensionale Welt auf zweidimensionale Karten, sondern sie setzte Welt neu zusammen, bestehend aus einem Bild und einer Bildunterschrift, die vorgab, nur zu beschreiben, was zu sehen war. Mit jenen Text-Bild-Kombinationen trugen sie zur Ethnisierung von Kollektiven bei. Sie machten zudem die semi-öffentliche Aneignung von jenen ethnisierten Kollektiven möglich, indem sie den Platz boten, die Personenbilder zu kommentieren. Es waren diese auf 9 × 14 Zentimeter zugerichteten Körper, die (negative) Emotionen der Schreibenden hervorbrachten – wie im Vergleich zu den Abbildungen national, ethnisch bzw. religiös markierter Orte deutlich werden wird.

4.3 Judaika und Antisemitika: Vom Geschäft oder den Grenzen der bukowinischen Toleranz

Die Habsburger Bukowina wird in der breiteren Öffentlichkeit im deutschsprachigen Raum heutzutage hauptsächlich über zwei Aspekte erinnert. Ist in Österreich, einem Nachfolgestaat des Habsburger Imperiums, das multiethnische Kronland insgesamt präsent(er), wird es in der Bundesrepublik und weiteren Teilen des westlichen Europa überwiegend über das literarische (deutschsprachige) Schaffen seiner Schriftsteller*innen jüdischer Herkunft erinnert. Jahrzehnte nach dem Holocaust begann die Bukowina für die bundesrepublikanische Gesellschaft, so Gaëlle Fisher, eine wichtige Funktion zu erfüllen als Projektionsort einer alternativen Geschichte, in der ein Zusammenleben christlicher und jüdischer Deutschsprachiger möglich war.[144] Die Bukowina erschien als Ort einer kulturellen Symbiose beider Gruppen, als überhöhter Ort der Hochkultur, der Karl Schlögel im Jahr 1991, als der Eiserne Vorhang gefallen war, staunend feststellen ließ: »Czernowitz gibt es wirklich«.[145]

Im Folgenden soll untersucht werden, wie die Verlagshäuser der Region die Judenheiten präsentierten. Von den Ansichtskartenproduzenten gehörten zahlreiche, wie im zweiten Kapitel gezeigt, der Jüdischen Gemeinde oder dem *Jüdischen Nationalverein* an. Andere Verleger engagierten sich im *Verein der christlichen Deutschen*, der die Abgrenzung zu den Judenheiten der Bukowina förderte.[146] Entsprechend liegt die Frage nahe, ob und, wenn ja, wie sich jene Zugehörigkeiten zu den geprägten visuellen Narrativen verhielten.

Überlieferung
Zuvor einige Bemerkungen zur Überlieferungssituation: In der Sammlung Kasparides, die den ersten Ausgangspunkt für dieses Buch lieferte, gibt es interessanterweise keine einzige Karte allein zur Gruppe der Juden, obwohl sie Kultur und Geschichte des Kronlandes Bukowina entscheidend mitprägten. Hatte es Kasparides nicht interessiert oder waren Sammler*innen, die sich für Postkarten mit jüdischer Thematik interessierten, schneller? Antworten werden wir von dem Sammler nicht mehr erhalten. Blickt man auf den momentanen Markt für historische Ansichtskarten der Bukowina, fällt jedoch auf, dass Judaika und Antisemitika nochmals ein getrenntes Segment darstellen, in dem sich deutlich höhere Preise erzielen lassen: In den käuflich verfügbaren Sammlungen in Černivci gab es nur wenige thematisch einschlägige Postkarten, die jedoch für sehr hohe Preise verkauft wurden. Online-Auktionen von Ansichtskarten aus der Region bestätigen jenes Bild: Judaika erzielen vier- bis fünffache Preise im Vergleich zu anderen bukowinischen Themen. Nach der weitgehenden Zerstörung der jüdisch geprägten Großregion Ostmitteleuropa sind Abbildungen des ehemaligen jüdischen Lebens, der Architekturen und des Alltags kostbare Objekte für die öffentliche und private Memorialkultur geworden. So konnte in diesem Kapitel vor allem auf Bestände unterschiedlicher jüdischer Museen und anderer entsprechender Sammlungen zurückgegriffen werden, die ihren Kern zumeist in Schenkungen privater Sammler hatten: Im Jüdischen Museum Wien, im (online verfügbaren) Archiv der Blavatnik Stiftung in New York und in der Sammlung Langermann des Zentrums für Antisemitismusforschung an der Technische Universität Berlin waren Karten von Institutionen mit explizitem Interesse an jüdischen Thematiken überliefert. Sowohl das Jüdische Museum Wien als auch die TU Berlin hatte Schenkungen von privaten Sammlern erhalten, die aus jüdischen Familien stammten. Der Belgier Arthur Langermann verlor seine Eltern im Holocaust und begann vor dem Hintergrund seiner Erfahrungen Antisemitika zu sammeln, die er 2019 der Berliner Universität mit ihrem renommierten Zentrum für Antisemitismusforschung übergab.[147] Langermann verdient sein Geld als Unternehmer, ebenso wie der Österreicher Martin Schlaff, der seine Antisemitika-Sammlung mit rund 5 000 Objekten Anfang der 1990er Jahre dem Jüdischen Museum Wien übergab. Schlaff ist Sohn jüdischer Flüchtlinge.[148]

Zudem hatten der ukrainische Sammler Salahor und der polnische Sammler Marek Sosenko zahlreiche in der Bukowina hergestellte Judaika und Antisemitika gesammelt und publiziert, wobei auf deren durchaus problematische Präsentation der Karten noch zurückzukommen sein wird.[149] In den genannten Sammlungen sind mehrere regionale Bildproduzenten vertreten: Die Namen König, Simon Gross und Horowitz tauchen auf, doch am prominentesten der Kunstverlag E. Schiller mit einem breiten Kartenspektrum, das sowohl Judaika als auch deutlich mehr Antisemitika umfasste. Offenbar bediente Schiller beide Märkte. Damit zeigt sich eindrücklich, dass Aussagen auf Grundlage geschlossener Sammlungen sehr gründlich kontextualisiert werden müssen, um nicht von einer Sammlung auf die komplette zeitgenössische Produktion zu schließen. Denn in der Sammlung des Bukowina-Instituts ist Schiller nur mit Teilen seines Schaffens vertreten, die die politische Dimension aussparen.

Judaika I: Erklärende Karten
Der Czernowitzer Verlag Schiller hatte sich früh mit »Typenbildern« einen Namen gemacht, als er unmittelbar nach Eröffnung des Fotoateliers die dort angefertigten Portraitbilder von Privatpersonen in ethnischer Tracht ins Postkartenformat übersetzte und weiterverkaufte.[150] Schillers Ansichtskartenproduktion im Bereich der Judaika, die auf Atelierfotos mit Aufnahmen orthodoxer Juden basierte, ordnet sich hier ein – zumindest auf den ersten Blick. Doch auf den zweiten Blick offenbart sich, dass die Judaika anders gestaltet waren als andere Ethnika aus der Bukowina. Eingangs fällt auf, dass alle Karten traditionell gekleidete Juden zeigen, wobei einige in vollem religiösem Ornat sind, sprich Tallit und Tefellin tragen.[151] Weiter fällt auf, dass viele Bildunterschrif-

Abb. 36–39 Erklärung jüdischer religiöser Praktiken und Kleidungen auf Postkarten – Betender Jude. Modlacy się żyd, E. v. Schiller: Czernowitz, 1899; Talmud chochem, E. v. Schiller: Czernowitz, 1899; Jeschiwe Bocher Szajgiec, E. v. Schiller: Czernowitz, 1900; Jude im Stramel. Żyd w szabasówce, E. v. Schiller: Czernowitz, 1900.

ten den Ansichtskartenkäufer*innen die Personen über religiöse Praktiken erläutern: »Betender Jude/Modlący sie żyd« oder »Morgengebet« lesen wir (Abb. 36), auf anderen Karten werden die abgebildeten Personen über ihr religiöses Studium des Talmuds oder an der Jeschiwa eingeführt (Abb. 38). Auf einer Ansichtskarte, die sich Schiller 1899 urheberrechtlich schützen ließ, ist ein alter Mann mit deutlich ergrautem, imposantem Bart zu sehen. Sein Kopf ist mit einer Kippa bedeckt, an den Schläfen befinden sich Locken. Seine Stirn ist in Falten gelegt, sein Blick nach unten gerichtet. Der Mann wirkt weniger sorgenvoll denn nach innen gekehrt. Dies sei ein *Talmud schochem* [Talmud Nachbar] lernen wir aus der Bildunterschrift, sehen also eine Verallgemeinerung über die konkrete Person hinaus (Abb. 37). Andere Karten aus dem Hause Schiller erklären Kleidung (»Jude im Stramel«/»Żyd w szabasówce«) (Abb. 39),[152] illustrieren die Hochzeitszeremonie (»Slub. Chype = Maseltow«)[153] oder zeigen einen religiös gekleideten Mann beim »Gang zum Tempel (Jom Kiper)«.[154]

Religiöse Praktiken und religiöse Bildung spielten im traditionellen Judentum eine große Rolle. Produzenten wie Schiller machten nun Bilder davon verfügbar, für die Judenheiten und die nichtjüdische Bevölkerung, denen die religiösen Bräuche inklusive der Kleidervorschriften erläutert werden mussten. In den Bildunterschriften dominieren die Sprachen Polnisch und Deutsch, nicht Jiddisch oder Hebräisch. Dies kann in zweierlei Hinsicht gelesen werden: Shalom Sabars, der – insgesamt mit grobem Pinselstrich – die Postkartenproduktion im Deutschen Kaiserreich und den polnischsprachigen Gebieten, vor allem Kongresspolen, mit jüdisch-religiösen Themen verglich, formulierte die These, dass die osteuropäischen Postkartenproduzenten Karten mit jüdisch-religiösen Motiven nur für die jüdische Gemeinschaft produziert hätten. Sie seien an die modernisierten (und germanisierten) Stadtjuden gerichtet gewesen, die mit religiösen Traditionen mitunter nicht mehr vertraut waren und hätten nostalgische Qualitäten gehabt.[155] Die Aneignung der Karten durch die Postkartenschreibenden deutet aber darauf hin, dass die Karten auch von der nicht-jüdischen Bevölkerung erstanden wurden. Sie fungierten als Erklärkarten einer der Mehrheit nicht vertrauten Kultur.[156]

Direkt Bezug nahmen die Absender*innen der einsehbaren Karten nicht, sondern versendeten sie mit üblichen Gruß- oder Dankesbotschaften, sodass die Motivation für den Kauf genau dieser Kärtchen unklar bleibt.

Malek wollte einer von ihm sehr verehrten Dame und ihren Eltern einmal wieder einen postkartalischen Gruß übersenden, wozu er die Ansicht eines Chassiden mit der Aufschrift »Git Jontek« ausgewählt hatte.[157] Als sehens- und zeigenswert scheinen die Käufer*innen die Aufnahmen allemal gefunden zu haben.

Judaika II: Grußkarten

Im Zuge des Postkartenfiebers veränderten sich Bräuche der Bevölkerung, darunter das Übersenden von Glückwünschen. Für die christlichen Feste konstatierte Karin Walter: »Postkarten […] schufen auch neue Bräuche, wie das Übersenden von Glückwünschen. Während Weihnachtsgrüße bereits lange vor Einführung der Postkarte per Brief übermittelt wurden, waren Glückwünsche zu Ostern und Pfingsten eine neue Errungenschaft und eine direkte Folge der Postkartenmanie der Jahrhundertwende.«[158]

Angesichts der hohen Zahl der jüdischen Bevölkerung im östlichen Europa versprachen jüdische Grußkarten ein einträgliches Geschäft für die Postkartenverleger zu werden. Entsprechend gab es auch von den Bukowiner Verlegern mehrsprachige Karten mit hebräisch und jiddisch geschriebenen Neujahrsgrüßen ebenso wie Karten zum Laubhüttenfest.[159] Wieder andere Karten zeigten festlich gekleidete jüdische Männer oder eine ganze um den festlich gedeckten Schabbattisch versammelte Familie, während die Texte »Git Jontef« (Frohes Fest) und »Git Schabes« (Frohen Schabbat) wünschen (Abb. 40 und 41).[160] Als Zielgruppe dieser Karten ist in erster Linie die jüdische Bevölkerung anzunehmen, die Grüße verschickte, aber in zweiter Linie auch die nicht-jüdische Bevölkerung, die jüdische Kultur nach Hause kommunizieren wollte.[161] Dass die Karten eine Demonstrations- und Erklärfunktion hatten, zeigt sich an weiteren Karten, die kleinteiligere Traditionen am Schabbat in Szene setzen, darunter das Anzünden des Lichts und das Kaddisch, der Segensspruch, der den Schabbat einläutet. Schiller verlegte noch weitere Karten, die auf jüdische Bräuche und Traditionen Bezug nahmen. Dem Besuch des Schadchens, des Heiratsvermittlers, galt eine Karte ebenso wie dem jiddischen Lied »Die Mechetunem tanzen«.[162] Inszeniert hat Schiller die Reihe mit den Personen, die bereits auf der Postkarte mit dem Schabbatwünschen zu sehen waren. Mit großer Wahrscheinlichkeit kann davon ausgegangen werden, dass die Personen Schauspieler des Jüdischen Theaters in Czernowitz waren, die ebenfalls für eine Postkartenserie des Verlags Simon Gross posier-

Abb. 40 und 41 Grußkarten zum Schabbat – Git Schabes, E. v. Schiller: Czernowitz, o. J.; Git Schabes, E. v. Schiller: Czernowitz, o. J.

Abb. 42 und 43   Stereotype und beliebte Grußkarte –»Schulem leichem«. Nakładem Niemojowskiego we Lwowie, E. v. Schiller: Czernowitz, o. J.; Schulem leichem, E. v. Schiller: Czernowitz, o. J.

ten.[163] Dafür spricht auch, dass die religiösen Gesetze es verbieten, am Schabbat fotografiert zu werden.[164]

Eine gewisse Ambivalenz zeichnete bereits die mit traditionellem jüdischem Gruß »Schulem leichem« (»Friede sei mit Euch«) unterlegten Karten aus. Sie basiert auf einer Aufnahme eines traditionell gekleideten Juden, der dem Stereotyp des Ostjuden entspricht (Abb. 42 und 43): arm, aber glücklich. Sowohl Juden als auch Nicht-Juden griffen auf jene Karten zurück, um ganz unterschiedliches zu kommunizieren. So berichtete ein Schlomo einem Adressaten namens Eschkol auf Hebräisch von seinen bislang fehlgeleiteten Versuchen, eine andere Person zu erreichen, um weitere Instruktionen senden zu können. Wahrscheinlich ging es um Fragen der politischen Organisation, die im halböffentlichen Medium der Postkarte nur angedeutet werden konnten. Denn der Absender Schlomo schloss mit »zionistischen Grüßen«, was zudem als deutlicher Hinweis darauf gelesen werden kann, dass er die Postkarte mit jüdischem Sujet gezielt ausgewählt hatte.[165] Andere kauften die »Schulem-leichem«-Karte, um darauf schlicht und einfach Grüße zu versenden. Onkel Carl grüßte aus Horodenka/Horodenka und hoffte auf baldiges Wiedersehen.[166] Da die Karte in mehreren Sammlungen zu finden ist, kann von einer hohen zeitgenössischen Auflage und Beliebtheit ausgegangen werden.

Auch weitere Postkarten des Verlags von Schiller zeigen deutlich verarmte Juden in traditioneller Kleidung. Schiller machte keinen Unterschied, ob bukowinische oder galizische Juden. Ähnliches ist auch bei König zu beobachten, womit die Verlagshäuser von Czernowitzer und Bukowiner Realitäten entfernt waren.[167] Zwar hatte das östlichste Kronland immer wieder Einwanderungswellen überwiegend verarmter orthodoxer Juden aus dem Russländischen Reich und Galizien zu verarbeiten,[168] doch waren die städtischen Judenheiten in ihrem äußerlichen Erscheinungsbild akkulturiert, und zudem stellten sie die Elite in der Stadt.[169] Sie dominierten unter anderem in den freien Berufen. Mit den Postkarten boten die Verleger folglich nicht nur sozialrealistische Fotografie, sondern bedienten von Czernowitz aus einen Markt, der sich zeitgenössisch herausbildete: Postkarten, die antijüdische Klischees bedienten.

Insgesamt zeigten sich in der Bukowina einige Kräfte besorgt darüber, wenn diese zu stark mit jüdischen Bewohnern assoziiert wurde. Als ein ungarischer Reisejournalist in der Wiener *Neuen Freien Presse* eine Reportage über die Bukowina publizierte, die ihre Hauptstadt als stark jüdisch geprägt beschrieb und dabei an antisemitischen Klischees nicht sparte (»die in langen Röcken einherschlürfenden und tänzelnden Hebräer, die ihre stark gewundenen Drehezöpfchen oder Schläfelöckchen im Abendwinde flattern ließen«; »Der ganze Habitus zeigte noch den polnischen Juden, nur der Leibrock war bereits um ein beträchtliches Stück gekürzt und die Schläfelöckchen auf halbe Länge gestutzt«[170]), protestierten zahlreiche Czernowitzer Bürger in Leserbriefen.[171] Die *Bukowinaer Post*, eine Tageszeitung, die unter anderem den Ausgleich zwischen den Ethnien zu befördern suchte, fürchtete gar eine Gefährdung des sich entwickelnden Tourismus.[172]

Für die Entwicklung des Tourismus spielten Bilder, wie gezeigt, eine wichtige Rolle. Doch negative Reaktionen auf die Postkarten Königs und Schillers gab es zumindest in der lokalen Tagespresse nicht.[173] Vielmehr wurde eine Mehrmotivpostkarte im *Illustrierten Reiseführer durch die Bukowina* reproduziert, die als jüdisches Element das Bild der Orthodoxen aus Sadagora/Sadagóra/Sadagura festschrieb. Zwar erwähnte Mittelmann, selbst Jude, den mannigfaltigen Beitrag der aufgeklärten Stadtjuden in der Bukowina, doch visuell festgeschrieben wurden die anderen Juden.

Juden zum Lachen: Antisemitika

An der Wende vom 19. zum 20. Jahrhundert wurden antijüdische und antisemitische Spottpostkarten zum Geschäft.[174] Vorläufer war der Bildwitz, der sich in der zweiten Hälfte des 19. Jahrhunderts als »neue Mischform aus Karikatur, Satire und herkömmlichem Witz« entwickelte und dann in den illustrierten humoristisch-satirischen Blättern rasant weiter verbreitet wurde.[175] Auf den Postkarten erfuhren diese Bildwitze aufgrund des begrenzten Platzes oft eine weitere Reduktion, was Festschreibungen auf Körper- und Kleidungsstereotype begünstigte. Michaela Haibl beobachtete dabei eine Verschiebung von »Sekundärattributen« der Judendarstellungen, die bereits im frühen 19. Jahrhundert aufkamen, worunter sie Gegenstände wie Bauchladen und Zwerchsack fasst, womit die Tätigkeit als Händler und Hausierer angezeigt wurde, hin zu »Primärattributen«. Sprich: die Festschreibung eines jüdischen Körpers über Haar- und Barttrachten und die Physiognomie.[176] Zu der Figur des verarmten Hausierers, oft genug im Kaftan, trat nun im Laufe des 19. Jahrhundert der Emporkömmling – in beiden Fällen ging es bei den Karten um die wirtschaftliche Performanz und die Behauptung von der mangelnden Passfähigkeit und -willigkeit der Juden mit der gesellschaftlichen Umgebung. »Ostjuden« und »Krawattenjuden«, so Iris Hax, wurden zu den wichtigsten Gegenständen der humoristischen Bildpublizistik in dieser Phase.[177]

In der internationalen Postkartenkommunikation wurde vor allem den Juden in dem der Bukowina benachbarten Galizien die zweifelhafte Ehre zuteil, karikiert zu werden. In Galizien lebten 1890 etwa 772 000 Personen israelitischen Glaubens, etwa zwölf Prozent der Gesamtbevölkerung,[178] was zeitgenössisch im besten Fall als Kuriosum bzw. Faszinosum wahrgenommen wurde: So vermerkte der *Baedeker* in den unterschiedlichen Ausgaben der 1890er Jahre, dass nirgendwo anders Juden so zahlreich seien wie in Galizien, wo sie den Handel kontrollierten, weshalb sie von den anderen Einwohnern zwar verachtet würden, jene sie aber zwingend brauchten. So lauteten die Stichworte zu Galizien: »Es ist reich an Getreide, Honig, Salz und Petroleum; die Industrie gering und größtenteils in den Händen der Juden, welche in keinem Lande der Welt so zahlreich sind (600 000 Juden bei einer Gesamtbevölkerung von rund 6 Millionen). In Galizien sind keine Geschäfte ohne Vermittlung der Juden möglich; fast alle Gast- und Wirtshäuser, Wein- und Bierschänken, Kaufläden etc. sind in ihren Händen. Alle Fuhrleute und Pferde-

Abb. 44, 45 und 46
Darstellung von Juden als ärmliche Handelnde –
Alter Dales. Detailist, E. v. Schiller: Czernowitz, 1900;
Vermischter Warenhandel. Handel pomieszanych
towarów, E. v. Schiller: Czernowitz, 1899;
Commerzieller Vortrag, o. Verl. (raubkopiert von
Schiller): o. O., o. J.

händler sind Juden. Sie unterscheiden sich in ihrer Kleidung und im Tragen der Haare von den übrigen Einwohnern; diese verachten die Juden, sind aber in der Regel finanziell von ihnen abhängig.«[179]

Außerhalb des Kronlandes erlangte die jüdische Bevölkerung aus Galizien neue Sichtbarkeit durch zwei, ganz unterschiedlich motivierte Mobilitätsmuster: Zum einen wurden orthodoxe Juden sichtbar im sich entwickelnden Tourismus. In Kurbädern und Sommerfrischen, zunehmend Reiseort nicht nur der Wohlhabenden, sondern auch der Kleinbürger, trafen Goim auf Juden, gerade orthodoxe. Diese Kontakte bauten verbreitete Stereotype aber nicht ab, sondern es kam vor dem Hintergrund der zunehmenden rassischen und antisemitischen Aufladung antijüdischer Einstellungen zu häufigen Artikulationen von Antisemitismus. Daran beteiligten sich die Verwaltungen der Tourismusorte selbst,[180] aber auch die tourismusstützende Industrie der Postkartenverlage. Der »Gruss aus Bad Kissingen« war oft genug antisemitisch und zeigte jüdisch markierte Menschen vor einer öffentlichen Toilette, die ihre Notdurft nicht mehr zurückhalten konnten,[181] der »Gruss aus Bad Karlsbad« einen Bären mit Schläfenlocken und Zylinder, der sein Schnapsglas um den Hals und auf der linken Tatze Knoblauch trug. Um ihn herum sprangen Flöhe, womit »der eigentlich nett wirkende O-beinige, Zylinder tragende Bär, der aufgrund seiner Schläfenlocken leicht als Personifizierung eines orthodoxen Juden zu erkennen ist, zum ungepflegten, stinkenden ›Ostjuden‹« wurde.[182] Untertitel war die Zeichnung mit »Zoologisches aus Karlsbad. Bär aus Galizien (männlich, ausgewachsen)«.[183]

Zum anderen wurden die orthodoxen Juden Galiziens durch die Migration nach Westen sichtbarer. Im deutschen Kaiserreich und den oberösterreichischen Gebieten verschärfte sich der Ton gegenüber den »Ostjuden«, wie die Einwanderergruppe zusammengefasst wurde. Deutschnationale patriotische Vereine, die sich seit den 1870er Jahren zahlreich gründeten, trugen mit unterschiedlichen Medien zum wachsenden Antisemitismus bei, auch durch Spottpostkarten.[184] Doch auch private Produzenten stiegen in den Markt ein. So produzierte das Atelier Schiller nicht nur Grußkarten zu jüdischen Fest- und Feiertagen und Ansichtskarten, die ich als Erklärkarten jüdischer Kultur – und hier ausschließlich der religiösen – verstehen würde, was der enzyklopädisch und/oder exotisierend-voyeuristisch motivierte Sammlerkultur entsprach, sondern es prägte auch antisemitische Bildwelten.

Daran zeigt sich deutlich, dass jene Postkarten mit jüdischen Themen nicht einfach eine Subkategorie der Postkarten mit Ethniendarstellungen sind, wie in den vorangegangenen Teilkapiteln diskutiert. Zwar wiesen diese Verzerrungen auf und spiegelten in Produktion und Aneignung zeitgenössische Einstellungen unterschiedlicher ethnischer/nationaler/religiöser Gruppen wider, doch sind Darstellungen und Kommentierung der antisemitischen Spottpostkarten von anderer Qualität. Klaus Holz hat dies mit Blick auf das deutsche Kaiserreich als »nationalen Antisemitismus« benannt, indem er argumentierte, dass bei allen chauvinistischen Äußerungen über andere Nationen ihnen das Recht zur Nationsbildung zumeist zugestanden wird, der diasporischen Gruppe der Juden allerdings nicht, weshalb sich der Nationalismus über den Antisemitismus konstituiere.[185] Der Soziologe Holz ist von Historiker*innen zu Recht auf Ungenauigkeiten hingewiesen worden,[186] doch zeigt sich auch in den bildlichen Erzählungen im Osten Cisleithaniens, dass in der Nationalisierungsphase die Judenheiten anders – kritischer, hasserfüllter – visuell erzählt wurden als andere Ethnien.

Antisemitika I: Handel

Ein zentrales Thema der Karten aus dem Hause Schiller berührte die vermeintlichen Rollen der Judenheiten in Handel und Gewerbe und damit einen gesamteuropäischen antijüdischen/antisemitischen Topos. Mehrere Karten stellten Juden als Pseudo-Händler dar, die aus schlechten Produkten Geld machen wollen. Manchmal blieb der Spott bei Schiller etwas milder, wie bei einem Foto eines jüdischen Jungen, der überwiegend alte Eisenwaren, teils Schrott vor sich liegen hat, was mit »Vermischter Warenhandel« untertitelt ist (Abb. 45). In eine ähnliche Richtung geht die Fotografie eines deutlich älteren jüdischen Mannes, der sehr ärmlich gekleidet ist und zu seinen Füßen einige Gefäße stehen hat, deren Inhalt aber kaum zu erkennen ist. Die Bildunterschrift ironisiert das vermeintliche Selbstverständnis des Mannes – der hier natürlich pars pro toto für eine ganze Gruppe steht – als »Detailist«, also als Kleinhändler bzw. Einzelhändler. Die Postkarte ist in zwei Sprachen beschriftet, auf Deutsch und Jiddisch, wobei die Jiddische Erklärung »Alter Dales« eine andere Deutung vornimmt (Abb. 44). Ein »Dales« kann ein Armer sein, im Geiste oder materiell, sodass die Text-Bild-Kombination mindestens zwei Lesarten ermöglicht: eine überhebliche, die verlacht, dass jemand mit schadhaften oder nicht vorhandenen Waren sich als Händler betätigt und als

Abb. 47 Chaotisch im Wirtschaften: Die beliebte Karte »Firma: Wolf Hirsch et Schlamasel«, E. v. Schiller: Czernowitz, 1899.

Typus«. Dass der Person die ganze Stadt in Galizien nicht behagte, verdeutlicht der Ausruf »13 Tage noch!«[187]

An der Präsenz der Personen auf unterschiedlichen Karten und in unterschiedlichen Rollen zeigt sich ein weiterer deutlicher Unterschied zu den Ethnienpostkarten, die in den beiden vorangegangenen Teilkapiteln diskutiert wurden. Waren es bei den Rumänen, Ruthenen und Schwaben überwiegend privat veranlasste Portraitfotografien, die die Postkartenverleger zu »Typenbildern« umwandelten, handelt es sich bei den fotografierten Judaika und erst recht den Antisemitika um Abbildungen von Modellen. Es gab Serien mit Schauspieler*innen des jüdischen Theaters, aber auch den anderen Personen wurde vermutlich Geld bezahlt, damit sie mit den Utensilien und in verschiedenen Variationen für abwertende Karten posierten.

Zum Themenkomplex des Handels gehören zahlreiche weitere Karten, darunter eine illustrierte Karte, die ein Ehepaar als Hausierer zeigt – ein klassisches Thema der antijüdischen Postkarte.[188] Eine andere wird von einer Fotografie geprägt, auf der die abgebildeten Personen an ihrer Kleidung ebenfalls direkt als nichtassimilierte Juden zu erkennen sind. Untertitelt ist das Bild mit »Firma: Wolf Hirsch et Schlamasel«, also der Aufzählung typischer jüdischer Namen und dem jiddischen Wort Schlamassel, das aber auch in der deutschen Hochsprache bekannt war, um Unglück oder Missgeschick zu bezeichnen (Abb. 47). Die Karte rekurrierte auf und verstärkte gleichzeitig den Ruf der jüdischen Bevölkerung, sie treibe zweifelhaften, unseriösen Handel.[189] Die drei sich umarmenden Männer tragen alle Hut und dunkle Kleidung, die einen eher ärmlichen Eindruck macht. Während die beiden Männer links lange Mäntel tragen, Kaftane, ist der rechtsstehende Mann schon in moderner Kleidung zu sehen. Auch sein Bart war deutlich kürzer. Optisch steht er – der Jüngste des Dreiergespanns – für die Modernisierung der jüdischen Bevölkerung. Doch die, so muss die Karte gelesen werden, blieb nur eine äußerliche. Denn er stand ebenso für den »Schlamassel« wie die anderen Herren, womit die Unveränderbarkeit der jüdischen Bevölkerung festgeschrieben wurde – ähnlich wie bei anderen Karten, die das intergenerationelle Moment aufgriffen.

Dass jüdische Geschäftemacher nicht nur Chaos verursachten, sondern kriminell vorgingen, legt eine weitere illustrierte Karte aus dem Schillerschen Atelier nahe. In einem Büro bietet ein Herr dem anderen einen Platz an. Der »Herr Ehrlich«, wie er angesprochen wird, muss

Gewerbetreibender versteht, obwohl er nichts anzubieten hat, oder eine empathische, die den Blick darauf lenkt, dass ein älterer verarmter Mann dies tun muss.

Beide Männer treten zudem gemeinsam auf einer Karte Schillers auf, die mit »Kommerzieller Vortrag/ Kurs handlowy« unterzeichnet war. Das Kärtchen ironisiert damit ein weiteres Mal den ärmlichen Handel, der durch das intergenerationelle Element als ewiger Teil des ewigen Juden fortgeschrieben wurde. Die Karten gerieren Anschlusskommunikation. 1905 schrieb eine Person aus Krakau im benachbarten Galizien auf einer leicht abgwandelten Karte mit verändertem Titel »Commerzieller Vortrag« (die aber, da die Verlagsnennung fehlt, vermutlich raubkopiert worden war) in abwertendem Duktus (Abb. 46): »Bevölkerung Krakaus besteht zu 1/3 i. e. von 100 000 etwa 33 000) von Herren obigen

Abb. 48 und 49 Juden als Kriminelle und Aufsteiger auf Spottpostkarten des Verlags Schiller – Nehmen Sie Platz Herr Ehrlich, – danke, bin eben 3 Monate gesessen, E. v. Schiller: Czernowitz, o. J.; Moritz! Kratz mich auf 35, E. v. Schiller: Czernowitz, o. J.

jedoch ablehnen, da er »eben 3 Monate gesessen habe«, also erst aus dem Gefängnis zurückgekehrt sei (Abb. 48). Beide Männer sind über Kleidung und/oder stereotype Gesichtszeichnung und Körperdarstellung als Juden markiert.[190] Herr Ehrlich trägt noch Kaftan, darunter aber bereits bürgerliche Kleidung und als Kopfbedeckung einen Zylinder, während der andere Herr als jüdischer Aufsteiger dargestellt ist. Er ist modisch gekleidet, trägt eine Uhrkette und einen Zwicker und verfügt damit über alle Insignien, mit denen bildsprachlich reiche, akkulturierte Juden in der Bildpublizistik des ausgehenden 19. Jahrhunderts dargestellt wurden.[191] Sein kunstvoll gestutzter Bart steht auf den ersten Blick im Gegensatz zu dem üppigen Bart und den Schläfenlocken des anderen Mannes. Doch auf den zweiten Blick fällt auf, dass durch die Ausrichtung der Figuren, sowohl der Körper als auch des Blickes, der beleibtere, moderne Jude den dünneren, traditionelleren Juden auf eine Art spiegelt, vielleicht gar als dessen Fortschreibung gelesen werden kann: Wo der traditionelle Jude Schläfenlocken hat, hat der moderne gestutzte Koteletten, wo der eine Kaftan trägt, hat der andere ein Jackett, wo einer mager ist, hat der andere schon einen Wohlstandsbauch angesetzt. Doch bleiben beide, wenn man Kleidung und Körperfülle abzieht, gleich, was überzeichnete Hakennase und krumme Beine – und damit die klassischen physiognomischen Körperstereotype – zeigen.

Im Gegensatz zu Schillers anderen Karten wirkt diese Karte weniger professionell: Bild und Text sind schief und der verunglimpfende Text hat einen anderen Schrifttyp als die sonstigen Spottpostkarten Schillers. Anzunehmen ist, dass es sich um eine der frühesten Karten der Art handelt, da sie weder eine Nummerierung aufweist, noch ein Vermerk über tatsächliche oder vermeintliche markenschutzrechtliche Registrierung zu finden ist.[192]

Im modernen Büro spielte auch ein weiterer Bildwitz. Zwei modern gekleidete Personen sind auf der Postkarte zu sehen, wobei der Ältere, offenbar ein Schreiber oder Buchhalter, links mit gebeugtem Rücken an einem Tisch sitzt. Rechts steht ein jüngerer Mann an einem Stehpult, in der Hand einen Federkiel (Abb. 49). Er ist mit einem schwarzen Frack elegant gekleidet, doch seine Physiognomie karikiert die vermutlich teure Kleidung. Krumme, dürre Beine und eine seltsame Gestik wurden dem jungen Herrn angezeichnet; auch das wieder Körperstereotypen, die im Laufe des 19. Jahrhunderts klassisch wurden.[193] Die Gesichter beider Herren sind im Profil zu sehen, womit die sehr groß gezeichnete Nase nochmals betont wurde.

Der Ältere trägt einen Zwicker. Grundlage des Witzes war, dass sein Oberrock in zahlreiche Quadrate eingeteilt war, die zudem nummeriert waren. »Moritz! Kratz mich auf 35« lautet nun die Bildunterschrift, womit das vermeintliche Gebaren der als neureich dargestellten Juden verspottet werden sollte: Einen Diener allein zum Kratzen hielt sich der beleibte Geschäftsmann.

Damit war der wirtschaftliche Aufstieg immer wieder Thema und das damit verbundene Verhalten der als Emporkömmlinge eingeordneten Juden. Diesen Diskurs bediente und verstärkte das bukowinische Haus ebenso wie Bildproduzenten im Kaiserreich. Andere antisemitische Themen waren abwesend. So gibt es von den bukowinischen Postkartenverlegern keine Spottpostkarten gegen Juden in freien Berufen wie Journalisten, Ärzte oder Rechtsanwälte, abweichend zum Deutschen Kaiserreich, wo sie in der kleinformatigen Bildpublizistik als »Macher der öffentlichen Meinung« hochstilisiert wurden.[194] Dieser Nicht-Befund ist interessant, da gerade in der Bukowina jüdische Verleger und Journalisten eine wichtige Rolle spielten.[195] Eine Erklärung könnte sein, dass um 1900, als die meisten der Karten produziert wurden, wie Markeneintragungen belegen, der Antisemitismus in der Bukowina noch nicht so eskaliert war, dass direkte Kollegen, wie es im Druckerei-, Ansichtskarten- und Publizistikgewerbe oft passierte, bildlich angegangen wurden. Nur wenige Jahre später, wie am Fall der König'schen Marketingaktion mit einer Gratispostkarte gezeigt wurde, gestaltete sich dies anders.

Dem vermeintlich unlauteren Wirtschaften widmete Schiller noch weitere Karten, die oftmals in Kooperation mit dem Krakauer Salon Malarzy Polskich hergestellt wurden. Die »Krakauer Geldwechsler/Wekslarze krakowscy« war ebenso eine Koproduktion wie die Karikatur eines Herren »Na placówce/Am Anstand«, ein vor dem Hintergrund heutigen Sprachgebrauchs seltsamer Titel (Abb. 51 und 50). Eine andere Postkarte zeigte – laut Bildunterschrift – »Die schwarze Börse – Czarna Giełda«.[196]

Die von J. K. – vermutlich J. Krusewicz – gezeichnete Karte auf der linken Seite zeigt einen beleibten Mann mit Zigarettenspitze, städtischem Spazierstock und modischer Hose, der aufgrund seines Bartes und der Schläfenlocken eindeutig als Jude ausgewiesen ist. Kleidung und Accessoires gehören also schon zum Emporkömmling, während das Haar noch traditionell getragen wird. Dass der Aufstieg nicht mit legalen Mitteln erworben wurde, legt die Postkarte durch die Bildunterschrift nahe. »Na placówce« assoziiert man mit einem Ort, an

Abb. 50 und 51 Unlauteres Wirtschaften: Zerrbilder der Judenheiten – Am Anstand. Na placówce, E. Schiller: Czerniowce, 1895–1908; Wekslarze krakowscy – Krakauer Geldwechsler, E. Schiller: Czerniowce, 1895–1908.

Abb. 52 Feigheit als verbreitete Zuschreibung in der Bildpublizistik – Ich hob nicht mojre, Schiller: o. O., o. J.

dem sich mindestens Verdächtige, wenn nicht Kriminelle treffen, um ebensolchen Aktivitäten nachzugehen. Unter der Schrift kommentiert eine erste Person »[unleserlich] schau her! Gruss!!«, was sich offenbar auf die Darstellung des Juden bezieht. In der rechten oberen Ecke wird auf Tschechisch gefragt, ob der Adressat noch keinen Juden gesehen habe, gefolgt von einem Gruß. Die andere Karte hat mit Krakau einen konkreten Ort, der sowohl auf der Textebene als auch der Bildebene durch die Silhouette der Stadt festgehalten wird. Zu sehen sind wieder Parvenüs und Traditionelle, in moderner und traditioneller Kleidung, Männer wie Frauen, womit die bekannte Aussage der Bildpublizistik noch verschärft wurde. Sogar Frauen nahmen am ehrenrührigen Geldwechsel teil, entsprechend entstellt wurden ihre Gesichter gezeichnet. Ausgewählt hatte der Absender das Bild für einen kurzen Gruß von unterwegs: Drei Stunden Aufenthalt habe man.[197]

Antisemitika II: Feigheit und allumfassende Lächerlichkeit

Zweites großes Thema des illustrierten Spottes bildete die vermeintliche Feigheit der jüdischen Bevölkerung – ein zentraler Topos des zeitgenössischen Judenhasses. Zahlreiche Karten zeigen Personengruppen, die verängstigt versuchen, Hunde oder Ziegenböcke abzuwehren oder vor ihnen direkt davonlaufen.[198] Insbesondere die Angst vor Hunden dient als Differenzmarker, da sie im traditionellen Judentum als unreine Tiere galten und nicht gehalten wurden, während die polnischen Nachbarn sie als Teil des Alltags in Haus und Hof hatten. Unter den zahlreichen Karten war eine, die im Bildvordergrund eine Menschenmenge zeigt, die stark verängstigt wirkt. Einzelne haben sich aus der Gruppe bereits entfernt und fliehen über die Treppe oder in andere Richtungen. Ein Mann in der ersten Reihe hält seinen Regenschirm aufgespannt in Verteidigung gegen den Aggressor – einen kräftigen Hund, der von einem Uniformierten gerade noch an der Leine gehalten wird. Neben dem Polizisten steht ein feixender Junge (Abb. 52).[199]

Dass die Verängstigten Juden sind, wird an Kleidung und Haar- bzw. Bartgestaltung sofort deutlich. Zum Lachen sollte die Karte nun bringen, indem die Ängstlichkeit der jüdischen Bevölkerung vor Augen geführt wird, bei denen ein simpler Hund die blanke Panik auslösen kann. Gesteigert wird dies durch den Text: »Ich hab nicht mojre«, »Ich habe keine Angst«, steht darauf, was impliziert, dass die jüdische Gruppe

Abb. 53 Gewaltphantasie, aber keine Vertreibungsphantasien: Grenzen des postkartalischen Antisemitismus – A gite viele Woche! Życzę szczęśliwego tygodnia, E. v. Schiller: Czernowitz, o. J.

großmäulig spreche, aber in Wirklichkeit anders handele, und zwar feige.²⁰⁰ Der Zeichner signierte mit J. Kruszewicz und damit vermutlich identisch mit J. K. Sowohl Schiller als auch der Salon Malarzy Polskich verlegte die Karte in anderen Varianten; Schiller einmal mit einer alternierenden Bildunterschrift: »Kleine Ursache, große Wirkung«.²⁰¹

Eine weitere als Postkarte verlegte Zeichnung ist nicht leicht zu deuten. Sie zeigt einen Mann auf der Linken mit einem zum Schlag erhobenen Gehstock, während zwei andere Personen versuchen, vor ihm wegzurennen.²⁰² Alle drei sind auf den ersten Blick als »Kaftanjuden« zu erkennen, in traditioneller Kleidung, mit Kippa, Schläfenlocken und überzeichneter Nase. Eine Darstellung des Rituals des *Malkot,* der rituellen körperlichen Züchtigung an Jom Kippur, das offenbar auf in Warschau produzierten Postkarten häufiger zu finden ist,²⁰³ scheint es nicht zu sein. Dagegen spricht, dass der Tradition gemäß eher ein aus Leder gefertigtes Instrument hätte verwendet werden müssen und nicht ein gewöhnlicher Spazierstock. Dagegen spricht weiter, dass die Männer vor den zu erwartenden Hieben flüchten, was bei einem religiös motivierten Reinigungsritual nicht die Regel ist. Was ist also das Thema der Karte? Es

geht um Gewalt von Juden gegen Juden. Die Karte könnte als eine Art Kritik an dem Verhalten innerhalb der jüdischen Gemeinschaft gelesen werden. Ernst zu nehmen ist aber die offene Freude über die Gewalt, wie sie in dem zugehörigen Text zum Tragen kommt »A gite viele Woche!/Życzę szczęśliwego tygodnia« [sic!]. Von der Karte existieren mindestens zwei Versionen: Eine nur auf Jiddisch beschriftete, von Schiller und Horowitz – dem in der jüdischen Gemeinde und dem *Jüdischen Nationalverein* engagierten Postkartenverleger – gemeinsam herausgegeben,²⁰⁴ und die abgebildete, die nur Schiller nennt und mit der polnischen Beschriftung ergänzt ist (Abb. 53).

So stereotyp manche der Bildwelten sind, die die Verleger in der Bukowina mitprägten, so deutliche Grenzen hatte der postkartalische Antisemitismus. Die soeben besprochene Karte blieb die einzige Gewaltfantasie. Weitergehende »Vertreibungsphantasien im Postkartenformat«, wie sie von Verlagen im Kaiserreich und Wien über Einzelfälle hinaus dokumentiert sind, gab es in der Bukowina nicht.²⁰⁵ Der visuell getragene Antisemitismus in der Bukowina hatte seine Grenzen.

Zum Spott taugte fast alles auf den Postkarten Schillers. Es gibt Karten, die sich über Dreiecksbeziehungen lustig machen, andere, die ein Zerrbild eines jüdischen Heiratsvermittlers zeigen, wiederum andere, die die Annahme nicht-jüdischen Kulturgutes thematisieren. »Csárdás« lautet die Bildunterschrift einer Zeichnung, die im Hintergrund Musiker zeigt, im Vordergrund einen in ungarischer Nationaltracht tanzenden Mann, der mit den stereotypen Attributen jüdischer Physiognomie ausgestattet ist. Der gezeichnete Vorwurf lautet kulturelle Appropriation, also die Aneignung einer Kultur, die nicht die eigene sei. Juden, so auch die Aussage zahlreicher ähnlicher Postkarten aus dem polnischsprachigen Raum, stülpten sich regionale bzw. nationale Kostüme über, eigneten sich Gebräuche an, blieben aber doch immer zu erkennen – als die ewig Anderen.[206]

Immer wieder verharrten die Karten bei der vermeintlichen Lächerlichkeit der Physiognomie. Männer waren zu dürr oder zu dick, die Frauen meist zu üppig. »Leichte Polka« hieß eine Karte aus dem Hause Schillers, auf der der Zeichner einen sehr mageren Mann mit einer sehr korpulenten Frau tanzen ließ und auf eines der klassischen zeitgenössischen Stereotype der Matrone Bezug nahm. Die Gesichter entsprachen zeitgenössischen Darstellungsklischees.[207] Andere Postkarten weisen die traditionellen Juden als unfähig aus, mit der Moderne Schritt zu halten. 1901 sendeten einige Personen diese Karte von Czernowitz nach Wien: Ein ganz offensichtlich traditioneller Jude hat Schwierigkeiten, mit dem modernen Verkehrsmittel Fahrrad zurecht zu kommen (Abb. 54). Die Absender kommentierten ihre Wahl nicht weiter, sondern unterschrieben nur. Auch hier zeigt sich die Akzeptanz und Beiläufigkeit des Antisemitismus.

Produktion und Anschlusskommunikation
Schillers Karten waren in Krakau käuflich zu erwerben und wurden von dort häufig losgeschickt. Der galizische Markt stand dem Czernowitzer Postoffizial deutlich vor Augen, und so beschriftete er die Spottpostkarten zumeist zweisprachig, sowohl in der Amtssprache der Bukowina, Deutsch, als auch der äußeren Amtssprache Galiziens, Polnisch. Das Polnische stand des Öfteren sogar vor dem Deutschen, was angesichts des ungleich größeren Marktes Galiziens (8,1 Mio. Einwohner zu 0,8 Mio. Einwohner) logisch erscheint.[208] Der Kunstverlag Schiller kooperierte eng mit dem im galizischen Krakau ansässigen großen Ansichtskartenverlag Salon Malarzy Polskich. Auf zahlreichen Karten wurden beide Verlage genannt, andere Karten erschienen sonst identisch entweder unter der Nennung des Krakauer oder des Czernowitzer Verlagshauses. Es bestand ein reger Austausch von Motiven und vermutlich ein Abkommen über die wechselseitige Nutzung der Infrastruktur. Leider existieren keine archivalischen Überlieferungen zu den Häusern mehr. Über den renommierten Kunstpostkartenverlag Salon Malarzy Polskich ist bekannt, dass er 1885 in Krakau von Henryk Frist gegründet wurde.[209] Er betrieb in der Altstadt eine Rahmenhandlung und verkaufte Kunst, häufig mit patriotischem Inhalt, was ihm sehr guten Absatz bescherte. Dann stieg er in das Postkartengeschäft ein, zuerst nur Fremdvertrieb, dann auch Eigenproduktion. Henryk Frist selbst, im Jahr 1855 geboren, war interessanterweise Jude. Er sei, so Jerzy Zieliński, traditionsverbunden und gläubig gewesen, habe im Gegensatz zu den meisten jüdischen Kaufleuten in Krakau aber keine traditionelle Kleidung und Frisur mehr getragen.[210] Laut seinem Enkelsohn fühlte er sich als Pole.[211] In den Aufsätzen zum Verlag fehlen Analysen des antisemitischen Schaffens interessanterweise vollständig.[212] Zu erfahren ist, dass Frist wohl zahlreiche Postkarten zu jüdischen religiösen Bräuchen angefertigt hat, also Bildmaterial, das ich zuvor Erklärpostkarten genannt habe.[213] Offenbar bot Frist, der Krakauer Jude, zahlreichen Zielgruppen etwas an, den Interessierten ebenso wie den Antisemiten und den Patrioten.

Ähnlich wie von König gesagt werden kann, dass er innerhalb kürzester Zeit das Kronland der Bukowina porträtieren ließ, hat Schiller die (oft abwertenden) Bildwelten des Judentums der Region geprägt. Er bediente eine Erzählung beider Regionen, die die dortigen Juden mindestens als Exotikum präsentierte, zumeist aber als eine gesellschaftliche Gruppe, die wenig wünschenswert betreffs Sozialstatus und Handelsgebaren war. Indem Galizien und die Bukowina wiederholt zusammengebunden wurden und zudem die Bevölkerungsgruppe der Juden abgewertet wurde, kündigte Schiller die Erzählung des Bukowinismus visuell auf. Umfang der überlieferten Motive, die Seriennummern und die Laufdaten zeigen, dass der Bukowiner Schiller – allein und in Kooperation mit dem Krakauer Verlag Salon Malarzy Polskich – seit der Eröffnung 1897 zahlreiche Antisemitika produziert hat.

Wer war Schiller, den Andreas Hornemann sogar auf derlei »Postkarten mit Atelier-Fotos armer, orthodoxer Juden, denen man realitätsverzerrende satirische Texte hinzugefügt hat, spezialisiert« sah?[214] Aus den wenigen Informationen, die es gibt, begegnet uns Schiller

Abb. 54 Antisemitika als Ort von Grüßen: Beiläufige Akzeptanz des antisemitischen Spotts – Czołem, E. v. Schiller: Czernowitz, o. J.

als kunstsinniger Mensch, der Mitglied und sogar Obmann in der *Gesellschaft der Kunstfreunde* war.[215] Zudem hatte er sich der deutschnationalen Sache verschrieben: Er gehörte zu den Gründervätern des *Vereins der christlichen Deutschen*, zu den Männern, die – wie es in einer Rückschau 1922 hieß – erkannt hatten, »daß das deutsche Volk im Buchenlande nur durch engen Zusammenschluß aller seiner Glieder vor dem gänzlichen völkischen und wirtschaftlichen Verfall bewahrt werden könnte.«[216] 1898 stiftete er Hundert Gulden, um das erste Deutsche Haus in Czernowitz mit aufzubauen. Mit dieser Summe stand Schiller an der Spitze der Spenderliste.[217] Unmittelbar nach der Gründung des *Vereins der christlichen Deutschen* im Jahr 1897 stiegen die Mitgliederzahlen so rasant an, dass mehrere Umzüge in größere Gebäude nötig wurden. Der erste eigenständige Bau konnte dann im Jahr 1900 eingeweiht werden.[218] Unklar bleibt, ob er sich über die Bilder hinaus antisemitisch äußerte. Waren die Antisemitika ein reines Geschäft oder drückte sich darin eine politische Überzeugung aus? Dies muss aufgrund der Quellenlage im Unklaren bleiben, doch klar ist, dass Schillers Mitgliedschaft im *Verein der christlichen Deutschen* zumindest ein Indiz liefert, denn der Verein setzte sich dafür ein, dass die Abspaltung von den jüdischen Deutschsprachigen in der Bukowina vorangetrieben wurde.

Von Czernowitz nach Graz und von Krakau nach Wien und an zahlreiche weitere Orte schickten die Postkartenkäufer*innen jene antisemitischen Karten, die Abwertungen enthielten. Rezipient*innen an unterschiedlichen Orten griffen die antisemitischen Deutungsangebote des Verlages Schiller auf. So versendete eine Person die Ansichtskarte »Firma: Wolf Hirsch et Schlamasel« im Jahr 1902 aus Krakau mit den »besten Grüßen aus Halbasien«, womit direkt auf das von Karl Emil Franzos geprägte Bonmot über die Kulturlosigkeit Galiziens und partiell auch der Bukowina zurückgegriffen wurde.[219] Die traditionell orthodoxen und chassidischen Lebensweisen wurden im Habsburger Diskurs als das Zeichen der Rückständigkeit Galiziens gewertet.[220] Andere befanden die mannigfaltigen Spottpostkarten als »originell« oder kündigten an, noch mehrere derlei Karten schicken zu können: »Mein liebes Gertilein! Gefällt Dir die Gesellschaft? […] Habe noch einige solcher Karten für Dich!

Abb. 55 Eine Postkarte mit antisemitischen Darstellungsklischees wird bis heute als Illustration der Multiethnizität eingesetzt – Gruss aus der Bukowina, König: Czernowitz, 1899.

Viele Bussi, Papa«.²²¹ Eine andere Person zeigt sich in ihrer Postkarte nach Lyon zufrieden, dass sie nun nicht mehr so viele Juden sehe: »Ich sende Ihnen heute Morgen ein Stück des illustrierten russisch-polnischen Geistes! Nicht sehr stark, aber trotzdem lustig – meine Augen sind befreit von ihren unvorgesehenen Auftauchen und ich bin mehr als glücklich darüber […]«.²²²

Aus Stefanowka, zwischen Lemberg und Czernowitz gelegen, schrieb ein Mann im Jahr 1909 auf der Bildseite einer Ansichtskarte, die wiederum verzerrte Physiognomien von Juden zeigt und zu einer Serie von Ansichtskarten gehört, die als zentrales Thema die angebliche Feigheit der jüdischen Bevölkerung hat: »These are the people that are supposed to run modern machinery. This picture is not exaggerated a bit. One sees just such faces. Haha«, um dann oben über der Zeichnung fortzusetzen: »No doubt this is the last take of Israel one reads about in the bible. I am almost certain that it is here in Galicia. Instinct tells me so.«²²³

Zahlreiche Käufer*innen wählten die antisemitischen Spottkarten gezielt aus, da direkte Bezugnahmen auf die antisemitischen Deutungsangebote stattfanden.²²⁴ In der Postkartenkommunikation war dies ein geschlechtsspezifisches Phänomen: Galten Frauen insgesamt als sehr aktive Schreiberinnen, sandten antisemitische Spottpostkarten überwiegend Männer an Männer.²²⁵ Für die Bukowina lässt sich das bestätigen.

Andere kauften die Karten nicht explizit, um ihre Liebsten über die präjudizierte und von ihnen geteilte Sichtweise auf die jüdische Bevölkerung vor Ort teilhaben zu lassen. Vielmehr lässt sich auf antisemitischen Karten häufig banale Alltagskommunikation finden. So informierte Olga das Hilderl, dass einige gemeinsame Bekannte oder Verwandte nun in Richtung Bielitz aufgebrochen seien.²²⁶ Ein englischsprachiger Mann wählte eine Spottpostkarte aus, um einer Bekannten zu beschreiben: »I had a great time today […]. I am very near Russia tonight. I won't go to bed. I will not be home Sunday. I am feeling fine. Much love, many kisses«.²²⁷ Tadek, polnischsprachig, informierte seinen Freund Ludwik auf einer solchen Karte, dass er nun leider wieder zurück nach Lwów müsse. Das visuelle Signet des Antisemitismus war ihm kein Wort wert.²²⁸ Wieder andere schickten schlichte Neujahrsgrüße auf den Karten, die vor visuellen Klischees nur so strotzen.²²⁹ Wie kann die fehlende Bezugnahme gedeutet werden? Als Gleichgültigkeit sicherlich, aber mehr noch als eine Beiläufigkeit, die die gesellschaftliche Akzeptanz des Antijudaismus/Antisemitismus offenbart.²³⁰ In der Sammlerkorrespondenz zwischen einer Dame namens Sophie Beyschlag in Nördlingen, Bayern, und Jetti Baltuch in Nowosielitzka, Bukowina, wird dies durch den Vergleich deutlich. Die Bukowinerin sendet ihrer Korrespondenzpartnerin in den Jahren 1899 und 1900 zahlreiche Postkarten, die überwiegend die Multiethnizität der Bukowina visualisierten. Eine Karte zeigt mit dem »Palais des Wunderrabbis in Sadagora« einen Ort, die anderen Karten haben reproduzierte Fotografien oder Zeichnungen auf der Bildseite. Darunter sind vor allem Ethnienpostkarten, zum Beispiel Huzulen, Ungarn und ein ethnisch nicht markierter Bauerntanz. Ebenso wählte Jetti eine Karte aus – und beschriftete sie ähnlich banal wie die anderen –, die den antisemitischen Spottpostkarten zugerechnet werden kann, auch den »Gruss aus Czernowitz«, der unten näher beschrieben wird und der – wie Judaika und Antisemitika insgesamt – so hohe Preise erzielte, dass er von uns nicht käuflich erworben werden konnte. Die andere Qualität, die Abwertung der Postkarten mit jüdischen Motiven, kommentierte Jetti nicht.²³¹

War es im Habsburgerreich möglich, beleidigende Postkarten aus dem Verkehr zu ziehen oder zurückzusenden? In Österreich-Ungarn konnten die Postämter Korrespondenzkarten von der Zustellung ausschließen, wenn »Ehrenbeleidigungen« auffielen.²³² Im deutschen Kaiserreich hatte das Reichspostamt im Jahr 1892 unter Berufung auf § 14 der Postordnung eine Karte aus dem Postverkehr entfernt, die ein Frankfurter Hotel als judenfrei bewarb. Daraufhin regte sich Widerspruch eines antisemitischen Abgeordneten, der jedoch verhallte.²³³ Der Versuch des *Centralvereins der deutschen Staatsbürger jüdischen Glaubens*, ein generelles Verbot antisemitischer Postkarten durchzusetzen, scheiterte jedoch. In der Bukowina wurde dieser Vorstoß wahrgenommen; so berichtete das *Czernowitzer Tagblatt* – Lektüre des liberalen städtischen Judentums in Czernowitz – darüber.²³⁴ Ein Interesse an diesen Fragen war also eindeutig vorhanden.

**Gruss aus Czernowitz –
eine Karte mit Nachwirkung**

Das Gebiet der Judaika und Antisemitika wurde in der Region Bukowina vor allem von der Kunstanstalt Schiller bespielt. Dies zeigt, wie wichtig es ist, die jüngsten Ansätze der Visual History umzusetzen, die fordert, den Blick hinzuwenden »zu den Bearbeitungsmerkmalen auf ihren Rückseiten« und damit »zu ihren Herstellern«.²³⁵ Denn Schiller war Bildagent und – auf diesem Wege und darüber hinaus – ethnopolitischer Akteur.

An einzelnen Produktionen beteiligte sich der Verlag von Horowitz, und auch das Verlagshaus König, das den Postkartenmarkt sonst dominierte, hatte einige Postkarten im Angebot, die bukowinische und galizische Juden zusammen vorstellten. Antisemitika gab es aus dem Hause König nicht, doch gibt es eine Karte, die antijüdischen Darstellungsklischees folgt. Es handelt sich um eine illustrierte Karte, die die unterschiedlichen ethnischen Gruppen der Bukowina zeigt. Im linken oberen Bildrand finden sich Wappen und eine Flagge in den Landesfarben der Bukowina, festgemacht an einem Holzgestell, das zudem den als Textilfahne ausgestalteten Schriftzug »Gruss aus der Bukowina« trägt (Abb. 55). Darunter ist, passend zu den gezeichneten Ornamenten, ein ländliches Setting gemalt. Im rechten Hintergrund ist ein Bauernhaus zu erkennen, hinter dem Wälder und eine Gebirgslandschaft angeordnet sind, also die klassischen Symbole der Bukowiner Natur. Im Vordergrund, auf einer Art Dorfwiese, stehen 13 Personen, die laut Unterschriften fünf unterschiedlichen Gruppen zugeordnet werden. Auf der rechten Seite sehen wir eine Gruppe von drei Personen, die laut Betitelung Ruthenen sind. Ein Mann und eine Frau in der Seitenansicht, eine weitere Frau in der Hochzeitskleidung in Frontalansicht. Rechts von ihnen sehen wir in ganz ähnlicher Anordnung Lipowaner: Die beiden Männer stehen seitlich zum Betrachter der Postkarte und scheinen – ebenso wie schon die Ruthenen – ins Gespräch vertieft. Einer ist an der Kleidung als Bauer zu erkennen, der andere ist Geistlicher – und damit der Gruppe zugehörig, die bereits andere Postkartenverleger und Postkartenschreiber fasziniert hatte. Im Hintergrund ist eine Frau zu erkennen, die am Gespräch der beiden Männer jedoch nicht zu partizipieren scheint. Direkt neben den Lipowanern steht ein Huzulen-Paar. Während der Mann nur von hinten zu sehen ist und den halben Körper der Frau verdeckt, können zumindest Teile ihrer Tracht identifiziert werden. Von den links von den Huzulen stehenden Rumänen, gleich vier Personen, die in zwei Paare arrangiert wurden, sind zwei – ein Mann und eine Frau – ebenfalls nur von hinten zu sehen. Während von einer Frau nur Gesicht und Hut zu sehen sind, ist ein Mann fast in Gänze zu erkennen. Alle Gruppen sind fein säuberlich voneinander getrennt. Es gibt keine

Interaktion zwischen den genannten Ruthenen, Lipowanern, Huzulen und Rumänen. Vielmehr drehen sich die Personengruppen sogar den Rücken zu. Die multiethnische Gesellschaft wird als eine segregierte Gesellschaft gezeigt – wie schon bei den »Bukowinismus-Postkarten« zu beobachten war.[236]

In dieser visuellen Erzählung der Segregation hat die jüdische Bevölkerung eine Sonderrolle: Der Stellvertreter der jüdischen Bevölkerung, der »Israelit«, steht im Vordergrund allein, isoliert von den anderen und ohne weiteres Gruppenmitglied. Er ist, ebenso wie die anderen, in traditioneller Kleidung abgebildet. Sind es bei den anderen Gruppen bäuerliche Kleidungsstücke, hat er erkennbar den Tallit, den Gebetsschal, um. In der Zeichnung weist der alleinstehende »Israelit« zudem physiognomische Stereotype auf, wie sie im 19. Jahrhundert zunehmend in der Populärgrafik zur abwertenden Darstellung von Juden bemüht wurden. Er hat eine Habichts- bzw. Hakennase, die seit dem Mittelalter in judenfeindlichen Texten verwendet wurde, dazu wulstige Lippen, also zusätzlich im Laufe des 19. Jahrhunderts neu dazugekommene visuelle Stereotypen.[237]

König hatte nicht nur einen jüdischen Hintergrund, sondern von ihm ist gar überliefert, dass er sich für jüdische Angelegenheiten engagierte. Weshalb diese Karte? Offenbar rechnete er damit, sie verkaufen zu können und das Geschäft ging vor seinen Überzeugungen. 1899, also ein bis zwei Jahre nach seinem Geschäftseintritt, hat König diese Karte ins Programm aufgenommen, um sie an Nicht-Juden, die an stereotype Darstellungen gewohnt waren, zu verkaufen.[238] In den mir bekannten gelaufenen Exemplaren dieser Ansichtskarten nahmen die Absender das Angebot des Antisemitismus nicht an. Eine Dame bedankte sich mit dieser Karte für übersandte andere »sehr schöne Karten«, benutzte diese Karte von König also zur klassischen Sammlerkorrespondenz.[239] Eine andere Absenderin reagiert nicht speziell auf die klischeebehaftete Darstellung des Juden, aber auf das Angebot der Lesart der multiethnischen Gesellschaft. So schrieb eine Mutter an ihren Sohn Friedrich Wilhelm in Wien wenige Sätze, in denen eine gewisse Ambivalenz mitschwang: »In Czernovits gut angekommen (gestern.) Erst morgen können wir nach Kimpolung. Die […] Gesellschaft auf dem Bild macht mir hier in natura viel Vergnügen. […] Grüße v. Mama.«[240]

Als Visualisierung der Multiethnizität überdauerte die Karte die Zeit, obwohl sie bei genauerem Hinsehen viel ideologischen Ballast mitführte. So wurde sie auf Büchern reproduziert,[241] zierte eine Zeitlang den Startbildschirm des Laptops am Bukowina-Institut und ist heute an verschiedenen Orten des Stadtraumes in Černivci zu sehen, wie im Epilog dargelegt wird. Bilder führen über längere Zeitspannen Wertigkeitsdiskurse mit, mitunter direkte Abwertungen, die in textlichen Repräsentationen schon früher tabuisiert werden. Sie liefern zudem eher unterbewusste Vorstellungen vom Zusammenleben von ethnischen Gruppen – im Falle der Bukowina waren es die Ideen der Gemeinsamkeit in der Separation.

Postkarten gaben insgesamt, wie im vorangegangenen Teilkapitel argumentiert, Personen und Personengruppen frei für die Projektionen der Absender*innen, indem in das zweidimensionale Format übersetzt wurde. Es waren Körper, an denen sich konkrete Emotionen – manchmal der positiven Faszination, doch deutlich häufiger der Abneigung, festmachten. Für die fotografischen Bilder der Judenheiten gilt dies in gesteigertem Maße, gaben Text- und Bildkombination häufig pejorative Lesarten der Glaubensrichtung vor. Die antisemitischen Zeichnungen stellten die Körperlichkeit als Anker für Abwertung, für Geringschätzung, für Spott, für Hass besonders aus, indem sie tatsächliche oder vermeintliche physiognomische Merkmale übertrieben. Es waren die Körper, nicht die Kultur, die der Mehrheitsgesellschaft zur Abwertung freigegeben wurden.

4.4 Multiethnizität und Multireligiösität auf topografischen Karten

Die Bukowina war ein Ort, in dem Angehörige verschiedener Ethnien und Religionen auf engstem Raum lebten, was ein Faszinosum für Außenstehende war und ins Innere als positives Identitätskriterium vermittelt werden sollte. Bei den kommerziell genutzten postkartalischen Darstellungen der Personen fiel erstens auf, dass die Ethnien überwiegend getrennt voneinander abgebildet waren und selbst bei gemeinsamen Postkarten als getrennte Gruppen inszeniert wurden. Zweitens wurde offensichtlich, dass nicht alle Ethnien proportional vertreten waren. Ruthen*innen und Rumän*innen, die zusammen die Mehrheit in der Bukowina stellten, zierten die meisten Ethnienpostkarten, während Minia-

Abb. 56 Eine der zahlreichen Ansichtskarten der Paraskeva-Kirche – Czernowitz. Paraskewa-Kirche, König: Czernowitz, 1910.

turen der christlichen Deutschsprachigen und der katholischen Pol*innen deutlich seltener zu erwerben waren. Drittens blieben auf zahlreichen Postkarten die Judenheiten der Region die Anderen, deren Kultur erklärt werden musste oder deren Darstellung ins Spöttische ging. Im folgenden Kapitel möchte ich den Blick auf die visuellen Erzählungen und Aneignungen von Multiethnizität und Multireligiösität auf topografischen Karten werfen. Wie verhalten sich die Miniaturen der entsprechend markierten Personen zu den Miniaturen der entsprechend markierten Orte? Trafen die Wertigkeits- und Exotisierungsdiskurse auch auf Architekturen der Multiethnizität und Multireligiösität zu?

Sakralbauten
Insgesamt lässt sich festhalten, dass Ansichten der Sakralbauten aller unterschiedlichen Konfessionen käuflich zu erwerben waren. In der Ansichtskartenproduktion dominierte die griechisch-orthodoxe Kathedrale, die in den Jahren 1844 bis 1864 erbaut und 1860 eingeweiht wurde und allein aufgrund ihrer Größe der spektakulärste Bau der Stadt war.[242] Die Paraskeva-Kirche gab es in unterschiedlichsten Ausführungen, in Schwarz-Weiß, koloriert (mitunter recht dramatisch) sowie mit belebten und unbelebten Elementen zu kaufen. Es gab hochwertige Kärtchen und solche in schlechterer Qualität.[243] Im Angebot hatten die meisten Verlagshäuser Ansichten der Paraskeva-Kirche (Abb. 56),[244] von allen Czernowitzern bis zu auswärtigen wie Schaar & Dathe.[245]

Zahlreiche Ansichten fertigten die einschlägigen Verlagshäuser des Weiteren von der Kathedrale, die ebenso in allen Qualitätsabstufungen käuflich zu erwerben war. Handkolorierte Versionen hoben das Dach in dramatischem Rot hervor, andere Ansichtskarten stammten von einem Abreißblock und hielten nur günstiges Sepia bereit. Mit diesem Fokus auf die größten Sakralbauten folgten die Ansichtskartenmacher der Logik, dass auswärtige Besucher*innen Miniaturen jener imposanten Gebäude interessierten. Denn Kathedrale und Paraskeva-Kirche standen nicht zuletzt für monumentale Baukunst in einer peripheren Stadt, die lange von einer ein- bis zweistöckigen Bebauung geprägt war.²⁴⁶ Sie folgten weiter der Logik, dass die einheimischen Gläubigen der jeweiligen Konfession eine Ansicht »ihres« Gebäudes mit in ihre Dörfer und Städte nehmen wollten. Von den katholischen und protestantischen Kirchen gab es käuflich die evangelische Kirche, die armenisch-katholische Kirche und die römisch-katholische Herz-Jesu-Kirche zu erwerben, zumeist recht simpel gehalten.²⁴⁷ Zudem gab es Karten der St.-Nikolaus-Kirche. »Gruss aus der Bukowina« oder »Gruss aus Czernowitz« lauteten die meisten der verlagsseitig aufgedruckten Texte.

Karten der Sakralbauten wurden zufällig und gezielt gewählt. Rumänischsprachige Schreibende suchten tatsächlich häufig die Kathedralen aus. Die Zufälligkeit zeigt folgende Korrespondenz auf einer Ansicht der römisch-katholischen Kirche aus dem Hause König: »Sehr geehrtes Fräulein. Da ich schon am Donnerstag den 28. September Czernowitz verlasse und es Ihr Wunsch war möglichst viele Ansichtskarten von Czernowitz zu besitzen, sende ich Ihnen geehrtes Fräulein heute 14 Karten auf einmal und zeichne mit freundlichen Grüßen [Name unleserlich].«²⁴⁸ Unter den 14 ausgewählten Karten hatte die*der Absender*in eben auch eine der römisch-katholischen Kirche ausgewählt. Andere sendeten Karten mit Bildern von Sakralbauten, um Alltagsabsprachen zu treffen: »Liebe Frau Radwanzi. Ich danke vielmals für Ihre freundliche Besorgung und bitte mir gütigst mittheilen zu wollen wie hoch sich meine Schuld beziffert.«²⁴⁹

Ein polnischsprachiger Schreibender lobte wiederum das Innere der römisch-katholischen Kirche als so besonders schön, dass er empfahl, der Adressat solle unbedingt mit der Mama kommen, da sich der Besuch lohne.²⁵⁰ Auch Olga in Böhmen erfuhr, dass die Herz-Jesu-Kirche im Inneren noch schöner sei als von außen.²⁵¹ Eine 1899 versendete Karte der römisch-katholischen Herz-Jesu Kirche, die in den 1890er Jahren errichtet wurde, um der wachsenden Anzahl an Katholiken Raum zu geben, versahen die Absender zusätzlich mit dem Gruss »Heil«.²⁵² Waren es Anhänger einer großdeutschen Lösung? Wandervögler? Auch die griechisch-orientalische Kirche in Horecza, »ein ehemaliges türkisches Gebethaus«, lobte der Absender: »Es liegt ziemlich romantisch […], schöner Ausblick auf den Fluss Pruth bis nach Russland. Bei der Kirche ist ein Wäldchen, wo ich im Sommer spazieren gehe.«²⁵³ Wünsche zu Feiertagen wurden umgekehrt auch auf anderen Ansichten übermittelt, was

für die gezielte Postkartenwahl spricht. So schrieb Vasile im Jahr 1904 auf einer Dorfansicht von Doroschoutz/Doroszіwci/Doroșăuț in großen Buchstaben über dem Bild: »Christus ist auferstanden!« und wünschte rechts neben dem Bild schöne Feiertage.²⁵⁴

In der Sammlung Salahor findet sich eine der wenigen mehrsprachig beschrifteten Karten – mit einem denkbar skurrilen Hintergrund: Auf einer Ansicht der armenisch-katholischen Kirche informierte ein rumänischer Schreiber: »Wir haben ein Urteil gegen einen Räuber er hat 2 mal Mais von Feld geklaut und wurde erwischt […] Was er gegessen hat, weiß nur er.« Eine andere Person setzte auf Deutsch liebe Grüße hinzu – einer der seltenen Momente, in denen die Mehrsprachigkeit der Region sich ins Kartenbild übersetzte.²⁵⁵ Zu gern wüsste man mehr über die Hintergründe. Eine Mutter wählte eine Mehrmotivpostkarte inklusive Ansicht der Armenierkirche aus, um ihrem Sohn die Meinung zu sagen. 1903 schrieb sie: »Geliebter Dusek! Schon wieder ärgere ich mich über den Sohn, warum er mir keine Einladung zur Totenmesse im März geschickt hat, die schon vor dem 1.3. in der Pfarrei war. Hey Sohn! Mama wird auch an dich denken. […] Es drückt und küsst dich Mama.«²⁵⁶

Jene Einblicke in die Korrespondenz auf den topografischen Ansichtskarten verdeutlichen, dass Sakralbauten durchaus ein wichtiger Referenzpunkt für die Schreibenden waren. Schließlich war die religiöse oder konfessionelle Selbstverortung für zahlreiche Personen bis weit ins 20. Jahrhundert, wesentlicher als nationale oder ethnische Identifikationen. Wenn Gefühle geäußert wurden, waren sie voll des Lobes. Negative Kommentare über Religionen und Konfessionen, deren Gebäude abgebildet waren, fanden sich nicht.²⁵⁷

Sehenswürdigkeit Synagoge oder Architektur und Antisemitismus

Zahlreiche Ansichtskarten der damaligen Zeit zeigen die Czernowitzer Synagoge. 15 Ansichten von Tempel und Tempelgasse sind allein im Czernowitz-Band des ukrainischen Sammlers Salahor vertreten, wobei einige bereits aus der rumänischen und eine mutmaßlich aus der sowjetischen Zeit stammen.²⁵⁸ Der Verleger König setzte die Synagoge unter anderem im retuschierten Mondschein in Szene, andere Verleger kolorierten die Ansichtskarten des monumentalen Gebäudes. Zudem wurde der Tempel in zahlreiche Mehrmotivkarten und

Abb. 57 Die Czernowitzer Synagoge als eine der zahlreichen Sehenswürdigkeiten der Stadt – Czernowitz, Moritz Gottlieb: Czernowitz, o. J.

Leporellos integriert, die eindrücklich widerspiegeln, was Verleger als besonders sehenswert empfanden.²⁵⁹ Der »Israelitische Tempel« gehörte eindeutig zu den Sehenswürdigkeiten (Abb. 57).

Dies sahen die regionalen Verleger so, insbesondere die Czernowitzer, von denen sich viele in der jüdischen Gemeinde oder in jüdischen Vereinen engagierten. Dies sah aber auch der *Baedeker* so, der die Synagoge als eines der wenigen Gebäude als besonders sehenswert kennzeichnete.²⁶⁰ Synagogen gehörten in Czernowitz – wie in anderen Orten, auch in Galizien – zum Kanon der Sehenswürdigkeiten auf Postkarten.²⁶¹ Sie legten ebenso Zeugnis ab von ambitionierter repräsentativer Baukunst wie andere Sakralarchitekturen. Sie standen selbstredend auch für die Präsenz großer jüdischer Gruppen, die zumindest der *Baedeker* exotisierte.

Der Czernowitzer Gemeinde, zu der zahlreiche Postkartenmacher gehörten, war die architektonische Bedeutung des Tempels sehr bewusst, und sie benutzte sie auch als Argument gegen Umbauten der angrenzenden Straßen. Am 4. Juli 1906 schrieb Samuel Luttinger, der amtierende Vizepräsident der Gemeinde, eine Eingabe an den Stadtmagistrat, in der er darauf hinwies, dass durch die aktuellen Neu- bzw. Umpflasterungsarbeiten der Gassen, die in den Vorplatz des Tempels einmündeten, dieser deutlich eingeengt werde. Dies verursache ein Problem, zumal es jetzt schon bereits zu eng sei, was sich an jüdischen Feiertagen, Trauungen und Begräbnissen zeige. Zudem sei vor dem Hintergrund des zu erwartenden Stadtwachstums von der Zunahme des Verkehrs auszugehen. Neben diesen praktischen Gründen führte Luttinger aber auch ästhetische an. Er betonte, dass »der Tempel eines der hervorragendsten Monumentalgebäude der Stadt ist und der Eindruck der Hauptfassade sowie der schönen Seitenfassade gegen die Tempelgasse schon dermalen unter den beschränkten Platz-Verhältnissen leidet.«²⁶²

Zu den Hauptsehenswürdigkeiten auf den Ansichtskarten gehörte ebenfalls das Jüdische Nationalhaus, ein zwischen 1906 und 1908 errichtetes Gebäude im Jugendstil. Die Verleger hoben es auf Einzelansichten sowie auf Leporello-Postkarten. Einmal fungierte das Jüdische Nationalhaus sogar als Hauptsehenswürdigkeit, war also die oben aufliegende Sehenswürdigkeit. Mag auf Verlegerseite mitunter politischer Stolz auf die repräsentativen Gebäude gestanden haben, bleiben die Texte der Postkartenschreiber blass. Sie waren zumeist banal oder Alltagskorrespondenz. Otto vermeldete auf einer Karte des prachtvollen Jüdischen Nationalhauses: »Das Zeugnis ist angekommen. Vielen Dank. Mir geht es gut, nur ist das Wetter andauernd scheußlich. Herzliche Grüße an alle«.[263] Josef übersendete auf einer Ansicht der Synagoge Glückwünsche zum Namenstag.[264] Der Inhaber der k.k. Kreisapotheke Max Herrschmann sendete einem Kollegen nach Wien ebenfalls eine Ansicht der Synagoge, wobei sich die Korrespondenz um Fragen der Gesundheit drehte: »Für die freundlichen Grüße besten Dank. Es ist wirklich [unleserlich], dass die gnädige Frau noch immer davon laboriert. Wird schon gut werden. Haben Sie ärztlichen Rat eingeholt? Wie geht es Ihnen? Darüber haben Sie sich bislang ausgeschwiegen. Hier ist es ziemlich fad nur dazu haben wir noch sehr heiße Tage. Erwarte bald eine gute Nachricht – Bitte richten Sie Handküsse an gnädige Frau aus.«[265]

Bezüge zum jüdischen Leben – ob positiv oder negativ – gab es auf den Karten mit jüdischen Bauten nicht. Ihren Antisemitismus tobten die Postkartenschreibenden vollständig auf den Karten mit gemalten oder fotografierten jüdischen Personen aus, denen immer wieder, wie gezeigt, abwertende Texte hinzugefügt wurden. Die bauliche Präsenz der jüdischen Bevölkerung wurde dafür nicht instrumentalisiert. Als These ließe sich zuspitzen, dass die Kulturleistungen der lokalen Judenheiten gern akzeptiert wurden, während die Personen – vor allem die als rückständig markierten Ostjuden – um 1900 bereits bei vielen verhasst waren und auch durch die Produzenten der visuellen Bilderzählungen zum Hass freigegeben wurden. Es waren die Menschen in ihrer ins Zweidimensionale übersetzten Körperlichkeit, die die Emotionen banden. Die Gebäude konnten als Teil des zivilisatorischen Fortschrittsdiskurses akzeptiert, sogar willkommen geheißen werden; die Menschen nicht.

Auch in anderen Orten der Bukowina kamen Synagogen als Teil der allgemeinen Sehenswürdigkeiten und als Repräsentation der Multiethnizität auf Postkarten.[266] In Bad Dorna gab es Ansichtskarten des Tempels zu kaufen, in Solka – dem Kurort – wurden mit Apotheke und Synagoge zwei wichtige Sehenswürdigkeiten des Ortes auf einer Miniatur vereint.[267] Besonders viele Karten gab es aus Sadagora, dem in unmittelbarer Nähe zu Czernowitz gelegenen Ort, der zur Jahrhundertwende unter 5 000 Einwohner zählte, aber doch über die Landesgrenzen hinweg bekannt war.[268] Dort wirkte seit Mitte des 19. Jahrhunderts mit dem Rabbiner Israel Friedmann eine schillernde Persönlichkeit, die viele jüdische Gläubige aus anderen Teilen der Habsburger Monarchie, vor allem Galiziens, und des Russländischen Reichs anzog. Knapp achtzig Prozent aller Einwohner gehörten dem mosaischen Glauben an, davon überwiegend Chassiden. Ansichtskarten zeigten entsprechend oftmals die große Synagoge oder das Wohnpalais mit Verweis auf »Großrabbi« oder »Wunderrabbi«.[269] Eine Mehrmotivkarte, die den Tempel des Großrabbiners in Sadagora mit drei Portraitaufnahmen orthodoxer Juden kombiniert, druckte der *Illustrierte Führer durch die Bukowina* ab, der bekanntermaßen von einem Angehörigen der jüdischen städtischen Oberschicht herausgegeben wurde. Die Juden, so der Verleger Mittelmann, seien ein »wichtiges Volkselement in der Bukowina«, deren Intelligenz einen »wichtigen Kulturfaktor im Lande« bilde und die der Region »eine Reihe hervorragender Männer« gegeben habe.[270] Anhänger der orthodoxen Lebensweise lobt er als routinierte Geschäftsleute, die den Handel dominierten. Sie, die in visueller Überlieferung als einzige Gruppe zu erkennen waren, bildet der Reiseführer auch ab.[271] Spottpostkarten sind keine überliefert. Jenseits der Vermarktung über das jüdische Erbe vertrieben die Verlage auch durchschnittliche Stadtansichten, etwa ein Gesamtpanorama, eine Ansicht der Hauptstraße.

Die Architekturen des Chassidismus, für die der Tempel in Sadagora beispielhaft stand, forderten keine negativen Kommentare heraus. Manche reproduzierten die Formulierung vom »Wunderrabbi«, der überregionale Bekanntheit hatte,[272] andere verhandelten die üblichen Alltäglichkeiten auf jenen Karten. Die Architekturen banden Vorbehalte und Ablehnung nicht.[273]

Nationalhäuser

Zu den Architekturen der Multiethnizität gehörten die Nationalhäuser, von denen Ansichtskarten gekauft werden konnten.[274] Am seltensten finden sich Aufnahmen des ruthenischen Hauses. In allen konsultierten Sammlungen finden sich gerade einmal drei Karten. Die Schwäche der ruthenischen Nationalbewegung, die kaum über Finanzmittel verfügte, schien sich in Unsichtbarkeit in öffentlichen Bilderzählungen zu übersetzen.[275]

Die Aufnahmen der Nationalhäuser wurden im Übrigen von den Verlagen direkt herausgegeben und nicht von den Nationalvereinen ediert.[276] Auffällig ist, dass sie – analog zu den zuvor formulierten Fehlbefunden – nur in manchen Fällen zu nationalistischer Agitation genutzt wurden. Ein Alexander Semnitz vermerkte im Jahr 1912 an Fräulein Vally Richter, er schicke eine Ansicht des Deutschen Hauses, um »das hübscheste Haus hier in Czernowitz« zu zeigen, an dem er seine Sehnsucht nach Wien stille,[277] doch blieben explizit völkisch-deutschnationale Vereinnahmungen selten. Ein deutliches Beispiel der Agitation sei jedoch zitiert: Moritz sendete 1900 – auf einer Aufnahme des Rathauses – mit »treudeutschem Heilgruß aus Halbasien«, bevor er den Adressaten in Graz viel Vergnügen beim Halmaspiel wünschte.[278] Der Topos von Franzos hallte auch hier nach. Auch Willi wählte eine Karte von der Eröffnung des Deutschen Hauses in Czernowitz, um zu berichten, dass er »vom schönen Fest der Eröffnung des Deutschen Hauses mit dem gestärkten Bewusstsein, ein Sohn der großen Nation zu sein«, hervorgehe.[279] Die zeitgenössischen Medien und Praktiken griffen ineinander und verstärkten nationales Empfinden des Postkartenschreibers.[280]

Die Postkartendarstellungen der Bauten, die mit religiösen und/oder ethnisch-nationalen Gruppen verknüpft sind, spiegeln nicht die visuellen Narrative der Postkarten mit Ethniendarstellungen. Diese transportieren Einschätzungen über unterschiedliche ethnische/religiöse Gruppen, exotisieren, beleidigen mitunter. Ging es um die Bauten der Gruppen, standen Kirchen verschiedenen Konfessionen gleichwertig neben Synagogen, das deutsche Nationalhaus neben dem rumänischen. Für die editorischen Institutionen zählten sie zu den sehenswerten Bauten, waren Zeugnisse großformatiger Baukunst in der Peripherie – ähnlich der erzbischöflichen Residenz. Denn andere Gebäude waren natürlich nicht zu sehen, etwa Bauernhäuser. Lediglich die Abwesenheit ruthenischer Orte fällt ins Auge und spiegelt die Schwäche der Nationalbewegung. Als weiterer Befund lässt sich formulieren, dass kein Ort als ausschließlicher Ort einer Ethnie oder Religionsgemeinschaft inszeniert wurde, etwa Radautz als »deutscheste Stadt der Bukowina«, wie später in der landsmannschaftlichen Literatur häufig formuliert wurde.[281] Lediglich Sadagora, das chassidisch dominiert war, wurde entsprechend, aber nicht ausschließlich als jüdischer Ort dargestellt.

Ein zentraler Punkt ist, dass die Schreibenden an den Bauten deutlich seltener Emotionen festmachten – der nationalpatriotischen Affirmation oder schlimmstenfalls des Hasses auf die Anderen – als an Personendarstellungen. Es waren Körper, nicht Steine, die negative Äußerungen provozierten.

Anmerkungen

1 CORBEA-HOIȘIE, Andrei: Ein deutsch-österreichischer Missionär in »Halb-Asien«: Karl Emil Franzos. In: Ambivalenz des kulturellen Erbes. Vielfachcodierung des historischen Gedächtnisses. Hg. v. Moritz CSÁKY und Klaus ZEYRINGER. Innsbruck 2000, S. 151–164, hier S. 158. Vgl. SPINEI, Cristina: Zur kulturellen und literarischen Landschaft der Bukowinaer Post. In: Zeitungsstadt Czernowitz. Studien zur Geschichte der deutschsprachigen Presse der Bukowina (1848–1940). Hg. v. Andrei CORBEA-HOIȘIE u. a. Kaiserslautern 2014, S. 69–81, hier S. 73. Die Bukowinaer Post vertrat beispielsweise diese Linie. Vgl. SPINEI, Landschaft, S. 74. Zur Sicht des Wiener Zentrums auf die Bukowina vgl. MANER, Galizien, passim.

2 TURCZYNSKI, Emanuel: Vereine, Interessensverbände und Parteien in der Bukowina. In: Die Habsburgermonarchie 1848–1918. Bd. VIII/1: Vereine, Parteien und Interessenverbände als Träger der politischen Partizipation. Hg. v. Helmut RUMPLER und Peter URBANITSCH. Wien 2006, S. 859–908, hier S. 898. Turczynski spricht allerdings von einer Gemeinsamkeitsideologie ohne Wertigkeiten, wobei ich nicht mitgehen kann.

3 Vgl. beispielhaft zu Österreich SEITER, Josef: »Blutigrot und silbrig hell...«. Bild, Symbolik und Agitation der frühen sozialdemokratischen Arbeiterbewegung in Österreich. Wien–Köln 1991.

4 Das Kronland hatte im 19. Jahrhundert die höchste Analphabetenrate in Cisleithanien. 1880 konnten nur 11,6 Prozent der Bevölkerung lesen und schreiben. Dank intensiver Bemühungen stieg die Quote zur Jahrhundertwende auf 33 Prozent, um bis 1910, zum Zeitpunkt der letzten Zählung vor dem Untergang des Habsburger Imperium, auf 45,2 Prozent anzuwachsen. Während 78,4 Prozent der Deutschsprachigen dann lesen und schreiben konnten, waren es unter den Polnischsprachigen 66,6 Prozent, während die Zahlen bei den primär Rumänisch- und Ruthenischsprachigen unter 50 Prozent blieben (39,1 und 28,5). Zu den Zahlen vgl. MELISCHEK/SEETHALER, Presse und Modernisierung, S. 1572 und S. 1583.

5 Der Begriff des »Völkerkerkers« wurde in der zeitgenössischen Literatur von verschiedenen Nationen in der Habsburger Monarchie aufgegriffen. Vgl. aus slowakischer Perspektive MANNOVÁ, Elena: Vom »Völkerkerker« zur »Völkerfamilie«? Das Bild der Habsburgermonarchie in der slowakischen Historiographie seit 1918. In: Vergangene Größe und Ohnmacht in Ostmitteleuropa/Lost Greatness and Past Oppression in East Central Europe. Repräsentationen imperialer Erfahrung in der Historiographie seit 1918. Representations of the Imperial Experience in Historiography since 1918. Hg. v. Frank HADLER und Mathias MESENHÖLLER. Leipzig 2007, S. 263–275. Den ukrainischen Fall behandelt CYBENKO, Larissa: »Vielvölkerstaat« vs. »Völkerkerker« im Schaffen der ›österreichischen Ukrainer‹ um 1900. In: Kakanien revisited. Das Eigene und das Fremde (in) der österreichisch-ungarischen Monarchie. Hg. v. Wolfgang MÜLLER-FUNK u. a. Tübingen 2001, S. 254–270.

6 Im Original »Ethnopolitical entrepreneurs«. Vgl. BRUBAKER, Rogers: Ethnicity without Groups. In: European Journal of Sociology 43 (2002), S. 163–189, zum Begriff S. 166–167; in deutscher Übersetzung liegt die Monografie Brubakers vor: BRUBAKER, Rogers: Ethnizität ohne Gruppen. Hamburg 2007, dort zum Begriff S. 20.

7 JAWORSKI, Ansichten, S. 29.

8 Vgl. ALMASY, Portrayal, S. 45.

9 Vgl. einführend TURCZYNSKI, Geschichte der Bukowina, S. 154–155.

10 Dieser Absatz wurde mit Nachweisen bereits publiziert in: FISHER/RÖGER, Bukowina.

11 Vgl. dazu RÖGER, Ethnopolitisches Engineering.

12 Vgl. CORBEA-HOIȘIE, Andrei: »Wie die Juden Gewalt schreien«. Aurel Onciul und die antisemitische Wende in der Bukowiner Öffentlichkeit nach 1907. In: East Central Europe 39 (2012), S. 13–60.

13 Vgl. Bildpostkarten-Katalog. Schutzvereine und verwandte Organisationen bis 1938. Hg. v. Peter KRAUSE. Wien ²2006, S. 34.

14 Vgl. als kritische Einführung zum Wirken Kaindls PINWINKLER, Alexander: Raimund Friedrich Kaindl (1866–1930). Geschichte und Volkskunde im Spannungsfeld zwischen Wissenschaft und Politik. In: Österreichische Historiker. Lebensläufe und Karrieren 1900–1945. Hg. v. Karel HRUZA. Wien 2008, S. 125–154.

15 KAINDL, Raimund Friedrich: Deutsche Bilder aus der Bukowina (Mit 6 Abbildungen). In: Deutscher Kalender für die Bukowina auf das Jahr 1912. Hg. v. Verein der christlichen Deutschen für die Bukowina. Czernowitz o. J. S. 75–77, hier S. 77.

16 Sie wurden auch von Polnischsprechern gekauft, wie dieses Beispiel zeigt: Pamiątka z obchodu Mickiewiczowskiego na Bukowinie [Ein Souvenir vom Mickiewicz-Festival]. o. O.: o. Verl., o. J. In: SALAHOR, Vitanjna z Černivciv, S. 146, Karte 3. Janek, Czerniowce, an Lunku, 1908. Der Absender Janek stimmt mit der Karte aber nur Reisepläne mit seinem Freund ab. Im Original auf Polnisch.

17 Treudeutscher Gruss aus Czernowitz. Berlin/Dresden: Stengel & Co. o. J. In: OSAČUK, Serhij: Das Deutsche Haus in Czernowitz. Mittelpunkt des national-kulturellen Lebens der Bukowina-Deutschen. In: Hundert Jahre ›Deutsches Haus‹ in Czernowitz. Eine Jubiläumsschrift. Hg. v. Raimund LANG und Serhij OSAČUK. Wien 2010, S. 9–42, hier S. 14.

18 Vgl. beispielsweise WIEDMANN, Josef: Lied der Deutschen in der Bukowina. In: Verein der christlichen Deutschen in der Bukowina, Deutscher Kalender, S. 61.

19 Vgl. SOLOMON, Francisca: Sprache und Identität. Zu den theoretischen und typologischen Dimensionen der »jüdischen Presse« in Galizien und in der Bukowina während der Habsburger Zeit. In: CORBEA-HOIȘIE u. a., Zeitungsstadt Czernowitz, S. 53–67, hier S. 59.

20 Immer noch und wieder aufschlussreich sind die Aufsätze von Hroch, dazu etwa HROCH, Miroslav: Sozialgeschichtliche Aspekte nationaler Identitätsbildung. Nationalismus der »kleinen Leute« versus Nationalismus der Eliten. In: Die Präsenz des Nationalen in der (ost)mitteleuropäischen Geschichtsdiskurs. Hg. v. Robert MAIER. Hannover 2002, S. 45–55. Kanarski gab aber Postkarten für die Burschenschaft Corps Alemannia Czernowitz heraus. Vgl. Corps Alemania Czernowitz. Czernowitz: Lit. Emil Kanarski, o. J. In: SALAHOR, Vitanjna z Černivciv, S. 536, Karte 3.

21 Vgl. ALMASY, Portrayal, S. 47.

22 Vgl. LEBECK, Robert / KAUFMANN, Gerhard: Viele Grüße. Eine Kulturgeschichte der Postkarte. Dortmund 1985, S. 403.

23 PFANDL, Slowenische Identität(en), S. 282. Vgl. ebenfalls ALMASY, Portrayal, S. 47.

24 Vgl. STARL/TROPPER, Identifizieren, S. 137.

25 o. V.: Der neueste Sport. In: Bukowinaer Post, 3. 4. 1898, S. 4.

26 König hatte deutsch und rumänisch beschriftete Karten im Angebot, aber war weit davon entfernt, dass das durchgängig war. Vgl. beispielhaft Gruss aus Czernowitz. Salutări din Cernăuți. Czernowitz: Verlag von Leon König, Papierhandlung, 1902. In: ČKM,11992-II-21877.

27 Vgl. TURCZYNSKI, Vereine, S. 876. Der rumänische Schulverein wurde 1883 durch den rumänischen Kulturverein gegründet.

28 Vgl. Sălutări [sic!] din Vatra-Dornei. Baia Nouă: Verlag Warenhaus Schaffer, o. J. In: BI, Slg. E. K., 1.28.1 [Signatur alt BI-Kasp_01_0117].

29 Vgl. CORBEA-HOIȘIE, Bukowina und Czernowitz, S. 122.

30 Nach MELISCHEK/SEETHALER, Presse und Modernisierung, S. 1572 und S. 1583.

31 Im Standardwerk zu den Nationalbewegungen kleiner Völker kommt die Ukraine nicht einmal vor. Vgl. HROCH, Miroslav: Die Vorkämpfer der nationalen Bewegung bei den kleinen Völkern Europas. Eine vergleichende Analyse zur gesellschaftlichen Schichtung der patriotischen Gruppen. Prag 1967. Vgl. detailliert KAPPELER, Andreas: Der schwierige Weg zur Nation. Beiträge zur neueren Geschichte der Ukraine, Köln u. a. 2003; WILSON, Andrew: The Ukrainians. Unexpected Nation. New Haven–London 2000.

32 Vgl. HAUSLEITNER, Mariana: Fünf verschiedene Vereinshäuser in Czernowitz und ihre Entwicklung bis 1914. In: Heimstätten der Nation. Ostmitteleuropäische Vereins- und Gesellschaftshäuser im transnationalen Vergleich. Hg. v. Peter HASLINGER u. a. Marburg 2013, S. 89–112, hier S. 92 und S. 96.

33 Vgl. beispielhaft Portraitkarte von Taras Ševčenko T. Ševčenko. Czernowitz: Verlag Iw. Danylewytsch, 1917. In: ČKM, 6900 II-23054. Dort auch weitere Beispiele.

34 Vgl. beispielhaft Taras Ševčenko. Komitee des Volkshauses. Bridky: Nakl. Komitetu N. D. u Bridku, o. J. In: ČKM, 11326-II_236.

35 Salutare din Cernăuți »Palațul National«. Czernowitz: A. Katz, 1908. In: BI, Slg. E. K., 6.6.3 [Signatur alt BI-Kasp_06_0023_b]. Emed an Erna Lembörk in Wien, 1908.

36 Siehe zu diesem Absatz bereits FISHER/RÖGER, Bukowina.

37 Vgl. dazu auch PFANDL, Slowenische Identität(en), S. 256.

38 Dies gilt auch für die Steiermark. Vgl. ALMASY, Portrayal, S. 43.

39 In den unterschiedlichen Sammlungen verteilen sich die Sprachen auch unterschiedlich, je nach Ort und Zeitpunkt des Ankaufs. So dominierte in der Sammlung Kasparides deutlich deutschsprachige Korrespondenz, während in der Sammlung Osačuk neben den deutschsprachigen Karten sehr viele tschechisch- und rumänischsprachige vertreten waren.

40 1871 wurden in mehreren Direktionsbezirken Postanweisungen und Korrespondenzkarten zweisprachig ausgegeben. Vgl. EFFENBERGER, Eduard: Aus alten Postakten. Quellen zur Geschichte der österreichischen Post, ihrer Einrichtungen und Entwicklung. Wien 1918, S. 450.

41 Vgl. Czernowitz (Stadttheater – Ringplatz – Residenzgasse). Czernowitz: S. W., 1916. In: Slg. S. O., o. Sig. Wasilij Stepanowich an Herrn Terechow in Czernowitz, 1917.

42 Vgl. Gruss aus Czernowitz. Bahnhof. Czernowitz: Leon König, Papierhandlung, o. J. In: OPREA, Bucovina, S. 82, Karte 1, und Gruss aus Czernowitz. Salutare din Cernăuți. Czernowitz: Leon König, Papierhandlung, o. J. In: ebd., S. 24, Karte 3.

43 Vgl. Cernăuți, Str. Poștei: o. Verl., o. J. In: Sammlung Gennadij Jankovskyj (Slg. G. J.), o. Sig.

44 K.k. Postdirektor an das hochlöbliche Präsidium der k.k. Landesregierung in Czernowitz, 1898. In: DAČO, Fond 3: K.k. Bukowiner Landes-Regierung, Opis 1, sprava 7501, S. 1–2.

45 BÉKÉSI, Ansichtskarte, S. 403.

46 Nationalisierung als kommunikativer Prozess. Vgl. grundlegend bei ANDERSON, Erfindung der Nation.

47 Vgl. SALAHOR, Vitannja z Černivciv, S. 160–161, insbesondere aber S. 479–483. Vgl. auch SALAHOR, Vitannja z Bukovyny, S. 138–150. Vgl. auch ČKM, 12498-II-22109, ČKM, 12498-II-22108.

48 O. V.: Die Bukowiner Abgeordneten im Portrait. In: Czernowitzer Allgemeine Zeitung, 14.12.1907, S. 4.

49 Moderne Kleidung hatten nur diejenigen an, die auf den Stadt- oder Dorfansichten als Passanten abgebildet waren, aber aus der Bukowina sind keine Portrait-Postkarten mit Personen in westlicher Kleidung überliefert.

50 Vgl. einführend zur Entwicklung SAGNE, Jean: Porträts aller Art. Die Entwicklung des Fotoateliers. In: Neue Geschichte der Fotografie. Hg. v. Michel FRIZOT. Köln 1998, S. 102–122; HARDING, Colin: Fotografie für jedermann. In: Fotografie. Die ganze Geschichte. Hg. v. Juliet HACKING. Köln 2012, S. 156–157.

51 Vgl. WALTER, Postkarte, S. 123.

52 Vgl. FUCHS, Inga: Familienbild in der Fotografie. In: Die Zukunft der Familie und deren Gefährdungen. Norbert Glatzel zum 65. Geburtstag. Hg. v. Gerhard BEESTERMÖLLER u. a. Münster 2002, S. 165–188, hier S. 169.

53 Vgl. STARL, Bildbestimmung, S. 103.

54 Reichsgesetzblatt für die im Reichsrathe vertretenen Königreiche und Länder, Jahrgang 1895, Ausgegeben und versendet am 31. Dezember 1895, § 13 (S. 668).

55 Munk verfasste 1897 einen Kommentar zum österreichischen Patentgesetz. Vgl. MUNK, Leo: Das oesterreichische Patentgesetz. Kommentar zu dem Gesetz vom 11. Jänner 1897, betreffend den Schutz von Erfindungen. Berlin 1901.

56 MUNK, Leo: Urheberschutz und Ansichtskarte. In: Papier- und Schreibwaren-Zeitung 12/10 (1906), S. 2.

57 Vgl. ebd. Einen guten Überblick über die Debatten im deutschen Kaiserreich liefert DOMMANN, Monika: Der Apparat und das Individuum. Die Verrechtlichung technischer Bilder (1860–1920). In: Konstruierte Sichtbarkeiten. Wissenschafts- und Technikbilder seit der Frühen Neuzeit. Hg. v. Martina HESSLER. München 2006, S. 347–367.

58 Vgl. Inventarnummer KI 5774-19-2 im Bestand im Museum für angewandte Kunst in Wien (MAK), https://sammlung.mak.at/sammlung_online?id=collect-298432 (zuletzt geprüft am 6. 4. 2023).

59 Vgl. VKW, Fotothek, Bestand Kaindl Dutkiewicz, Pos. 63.944–64.054. Zu Dutkiewiczs Werk vgl. den einschlägigen Ausstellungskatalog JUSTNIK, Gestellt, etwa S. 92–93; sowie MANIKOWSKA, Photography, S. 74 und S. 79–80. Für eine weitere Abbildung des Huzulen vgl. Hucul i Pidgirjanin. Hucuł i Podgórzanin. Kolomyi: J. Orensteina, o. J. In: BI, Slg. E. K., 5.2.3 [Signatur alt BI-Kasp_05_0007_a].

60 Einige Portraitaufnahmen von Schiller, die nicht zu Postkarten gemacht wurden, finden sich in der Überlieferung des VKW, Fotothek, 451–457. Bei einigen der Bilder kann jedoch von einem gestellten Charakter ausgegangen werden, da die Männer eine große Menge an Utensilien mittragen. Schaut man sich die Fotografien an, die die Ateliers aus der Bukowina als Huldigungen an das Herrscherhaus in der Zeit schickten, bevor Correspondenzkarten eingeführt worden waren, etwa das Album von Friedrich Schmack aus dem Jahre 1875, es sind die Aufnahmen der Personen in traditioneller Kleidung sehr ähnlich im Arrangement. Nur die Qualität ist teils niedriger, sind einige leicht verschwommene dabei. Vgl. Fotoalbum von Friedrich Schmack, 1875, Zur Erinnerung an das 100jährige Jubiläum der Angehörigkeit zum Kaiserstaate Oesterreich 1775–1875. In: ÖNB, Fid 2912.

61 Vgl. zur wirtschaftlichen Lage der Fotografen WALTER, Postkarte.

62 Für die polnischen Gebiete, aber sicher übertragbar STRASZEWSKA, Anna: Moda ślubna w Polsce [Hochzeitsmode in Polen]. In: Ślubuję Ci miłość. Moda i fotografia ślubna w latach 1850–1950 [Ich schwöre Dir Liebe. Hochzeitsmode und -fotografie in den Jahren 1850–1950]. Hg. v. Muzeum w Rybniku. Rybnik 2007, S. 5–14, hier S. 5; die davon spricht, dass es 1860 langsam begann. Einige wenige Karten sind mit Brautpaar beschriftet. Vgl. Brautpaar Pruthgegend. Powoziency z nad prutu. Czernowitz: Fotografische Kunstanstalt E. v. Schiller, o. J. In: SALAHOR, Vitannja z Bukovyny, S. 82, Karte 1.

63 Vgl. CHLUBEK-ADAMCZYK, Celestyna: Fotografia slubna w Polsce. In: Ślubuję Ci miłość. Moda i fotografia ślubna w latach 1850–1950. Hg. v. Muzeum w Rybniku. Rybnik 2007, S. 15–20, hier S. 16.

64 Vgl. POSTINGL, Medienökonomische Betrachtungen, S. 37.

65 O. V.: Das photographische Atelier E. v. Schiller. In: Bukowiner Bote, 25.11.1898, S. 18.

66 Brautpaar Pruthgegend. Powoziency z nad prutu. Czernowitz: Fotografische Kunstanstalt E. v. Schiller, o. J. In: SALAHOR, Vitannja z Bukovyny, S. 82, Karte 1; Gruss aus der Bukowina. Rumänen. Czernowitz: Verlag Leon König, Papierhandlung, o. J. In: SALAHOR, Vitannja z Bukovyny, S. 82, Karte 2 und S. 83, Karte 3.

67 Vgl. SABOL, Harieta, Depicting Childhood. The Innocence of the Age as Captured in Photographs and Postcards from Bukovina (1880–1920). In: Codrul Cosminului 17/2 (2011), S. 65–74, Beispiele auf S. 68–70. Weitere Bsp. bei OSAČUK, Serhij: Anthropologia urbana. Homo Czernoviciensis. Černivci 2008 (Keine Seitenangaben).

68 Für knappe theoretische Grundlagen dieses Begriffs vgl. etwa die Studie von ROBIONEK, Bernd: Ethnische Ökonomie im politischen Spannungsfeld. Das deutsche Genossenschaftswesen in der Vojvodina (1922–1941). Hamburg 2019, S. 22–24.

69 JAWORSKI, Ansichten, 29. Zur Erfindung der Trachten als Identitätsmarker vgl. KAMMERHOFER-AGGERMANN, Ulrike: »Eine reiche Auswahl der herrlichsten Volkskostüme und der schönsten Menschentypen«. Etappen der Entstehung unseres gegenwärtigen Begriffs von Tracht: In: JUSTNIK, Gestellt, S. 57–191.

70 Vgl. MANIKOWSKA, Photography, S. 72.

71 Vgl. dazu mit Beispielen aus der Bukowina BLUMAUER, Reinhard: Die Fotosammlung des Wiener Museums für Volkskunde als Knotenpunkt einer typologisierenden Bilderproduktion zwischen 1895 und 1918. In: JUSTNIK, Gestellt, S. 23–30, hier S. 26–27.

72 STURANI, Fremde, S. 18. Vgl. ähnlich ALBERS, Patricia C.: Symbols, Souvenirs and Sentiments. Postcard Imagery of Plains Indians, 1898–1918. In: GEARY/WEBB, Delivering Views, S. 64–89, hier S. 67.

73 SABOL, Depicting, S. 71.

74 Vgl. einschlägig JUSTNIK, Vorneweg.

75 Vgl. im Themenfeld ROTHKOEGEL, Anna: Die Mütter der Nationen – Bilder, Mythen, Rituale. opus4.kobv.de/opus4-bamberg/frontdoor/index/index/docId/46116 (zuletzt geprüft am 3. 4. 2023).

76 Vgl. zu Szombathy KAMMERHOFER-AGGERMANN »Eine reiche Auswahl«, S. 57–191, hier S. 104.

77 Vgl. etwa Gruß aus der Bukowina – Rumänische Bauernfamilie. Czernowitz: Verlag: Leon König, Buch- und Papierhandlung, o. J. In: BI, Slg. E. K., 1683.

78 Vgl. Bukowiner Typen. Czernowitz: A. Katz, o. J. In: BI, Slg. E. K., 3.3.1 [Signatur alt BI-Kasp_03_0009_a]; Bukowiner Typen. Czernowitz: A. Katz, o. J. In: BI, Slg. E. K., 3.5.1 [Signatur alt BI-Kasp_03_0017_a].

79 Vgl. Bukowinaer Bauerntypen. Czernowitz: A. Tennenbaum, o. J. In: BI, Slg. E. K., 1.33.1 [Signatur alt BI-Kasp_01_0137_a]; Bukowinaer Bauerntypen. Czernowitz: Moritz Gottlieb, o. J. In: BI, Slg. E. K., 3.2.1 [Signatur alt BI-Kasp_03_0005_a]; Bukowinaer Bauerntypen. Czernowitz: A. Tennenbaum, o. J. In: BI, Slg. E. K., 1.33.1 [Signatur alt BI-Kasp_01_0137_a].

80 Vereinzelt fanden sich auch kuriosere Zuordnungen darunter, als der Verlag Tennenbaum die Karte einer jungen Frau in Tracht, die mit einem Militärangehörigen turtelte, unter dem Schlagwort »Bukowiner Bauerntypen« verlegte. Wer kaufte dies? Militärs, die sich damit das östliche Kronland als Stationierungsort schmackhaft machen wollten, in dem so visuell auf Kontaktmöglichkeiten mit der einheimischen weiblichen Bevölkerung verwiesen wurde? Vgl. Bukowinaer Bauerntypen. Czernowitz: A. Tennenbaum, o. J. In: BI, Slg. E. K., 3.2.2 [Signatur alt BI-Kasp_03_0006_a].

81 Angabe nach WECZERKA, Hugo: Ethnien und öffentliches Leben in der Bukowina 1848–1914. In: Südostdeutsches Archiv 42–43 (1999–2000), S. 23–40, S. 31.

82 Zahlenangabe nach Oesterreichische Statistik 32/1. Hg. v. k. k. statistische Central-Commission. Wien 1892, S. 19, 29, 32.

83 WENDLAND, Blicke, S. 224.

84 STURANI, Fremde, S. 13 und S. 14.

85 BAYERDÖRFER u. a., Einleitung, S. 8.

86 Vgl. ALBERS, Symbols, Souvenirs and Sentiments, S. 78.

87 Vgl. unter anderem DEJUNG/LENGWILER, Einleitung, S. 23.

88 Vgl. LEBECK/KAUFMANN, Viele Grüße, S. 263.

89 Vgl. Wendlands Deutung der galizischen Ethnographischen Ausstellung: WENDLAND, Blicke, S. 224.

90 Vgl. FÜLEMILE, Agnes: Dress and Image. Visualizing Ethnicity in European Popular Graphics – Some Remarks on the Antedecents of Ethnic Caricature. In: Images of the Other in Ethnic Caricatures of Central and Eastern Europe. Hg. v. Dagnosław DEMSKI. Warszawa 2010, S. 28–59, hier S. 29 und S. 30.

91 Vgl. zu diesem Argument anhand Indianer-Darstellungen ALBERS, Symbols, Souvenirs and Sentiments, S. 78.

92 Durchaus häufig wurden Gemäldeserien auf Postkarten übertragen. So brachte der Verlag König im Jahr 1912 eine neue Serie mit Gemälden von Eugen Maximovicz heraus, der bereits den Bukowina-Band des Kronprinzenwerks illustriert hatte. Sie zeigten ethnisch markierte Personen bei typischen Betätigungen, etwa einen Schnitter oder einen Hirten. Die Serie wurde sehr gelobt. Vgl. o. V.: »Aus der Bukowina«. In: Bukowinaer Post, 23.4.1912, S. 3. Zu Maximowicz vgl. HRYABAN, Viktoriya: Ambivalente Wissensproduktion. Die Volkskunde der Bukovina zwischen Ethnonationalismus und Habsburgpatriotismus. In: FISCHER u. a., Räume und Grenzen, S. 243–292, hier S. 290.

93 WALTER, Ansichtskarte, S. 46–61. Dieses Etikett bekamen zuvor auch schon andere Medien verliehen, wie etwa die Panoramen. Jedoch blieben diese ortsgebunden und konnten nicht so massenhaft verbreitet werden. Vgl. dazu Geschichte im Rundumblick. Panoramabilder im östlichen Europa. Hg. v. Arnold BARTETZKY u. a. Köln u. a. 2014.

94 Vgl. grundlegend AXSTER, Koloniales Spektakel. Zu den Abwertungen von People of Colour im US-Kontext, die gerade über die Textseiten getragen wurden, vgl. BALDWIN, Brooke: On the Verso: Postcard Messages as a Key to Popular Prejudices. In: Journal of Popular Culture 22/3 (1988), S. 15–28.

95 PRUTSCH, Ursula: Habsburg postcolonial. In: CSÁKY u. a. Habsburg postcolonial, S. 33–43, hier S. 36. Zum Begriff der inneren Kolonisierung vgl. Kurzzusammenfassung des Bandes CSÁKY u. a. Habsburg postcolonial sowie zahlreiche Einzelbeiträge Jobst, Obertreis und Vulpius definieren die Monarchie als quasi-kolonialen Herrschaftskomplex. Vgl. JOBST u. a., Neuere Imperiumsforschung, S. 34.

96 Vgl. JUDSON, Habsburg Empire, S. 317; WENDLAND, Blicke.

97 Zum Begriff der »medialen Nachbarschaft« vgl. BÉKÉSI, Ansichtskarte, S. 406.

98 Kronprinzenwerk, Bukowina, S. 192

99 Kronprinzenwerk, Bukowina, S. 196.

100 Vgl. MITTELMANN, Illustrierter Führer, S. 29.

101 Vgl. Gruss aus der Bukowina. Tanzunterhaltung d. Ungarn in Hadikfalva. Czernowitz: Leon König, Czernowitz. o. J. In: BI, Slg. E. K., 1688.

102 Zahlenangaben nach Oesterreichische Statistik 32/1. Hg v. k. k. statistische Central-Commission. Wien 1892, S. 19, 29, 32. In den österreichischen Volkszählungen erfolgte die Einteilung nach Umgangssprache, sodass Juden und Deutsche zusammen eine Gruppe bildeten. Zudem war es ein binäres System: Die Zuordnung erfolgte zu jeweils einer Sprache, was dem gemischtkulturellen Alltag in den Familien und den transkulturellen Handelskontakten kaum gerecht wurde.

103 Vgl. die Karten bei SALAHOR, Vitannja z Černivciv und DERS., Vitannja z Bukovyny.

104 MITTELMANN, Illustrierter Führer, S. 28 und S. 33–34.

105 MITTELMANN, Illustrierter Führer, S. 28–41.

106 HRYABAN, Ambivalente Wissensproduktion, S. 243–292.

107 Kronprinzenwerk, Bukowina, S. 272.

108 Kronprinzenwerk, Bukowina, S. 273.

109 Vgl. beispielhaft VKW, Fototek, A 338 und diverse im Bestand Kaindl Dutkiewicz.

110 Vgl. beispielhaft Gruss aus der Bukowina. Huzulen aus Seletyn. Czernowitz: Leon König, o. J. In: BI, Slg. Vino, 1684.

111 DABROWSKI, Patrice M.: »Discovering« the Galician Borderlands. The Case of the Eastern Carpathians. In: Slavic Review 64/2 (2005), S. 380–402, hier S. 401.

112 STRUVE, Kai: Bauern und Nation in Galizien. Über Zugehörigkeit und soziale Emanzipation im 19. Jahrhundert. Göttingen 2005, S. 65.

113 DABROWSKI, Patrice M.: The Carpathians. Discovering the Highlands of Poland and Ukraine. Ithaca u. a. 2021, S. 194.

114 Zu einem Vergleich der Ethniendarstellung auf Postkarten zwischen Galizien und der Bukowina siehe RÖGER, Maren: Regionalismus, Nationalismus, Antisemitismus. Visuelle Erzählungen der Kronländer Galizien-Lodomerien und Bukowina. In: HOYER/RÖGER, Völker verkaufen, S. 46–61.

115 Ruthenin. Czernowitz: E. v. Schiller, 1899. In: BI, Slg. E. K., 3.18.3 [Signatur alt BI-Kasp_03_0071_a]. Fany an Johann Stinglmayr in Wels, 1899; Wojtech an Katy, o. D. In: SALAHOR, Vitannja z Bukovyny, S. 46, Karte 1. Im Original auf Tschechisch; Rumänin. Rumunka. Czernowitz: E. v. Schiller, 1899. In: BI, Slg. E. K., 1.20.4 [Signatur alt BI-Kasp_01_0088_b]. Bidi an Herrn Stefanicks in Hamburg, 1901.

116 Stroje ludowe i typy Galicyi i Bukowiny. Volkstrachten u. Typen aus Galizien und Bukowina. o. O.: o. Verl., o. J. In: SALAHOR, Vitannja z Bukovyny, S. 26, Karte 1. Igor an Unbekannt, o. D.

117 Gruss aus der Bukowina. Lausen-Arbeiter (Huzulen). Czernowitz: Leon König, o. J. In: Slg. S. O., o. Sig. Drozdowski an das liebe Fräulein.

118 Huzulin. Huzulka. Czernowitz: Fotografische Kunsthalle E. v. Schiller, 1899. In: SALAHOR, Vitannja z Bukovyny, S. 69, Karte 1. Pepa an Franzi, 1901. Im Original auf Tschechisch.

119 Unbekannt an die teure Mutter. In: Salahor, Vitannja z Bukovyny, S. 74, Karte 2. Im Original auf Polnisch.

120 Ruthenisches Bauernmädchen. Ruska Dziewczyna. Czernowitz: E. v. Schiller, 1899. In: BI, Slg. E.K., 3.19.4 [Signatur alt BI-Kasp_03_0076_a]. Frau Jarczewska an Tyra Ahlström in Helsingfors, 1899.

121 Vgl. die überlieferten Karten an Sophie Beyschlag. In: BI, Slg. VINO, 1674, 1676, 1684, 1687, 1688. Angekauft wurde eine Karte mit dem Untertitel »Tanzunterhaltung der Ungarn in Hadikfalva«, eine zu den »Huzulen aus Seletyn«, eine mit dem Titel »Bauerntanz«, eine antisemitische Spottpostkarte mit dem Titel »Commerzieller Vortrag« sowie eine zum »Palais des Wunderrabbi in Sadagóra«. Zwei weitere Karten der Sammlung konnten aufgrund der hohen Preise nicht erstanden werden.

122 Ruthenin/Ruska dziewczyna. Czernowitz: Schiller, 1899. In: Justnik, Gestellt, S. 160. Unbekannt an Unbekannt, o. D.

123 Zu der privaten Sammelpraxis von »Typenbildern« vgl. Justnik, Gestellt, S. 158.

124 Vgl. Kapitel 4, inbesondere Judaika und Antisemitika/Produktion und Anschlusskommunikation.

125 Podolischer Bauer. Chlop z podolu. Czernowitz: Fotografische Kunstanstalt E. v. Schiller, 1899. In: VKW, Fotothek, 7275. M. L. an Robert Arnold, Beamter der Hofbibliothek, Privatdozent an der Universität Wien in Wien, 1900.

126 Gruß aus der Bukowina. Ruthenische Bäuerin. Czernowitz: Verlag Leon König, Buch- u. Papierhandlung, 1918. In: BI, Slg. E.K., 1680. Unleserlich an Liserl Schott in Wien, o. D.

127 Bukowiner Bauerntypen. Czernowitz: S. W., 1918. In: BI, Slg. E.K., 3.3.2 [Signatur alt BI-Kasp_03_0010_b]. Mitzi Halpern an Frau Marie Watra in Wien, 1919.

128 Bukowiner Typen. Czernowitz: A. Katz, o. J. In: BI, Slg. E.K., 3.3.1 [Signatur alt BI-Kasp_03_0009_b]. Telly an Herrn und Frau Hoppe in Hamburg (vor 1918).

129 Salutare din Bucovina. Țĕrance române. Czernowitz: Verl. v. Leon König, Papierhandlung, o. J. In: Salahor, Vitannja z Bukovyny, S. 100, Karte 2. Max an Unbekannt, 1898.

130 Gruss aus der Bukowina. Czernowitz: Leon König, 1899. In: BI, Slg. E.K., 3.28.1 [Signatur alt BI-Kasp_03_0109_a]. Unbekannt an Josef Buben in Bernburg, 1899.

131 Vgl. Scharr, Kurt: Die Entwicklung des »ländlichen Raumes« am Beispiel der Ansiedlerorte Fontinaalba und Klimoutz. In: Der Franziszeische Kataster im Kronland Bukowina Czernowitzer Kreis (1817–1865). Statistik und Katastralmappen. Hg. v. Helmut Rumpler u. a. Köln u. a. 2015, S. 56–68, hier S. 57–58.

132 Mittelmann, Illustrierter Führer, S. 39.

133 Vgl. Scharr, Entwicklung, S. 60–61.

134 Google-Bildersuche; Ergebnis vom 11. 9. 2018.

135 Gruss aus der Bukowina. Putna. Czernowitz: Leon König, 1900. In: BI, Slg. E.K., 3.28.4 [Signatur alt BI-Kasp_03_0112_a]. Thomas an Anna Thurn in Wien, 1900.

136 Gruss aus der Bukowina. Putna. Czernowitz: Leon König, o. J. In: BI, Slg. E.K., 3.28.3 [Signatur alt BI-Kasp_03_0111_a]. Die in den Fels gemauerte Kirche war bereits Romstorfer mehrere Aufnahmen wert. Vgl. VKW, Fotothek, Position 60.

137 Vgl. Jaworski, Rudolf: Einführung in Fragestellung und Themenfelder. In: Stachel und Thomsen, Exotik, S. 11–30, hier S. 20.

138 Jaworski, Einführung, S. 19.

139 Salutare din Bucovina. Țĕrance române. Czernowitz: Leon König, 1898. In: BI, Slg. E.K., 1.33.3 [Signatur alt BI-Kasp_01_0139_a]. Unbekannt an Sissy in Kissingen, 1898.

140 Bukowinaer Bauerntypen. o. O.: o. Verl., o. J. In: BI, Slg. E.K., 3.4.4 [Signatur alt BI-Kasp_03_0016_b]. Heinrich Kremsberger an Mitz Kremsberger in Kirchau, 1918.

141 Vgl. Alloula, Malek: Haremsphantasien. Aus dem Postkartenalbum der Kolonialzeit. Freiburg 1994, S. 8–9.

142 Bukowinaer Bauerntypen. Zigeuner. o. O.: o. Verl., o. J. In: BI, Slg. VINO, 1682.

143 Zu Narrativen in der Literatur siehe Bogdal, Klaus-Michael: Europa erfindet die Zigeuner. Eine Geschichte von Faszination und Verachtung. Berlin 2011. Zu Bildtraditionen und Fotografie siehe Holzer, Anton: ›Zigeuner‹ sehen. Fotografische Expeditionen am Rande Europas. In: ›Zigeuner‹ und Nation. Repräsentation – Inklusion – Exklusion. Hg. v. Herbert Uerlings und Iulia-Karin Patrut. Frankfurt a. M. 2008, S. 401–420.

144 Vgl. Fisher, Resettlers and Survivors, S. 214–215.

145 Schlögel, Karl: Czernowitz – City upon a Hill. In: Das Wunder von Nishnij oder die Rückkehr der Städte. Hg. v. Ders. Frankfurt a. M. 1991, S. 80–115, hier S. 80.

146 Vgl. Hausleitner, Mariana: Von der Ansiedlung bis zur Umsiedlung: Institutionen und Akteure der Deutschen in der Bukowina. In: Bukowina-Deutsche: Erfindungen, Erfahrungen und Erzählungen einer Gemeinschaft. Hg. v. Maren Röger und Alexander Weidle. Berlin–Boston 2020, S. 21–37.

147 Zur Sammlung Langerman (Slg. L.): Habermalz, Christiane: Neuausrichtung der Berliner Antisemitismus-Forschung. In: Deutschlandfunk (10. 10. 2017), www.deutschlandfunk.de/langerman-sammlung-neuausrichtung-der-berliner.691.de.html?dram:article_id=398640 (zuletzt geprüft am 3. 4. 2023). Vgl. zu den Motiven Arthur Langermanns das online einsehbare Video auf dem Kanal der TU Berlin: TUBerlinTV: Die Arthur-Langerman-Sammlung an der TU Berlin. In: YouTube (17. 5. 2019), www.youtube.com/watch?v=_8wcJ3RUITY (zuletzt geprüft am 6. 4. 2023).

148 Zu Martin Schlaff: Ahrmfrau, Andreas: »Irgendetwas an mir muss verhext sein«. In: ZEIT online (18. 1. 2006), www.zeit.de/2006/03/oe_millio/komplettansicht (zuletzt geprüft am 24. 3. 2020).

149 Zur Sammlung vgl. Duda/Sosenko, Dawna pocztówka żydowska/Old Jewish Postcards, S. 5–16.

150 Vgl. o. V.: Das photographische Atelier E. v. Schiller. In: Bukowiner Bote, 25. 11. 1898, S. 18.

151 König hatte ähnlich gelagerte Karten im Programm. Eine zeigte zwei ältere Männer in vollem Ornament, mit Tallit und Tefellin, jeweils Gebetsbücher in der Hand haltend. »Typen Bilder aus Ostgalizien und der Bukowina« lautete der von König gewählte Titel für die Ansichtskarte mit der Nummer 431. Vgl. Typen Bilder aus Ostgalizien und der Bukowina. Czernowitz: Verlag v. Leon König, o. J. In: Salahor, Vitannja z Černivciv, S. 501, Karte 2.

152 Jude im Stramel. Żyd w szabasówce. Czernowitz: E. v. Schiller, 1900. In: Salahor, Vitannja z Bukovyny, S. 118, Karte 3.

153 Slub. Chype = Maseltow. Czernowitz: Verlag v. Schiller, o. J. In: Salahor, Vitannja z Bukovyny, S. 119, Karte 3.

154 Gang zum Tempel (Jom Kiper). Czernowitz: Verlag v. Schiller, o. J. In: Salahor, Vitannja z Černivciv, S. 500, Karte 4.

155 Vgl. Sabar, Shalom: Between Poland and Germany: Jewish Religious Practices in Illustrated Postcards of the Early Twentieth Century. In: Polin: Studies in Polish Jewry Volume 16: Focusing on Jewish Popular Culture and Its Afterlife. Hg. v. Michael C. Steinlauf und Antony Polonsky. Oxford–Portland 2003, S. 137–166, hier S. 140.

156 Vgl. Kapitel 4.

157 Git Jonek. Czernowitz: E. v. Schiller, 1909. In: Salahor, Vitannja z Bukovyny, S. 116, Karte 2. Malek an eine »sehr verehrte Dame«, o. D. Im Original auf Tschechisch.

158 Walter, Ansichtskarte, S. 52.

159 Vgl. Glückliches Neujahr. o. O.: o. Verl., o. J. In: Salahor, Vitannja z Černivciv, S. 500, Karte 2; Essreg benschen. Czernowitz: Verlg. v. Schiller, o. J. In: Salahor, Vitannja z Černivciv, S. 503, Karte 4.

160 Alle Beispiele abgedruckt in Salahor, Vitannja z Bukovyny, S. 116–121. Vgl. auch die Sammlungen Martin Schlaff (Slg. M. S.) und Eli Stern (Slg. E. S.) im Jüdischen Museum Wien (JMW).

161 Auch hier ist der große Unterschied zu einigen in Warschau produzierten Karten, die Sabar vorstellt, die Sprache der Beschriftung. Vgl. Sabar, Between Poland, S. 142–143 für Beispiele.

162 Vgl. zum jiddischen Lied Belk, Samuel B.: A memória e a história do ›Shteitl‹ na canção popular Judaica. [Die Erinnerung und die Geschichte des ›Schtetls‹ im jüdischen Volkslied]. São Paulo 2003, S. 148.

163 Blogeintrag über Burech Bendit. o. V.: Burech Bendit. In: Poemas del río Wang (31.12.2012), http://riowang.blogspot.com/2012/ (zuletzt geprüft am 24.3.2020). Vgl. Burech Bendit. Czernowitz: Verlag Simon Gross, o. J. In: Salahor, Vitannja z Černivciv, S. 503, Karte 3.

164 Vgl. dazu Sabar, Between Poland, S. 143.

165 Schulem leichem. Lwów: Nakład S. W. Niemojowski/Czernowitz: Fotografische Kunstanstalt E. v. Schiller, o. J. In: JMW, Signatur 017483_04. Shlomo Ruttenberg an Eshkol, o. D. Für die Übersetzung aus dem Hebräischen danke ich Baruch Eylon.

166 Schulem leichem. Czernowitz: Fotografische Kunstanstalt E. v. Schiller, Czernowitz, o. J. In: JMW, Signatur 017483_07. Carl, in Horodenka, an Unbekannt, vmtl. 1899.

167 Vgl. Beispiele in Salahor, Vitannja z Bukovyny, S. 116–121.

168 Vgl. Turczynski, Vereine, S. 876.

169 Vgl. Rechter, Becoming Habsburg, S. 113. Im Jahr 1914 waren 85 Prozent der Anwälte und 65 Prozent der Doktoren jüdisch, 1910 60 Prozent aller Personen in Handel und Gewerbe jüdisch, 30 Prozent in Handwerk und Industrie, 20 Prozent der Beamten und beim Militär. Die Hälfte aller Juden war selbständig im Vergleich zu einem Drittel aller Nichtjuden.

170 Porzo: Aus der Bukowina. In: Neue Freie Presse, 31.8.1904 (Morgenblatt), S. 1–3.

171 Vgl. Reaktion der Redaktion o. V.: Czernowitz. In: Neue Freie Presse, 4.9.1904, S. 8–9.

172 Vgl. Corbea-Hoişie, Bukowina und Czernowitz, S. 114. Es handelte sich um eine Reaktion der Bukowinaer Post auf den 1904 erschienenen Reisebericht in der Wiener Neuen Freien Presse, der die Bukowina als stark jüdisch geprägt zeigte.

173 Insgesamt wurden Schillers Karten der »Landestypen« gelobt, wobei in der kurzen Beschreibung unklar bleibt, ob darunter auch Judaika und Antisemitika gefasst wurden. Vgl. o. V.: Das photographische Atelier E. v. Schiller. In: Bukowiner Bote, 25.11.1898, S. 18.

174 Vgl. Hornemann, Andreas / Laabs, Annegret: »Bär aus Galizien«. Die Angst vor dem Fremden: Der »Ostjude«. In: Backhaus/Gold, Abgestempelt, S. 176–186.

175 Haibl, Michaela: Zerrbild als Stereotyp. Visuelle Darstellungen von Juden zwischen 1850 und 1900. Berlin 2000, S. 96.

176 Vgl. ebd., S. 246. Vgl. zur Darstellung von Juden als (verarmten) Händlern und Hausierern ebenfalls Hertlein, Beata / Kulke, Wolfgang-Heinrich: »Preisend mit viel schönen Reden«. Die Darstellung des Juden als Trödler, Hausierer und Kleinhändler. In: Backhaus/Gold, Abgestempelt, S. 187–193.

177 Hax, Iris: Abgestempelt! Antisemitismus auf Gruß- und Propagandakarten um 1900. In: Das Jahrhundert der Bilder. 1900–1945. Hg. v. Gerhard Paul. Göttingen 2009, S. 60–67, hier S. 63.

178 Angabe nach Oesterreichische Statistik 32/1. Hg. v. k.k. statistische Central-Commission. Wien 1892, S. 18.

179 Baedeker, Karl: Österreich-Ungarn. Handbuch für Reisende; mit 28 Karten und 24 Plänen. Leipzig ^{23}1892, S. 281.

180 Vgl. einführend Bajohr, Frank: Bäder-Antisemitismus. In: Handbuch des Antisemitismus. Hg. v. Wolfgang Benz. Berlin 2010, S. 37–40.

181 Hax, Gut getroffen, S. 115.

182 Hornemann/Laabs, Bär, S. 177.

183 o. V.: Farbabbildungen. In: Backhaus und Gold, Abgestempelt, S. 137–156, hier S. 142. Weitere Beispiele bei Hornemann/Laabs, Bär, und Dipper, Rachel: »Einmal muss der Mensch ins Bad!« Grüsse aus Karlsbad und Marienbad. In: Backhaus/Gold, Abgestempelt, S. 194–204.

184 Vgl. Hax, Gut getroffen, S. 107–108.

185 Vgl. Holz, Klaus: Nationaler Antisemitismus. Wissenssoziologie einer Weltanschauung. Hamburg 2001 und Ders.: Gemeinschaft und Identität. Über den Zusammenhang nationaler und antisemitischer Semantiken. In: Der Hass gegen die Juden. Dimensionen und Formen des Antisemitismus. Hg. v. Wolfgang Benz. Berlin 2008, S. 197–217.

186 Vgl. beispielhaft Wyrwa, Ulrich: Rezension zu: Holz, Klaus: Nationaler Antisemitismus. Wissenssoziologie einer Weltanschauung. Hamburg 2001. In: H-Soz-Kult (19.11.2003), www.hsozkult.de/publicationreview/id/reb-3823 (zuletzt geprüft am 4.4.2023).

187 Commerzieller Vortrag. o. O.: o. Verl. (raubkopiert von Schiller), o. J. In: JMW, Signatur: 017483_08. Unbekannt an Unbekannt in Krakau, 1905.

188 Hausirendes Ehepaar. Domokrący. Czernowitz: Kunstverlag E. Schiller, o. J. In: TU Berlin, Alava, Slg. L., Inventarnummer 3293.

189 Firma: Wolf Hirsch et Schlamasel. Czernowitz: E. v. Schiller, 1899. In: JMW, Slg. M.S., Signatur 017483_03; Wolf Hirsch et Schlamasel. Czernowitz: E. v. Schiller, 1899. In: JMW, Slg. M. S., Signatur 12091 recto.

190 Nehmen Sie Platz Herr Ehrlich. – danke, bin eben 3 Monate gesessen. Czernowitz: E. v. Schiller, o. J. In: JMW, Slg. M.S., 12087 recto.

191 Vgl. Haibl, Zerrbild, S. 247.

192 Versendet wurde die Karte 1901 von Czernowitz nach Leoben.

193 Zur Gestik vgl. Haibl, Zerrbild, Kapitel 3.

194 Vgl. Mentel, Rainer: Anwälte der Moderne. Die Bildpolemik gegen Journalisten, Fachärzte und Rechtsanwälte. In: Backhaus und Gold, Abgestempelt, S. 227–235, hier S. 230. Eine antisemitische Karte der damaligen Zeit trug den Titel.

195 Vgl. Winkler, Markus: Deutschsprachige Presse und Öffentlichkeit in Czernowitz vor 1918. In: Winkler, Presselandschaft, S. 13–24, hier S. 15.

196 Die schwarze Börse. Czarna Giełda. Czerniowce: E. Schiller, o. J. In: TU Berlin, Alava, Slg. L., Inventarnummer 03294.

197 Wekslarze krakowscy. Krakauer Geldwechsler. Czerniowce: E. Schiller, o. J. In: JMW, Signatur 012099. Richard an Cary Deisenhöfer in Mödling, 1902. Eingeworfen hat der Absender die Karte jedoch erst in Wien.

198 Vgl. diverse Karten in der TU Berlin, Alava, Slg. L, etwa Inventarnummern 3314, 3305, 3301, 3302, 3303, 3304, 3306, 3307, 3308, 3309.

199 Der Krakauer Verlag brachte die Karte 1904 nur unter seinem Namen heraus, wie ein Zufallsfund aus dem Internet belegt. Vgl. Ich hob nicht mojre. Kraków: Wydawn. sal. mal. Polsk., 1904. In: Instazu, www.instazu.com/media/2044368110913581836 (zuletzt geprüft am 6.4.2023).

200 Zum Einsatz des Jiddischen bzw. dessen verballhornte Abwandlungen vgl. HAIBL, Zerrbild, S. 308–309.

201 Mała przyczyna wielki skutek. Kleine Ursache, grosse Wirkung. Nakładem. Czernowice: E. Schillera, o.J. In: TU Berlin, Alava, Slg. L. Inventarnummer 03303.

202 A gite viele Woche! Życzę szczęśliwego tygodnia. Czernowitz: E.v. Schiller, o.J. In: SALAHOR, Vitanja z Bukovyny, S. 119.

203 Vgl. dazu SABAR, Between, S. 148–152.

204 A Gite viele Woche. Czernowitz: Verlag von E.v. Schiller – Czernowitz: J. Horowitz, o.J. In: JMW, Slg. M.S., Signatur 12090.

205 Vgl. Heil, Deutschland. Vgl. auch Hax, Abgestempelt!. In: BACKHAUS und GOLD, Abgestempelt, S. 64.

206 Vgl. Csárdás. Czernowitz: Kunstverlag Schiller – Nachahmung geschützt, o.J. In: SALAHOR, Vitanja z Černivciv, S. 507, Karte 2.

207 Leichte Polka. Czernowitz: Kunstverlag Schiller – Nachahmung geschützt, o.J. In: Salahor, Vitanja z Černivciv, S. 507, Karte 3.

208 Die Ergebnisse der Volkszählung vom 31. Dezember 1910 in den im Reichsrate vertretenen Königreichen und Ländern in: Oesterreichische Statistik. Neue Folge 1910–1915 1/1. Hg. v. k.k. statistische Zentralkommission. Wien 1912, S. 39.

209 Vgl. Wstęp. Krótka historia pocztówki i »Salonu Malarzy Polskich« w Krakowie. In: Salon Malarzy Polskich Henryka Frista (1885–1939). Wydawnictwo pocztówek krakowskich, artystycznych i patriotycznych. Hg. v. Aleksander B. SKOTNICKI und Marek SOSENKO. Kraków 2018, S. 3.

210 Vgl. ZIELIŃSKI, Jerzy: Filokartystyka i »Salon Malarzy Polskich« Henryka Frista. In: SKOTNICKI/SOSENKO, Salon, S. 4–6, hier S. 5.

211 Angabe nach Henryk Frist – jak niedoszły malarz stał się wydawcą kart pocztowych. In: SKOTNICKI/SOSENKO, Salon, S. 231.

212 Vgl. SKOTNICKI/SOSENKO, Salon, sowie Beiträge in DUDA/SOSENKO, Dawna pocztówka żydowska/Old Jewish Postcards.

213 DUDA, Eugeniusz und SOSENKO, Marek: Dawna pocztówka żydowska. In: SOSENKO/SKOTNICKI, Salon, S. 16–17, hier S. 17.

214 HORNEMANN, Andreas: Antijüdische Satire auf Postkarten in polnischer und tschechischer Sprache. In: BACKHAUS und GOLD, Abgestempelt, S. 319–336, hier S. 320.

215 o.V.: Die Gesellschaft der Kunstfreunde in Czernowitz. In: Czernowitzer Tagblatt, 4.12.1903, S. 3.

216 BUTZ, Adolf: 25 Jahre deutscher Schutzvereinsarbeit im Buchenlande. 1897–1922. Festschrift, gewidmet dem Vereine der Christlichen Deutschen in der Bukowina aus Anlaß der Gedenkfeier seines 25-jährigen Bestandes. Černivci 1922, S. 5. Dort auch Aufzählung der Namen, darunter Schiller.

217 Vgl. o.V.: Deutsches Vereinshaus. In: Bukowiner Bote, 10.4.1898, S. 10.

218 Vgl. überblickshaft WEIDLE, Alexander: Deutsches Volkshaus in Czernowitz. In: Exkursionsreiseführer. Lemberg und Czernowitz: Multikulturelle Städte im Osten Europas, 2017, www.uni-augsburg.de/de/fakultaet/philhist/professuren/kunst-und-kulturgeschichte/europaeische-ethnologie-volkskunde/exkursionen/ukraine-lemberg-czernowitz/deutsches-volkshaus-czernowitz/ (zuletzt geprüft am 3.4.2023).

219 Firma: Wolf Hirsch et Schlamasel. Czernowitz: E.v. Schiller, 1899. In: JMW, Slg. M.S., Signatur 017483_03. Unleserlich an Unbekannt (da Adressseiten im Jüdischen Museum Wien nicht verfügbar) in Krakau, 1902.

220 WENDLAND, Blicke, S. 218–219.

221 Mier – homer nischt ka moire!! o.O.: o.Verl., o.J. In: TU Berlin, Alava, Slg. L. Inventarnummer 03309. Unleserlich an Fräulein Milka in Graz, D.ul.; Papa an Fräulein Gretl Baumgartner in Laxenburg bei Wien, 1915. In: TU Berlin, Alava. Slg. L. Inventarnummer 3306. Für den prüfenden Blick auf meine Übersetzungen aus dem Französischen danke ich Gaëlle Fisher.

222 Unbekannt an Mademoiselle Maguerite in Lyon, 1903. In: TU Berlin, Alava, Slg. L. Inventarnummer 3314.

223 Marsz Chopina. Kraków: S.M.P., 1908. In: TU Berlin, Alava, Slg. L. Inventarnummer 3318. John an Mrs. John Derking in Wien, 1909.

224 Auch Postkarten, die nicht entsprechend spöttisch gemeint waren, konnten eine solche Reaktion auslösen. So zum Beispiele eine Karte eines Lemberger Verlages mit einem Gemälde Wilhelm Wachtels, das zwei männliche Juden, vermutlich Vater und Sohn, in Gebetskleidung zeigt. Der Absender kommentierte: »Herzliche Grüße aus Krakau […]. Bitte nicht zu glauben, daß die hiesigen Juden alle so schön sind, wie der hier oben […].« o.T. Lwów: H. Altenberg, o.J. In: BI, Slg. VINO, 1675. Unleserlich an Wilhelmine Gruben in Liège/Lüttich, 1899. Für den Hinweis auf den Maler danke ich Dr. Małgorzata Fronia-Stolarska.

225 HAX, Gut getroffen, S. 110.

226 Hoffnungsvoller Junge. Czernowitz: Kunstverlag E. Schiller, o.J. In: JMW, Signatur 12083. Olga an Hilda Böhm in Mährisch Weisskirchen, 1902.

227 O.T. [handschriftlich hinzugefügt: A customer]. Kraków: S.M.P., 1908. In: TU Berlin, Alava, Slg L., Inventarnummer 3310. John an Mrs. John Derking in Wien, 1912.

228 Alter Dales. Detailist. Czernowitz: Fotografische Kunstanstalt E.v. Schiller, 1900. In: BI, Slg. Vino, 1677. Tadek an Ludwik Smagowicz in Stanisławów, D.ul.

229 TrauerMarsch. Marsz pogrzebowy. Kraków: W.k.p. A.S., 1907. In: TU Berlin, Alava, Slg. L., Inventarnummer 3317. Unleserlich an Julius Deutsch in Wien, 1911.

230 Vgl. zu diesem Argument in der Auswertung von Postkartentexten, die People of Colour in den USA kommentierten: BALDWIN, On the Verso.

231 Commerzieller Vertrag. Kurs handlowy. Czernowitz: Fotografische Kunsthalle E.v. Schiller, 1899. In: BI, Slg. VINO, 1676.

232 Vgl. o.V..: Der gewerberechtliche Charakter von Ansichtspostkarten. In: Die illustrirte Postkarte, 1.9.1898, S. 5.

233 Vgl. GOLD, Helmut: Stimmungsbilder. Die Postkarte als Medium des (frühen) Antisemitismus. In: BACKHAUS/DERS., Abgestempelt, S. 13–19, hier S. 16–17.

234 o.V.: Gegen antisemitische Postkarten. In: Czernowitzer Tagblatt, 23.1.1908, S. 2.

235 ZIERENBERG u.a.: Bildagenten und Bildformate, S. 11.

236 Auch hier ist interessant, wer die multiethnische Gesellschaft in der Bukowina überhaupt bildet: Die Bukowina, folgt man der Postkarte aus dem Hause König, bestand aus Ruthenen, Lipowanern, Huzulen, Rumänen und Israeliten. Stellten Rumänen und Ruthenen in der Tat die Mehrheit, ist die Abbildung der Lipowaner wohl eher der Exotisierung geschuldet. Schließlich waren sie eine viel kleinere Gruppe als Magyaren oder Polen. Auch die Deutschen fehlten. Die jüdische Bevölkerung kommt nur in Gestalt des traditionellen Teils der Bevölkerung, den Chassidim vor, jedoch nicht als bürgerliche, westliche Kleidung tragende Stadtbewohner, die schließlich den Großteil der Elite des Kronlandes stellten.

237 Klein, Peter K.: »Jud, Dir kuckt der Spitzbub aus dem Gesicht!« Traditionen antisemitischer Bildstereotype oder die Physiognomie des »Juden« als Konstrukt. In: Backhaus/Gold, Abgestempelt, S. 43–78.

238 Zu fragen ist, ob die Karte mit der Abwesenheit der jüdischen Frau Bilderverboten in strenggläubigen Kreisen folgte.

239 Gruss aus der Bukowina. Czernowitz: Leon König, 1899. In: Salahor, Vitannja z Bukovyny, S. 14, Karte 1. Anna an unbekannt, o. D. Abdruck der Karte, nur Bildseite einsehbar, im Original auf Französisch.

240 Gruss aus der Bukowina. Czernowitz: Leon König, 1899. In: BI, Slg. E.K., 3.1.3 [Signatur alt BI-Kasp_03_0003_a], Frau Röllig an Herrn Friedrich Wilh. Röllig in Wien, 1899.

241 Sie illustriert ebenso die Titelseite eines einschlägigen Buchs. Vgl. Oișteanu, Andrei / Schippel, Larisa: Konstruktionen des Judenbildes. Rumänische und ostmitteleuropäische Stereotypen des Antisemitismus. Berlin 2010. Hier passt die Verwendung des Bildes zum bearbeiteten Thema, jedoch findet keine bzw. eine sehr oberflächliche und irreleitende Auseinandersetzung mit dem Bild statt. Als Erläuterung findet sich lediglich die Bemerkung: »Postkarte aus der Bukowina. Ende des 19. Jahrhunderts. Sie zeigt die in der Bukowina lebenden Ethnien und gibt einen Anhalt für deren Proportionen: Vier Rumänen, drei Ruthenen, drei Lipovaner, zwei Huzulen, ein Jude (»Israelit«).« Abgebildet ist die Postkarte auch nochmals auf S. 365.

242 Stetsevych, Kateryna: Heilig-Geist-Kathedrale. In: Bukowina Portal, www.bukowina-portal.de/de/ct/256-Heilig-Geist-Kathedrale (zuletzt geprüft am 4.4.2023).

243 Vgl. zu den Karten der Gotteshäuser auch Salahor, Vitannja z Černivciv, S. 371–405.

244 Vgl. auch Czernowitz – Paraskiwa-Kirche. Czernowitz: Sigmund Jäger, o.J. In: BI, Slg. E.K., 5.24.2 [Signatur alt BI-Kasp_05_0090_a]. Zahlreiche weitere Beispiele in der Slg. Kasparides.

245 Vgl. Salahor, Vitannja z Černivciv, S. 386–390.

246 Zur Stadtentwicklung vgl. Lienemeyer, Stadtentwicklung.

247 Gruss aus Czernowitz. Herz Jesu-Kirche. Czernowitz: Josef Horowitz, 1905. In: BI, Slg. E.K., 6.1.4 [Signatur alt BI-Kasp_06_0004_a]; Gruss aus Czernowitz – Herz Jesu-Kirche. o. O.: o.Verl., o.J. In: BI, Slg. E.K., 6.1.2 [Signatur alt BI-Kasp_06_0002_a]; Gruss aus Czernowitz. Armenisch-katholische Kirche. Czernowitz: Leon König, o.J. In: BI, Slg. E.K., 2.4.1 [Signatur alt BI-Kasp_02_0013_a]; Gruss aus Czernowitz. Röm.-kath. Kirche. Czernowitz: Leon König, 1899. In: BI, Slg. E.K., 1.15.2 [Signatur alt BI-Kasp_01_0066_a].

248 Unbekannt an ein sehr geehrtes Fräulein in Czernowitz, 1899. In: Salahor, Vitannja z Černivciv, S. 374, Karte 3.

249 Gruss aus der Bukowina. Czernowitz: Sigmund Jäger, 1899. In: BI, Slg. E. K., 7.13.2 [Signatur alt BI-Kasp_07_0050_a]. Unbekannt an Jonsine Radwanzi in Wien, 1899.

250 Vgl. Czernowitz. Herz-Jesu-Kirche. Simon Gross, o.J. In: Slg. S.O., o. Sig. Unleserlich an Kubusiu Knoblauch in Jaroslau, Galizien.

251 Vgl. Herz Jesu-Kirche. Leon König, o.J. In: Slg G. J., o. Sig. Ludmila Frank an Olga Hupka in Böhmen, 1899.

252 Gruss aus Czernowitz. Kirche. o. O.: o.Verl., o.J. In: BI, Slg. E. K., 1.13.3 [Signatur alt BI-Kasp_01_0059]. I. Knittel, M. Knittel, Carl Melion, Eugenie Melion, F. Held, A. Schebenik, J. Berisch an die lieben Kinder Ingormar und Elfriede in Brünn, 1899.

253 Gruss aus Czernowitz. Mosché in Horecza. Czernowitz: Verlag v. Leon König, Papierhandlung, o.J. In: Salahor, Vitannja z Bukovyny, S. 188, Karte 2. Ul. an ul., 1898. Im Original auf Tschechisch.

254 Gruss aus der Bukowina. »Doroszoutz«. Czernowitz: Verlag von Leon König, Papierhandlung, o.J.: Salahor, Vitannja z Bukovyny, S. 341, Karte 3. Vasile an Unbekannt, o.D. Im Original auf Rumänisch. Für die Mithilfe bei den Übersetzungen aus dem Rumänischen danke ich Loredana Matei.

255 Czernowitz. Armenisch-katholische Kirche. o.O.: o.Verl., o.J. In: Salahor, Vitannja z Černivciv, S. 392, Karte 2. Unbekannt an Unbekannt, o.D. Im Original auf Rumänisch und Deutsch.

256 Gruss aus Czernowitz. Armenierkirche, Heiligenkreutzplatz mit Hauptstrasse, Elektrizitätswerk. In: Salahor, Vitannja z Bukovyny, S. 158, Karte 3. Mutter an Dusek, 1903. Im Original auf Polnisch.

257 Gruss aus Czernowitz! Kirche. Czernowitz: o.Verl., 1899. In: BI, Slg. E.K., 1.13.3 [Signatur alt BI-Kasp_01_0059_a]; Gruss aus der Bukowina. Czernowitz: Sigmund Jäger, 1899. In: BI, Slg. E.K., 7.13.2 [Signatur alt BI-Kasp_07_0050_a].

258 Vgl. Salahor, Vitannja z Černivciv.

259 Vgl. Walter, Ansichtskarte, S. 53.

260 Vgl. Baedeker, Österreich-Ungarn, 1910, S. 367–368.

261 Vgl. auch Purin, Bernhard: Die Welt der jüdischen Postkarten. Weien 2001, S. 9. Im Gegensatz zu Ansichtskarten Galiziens gab es jedoch kaum Straßenszenen jüdischen Lebens, nur einige wenige Karten zeigten der Kleidung nach jüdische Personen vor der Synagoge. Duda/Sosenko, Wprowadzenie/Introduction, S. 8–9.

262 Samuel Luttinger an den löblichen Stadtmagistrat in Czernowitz, 1906. In: DAČO, Fond 325: Jüdische Gemeinde, Opis 1, sprava 896, S. 12–12a.

263 Otto an Fräulein Grete Neudörfer in Wien, 1912. In: BI, Slg. E.K. 1.17.4 [Signatur alt BI-Kasp_01_0076_a].

264 Vgl. Gruss aus Czernowitz. Israelischer Tempel. Czernowitz: Verlag Sigmund Jäger, o.J. In: Salahor, Vitannja z Černivciv, S. 395, Karte 1. Josef an Unbekannt. Im Original auf Tschechisch.

265 Gruss aus Czernowitz. Tempel. Czernowitz: Verlag Leon König. Papierhandlung, o.J. In: Delcampe, https://delcampe-static.net/img_large/auction/000/790/594/472_001.jpg?v=3 (zuletzt geprüft am 27.4.2021). Max Herrschmann an Marcell Waldek in Wien, 1896.

266 Vgl. auch Purin, Welt, S. 9. Im Gegensatz zu Ansichtskarten Galiziens gab es jedoch kaum Straßenszenen jüdischen Lebens, nur einige wenige Karten zeigen der Kleidung nach jüdische Personen vor der Synagoge. Vgl. Duda/Sosenko, Wprowadzenie/Introduction, S. 8–9.

267 Bad Dorna. Tempel. Bad Dorna: Verlag der Buchhandlung Rosenfeld, 1908. In: ČKM, 3674-II-22751; Gruss aus Solka. Izr. Tempel Apotheke. o.O.: Verlag M.G.H., o.J. In: ČKM, 3701-II-22722. In sehr ähnlicher Ansicht, nur ohne Beschriftung existiert auch eine Postkarte von König.

268 Ein von Andrei Corbea-Hoișie und Alexander Rubel herausgegebener Sammelband trug deshalb den heute leichte Irritationen auslösenden Titel »Czernowitz bei Sadagora«. Vgl. »Czernowitz bei Sadagora«. Identitäten und kulturelles Gedächtnis im mitteleuropäischen Raum. Hg. v. Andrei Corbea-Hoișie und Alexander Rubel. Konstanz 2006.

269 Gruss aus der Bukowina. Palais des Wunderrabbi in Sadagóra. Czernowitz: Leon König, o.J. In: BI, Slg. VINO, 1674; Gruß aus Sadagóra. Palais des Großrabbi. o.O.: o.Verl., o.J. In: Wikimedia Commons, https://commons.wikimedia.org/wiki/File:Sadigura_rebbe%27s_palace.jpg (zuletzt geprüft am 6.4.2023); Gruss aus der Bukowina. Bethaus des Wunderrabi in Sadagora. o.O.: o.Verl., o.J. In: Wikimedia Commons, https://commons.wikimedia.org/wiki/File:Sadigura_kloiz.jpg (zuletzt geprüft am 15.5.2023).

270 Mittelmann, Illustrierter Führer, S. 36.

271 Auch Simon Gross hat Portraitaufnahmen von Juden herausgegeben. Ein Blogger vermutete, es habe sich dabei um Charaktere des Jiddischen Theaters gehandelt, das in unmittelbarer Nachbarschaft des Verlagshauses lag. o. V.: Burech Bendit. In: Poemas del río wang (31.12.2012), http://riowang.blogspot.com/2012/12/burech-bendit.html (zuletzt geprüft am 3.4.2023).

272 Vgl. Gruss aus Czernowitz. Mehrmotivpostkarte. Czernowitz: Leon König, o.J. In: Slg G.J. o.Sig. Unbekannt an Herrn Rybitcka in Znaim, vermutlich 1899.

273 Gruss aus der Bukowina. Sadagóra. Czernowitz: Leon König, o.J. In: BI, Slg. E.K., 1.21.4 [Signatur alt BI-Kasp_01_0099_a]; Gruß aus Sadagóra. Tempel des Großrabbi. Czernowitz: A. Tennebaum, o.J. In: BI, Slg. E.K., 1.17.2 [Signatur alt BI-Kasp_01_0074_a].

274 Vgl. einführend HASLINGER u. a.: Heimstätten der Nation.

275 Vgl. HAUSLEITNER, Vereinshäuser in Czernowitz, S. 89–112

276 Auch nach der Zäsur von 1918 druckten rumänische Verlage wie die Editura Abramovici noch Ansichten des Deutschen Hauses etwa Cernăuți. Casa Germana. Bucarest: Editura M. Abramovici, 1930. In: BI, Slg. F.K., 6.14.1 [Signatur alt BI-Kasp_06_0053_a]. Aber auch in der Steiermark, wo Verlage explizit nationalpatriotische Postkarten produzierten, nutzten die Absender diese teils ganz unpolitisch, um etwa darauf zu verweisen, dass in einem Gebäude die Großeltern gelebt hätten. Vgl. ALMASY, Portrayal, S. 51. Vgl. weitere Ansichtskarten von Nationalhäusern bei SALAHOR, Vitannja z Černivciv, S. 406–418.

277 Deutsches Haus in Czernowitz. Äußere Ansicht. o. O.: o. Verl., o. J. In: BI, Slg. E. K., 6.14.4 [Signatur alt BI-Kasp_06_0056_b]. Alexander Semnitz an Vally Richter in Wien, 1912.

278 Gruss aus Czernowitz. Rathaus. Czernowitz: Leon König, 1900. In: BI, Slg. E. K., 6.13.3 [Signatur alt BI-Kasp_06_0051_b]. Moriz an Madlén von Goriupp in Graz, 1900.

279 Deutsches Haus in Czernowitz (Bukowina). Der Festsaal gegen die Bühne. Eröffnung des Deutschen Hauses am 4. und 5. Juni 1910. o. O.: o. Verl., o. J. In: ČKM, 12498-II-21947. Willi an Fräulein Stefanella in Karlsbad, 1910.

280 Deutsches Haus in Czernowitz. Äußere Ansicht. o. O.: o. Verl., o. J. In: BI, Slg. E. K., 6.14.4 [Signatur alt BI-Kasp_06_0056_a].

281 Vgl. beispielhaft WISZNIOWSKI, Franz: Radautz. Die deutscheste Stadt des Buchenlandes. Waiblingen 1966.

5 Schluss

5.1 (Selbst-)Bilder nach der Zäsur von 1918: Ein Epilog in vier Teilen

Die Postkarte im Ersten Weltkrieg: Schauplatz Bukowina 1914 bis 1918

Bevor das »goldene Zeitalter der Postkarten« endete, was die Forschung üblicherweise auf das Jahr 1918 datiert,[1] erlebte das ephemere Medium der kleinen Karten noch einen Höhepunkt. Der Ausbruch des »Großen Krieges« im Jahr 1914, der retrospektiv als der Erste Weltkrieg erkannt und benannt wurde, führte unter anderem dazu, dass Millionen Soldaten in andere Teile Europas entsendet und Millionen von ihren Liebsten getrennt wurden. Mittels Briefen, aber gerade auch mittels Postkarten hielten die Soldaten mit der Heimat Kontakt. Die Feldpost, die durch das Militär organisierte Postversorgung, war in der Regel für die Soldaten kostenfrei und diente der Aufrechterhaltung der Kommunikation zwischen den Truppen, aber auch mit der Heimat. Über 28,7 Milliarden Feldpostkarten sollen in den Jahren 1914 bis 1918 verschickt worden sein.[2] Genutzt wurden dazu alle nur denkbaren Karten, etablierte topografische Motive, aber auch eigens angefertigte Kärtchen. Allerorten wurden Karten mit patriotischen Symbolen und Sprüchen neu aufgelegt und erfreuten sich eines reißenden Absatzes. Regionale Verleger aus der Bukowina wie Moritz Gottlieb und A. Tennenbaum veränderten ihre Postkartenproduktion, indem sie topografische Ansichtskarten um patriotische Insignien wie das Bildnis des Kaisers mit der Inschrift »Mit Gott für Kaiser und Vaterland!« ergänzten und den Soldaten der österreichisch-ungarischen Armee einen Schutzengel zur Seite stellten (Abb. 1).[3]

Zudem stiegen europaweit Produzenten massenhaft in die Produktion von Kärtchen ein, die den Kriegsgegner mit saftigen propagandistischen Sprüchen schmähten, was von der Forschung breit untersucht wurde.[4] Von den Bukowiner Verlegern war hier niemand beteiligt, wenngleich das Habsburger Imperium insgesamt in der Informationsschlacht mitmischte.[5]

Neu hinzu kamen auch gemalte oder fotografische Ansichtskarten von Kriegsschauplätzen. Die Bukowina war im Ersten Weltkrieg ein umkämpfter Kriegsschauplatz. Sowohl in den Jahren 1914/15 als auch 1916/17 besetzte die Armee des Russländischen Reiches das östliche Kronland, das jeweils nur unter größten Kraftanstrengungen der österreichisch-ungarischen Armee, teils mit Unterstützung der Armee des Deutschen Kaiserreichs, befreit werden konnte. Jene Bilder der Bukowina im Krieg prägten einheimische Verlage, aber deutlich mehr auswärtige Verlage: Lederer & Popper aus Prag, die Kunstanstalt Edmund Papezik aus Chemnitz, die Kilophot-Gesellschaft aus Wien, und mit Grimaud Fils war sogar ein französischer Verlag vertreten. Der Verlag der Gebrüder Kohn, einer der wichtigsten Postkartenverlage in Österreich, inszenierte die »bezwungene russische Übermacht« mit einem postkartalischen Schlachtengemälde.[6] Die Schauplätze des Krieges interessierten europaweit und wurden europaweit – im Sinne einer Nachfrageökonomie – zu einem Geschäft.[7]

Im Krieg traten jenseits der kommerziellen Verlage weitere Akteure auf den Plan, die Ansichten des Kriegsgeschehens in der Bukowina prägten. Die »Vereinigung der Kriegskameraden« einer Bayerischen Feldartillerie war ebenso darunter wie das Kriegsfürsorgeamt des Roten Kreuzes.[8] Zunehmend gab es Fotoechtpostkarten, die damals technisch erst möglich wurden. Sie dienten dem Festhalten konkreter Ereignisse und deren schneller Kommunikation – eine wesentliche Funktion der Postkarte, bevor sich in den Massenmedien der Zeit die Bebilderung stärker durchsetzte.

In der Regel folgten die Bildseiten der Ansichtskarten der Logik des Krieges mit seinen Schlachtenereignissen und seinem Hass. Eine Ausnahme stellte eine Karte des Ukrainischen Verlags in Seletin dar, die ein Gemälde dreier Frauen in Volkstracht zeigte. Fettgedruckt war von einer »Ukrainischen Volksidylle 1915« die Rede, wobei der Begriff der Idylle konterkariert wurde von der Information: »Huzulenfrauen befragen die Kartenschlägerin über das Schicksal ihrer im Felde stehenden Männer.«[9] Verwundung oder Tod schwangen hier als Option mit.

Während die Bildseiten häufig propagandistisch geprägt waren, boten die Textseiten »ein anderes Bild: Angst, Verlust und Unsicherheit dominierten die kurzen Texte und die Sorge um die Angehörigen und Liebsten prägte die Zeilen«, wie es Christina Eiden formuliert.[10] Bei den Karten aus und in die Bukowina war dies ebenso der Fall wie in anderen Regionen Europas. Kurze Meldungen beinhalteten die wichtige Nachricht, dass der Absender noch nicht tot sei – im Gegensatz zu Millionen anderen. Johann, beim k.k. Landwehr-Infanterie-Regiment Nr. 22, meldet sich bei seinem Freund in Czernowitz im Jahr 1916: »Lieber Freund! Ich mache Dir bekannt das ich lebe noch, und danke dir sehr schön für deinen schreiben. Wir waren die besten Freunde von ganz Czernowitz und jetzt willst nicht einmal eine Feldpostkarte schreiben Ich hoffe das an Ostern werde Czernowitz besuchen. Dein Freund Johann.«[11]

Olga erhielt eine Entschuldigung, dass ihr Freund sich vor der Einberufung nicht mehr melden konnte. Er sei zu beschäftigt gewesen, doch nun sendete er innige Handküsse auf einer Ansicht des Czernowitzer Volksgartens.[12] Und Markian berichtete dramatisch von seinem neuen Alltag: »Liebe Familie! Herzlichen Gruss aus Dorna. Viel Zeit verging, seit wir uns sahen. Vieles passierte seitdem. Ich musste mich vor den Kugeln des Feindes verstecken, hungern, frieren und abkochen usw. Eine Menge passierte schon, aber nicht weniger erwartet mich noch. Aber ich habe Zuversicht zu Gott und Hoffnung auf etwas Besseres. Es wünscht allen starke Gesundheit und alles Gute.«[13]

Olesch schrieb aus Czernowitz nach Sanok: »Sehr geehrter Freund, heute habe ich die Karte bekommen und bedanke mich sehr für sie. Jetzt ist keiner ohne Problem. Was kann man machen. Die Leute müssen leiden und es hinnehmen! Nichts kann man machen.«[14] Hans konnte seiner Frau versichern, dass es nach einem kurzen Aufenthalt in Czernowitz bessergehe. Ausgewählt hatte er eine kolorierte Ansicht von Ringplatz und Rathaus: »Lieb Weibi! Gestern abends waren wir hier im Fronttheater. Heute früh marschieren wir bei schönstem Wetter und besser Laune von hier ab. Morgen Mittag sind wir an der Front – die Russen schiessen nicht mehr – wir auch nicht mehr. Mehr darf ich vorläufig nicht schreiben. Kannst mir schon schreiben. Schützenregiment 16. K.u.k. Feldpost 643 Viele Grüsse von deinem Hans.«[15]

Auch Fini erfuhr, dass Karl mit seiner Einheit wieder in Czernowitz sei, wo sie es vom Quartier recht nah in die Stadt hätten.[16] Andere gedachten ihrer geliebten Personen in der Heimat und verliehen ihrer Sehnsucht Ausdruck. So schrieb Peter: »Liebste Amalia! Heute ein sehr schöner Sonntag. Wie schön muss es in Czernowitz sein!«[17] Martha hörte von ihrem Vetter im November 1917, dass es ihm momentan etwas besser gehe, da er – nach »viel rastlos[em] Hin und Her« – jetzt schon ein paar Wochen an einem Ort sei. Ausgewählt hatte er eine Fotoechtpostkarte des Jagdschlosses Bukowina, wo er weilte.[18] Adam wählte eine Ansicht der Bukowiner Bauerntypen, um mit seiner Frau in der Steiermark zu kommunizieren. Er verlieh seiner Nervosität Ausdruck, doch freute er sich, dass sie ihm schrieb, dass es mit der Wirtschaft gut laufe.[19]

Soldaten wählten spezielle Motive aus, um ihre Grüße zu überbringen und ihre Angehörigen an den neuen Erfahrungswelten teilhaben zu lassen. So übersandte Victor seinen Eltern in Radautz eine Foto-Echtpostkarte von seinem Einsatzort in Wien, damit sie einen »kleinen Einblick in eines unserer Krankenzimmer« gewönnen, und stellte seine Kameraden namentlich vor.[20] Eine andere Karte Victors zeigte seinen Eltern das Verbandszimmer.[21] Hans, der in einer Sanitätseinheit diente, wählte ebenfalls ein passendes, wenngleich nicht so individuelles Motiv, um Mitzi in Wien den Erhalt der zwölften Karte zu bestätigen und Grüße zu übermitteln. Besondere Vorkommnisse habe er nicht zu berichten. Die Karte zeigte einen österreichischen Sanitätszug in der Bukowina.[22]

Die Soldaten kommunizierten mit ihren Liebsten ebenso über bereits vor dem Krieg angefertigte Ansichten der Bukowina, die Land und Leute zeigten. Oft ging es darum, die erstmals besuchten Orte zu zeigen.[23] Mit den Kurzmitteilungen führten sie den Nachweis, an dem angegebenen Ort gewesen zu sein, den die meisten Soldaten zuvor noch nie betreten hatten. Als erste massenhafte touristische Erfahrung hat die Forschung in den letzten Jahrzehnten den Ersten Weltkrieg beschrieben, der Millionen Menschen, die für Reisen keine finanziellen und zeitlichen Freiräume hatten, an ihnen unbekannte Orte brachte.[24] Idealtypisch kann folgende Karte von Vanja stehen, einem Soldaten im Dienste der russländischen Armee, den sein Einsatz unter anderem nach Czernowitz führte. Im Mai 1917 schrieb er: »Guten Tag liebe Eltern. Ich begrüße euch wünsche euch das allerbeste. Gestern spazierte ich in Czernowitz. Ich hab Kaffee im Café Europa getrunken. [drei Zeilen durchgestrichen] Heute morgen habe ich nicht geschlafen und war am Bahnhof. Morgen fahre ich weiter. Das Wetter ist wunderschön. Ich wünsche euch alles gute. Euer Vanja.«[25]

Der russländische Soldat Vanja hatte schnell herausgefunden, dass das Café Europa zu den besten Cafés am Ort gehörte und es aufgesucht. Als Motiv wählte eine Ansicht der Residenz aus und damit einer der Hauptsehenswürdigkeiten der Stadt. Die Karte selbst war qualitativ minderwertig, einfachstes Papier und nur schwarz-weiß. An ihr hatte der russländische Soldat offensichtlich gespart, um seinen Kaffee trinken zu können. Ob er die drei Zeilen durchgestrichen hatte, weil er nicht sicher war, ob sie die Postzensur passieren würden?

Von den Soldaten aus der Habsburger Armee und der des Kaiserreichs zeigten sich viele fasziniert von der einheimischen Bevölkerung, wie in Kapitel 4 beschrieben. Sie wählten Ethnienpostkarten aus, wie Arno, der seiner Mutter in Chemnitz 1915 auf einer Ansichtskarte von »Bukowinaer Bauerntypen« schrieb, dass sie an die alte Front gehen würden.[26] Ein Lehrer in Aachen durfte »einen ausführlichen Bericht über die hiesigen Verhältnisse – über Land und Leute« erwarten. »Ihr Interesse setzte ich voraus«, schrieb ihm sein Zögling im Jahr 1917 aus dem Felde. Ausgewählt hatte er eine Ansicht des

Abb. 1 Produktion patriotischer Motive im Krieg – Czernowitz. Mit Gott für Kaiser und Vaterland, Moritz Gottlieb: Czernowitz, 1916.

Pruttal in Czernowitz, wozu der Schüler handschriftlich zur Erläuterung »in der Bukowina« setzte.[27]

Zivilisten nutzten ebenfalls die kleinen Kärtchen, um von Zerstörungen oder vom Gesundheitszustand zu berichten. Eine Frau schrieb aus der Bukowina in den schwäbischen Raum nach Oberkammlach: »Zu Eurem Namensfest Wünsche ich Euch Gesundheit langes Leben und nach fielen Jahren die Krone des Himmels Meinem Mann geht es noch zimlich gut die Hauptsache ist es gesundsein Was gibt es neues in Kammlach Wann der fürchterliche Krig ein Ende nehmen würde Es Grüßt Euch vilmals.«[28]

Fräulein Josa in Wien erhielt die Nachricht: »Karte erhalten – danke bestens – tut mir auserordentlich leid, daß ich beim 2ten Besuch nicht Ihre Gegenwart geniesen konnte – die Häuser von Czernowitz gleichen mit wenig Ausnahme, Ruinen; alles […] und Holz gewaltsam verschleppt, sonach weder Türen, Fußboden noch Einrichtungsstücke und Betten. Was die Russen unversehrt ließen, haben die reichsdeutschen und besonders die Ungarn gründlich besorgt. Freue mich auf Wiedersehen in nächster Zeit in Wien.«[29] Sprach der Text von Verwüs-

tungen, zeigte die Bildseite die unversehrte Hauptsehenswürdigkeit der Stadt – ansprechend koloriert. Das Postkartenbild überblendete die Zerstörung der Stadt.

Der Weltkrieg war eine Ausnahmesituation in der Kommunikation, in der Motivproduktion und für die Produzenten. Plünderungen und Zerstörungen trafen auch ihre Läden, so erlitt etwa Königs Papierhandlung massive Beschädigungen.[30] Das Kriegsende im Jahr 1918 bedeutete auch das Ende der Bukowina als Kronland des Habsburger Imperiums, das in Folge des Weltkrieges in zahlreiche Einzelstaaten zerfiel.

Nach 1918: Rumänisierung – auch visuell?

Nach einer kurzen Phase, in der rumänische und ruthenische Abgeordnete gemeinsam die Verantwortung in dem ehemaligen Kronland hatten, erfolgte die Angliederung an das Königreich Rumänien, die im Friedensvertrag von Saint-Germain-en-Laye legitimiert wurde (Südbukowina 1919, Nordbukowina 1920). Erzwungen wurde der Anschluss durch einen pseudodemokratischen Beschluss und eine militärische Machtdemonstration. Anschließend erfolgte eine schrittweise »Ru-

Abb. 2   Bleibende zentrale Sehenswürdigkeit: Die Universität – Czernowitz. Universitätsgasse, o. Verl.: o. O., 1900.

mänisierung« der Region.³¹ Dazu gehörten die Eingliederung in den zentralistisch geführten rumänischen Staat und seine Verwaltungsstrukturen wie auch eine Nationalitätenpolitik, die repressive Züge gegenüber der nicht-rumänischen Bevölkerung trug, obwohl diese (Ukrainer, Juden, Deutsche und Polen) zusammen 60 Prozent der damaligen Gesamtbevölkerung stellten. Für die staatlichen Posten in Verwaltung und Justiz wurden von nun an quasi-muttersprachliche Rumänischkenntnisse vorausgesetzt, was de facto viele ausschloss.

Auf Privatunternehmer wirkte sich der Systemwechsel anders aus. Sie bekamen keine derartigen Vorgaben, mussten aber selbstredend in der Lage sein, ihre Behördenkommunikation auf Rumänisch durchzuführen.³² Für sie war entscheidend, ob ihre unternehmerischen Netzwerke aus der Habsburger Zeit und ihr Kundenstamm sie im neuen System ebenfalls trugen. Bei einer kursorischen Durchsicht der Postkartensammlungen fällt direkt auf, dass viele der verlegerisch tätigen Institutionen in der Zwischenkriegszeit keine Postkarten mehr produzierten. Von den etwa 50 Verlagen, die für das kleine Kronland in der Habsburger Zeit ausgemacht werden konnten, blieb gerade eine Handvoll übrig. Dokumentiert ist die weitere Postkartenproduktion von Leon König, Simon Gross, Friedrich Rieber, J. Tennenbaum, Hermann Beiner, Herzberg und Schaffer, wovon mit Beiner, Rieber, Herzberg und Schaffer vier Verlage außerhalb der Großstadt vertreten waren.³³ Beiner verlegte zudem Bücher.³⁴

Die Gründe für den drastischen Rückgang sind vielfältig: Manche Verleger mögen nach dem Systemwechsel emigriert, manche gestorben sein, viele dürften das Geschäftsmodell geändert haben.³⁵ Denn nach 1918 ließ sich mit den kleinen Kärtchen immer schwerer Geld verdienen – das Ende des »goldenen Zeitalters« bedeutete vor allem das Ende vieler Verlage. Der Markt war nach Jahren der Postkarteneuphorie gesättigt, zudem konnte sich das Telefon zur Übermittlung von Kurznachrichten immer weiter durchsetzen.

Dazu kam neue Konkurrenz, denn neue Verlage traten in das Geschäft mit Postkarten aus der Region Bukowina ein: I. T. aus Cernăuți, der in mittelmäßiger Qualität produzierte, findet sich wiederholt, zudem kann man von B. M. St. lesen, eine Buchhandlung V. Holic in Cernăuți, wie nun der alleinige rumänische Name von Czernowitz lautete, gab es ebenfalls im Postkartengewerbe. Schmiedt & Fontin produzierte mindestens eine

Karte in Cernăuți, in Rădăuți, der rumänische Name für Radautz, trat die Librăria nouă eines Dr. Braunstein in die Ansichtskartenproduktion auf regionaler Ebene ein. Des Weiteren nahmen Bukarester Verlage die Orte in der Bukowina neu in ihr Programm auf.[36] In den Sammlungen findet sich die »Rumänisch/Buchhandlung des Fortschritts« M. Abramovici, die ebenfalls in höchstens mittelmäßiger Qualität druckte, ebenso wie ein Verlag mit dem Namen Ostasul Român, wobei auffällt, dass jene Karten allesamt erst Ende der 1920er Jahre oder sogar erst in den 1930er Jahren erstellt wurden. Es dauerte offenbar, bevor die Verlage aus dem neuen Zentrum die hinzugewonnene Peripherie postkartalisch vermessen hatten. König tat sich mit der rumänischen Agenția Română Hachette aus Bukarest zusammen, nachdem er sich nach der starken Beschädigung der Druckerei Austria neue Partner suchen musste. Die Bukarester verlegten insbesondere Postkarten aus den neu hinzugewonnenen, ehemals österreichischen Gebieten.[37] Er selbst druckte als eigenständiger Geschäftsmann Stadtpläne, blieb aber auch aktiv in der Postkartenproduktion.[38]

Insgesamt wurde die Qualität in der Zwischenkriegszeit deutlich schlechter: Von den neuen Verlagen wurden fast nur Schwarz-Weiß-Ansichten, oftmals auf günstigem Papier produziert, die alteingesessenen Verlage wie Rieber stiegen auf Foto-Echtpostkarten um, auf die sie nur noch ihren Stempel aufbrachten.[39] Die neu geschaffenen Bildwelten der Bukowina wirkten dadurch häufig provisorisch, so als sei die visuelle Einschreibung in Großrumänien nicht auf Dauer angelegt worden. Interessant ist auch, dass immer noch Postkarten aus der Habsburger Zeit versendet wurden – nun eben mit rumänischen Briefmarken. Manche Bewohner*innen hatten offenbar noch Karten in der heimischen Schublade, die sie weiterbenutzten, aber – soweit in den durchgesehenen Sammlungen ersichtlich – an die sie keine politische Aussage knüpften. Eventuell verkauften die Händler sie auch noch, dürften sie doch nach Kriegsende noch reichlich Restbestände ihrer Produktionen gehabt haben. Das Postkartengewerbe war schließlich Vorratsproduktion.

Ihre Neuproduktionen stellten die Verlage auf mehreren Ebenen um. König und Co. begannen konsequent auf Rumänisch zu beschriften, deutsche Untertitel fielen dadurch weg – sowohl in Cernăuți als auch in anderen Städten und Dörfern. In wenigen Ausnahmen gab es rumänisch und deutsch beschriftete Karten. Ein genauer Blick auf die Motive zeigt dabei jedoch, dass die visuelle Neuvermessung des Stadtraumes nicht so umfassend war, wie anzunehmen wäre. An mehreren Plätzen schien der Baumwuchs zwischen der Zeit des Landesausbaus und der rumänischen Zeit nur sehr verhalten vorangegangen zu sein. Bestehende Motive von wichtigen Gebäuden wurden einfach recycelt – bereits im »goldenen Zeitalter« war so vorgegangen worden, indem um 1900 die meisten Städte, Landschaften und ethnischen Gruppen fotografisch vermessen und diese Bilder in den Folgejahren immer wieder neu aufgelegt wurden. Das deutlichste Beispiel ist ein Reiseführer durch Cernăuți, der 1939 von der Jugendorganisation *Landeswacht* (Straja Țării) herausgegeben wurde, der Jugendorganisation des Königs. Verfasst von Vlad Bănățeanu und Eitel Knittel, der später für die deutsche Gesandtschaft in Bukarest arbeitete,[40] bot der Reiseführer auf der Textebene die üblichen Nennungen der Sehenswürdigkeiten in und um Cernăuți, mit mitunter kräftig nationalpatriotischem Ton.[41] Die 1940 erschienene rumänischsprachige Version benannte den Nationalstolz der deutschen Jugend als nachahmenswertes Vorbild für die rumänische Jugend. Grundlage sei die Kenntnis des topografischen Raumes mit all den Sehenswürdigkeiten.[42] Bebildert war sowohl der deutsche als auch der rumänischsprachige Band reichhaltig, wobei häufig auf Illustrationen aus dem *Kronprinzenwerk* und Postkarten der Habsburger Zeit zurückgegriffen wurde. Auf manchen topografischen Postkarten und Reiseführern blieb folglich die Zeit stehen, die Habsburger Zeit eingefroren.

Doch insgesamt vollzogen die Postkartenmacher zwangsläufig die Umgestaltung der Stadt mit, auch wenn zahlreiche Sehenswürdigkeiten im Stadtraum ähnlich blieben. Die Nationalhäuser blieben als Motive, ebenfalls Ansichten des Theaters, das nun eben eine andere Statue vor den Eingangspforten hatte. Zu den beliebtesten Motiven in der Zwischenkriegszeit gehörte interessanterweise die Universität, die von der Rumänisierung mit am stärksten betroffen war und für den Elitenaustausch stand (Abb. 2).

Auch der Sitz der Gebietsverwaltung war häufiges Motiv, das in unterschiedlichen Perspektiven verlegt wurde. Stand es vorher als k.k. Landesregierung für Habsburger Staatlichkeit, symbolisierte es rumänische Staatlichkeit, die Zugehörigkeit zu Rumänien, und wurde von den Postkartenschreibenden gerne ausgewählt. Das Rathaus blieb als Teil des Ringplatzes, nun eben als Piața

Unirii, häufiges Motiv, über dem nun die rumänische Flagge wehte und nicht mehr der Habsburger Adler zu sehen war, den Karl Emil Franzos noch wenige Jahre zuvor als Garant der Zivilisation begriff. Alte Straßenschilder tauschte die Verwaltung aus und ersetzte sie durch rumänische Identifikationsfiguren und Erinnerungsorte, Denkmäler aus der Habsburger Zeit mussten neuen Helden der rumänischen Staatlichkeit weichen. Entsprechend trugen die Karten bald die Namen der neuen Sehenswürdigkeiten und zeigten den umgestalteten Stadtraum. Karten des 1923 neu errichteten Denkmals der Vereinigung standen dafür beispielhaft.[43] Es feierte die Vereinigung der Bukowina mit Rumänien.[44] In den eingesehenen Fällen zog es jedoch keine rumänische nationalpatriotische Anschlusskommunikation nach sich. Vielmehr wurden Geschäfte besprochen (»Der Vater war hier, war bei Dr. Frucht und bei mir. […] Eine Erzeugung haben wir besprochen.«).[45]

Neu hinzu kamen im Vergleich zur Produktion in der Habsburger Zeit zwei Motive: Zum einen wurde die architektonische rumänischen Moderne, die in Cernăuți Einzug hielt, in zahlreichen Ansichten festgehalten. Inbegriff davon wurde das modernistische Eckhaus an der Strada Universității, das häufig in Szene gesetzt wurde.[46] Analog zur Habsburger Zeit könnte hier von einer postkartalischen Erzählung der Modernisierung der Peripherie, nun eben einer Peripherie im rumänischen Staat, gesprochen werden. Denn die Postkarten, die von den rumänischen Verlegern aus Bukarest herausgegeben wurden, trugen zu einem Narrativ der Integration der nordöstlichsten Provinz in den rumänischen Nationalstaat bei, der nach 1918 sein Territorium verdoppeln konnte. Sie erzählten von Modernisierung und Eingliederung.

Zum anderen sind hier die Aufnahmen von Personen in Tracht interessant, die in der Frequenz deutlich abnahmen. In der Habsburger Zeit erzählten sie – mit Einschränkungen – eine Geschichte des Bukowinismus, eines multiethnischen Kronlandes im Gesamtgefüge der Monarchie. Entsprechende Postkarten aus der rumänischen Zeit erzählten von der Zugehörigkeit zum rumänischen Nationalstaat. Die abgebildete Karte von Ad. Maier & D. Stern aus București steht dabei beispielhaft für das Bild-Text-Narrativ. Unter der Überschrift »Gruß aus Rumänien« wurde ein Paar in regionaler Tracht aus der Südbukowina gezeigt (Abb. 3).[47] Dient die Überschrift der Vergewisserung und Festschreibung des expandierten rumänischen Raumes, wird der über Trachten getragene Vielfältigkeitsdiskurs nun auf den erweiterten nationalen Raum übertragen.

Ein 1932 erschienener, von staatlichen Stellen verfasster und geförderter »Reiseführer Rumänien« betonte deutlich das moldauische Erbe der Bukowina. Zusammengestellt von der Pressedirektion im Ministerium des Äußeren, namentlich dem Abteilungsleiter Alexander Cicio Pop und Dr. Zoltán Németh, sollte das Buch nach Willen der Beteiligten das Wissen über Rumänien heben, auf dass es den »ihm zukommenden Platz im grossen Gefüge unseres Erdteils erhält«.[48] Mit der Entscheidung für die deutsche Sprache hofften die Verantwortlichen auf ein breiteres europäisches Lesepublikum. Auch französisch- und rumänischsprachige Ausgaben kündigten die Herausgeber an, von denen allerdings nur die französischsprachige 1939 erschien.[49] Der knapp 600 Seiten starke Reiseführer legte einen klaren Fokus auf das Regat, also den Teil Rumäniens, der bereits vor 1918 zum Königreich Rumänien gehört hatte. In den Teilen zur Bukowina jedoch fällt auf, wie stark das moldauische Erbe über die Klöster betont wurde. Widmeten die Habsburger Postkartenverleger jenem Kulturerbe kaum Aufmerksamkeit, spielten nun sowohl Beschreibungen als auch Bildaufnahmen der Klöster eine zentrale Rolle. Das moldauische Erbe unterstrich die (legitime) Zugehörigkeit zum territorial erweiterten Rumänien. Im Teil zur Bukowina, aber auch im gesamten Reiseführer, verwendete die Pressedirektion Aufnahmen, die überwiegend mit Foto-Press und Foto-Tehn. gekennzeichnet waren. Alte Postkarten waren nicht mehr dabei. Offenbar war 15 Jahre nach der Inkorporierung der neuen Territorien das Land fotografisch neu vermessen worden. Über die Bildwelten Großrumäniens und die visuelle Integration in den erweiterten Raum des Nationalstaates ist noch wenig bekannt, weshalb hier zukünftige Studien gewinnbringend ansetzen könnten.

Die Karten liefen in all den Sprachen, die in der Region und von den Reisenden von jeher gesprochen und geschrieben wurden. Mitunter finden sich als nostalgisch zu interpretierende Versatzstücke, etwa ein deutsches »Zur Erinnerung Czernowitz« auf einer rumänischsprachigen Postkarte der Residenz, doch es blieb häufig bei üblichen Grüßen – weiterhin viel in deutscher Sprache.[50] Die Veränderung der politischen Lage in der Zwischenkriegszeit und die Verstärkung nationalistischer Strömungen, nicht zuletzt unter den Deutschen, spiegeln sich in der Postkartenkommunikation nur in

Abb. 3 Rumänisierung der Bukowina über Postkarten, auch hier wieder mit Schreibfehlern – Salutărĭ din România. Custume din Campu-Lung, Editura Ad. Maier & D. Stern: București, o. J.

Ansätzen. Ein Herr Wilhelm informierte einen befreundeten Pfarrer aus Deutschland über berufliche Entwicklungen und bedankte sich »für die schöne Ansichtskarte aus dem Mutterland«, das er offenbar in Deutschland und nicht in Rumänien empfand.⁵¹

Rumänische Postkartenkommunikation nahm erwartungsgemäß zu: Grüße zum Namenstag waren ebenso darunter wie ein »zur ewigen Erinnerung« mit dem Motiv des Vereinigungsplatzes, was politisch ausgedeutet werden könnte als Postkartenwahl eines glühenden Anhängers Großrumäniens, aber auch ein Zufallsgriff gewesen sein mag.⁵² Die Integration in den rumänischen Nationalstaat wurde insofern postkartalisch nachvollzogen, wenn nach București von einem Schulausflug nach Cernăuți berichtet wurde, den der Ausflügler als sehr positiv empfand.⁵³

Der Zweite Weltkrieg brach jäh herein, wie an manchen Postkarten deutlich wurde. Willi und Feli schrieben am 4. September folgendes nach Berlin: »Meine Lieben! Ich weiß nicht ob ihr noch Post erhaltet. Uns wurde mitgeteilt, daß alles gesperrt ist. Wir haben aber Karte vom 28/8 v. Papa und Karte 29.8. von Papa Rol. Uns geht es gut. Wir können hier heute leben für 4 000 Lei (100.–) monatlich wie die Fürsten in Vollpension. Bei Bekannten werden sogar Fahrerabschlüsse gemacht. Es wird wohl auch hier mobil gemacht. Wir haben alles darauf vorbereitet. Fee will eventuell später zu Verwandten nach Bessarabien. Wundert euch nicht wenn wir vorläufig nicht schreiben werden […] Wie ist es bei Euch? Im Geschäft? Gesundheit? Bleibt mal alle zu Hause! Der Krieg macht unseren Besuch unmöglich! Aber im nächsten Jahr bestimmt! […] Grüßt alle Eure Verwandten und Bekannten, speziell die wir kennen. Könnt ihr meine kleine Schrift auch richtig lesen? Wir umarmen Euch Willi und Feli lebt wohl und schlagt Euch tapfer durch! Wir haben gerade unser Abendbrot gegessen.«⁵⁴

Ihre Hoffnung, dass der Krieg nur kurz andauere, wurde enttäuscht. Er wütete mehrere Jahre und veränderte die Bukowina grundlegend. Die Region wurde als Folge des Hitler-Stalin-Paktes geteilt, wenngleich sie im geheimen Zusatzprotokoll nicht genannt war. Den nördlichen Teil verleibte sich die Sowjetunion ein, der südliche Teil fiel an Rumänien, NS-Deutschlands engsten Verbündeten, was ungeachtet aller weiterer territorialer Verschiebungen im Krieg in der Nachkriegszeit dann festgeschrieben wurde. Vernichtungs- und Vertreibungspolitiken in den Kriegsjahren und der Nachkriegszeit führten dazu, dass sich der Charakter der Region änderte. Deutsche und Rumänen verfolgten und töteten die regionalen Judenheiten; die Überlebenden verließen die Region nach Kriegsende. Christliche Deutschsprachige gingen in die deutschen Gebiete, sei es im »Altreich« oder in den gerade besetzten Gebieten Polens, und kamen nicht zurück. Die polnischsprachigen Bewohner*innen gingen weitgehend nach Kriegsende im Zuge einer generellen ethnischen Neuordnung des östlichen Europa.

Das Ende der Habsburger Bildwelten 1940 bis 1989/91?

Weltkrieg und Holocaust beendeten auch die Bildwelten aus den Häusern der genannten Verleger, die sich in der Habsburger Zeit etabliert hatten. Der wichtigste von ihnen, König, starb als Folge von Deportation, von anderen lässt sich der Lebensweg nicht rekonstruieren.[55] Kanarski, von dem bereits in rumänischer Zeit keine Ansichten mehr dokumentiert waren, kam mit der Umsiedlung nach Deutschland.[56] Bedeutender ist aber, dass in den jeweiligen Staaten, denen die dann geteilte historische Region der Bukowina nach 1945 zugeschlagen wurde, auch Bilderpolitiken ideologisch gefärbt wurden. Der Begriff der Bukowina verschwand aus dem öffentlichen Diskurs in der sowjetischen Ukraine und Rumänien in unterschiedlichem Ausmaß, und die Ansichten der Region richteten sich nach der neuen Ideologie aus. Im Südteil der Bukowina, nun Județ Suceava, blieben einige Postkartenmotive konstant. So überdauerte die Burg in Suceava alle Systemwechsel auf den Ansichtskarten der Stadt.[57] Ebenso blieb die Gebirgslandschaft etabliertes Motiv der Ansichtskarten.[58] Neu hinzu kamen Ansichten der Errungenschaften des Staatssozialismus, der modernen sozialistischen Bebauung oder Postkarten einer Milchpulverfabrik in Câmpulung-Moldovenesc.[59]

Hervorzuheben ist die postkartalische Betonung des moldauischen Erbes, während die Habsburger Zeit in der visuellen Erzählung bzw. der Text-Bild-Kombination verschwand. Der Regionsbegriff der Bukowina findet sich auf keiner überlieferten Ansichtskarte.[60] Ansichtskarten von Vatra Dornei, ehemals Dorna Watra, zeigten in der sozialistischen Zeit zwar noch die Bäderarchitektur der Habsburger Periode, doch auf die Habsburger Zeit wurde mit keinem Wort referiert. Vielmehr wurde eine der Quellen in einem Gebäude der Habsburger Bäderarchitektur in rumänischer Zeit offenbar nach dem historisch wichtigen Datum des 23. August benannt, an dem der Seitenwechsel Rumäniens zur Sowjetunion im Zweiten Weltkrieg vollzogen wurde. Dies war auf der Karte nachzulesen.[61] So gab es bereits in rumänischer Zeit zahlreiche Ansichtskarten der Klöster, zeitlich noch deutlich vor der Einschreibung in die Liste des UNESCO-Weltkulturerbes.[62] Verstärkt wurde dies in der Ceaușescu-Zeit mit ihrer Ideologie des »Nationalkommunismus«, weshalb unter anderem das moldauische Erbe verstärkt ins öffentliche Bewusstsein gerückt wurde.[63] Sehr deutlich zeigt sich dies in den Texten der Reiseführer der Zeit,[64] aber auch auf den verbreiteten Ansichtskarten. Beispielhaft kann eine Ansichtskarte zum 500-jährigen Jubiläum des Klosters Voroneț stehen, die mit dem großen roten Aufdruck der Jahreszahlen 1488 bis 1988 die Kontinuität zwischen der Zeit des Fürstentums und des damaligen staatssozialistischen Rumäniens betonte (Abb. 4).[65]

Oder eine Ansichtskarte der Statue des moldauischen Herrschers Ștefan cel Mare.[66] Beide genannten – und noch weitere ähnliche – Ansichtskarten wurden vom lokalen Museum herausgegeben, was den geschichtspolitischen Auftrag unterstreicht.[67] Visuell überblendete die Moldauer Periode, die protonational rumänisch gedeutet wurde, die Habsburger Periode.[68]

Im sowjetukrainischen Norden wurde die Ideologie im Bild besonders deutlich, wo Ansichtskarten den Fortschritt im Städtebau festhielten oder Denkmale im öffentlichen Raum prominent platzierten. Postkarten mit Aufnahmen der obligatorischen Leninstatue legte man bei der Herausgabe von Postkartensets ganz oben auf dem Stapel.[69] Neu hinzu kam noch, so Erzhena Dorzhieva, postkartalische Werbung für die Freilichtmuseen, die in der ganzen Sowjetunion in den 1950er und 1960er Jahren verstärkt errichtet wurden, um der im Verschwinden begriffenen bäuerlichen Kultur ein Denkmal zu setzen. Visuelle Narrative folgten dem und flankierten die politischen Vorgaben, wenngleich Ansichten von den älteren Gebäuden der Residenz, des Bahnhofs und des Theaters weiterhin verlegt wurden.[70] Zudem fanden sich Ansichtskarten der innerstädtischen Erholungsmöglichkeiten, etwa der Seen, die sich an Einheimische und Touristen richteten. Auch die Kurorte um Czernowitz bekamen postkartalische Aufmerksamkeit, wobei auffällt – gerade im Vergleich zum Südteil der Bukowina – dass der Begriff »Bukowina« durchaus auftaucht, etwa beim gleichnamigen Hotel oder etwa auf Kurhäusern, die in historisierendem lokalem Stil gebaut wurden.[71]

Damit, so könnte resümiert werden, wurden die (Selbst-)Bilder der Region neu erfunden und das Postkartenschaffen aus der Habsburger Zeit nicht komplett, aber stark überschrieben. In der Region selbst wurden die kleinen Karten nun nur unter der Hand gehandelt. Ein offizielles Verbot vom 15. August 1940 untersagte den Verkauf aller alten Karten (und weiterer Medien) im sowjetisch besetzten Teil, da auf politische Schädlichkeit zu prüfen sei.[72] Ihre Verwendung hätte als Zeichen politischer Nostalgie gedeutet werden können, sicherlich aber erzählten sie eine andere Geschichte als die des immerwährenden Fortschritts unter dem Sowjetsystem. Sie standen für mehr Freiheit in der Vergangenheit, da im Staatssozialismus gerade der Raum Černivci von Einreiserestriktionen stark betroffen war. Sie standen auch für das Versprechen der Weltoffenheit im Zeitalter des entstehenden Tourismus. Die übriggebliebenen Karten aus der Habsburger und rumänischen Zeit wanderten nun auf den Schwarz-

Abb. 4 Betonung des moldauischen Erbes auf den Postkarten im Nationalkommunismus – Voroneț 1488 1988, Muzeul Județean: Suceava, 1988.

markt – nicht als Inbegriff von Nostalgie, wie in der späteren Zeit, doch als Möglichkeit, aus Vergangenheit Geld zu machen. Gennadij Jankovskyj, Händler im heutigen Černivci, erinnert sich, dass dies vor allem in der Stadt verbliebene jüdische Personen, die vor ihrer Ausreise standen, betrieben hätten. Da zudem in der Habsburger Zeit diverse Postkartenhersteller aus dem jüdischen Milieu der Landeshauptstadt stammten, handelte es sich manchmal um ihre Privatbestände.[73]

Doch, so meine These, waren die kleinen Kärtchen bei Weitem nicht so flüchtig in ihrer Wirkung. Erstens prägten sie Bildwelten nachhaltig, da zahlreiche historische Publikationen beim Bedarf nach Illustrationen auf die »Postkartenästhetik« der Jahrhundertwende zurückgreifen – aufgrund eingeübter Sehmuster, sicher aber auch in Ermangelung anderer Bilder. Populärwissenschaftliche und partiell fachwissenschaftliche Publikationen (die aber häufiger spärlicher bebildert blieben) reproduzierten so die Bildwelten des »goldenen Zeitalters«, wenngleich weniger in der Bukowina vor Ort als in der Diaspora, an den Orten auf der Welt, wo nach dem *ethnic unmixing* des Zweiten Weltkrieges ehemalige Bukowiner und ihre Nachfahren lebten.[74] Zu den Erinnerungswelten gehörte auch das Gedenken an die Bildproduzenten, an den wohlhabenden Druckereibesitzer Kanarski im Südostdeutschen oder die populäre Buchhandlung des Leon König.[75] In der Diaspora gewann das Erinnerungsmedium der Postkarte eine größere Bedeutung, als über die sozialen Medien vergangene und aktuelle Bildwelten ohne großen Aufwand geteilt werden konnten.

Die Rückkehr der Bildwelten nach 1991

Nach dem Zusammenbruch des Sowjetsystems gehörten die postkartalischen Bildwelten mit zu den materiellen Objekten, die reaktiviert wurden, um an die Vergangenheit – die lange tabuisiert war – zu erinnern. Akteur*innen aus Kultur, Wissenschaft und Politik in Černivci knüpften nach 1991, als die Unabhängigkeit von der Sowjetunion erreicht war, an das Habsburger Erbe an. Das Narrativ des Bukowinismus, des friedlichen Miteinanders verschiedener Ethnien, stand im Mittelpunkt dieser Erzählung, die eine neue regionale Identität schaffte und eine externe Nachfrage sowohl bediente als auch kreierte. Denn nach dem Zusammenbruch des Eisernen

Vorhangs und dem Wegfall bestehender Reisebeschränkungen in den Oblast um Černivci kamen sowohl Nachkommen ehemaliger Bewohner*innen der Region als auch familiär nicht gebundene Neugierige, die insbesondere an dem reichen deutsch-jüdischen literarischen Erbe interessiert waren.[76] Hauptreferenzpunkt des Interesses bildete häufig genug die Habsburger Zeit, weshalb die ab Mitte der 1990er Jahre erfolgten Wiederauflagen von historischen Ansichtskarten aus den Häusern König bis Fischer eine logische Konsequenz waren.[77] Frühe Postkartensets waren provisorische Unternehmungen, von Idealisten getragen, die den Mangel an Bildwelten kompensieren wollten. Laut dem *Südostdeutschen*, dem Mitteilungsblatt der Landsmannschaft, war der lokale Initiator Serhij Osačuk, der von den katholischen Pennälern unterstützt wurde. Aus den Beständen der ukrainischen Sammler Snihur, Čechovskyj und Bilek sowie dem Bestand Kasparides wurden sieben Motive ausgewählt: Ringplatz, Herrengasse, Musikverein, Theater, Bahnhof und Residenz.[78] Medien prägten Ordnungen der Erinnerung, die nicht zuletzt um Visualität strukturiert ist.[79]

In den Buchhandlungen und Kiosken liegen seitdem die Bildwelten um 1900 neben den aktuellen Aufnahmen der Stadt. Mit den Bildern steht das Habsburger Erbe wieder auf, vor allem in der Erzählung einer besonders toleranten Stadt im Hinblick auf das multiethnische Zusammenleben. So wird im Schutzumschlag eines historischen Postkartensets Nathan Birnbaum, Schriftsteller, Vertreter erst des Zionismus, dann des Jiddischismus, mit den Worten zitiert: »Es ist kein Zweifel, auch Städte haben Individualität, haben ein ausgeprägtes seelisches Eigenbild. Auch wenn sie sich aus den verschiedenartigsten Elementen zusammensetzen, schwebt ein einigender Hauch über ihnen. Nationale Mannigfaltigkeiten spalten zwar einigermaßen das Bild, aber nur, wo die einzelnen nationalen Gruppen sich stärker sondern und Gelegenheit haben, ihre Sonderart in Sonderkultur zu betätigen. Solche Städte sind von einer Art anspruchsloser Liebenswürdigkeit, rechenschaftsloser Heiterkeit und derber Anmut. In solchen Städten sammelt der Geist nicht gern, sondern zerstreut sich lieber. Da werden keine Kulturschöpfungen geschichtet, sondern höchstens spielend verbraucht. Da gibt es keine Ewigkeit, sondern nur Zeit und eigentlich auch die nicht, sondern bloß Tage und Nächte. Eine solche Stadt ist Czernowitz.«[80]

Während ein historisches Postkartenset also die Multiethnizität und das friedvolle Miteinander heraufbeschwor, vereinnahmte das andere – in etwas eigentümlicher Übersetzung – die Stadt Czernowitz kurzerhand retrospektiv für die ukrainische Nationalgeschichte. Der auf Deutsch aufgedruckte Text ist etwas eigentümlich übersetzt und deshalb schwer zu lesen, aber die Integration Czernowitz in eine ukrainische Nationalgeschichte sollte deutlich werden: »Ansichten von Czernowitz auf altertümlichen Postkarten schenken eine wunderbare Reise durch Jahrhunderte auf einzigartigen Straßen und Gassen ukrainischer Paris – altertümliches Czernowitz zu Ende des 19. – Beginn des 20. Jahrhunderts.«[81]

Die Aneignungen der Karten rund einhundert Jahre nach ihrer Entstehung sind mitunter recht oberflächlich, manchmal so oberflächlich, dass es als problematisch zu beschreiben ist. So hat der ukrainische Sammler Mykola Salahor zur Popularisierung der historischen Bildwelten nochmal beigetragen, indem er nicht nur für das obige Postkartenset Karten aus seiner Sammlung bereitstellte, sondern sie in zwei umfangreichen Bänden 2017 und 2018 publizierte. In seinem zweiten umfassenden Buch *Gruß aus Czernowitz*, in dem Salahor seine Kollektion vorstellt, findet sich eine Sektion unter dem Titel »Homo Czernoviciensis«. Analog zum Begriff des »Homo Bucoviniensis« soll damit auf die besondere multiethnische Toleranz der Bewohner von Czernowitz verwiesen werden. Auf den fünfzig Seiten werden Ansichtskarten von der habsburgischen bis zur sowjetischen Zeit kombiniert, die die Abbildung von Personen gemeinsam haben. Politikerportraits auf Postkarten werden gefolgt von den raren postkartalischen Inszenierungen Geistlicher und Schriftsteller*innen, sodann von Aufnahmen von Fahnenweihen und Festumzügen. Weiter ausgewählt wurden Fotopostkarten von Personen in Tracht, die bereits diskutierten Ethnienpostkarten sowie Judaika und Antisemitika. Einige Seiten später folgt – immer noch kommentarlos und immer noch unter der Überschrift des »Homo Czernoviciensis« – eine postkartalisch gerahmte Fotoaufnahme eines Umzuges der »Deutschen Jugend Czernowitz«, auf der, wie handschriftlich annotiert wurde, eine junge Frau, blumengekränzt und mit weißem wallendem Umhang, die Grußgeste der Nationalsozialisten macht. Hinter ihr befindet sich eine überdimensionale Hakenkreuzfahne, die von Ästen und Blättern umrankt wird. Bilder weiterer Aufmärsche sind auf den Folgeseiten zu finden.[82] Zwei Lesarten sind möglich: Entweder lehrt uns das Kapitel berechtigterweise, aber kommentarlos, dass der »Czernowitzer Mensch«, zumindest zu manchen Zeiten,

eben genauso Rassismen, Antisemitismen und Totalitarismen zugeneigt war wie andere Menschen in Europa auch. Oder aber die Überschrift ist unreflektiert gewählt, kleistert mit einer Erzählung der multiethnischen Harmonie ebenjene politischen Verbrechen der Diskriminierung und des Menschenmordes zu, die es in diesem Teil Europas eben auch gegeben hat. Und in diesem Fall wirkt die Text-Bild-Kombination ohne weitere Erläuterung nahezu zynisch.

Dem Sammler Salahor kommt aber sicherlich das Verdienst zu, die historischen Bildwelten popularisiert zu haben. Und so begegnen dem Besucher historische Postkarten inzwischen auch im Stadtraum. Denn »Grüße aus Czernowitz« senden inzwischen Fassaden von Privathäusern oder Schaufenster von Geschäften.[83] In der Bohdan Chmel'nyc'kyj-Straße 68, in der Nähe des Hauptgebäudes der Universität gelegen, markiert eine aufgemalte historische Postkarte den Eingang zum Kultur- und Informationszentrum Černivci, das Informationen über die Stadt bereithalten soll – für Einheimische und Tourist*innen. Träger des Zentrums ist eine NGO (Abb. 5). Aufgebracht hatte das Fassadengemälde der einheimische Künstler Oleg Lubkivskyi, der bei der

Abb. 5 und 6   Historische Postkarten auf Fassaden im Stadtraum – Maren Röger, Černivci, 2019.

Eröffnung betonte: »Dieser Ort zieht Touristen an, weil er fotografiert werden kann.«[84] Einige Straßen weiter zieren Ansichtskarten die Fenster eines Lebensmittelladens, und in der Holovna-Straße 92 ließen die Besitzer*innen eine Folie auf die ganze Fensterfront anbringen, die zahlreiche historische postkartalische Stadtansichten und Portraitaufnahmen der Ethnien vereint (Abb. 6).

Dass die Wahl auf historische Postkarten fiel, lässt sich unterschiedlich erklären. Sie sind ein Zierelement, das aufgrund des abgelaufenen bzw. fehlenden Urheberrechts günstig zu haben und sicherlich auch deshalb beliebt ist. Das historisch schon niedrigschwellige Massenmedium ermöglicht bis heute niedrigschwelligen Zugang. Wichtig ist sicher auch, dass Postkarten zumeist auf Fotografien basieren, denen eine Evidenzfunktion zugesprochen wird: Abbildungen vergangener Zeiten lassen diese direkter zugänglich erscheinen als andere Referenzen auf die Vergangenheit der Stadt als stark multiethnisch geprägter Hauptstadt des Habsburger Kronlandes Bukowina, die deutlich abstrakter bleiben oder mehr (literarische) Grundbildung voraussetzen. Beispiele sind das in den Asphalt eingelassene metallene Band, das auf der wichtigsten Flaniermeile von Černivci, der Ol'ha-Kobyljans'ka-Gasse, die Namen der Stadt in den zahlreichen Sprachen der damaligen Bewohner*innen wiedergibt, oder die an zahlreichen Hausfassaden angebrachten Gedenktafeln, die an wichtige Persönlichkeiten aus Literatur, Kultur und Politik zumeist in mehreren Sprachen erinnern. Die Prominentesten von ihnen ehrt die westukrainische Großstadt darüber hinaus mit Denkmälern in Parkanlagen – zumeist auf Betreiben ihrer kulturellen Elite.[85]

Derartige von unten getragene Fassaden- und/oder Schaufensterverzierungen mit Postkarten zeigen, dass das seit Anfang der 1990er Jahre verfolgte *city branding* über die Habsburger Zeit mit Erfolg gekrönt war, sodass eine breitere Masse der Bevölkerung Černivci ein Bewusstsein für das historische Erbe entwickelte – ein weiter Weg seit dem Zusammenbruch der ukrainischen Sowjetrepublik, die nur eine verkürzte Geschichtsdarstellung kannte. Die Erzählung einer toleranten Region verbleibt dabei nicht in der Vergangenheit, sondern wird von aktuellen Bewohner*innen in ihr Selbstbild integriert – obwohl der Anteil anderer ethnischer und/oder religiöser Gruppen inzwischen denkbar gering ist.[86] Im Jahr 2000 sahen sich 96,7 Prozent aller Bewohner des Bezirks Suceava (nicht komplett identisch mit der historischen Südbukowina) als Rumänen, 1,4 Prozent als Ukrainer; die übrigen Gruppen lagen jeweils unter einem Prozent. Als Deutsche verstanden sich 0,3 Prozent.[87] Im Gebiet Černivci erwies sich die Bevölkerung als etwas gemischter, die Ukrainer mit 75,0 Prozent dominierten hier ebenfalls klar (danach: Rumänen 12,5, Moldawier 7,3, Russen 4,1, Polen 0,4 Prozent, Weißrussen 0,2 und Juden 0,2).[88]

Während in der ehemaligen Landeshauptstadt die postkartalischen Miniaturen an mehreren Orten zu finden sind, wird im rumänischen Județ Suceava deutlich seltener auf diese Art auf die Vergangenheit verwiesen, was mit der weitgehenden Zerstörung des architektonischen habsburgischen Erbes zu erklären ist. Nur wenige historische Gebäude haben ein Erdbeben und den Städtebau nach Vorstellungen der Moderne überdauert. In Rădăuți zieren Postkarten zwar die Fassade eines beliebten Restaurants in der Aleea Primăverii, der Frühlingsallee, doch ist dies in der Südbukowina die Ausnahme, und das Städtchen liegt insgesamt abseits von Touristenströmen. Insgesamt wurde das historische Habsburger Erbe nicht als Ressource mobilisiert und ist entsprechend (postkartalisch) kaum im Stadtraum präsent. Lediglich auf der Homepage der Stadt finden sich einige historische Fotografien und Postkarten.[89] Der Fokus der touristischen Vermarktung der Südbukowina liegt eindeutig auf den Moldauklöstern, die 1990 als Weltkulturerbe registriert wurden. Die Ansichtskarten aus dem Județ Suceava erzählten nach 1989 insgesamt die Geschichte einer an touristischen Attraktionen reichen Region, wobei vor allem die Moldauklöster in Szene gesetzt wurden. Sie waren das dominante Thema der postkartalischen touristischen Vermarktung. Einige wenige Karten betonten zudem die neukapitalistische Modernität, wenn etwa eine Mehrmotivpostkarte aus dem Jahr 1999 von Siret, der Grenzstadt zur Ukraine, neben der Gesamtansicht des Ortes Außen- und Innenaufnahmen einer Möbelfabrik zeigte.[90] Andere Mehrmotivkarten setzten das bauliche Erbe des Sozialismus gleichwertig in Szene neben den Gebäuden aus der Habsburger Epoche. So etwa eine Ansicht von Vatra Dornei, dem Kurort, der in der Habsburger Zeit begonnen hatte, Ausstrahlungskraft zu entwickeln. Den Begriff der historischen Region der Bukowina verwendeten die Postkartenmacher in diesem Fall – und den meisten anderen – nicht.[91]

Dieser Begriff wurde nur in wenigen Fällen reaktiviert. So liest man auf den Umschlägen von den insgesamt überaus beliebten Ansichtskartensets ein »Seien Sie willkommen in der Bukowina – Rumänien!« oder »Klöster der Bukowina«.[92] Auf den einzelnen Motiven

Abb. 7 Nationales Erbe, international beglaubigt: Weltkulturerbe-Moldauklöster als zentrale Motive – Patrauti. Romania. Patrimonio Mundial. Patrimoine Mondial. World heritage, Gura Homorului: o. Verl., 2012.

des ersten Sets, die vor allem aus den Klöstern bestanden, verschwand der Begriff Bukowina. Die Angabe umfasste den jeweiligen Ort und den Zusatz Rumänien. Die Verortung im Nationalstaat ging also vor historischen Reminiszenzen an Habsburg. Im zweiten Set blieben nur der Ort und die Bukowina genannt. Zwar fehlen bei beiden Sets Jahresangaben, doch aufgrund der Machart kann darauf geschlossen werden, dass das zweitgenannte Set deutlich jüngeren Datums ist. Vereinzelt tauchte der Begriff »Bucovina« auch auf Ansichten von Suceava auf.[93] Der Herausgeber dieser Karten mit Reminiszenz an die Bukowina war stets derselbe Verlag, der in Suceava ansässige Muşatinii, der zudem als einziger historische Ansichtskarten wieder auflegte. Überliefert ist eine Einzelpostkarte mit historischer Ansicht der Burgruine in Suczawa (damaliger deutscher Name der Stadt) aus dem goldenen Zeitalter der Postkarten.[94] Muşatinii verlegte zudem ein Ansichtskartenset mit einem Dutzend Postkarten, das sechs historische umfasste. Neben der Burgruine enthielt sie an historischen Karten das Schloss, die Kreutzgasse in Suczawa, den Bahnhof im Stadtteil Itzkany und das Polnische Haus.[95] Ein einzelner Verleger versuchte hier, an den Bukowina-Boom, wie er im ukrainischen Teil zu beobachten war, anzuknüpfen, was sich aber nicht zum Massenphänomen entwickelte.

Denn wenn über den konkreten Ort eine größere territoriale Einheit auf den Ansichtskarten angegeben wurde, war dies in der überwältigenden Mehrheit der Fälle Rumänien.[96] Ansichtskarten der Klöster, die zusätzlich das Emblem der UNESCO aufgebracht hatten, um auf den Weltkulturerbe-Status zu verweisen, betonten ebenfalls die Zugehörigkeit zu Rumänien (Abb. 7). Ganz klar wurde hier auf die besondere Bedeutung des moldauischen Erbes verwiesen, das für die rumänische Nationalgeschichte vereinnahmt wurde.[97]

Reaktiviert wurden die historischen Ansichtskarten in den sozialen Netzwerken der Diaspora. Die 2015 begründete *Bukovina Interest Group,* deren Administratorin bei den Bukowinadeutschen in den USA aktiv ist,

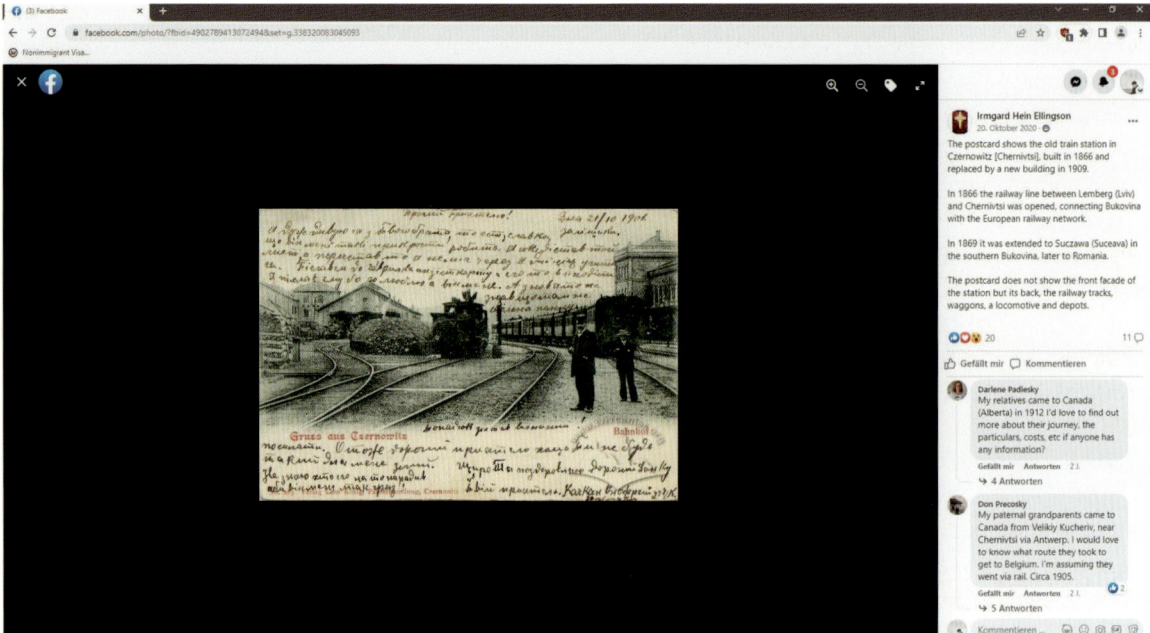

Abb. 8 Aneignungen und Bedeutungswandel in der Gegenwart: Postkarten in Heritage-Gruppen. Geteilte Postkarte in der Bukovina Interest Group, in: Facebook (20.10.2020), www.facebook.com/photo?fbid=4902789413072494&set=g.338320083045093 (zuletzt geprüft am 3.4.2023).

speist immer wieder historische Postkarten in ihre geschlossene Gruppe ein. Von den etwa 1 000 Mitgliedern (Stand April 2023) signalisierten zahlreiche Mitglieder ihr Gefallen, Erklärungen zu den Karten gab es kaum.[98] Bei den wenigen Texten zu den Karten zeigt sich die lange Nachwirkung der Typenpostkarten, indem eine Aufnahme von Menschen in Tracht kommentiert wurde, dass sie sehr typisch für die multiethnische Bukowina seien. Interessant ist die neue Aneignung einer Bahnhofskarte: Auf eine Ansicht der Rückseite des Czernowitzer Bahnhofes fragten die Nachkommen der aus der Bukowina Ausgewanderten nach deren möglichen Reiserouten (Abb. 8). Der Bahnhof stand für die Emigration. Insgesamt galt das Interesse der meisten den Aufnahmen der Herkunftsorte ihrer Vorfahren.

Auch in den sozialen Netzwerken der jüdischen Diaspora spielen die kleinen Karten eine große Rolle. Beispielhaft kann ein Video genannt werden, das im März 2021 über die czernowitz-l-Liste geteilt wurde, in der sich vor allem Nachkommen jüdischer Bukowiner*innen sowie Interessierte, oft zur Bukowina Forschende, versammeln. Um weitere (finanzielle) Unterstützung für den Erhalt des jüdischen Friedhofs in Černivci zu bekommen, produzierte eine externe Gruppe an historisch ausgebildeten Videomachern ein mehrminütiges Video über die Geschichte der jüdischen Gemeinde und des Friedhofs. Bei den Listenabonnent*innen traf das Video auf große Begeisterung. Historisch war es nicht unbedingt korrekt, manches unzutreffend, und die zur Illustration benutzten Bildwelten mitunter aus gänzlich anderen geografischen Kontexten.[99] Unter den montierten Bildern waren zahlreichen Postkarten, natürlich blieben sie, auch die Ethnienpostkarten, unhinterfragt, wurden vielmehr affirmativ verwendet als Evidenz für das Zusammenleben der unterschiedlichen Sprach- und Religionsgruppen. Die Massenware der Jahrhundertwende, heute einigermaßen häufig im Internet zu finden, zumeist ohne ausgeflaggte Urheberrechte, hat folglich ein langes Nachleben.

5.2 Fazit

Nicht an allen Orten entwickelten historische Postkarten aus dem »goldenen Zeitalter« ein so erstaunliches Nachleben wie in der Bukowina. Dort wurden die Karten über ein Jahrhundert nach ihrer massenhaften Produktion, Verbreitung und Aneignung in der Habsburger Zeit wiederentdeckt – als Teil des touristischen Marketings und zur Visualisierung des eigenen Selbstverständnisses historischer Kontinuitäten über alle Systemwechsel hinweg. Sie wurden also zu Geschichtsbildern *en miniature*.

Während ihrer Blütezeit prägten sie bereits Selbstbilder und Fremdbilder. Obwohl mit ihren 9 × 14 Zentimetern eine fast zu übersehende Größe, kann – so meine These – der in diesem Buch gewählte Fokus auf diese kleine Form den Blick schärfen. Dies betrifft zentral eine Kulturgeschichte der Politik des Kronlandes Bukowina während des »Durchbruchs der Moderne«, ferner betrifft es die Rolle visueller Medien und der dahinterstehenden Bildagenten in der Nationalisierungsphase der multiethnischen Räume des östlichen Europa. Zudem kann die kleine Form zu einer zeitgemäßen Mediengeschichte des multiethnischen Osteuropa beitragen, die noch allzu oft als eine Geschichte der Rückständigkeit erzählt wird. Der für das östliche Europa negativ ausfallende Vergleich basiert auf folgenden Faktoren: Erstens die langsame Alphabetisierung, gerade im Vergleich zum westlichen Europa, was potenzielles Lesepublikum überschaubarer hielt, zweitens die qualitativ (durch Zensur) und quantitativ (durch mangelndes Publikum) eingeschränkte Presselandschaft, ebenfalls im Vergleich zum westlichen Europa, und drittens verlangsamte Urbanisierungsprozesse und ein deutlich höherer Anteil an bäuerlicher Bevölkerung bis ins 20. Jahrhundert, was zu disparateren Öffentlichkeiten im Raum führte. Ich argumentiere, dass die Postkarte als semiöffentliches Medium Teil der medialen Mosaike sein muss, die es braucht, um eine Geschichte von Kommunikationsräumen und -kulturen zu schreiben, die über die Resonanzräume der politisch räsonierenden Hochkultur hinausgeht. Und dies umso mehr, als dass dieses massenhafte Bild-Text-Medium mit intensiven Nationalisierungsprozessen in Europa zusammenfiel. Aufgrund der imperialen Strukturen in Europas Osten und dessen expliziter Mehrsprachigkeit, Multireligiösität und dann ethnisch-nationaler Identitätsbildung im 19. Jahrhundert waren jene Nationalisierungsprozesse anders gelagert als in Europas Westen.

Ich möchte drei Ergebnisse der Arbeit stark machen und sie in den eher resümierenden Abschnitten jeweils mit Perspektiven für eine weiterzuverfolgende Geschichte von Kommunikationsräumen in den multiethnischen Imperien des östlichen Europa verbinden. Erstens: Die postkartenmachende Elite entwarf Bilder der Bukowina als Bilder eines Habsburger Musterlandes, modern und unbedingt dem Imperium zugehörig. Dies korrelierte mit dem politischen Handeln der exponierten Postkartenmacher, kollidierte aber mit den Wahrnehmungsmustern zahlreicher Reisender. Sie sahen die Bukowina dennoch als zivilisatorisches Grenzland. Zweitens: Visuelle Medien gehörten nicht zum primären Set national(istisch)er Agitation in der Bukowina, auch da das Produzieren und Beschreiben der Massenmedien in begrenzten gesellschaftlichen Schichten stattfand. Vielmehr beförderten die Postkartenmacher auch in diesem Bereich den Bukowinismus, eine Gemeinsamkeitserzählung unter Setzung einer österreichich-deutschen Leitkultur. Drittens: Die Postkartenmacher machten sich dennoch zu Komplizen der Nationalisierung, indem sie durch »Volkstypen«-Postkarten Vorstellungen einer nach ethnischen Gruppen geordneten Welt beförderten. Ökonomische Interessen verstärkten bestimmte Darstellungsweisen von Kollektiven, die von Wertigkeits- und Exotisierungsdiskursen, mitunter von offener Abschätzigkeit, geprägt waren. Die zeitgenössischen Meinungen bekamen durch Postkarten ein Gesicht, und zwar das konkreter Privatpersonen, deren Recht am eigenen Bild konsequent missachtet wurde. Damit wirkten die populären Massenmedien um 1900 bis weit ins 20. Jahrhundert – und zuweilen bis in die heutige Zeit.

Musterland Bukowina – oder eine politische Kulturgeschichte des »kooperativen Imperiums« Habsburg

Die Bilder des Kronlandes Bukowina prägten vor allem die Postkartenmacher aus der Region. Sie fertigten zahlreiche Motive, aus deren Vielfalt sich mehrere Narrative herausschälen lassen. So erzählten sie die Region grundsätzlich als dem Habsburger Imperium zugehörig – durch Emphase und In-Szene-Setzen bestimmter Motive auf der einen und durch Auslassung anderer Motive auf der anderen Seite. Die auffälligste Auslassung besteht darin, dass das Kulturerbe des Fürstentums Moldau, das vor allem im Südteil der Bukowina existierte, die Czernowitzer Verleger nicht interessierte: Ansichtskarten der prä-habsburgischen Architektur hatten sie kaum im Angebot, sodass von einer Binnenprovinzialisierung innerhalb des Kronlandes gesprochen werden kann, die in gewisser Weise die Binnenprovinzialisierung im Imperium nachbildete. Als kommerzielle Akteure waren die Postkartenmacher dem vermuteten Profit verschrieben, doch eben auch Akteure auf dem Feld der Geschichtspolitik, denn die kleinen Karten trugen im Ensemble mit anderen Medien zu (touristischen) Wertigkeiten, zu Selbst- und Fremdbildern bei. Sie festigten folglich den Teil der Leiterzählung des Bukowinismus, der die österreichisch-deutsche Kultur als wesentlich für die Entwicklung des Kronlandes und der Habsburger Herrschaft insgesamt darstellte. In der Postkartenproduktion wurde so – um es praxeologisch auszudrücken – die politische Zugehörigkeit zu Österreich-Ungarn immer wieder festgeschrieben. Das »kooperative Imperium« fand sich im Kleinformat deutlich.[100]

In Szene gesetzt wurde hingegen alles, was für die Funktionalität des Imperiums stand. Dazu gehörte die visuelle Erzählung der Region als modernes Kronland, indem Fortschritte im Städtebau und der Mobilität hervorgehoben wurden. Einen Großteil der damaligen Selbstbilder des Habsburger Kronlandes bildeten Ansichten der modernen Stadt Czernowitz, die in Massen produziert und in Massen gekauft wurden. Aufnahmen von Straßen, Gassen und Plätzen, Fotografien von öffentlichen und privaten Gebäuden, profanen und sakralen Bauwerken gab es aus unterschiedlichen Blickwinkeln – in schwarz-weißer, kolorierter oder gerahmter Ausführung oder in Mehrmotivkombinationen. Die Ansichtskarten zeigten und erklärten den Wandel, der in dieser Zeit der beschleunigten historischen Entwicklung stattfand, denn sie vermochten »komplexes dreidimensionales Geschehen [...] in eine reduzierte zweidimensionale Realität zu überführen, diese dort zu bannen, in einen Rahmen zu stellen und neu zu formatieren«.[101] Die kleinen Pappkärtchen konnten so Billets des Regionalstolzes werden, was angesichts der massiven zeitgenössischen Rückständigkeitsdiskurse umso relevanter war. Zahlreiche »Ansichten der Moderne« entsprachen internationalen Narrativen der Zeit. Da in der Bukowina der »Durchbruch zur Moderne« mit der »Periode des Ausbaus« zusammenfiel,[102] lassen sich einige der visuellen Modernisierungserzählungen von den Erzählungen des Habsburger Regionalismus kaum trennen. Zu den spezifischen Erzählungen gehört der Fokus auf die Formations- und Kohäsionsorte der bürgerlichen Gesellschaft, die Schulen und Theater. Bildung spielte eine zentrale Rolle für die Verbesserung der Lebensbedingungen in der Habsburger Peripherie, die lange eine unterdurchschnittliche Literarisierungsquote hatte, so dass die Postkarten spiegeln, wie wichtig Bildung für das Selbstbild der regionalen Eliten war. Zu fragen ist, ob sie mit eben dieser Erzählung in einem ersten Schritt die Bukowina zwar als modern und imperial zeigten, aber in einem zweiten Schritt doch zum Verschwinden brachten. Denn die imperiale Architektur machte die Region an der Peripherie wenn nicht identisch, so zumindest ähnlich zu anderen Regionen der Monarchie. So gewünscht es war, die Region als modernen Teil des Imperiums darzustellen, wurden die Bilder doch nahezu austauschbar mit anderen Regionen. Die Besonderheit des Kronlandes ließ sich dann nur in den kleinen Karten besser greifen, die Teile der Bevölkerung ausstellten – auf diese Spannung werde ich noch zurückkommen.

Zu der Zugehörigkeitserzählung gab es keine Gegenerzählung: Sezessionistische Karten, in denen nationalistische Gruppen von einer anderen politischen Entität als der Bukowina im Habsburger Imperium erzählten, etwa von Zugehörigkeiten zu Rumänien träumten oder eine eigenständige Ukraine imaginierten, gab es nicht. Die »semiotische Macht« der Postkarte stand gänzlich in Diensten des Imperiums.[103] Es waren unbedingte Bilder eines Habsburger Kronlandes, das die Postkartenmacher verbreiteten – eine Selbstinszenierung als Musterschüler. Dies entsprach der politischen Positionierung der Postkartenmacher. Die Eliten der im Osten Cisleithaniens gelegenen Region betonten und begrüßten die Zugehörigkeit zur Habsburger Monarchie – auch und gerade die Postkartenmachenden. Für die Landeshauptstadt fällt auf, dass das Postkartengewerbe von jüdischen und christlichen Deutschsprachigen dominiert wurde, also Angehörigen der gesellschaftlichen Eliten, denen der politische Status quo mit der Bevorzugung der deutschen Sprache für ihre eigene Position zupasskam. Zudem huldigten die kleinen Kaufleute vor Ort in unterschiedlicher Form der Habsburger Herrscherfamilie, was als politische Ehrerbietung gedeutet werden kann, die aber zudem eine frühe Form des bewussten Marketings beinhaltete. Auch im Südteil der Bukowina waren unter den Postkartenmachern zuvörderst deutsche und jüdische Namen zu finden, zudem waren einige wenige rumänische Institutionen verlegerisch aktiv, während die große Gruppe der Ruthen*innen/Ukrainer*innen bis auf die Ausnahme eines Vereins nicht vertreten war. Dies entsprach den Erwerbsmustern der Rumän*innen und Ruthen*innen, und dies wirkte sich auch auf die Bilderzählungen aus. Denn bei den visuellen Bilderzählungen der Massenware dominierten die Eliten. Die Musterschüler des Kronlandes fertigten, um es in einem Bild zusammenzufassen, Bilder eines Musterlandes.

Die über Postkarten getragene Modernisierungserzählung muss auch in das zeitgenössische Bestreben eingeordnet werden, mehr Tourist*innen in das östliche Kronland zu locken. Denn die visuellen Erzählungen trugen zur Normierung des Blicks bei, zur Herausbildung eines *tourist gaze*. In der Bukowina spielten Ansichtskarten dabei eine Sonderrolle, da sie nicht den Hierarchien der Reiseführer folgten bzw. folgen konnten. Denn jene ignorierten zeitgenössisch die Bukowina bzw. empfahlen sie nicht unbedingt. Stattdessen wurden in den kleinen Kärtchen eigene Erzählungen des Kronlandes entwickelt, wodurch zugleich touristische Sehenswürdigkeiten als solche mit geschaffen wurden. Außerhalb von Czernowitz bildeten die Orte der Bäderkultur einen Schwerpunkt in der Postkartenproduktion, der zeigte, wie die kleinen Karten zum Schmiermittel der Tourismusindustrie wurden: Denn jede versendete Karte hatte Evidenz- und Werbefunktion. Da die Redaktionen der großen illustrierten Zeitschriften im imperialen Zentrum saßen und entsprechend wenig Bilder der Peripherie Bukowina druckten, konnte – und musste – die lokale Druckindustrie dagegensetzen. Mit den Postkarten konnten Bilderzählungen des Zentrums ergänzt oder sogar unterlaufen werden.[104] Die Postkarte war im Ergebnis, hinsichtlich der breitenwirksamen Wahrnehmung, vielleicht keine »Gleichmacherin«, wie Eva Tropper schrieb, aber zumindest der Versuch, ein anderes, eigenes, positives Narrativ der Region zu prägen.[105] Ein genauerer Blick auf die Aufnahmen im städtischen Raum zeigt aber, dass die Region nicht vollständig auf »Postkartenästhetik« getrimmt werden konnte. Die Moderne- und Modernisierungserzählung hatte dort Grenzen, wo das Modernisierungstempo vor Ort eben doch nicht so hoch war, dass komplett bereinigte Ästhetiken zu finden waren. Auch die Schreibenden folgten nicht durchgängig der Erzählung der modernen Bukowina.

Die kleine Form der Postkarten kann so zu einer politischen Kulturgeschichte entscheidend beitragen. Zum ersten zeigt das Studium des visuellen Massenmediums, dass es sich auch hier um eine weitgehend von den gesellschaftlichen Eliten getragene Erzählung handelt. Damit ist der Produktionshintergrund des massenhaft konsumierten Mediums der Bildpostkarte ähnlich zum Zeitungswesen der Zeit. Die Bilderzählung der Bukowina in der Moderne war eine politisch konservative, ganz im Sinne der Bewahrung des politisch-territorialen Status quo im Kronland. Die Segmentierung des Postkartenmarktes blieb – im Gegensatz zum europäischen Pressewesen – jedoch aus: Weder ethnische Minderheiten noch soziale Gruppen nutzten im Kronland das kleine Medium, um gegen das herrschende System zu agitieren.

Zum zweiten wird deutlich, wie wichtig die Integration der Rezeption für eine Geschichte der politischen Öffentlichkeiten in den imperialen Räumen des östlichen Europa ist. Denn es zeigt sich sowohl der Erfolg als auch der Misserfolg der visuellen Narrative. Die Karten konnten, nach Wien und in andere Teile des Imperiums und der Welt versendet, Modernität signalisieren. Doch verlief die Aneignung nicht immer nach Plan. So gab es zwar zahlreiche Postkartenschreiber*innen, die dem visuellen Narrativ der schönen, modernen Landeshauptstadt folgten. Die von den lokalen Eliten aus politischen wie ökonomischen Gründen forcierte Abbildung der Bukowina als gleichwertiger, wenngleich besonderer Teil des Habsburger Kronlandes, trug folglich Früchte und zirkulierte im Raum der Habsburger Monarchie und anderen Ländern Europas. Andere Schreibende nutzten Kärtchen, die Symbole des Imperiums zeigten, für eine spezifische Form der Kohäsion im imperialen Raum. Wieder andere jedoch reproduzierten auf den Kärtchen der modernen Stadtlandschaften die Grenzlanddiskurse, mit denen die Bukowina seit Jahrzehnten zu kämpfen hatte – und folgten den auf der Vorderseite abgebildeten Narrativen damit explizit nicht. Denn trotz schicker Kartenmotive empfanden manche Reisenden das Kronland im Osten als tiefste Provinz, die zivilisatorisch nicht auf dem gleichen Niveau war. Auf den Bildseiten der Ansichtskarten konnten damit Deutungsangebote gemacht werden, die von den Schreibenden auf der Rückseite und sicherlich auch dem einen oder anderen Empfänger zurückgewiesen bzw. widerständig angeeignet wurden. Dennoch belegen die Quellen, dass den vorderseitig abgebildeten Motiven wohl in den allermeisten Fällen auch durch die Schreibenden entsprochen wurde.

Bilderzählungen des Bukowinismus – oder vom Nutzen komparativer Mediengeschichten des Nationalismus

Die Eliten des Grenzlandes Bukowina inszenierten zwar die Region als Raum, der vom Habsburger Imperium gestaltet wurde. Im Gegensatz zu den Postkartenmachern im Russländischen Imperium inszenierten sie ihn aber nicht als menschenleeres Gebiet, das erst vom imperialen Zentrum zivilisiert wurde.[106] Stattdessen zeigten sie auf ihren Karten zahlreiche Menschen mit unterschiedlichen ethnischen und religiösen Hintergründen. Die in der Bukowina vor Ort produzierten Ansichtskarten trugen somit das zentrale Ideologem des Kronlandes mit, das die Vielfalt bejahte – jedoch unter der Prämisse, dass die österreichisch-deutsche Kultur die maßgebliche sei. Es kann also von einer visuellen Erzählung des Bukowinismus gesprochen werden, wenngleich es Vorstellungen einer in Gruppen segmentierten Gemeinschaft waren. Dass die populären Karten diesen visuellen Bukowinismus beförderten, ist vor dem Hintergrund der hohen Analphabetenraten ein wichtiges Ergebnis, gerade indem damit Kontrapunkte zu den Pressetiteln des Kronlandes angeboten wurden, die zunehmend zur nationalistischen Aufladung beitrugen.

Zeitgenössisch, und dies ist ein weiterer zentraler Befund, ging die direkte politische Agitation mehr über Schriftmedien denn über das Bildmedium der Postkarten. Die Nationalvereine selbst als klassische ethnopolitische Akteure nutzten in der Bukowina Bildlichkeit in Form von Postkarten offenbar nur peripher. Im Gegensatz zu anderen Territorien des Habsburger Imperiums blieb der Nationalitätenkampf in der Bukowina klarer begrenzt. Nationalisierungsprozesse ethnopolitischer Akteure blieben in der Bukowina enger umrissen und fanden in einem überschaubaren Medienset statt, zu dem visuelle Medien offenbar nicht gehörten. Nicht zuletzt die mangelnde nationalistische Aufladung stellte einen deutlichen Unterschied zu Böhmen, Mähren oder der Steiermark dar und damit zu den (wenigen) anderen Kronländern des Habsburger Imperiums, für die überhaupt Studien zu den Postkartenakteuren vorliegen. Obwohl die Verleger die wichtigsten Produzenten damaliger Bilderzählungen waren, fehlen in der Geschichtswissenschaft grundlegende Studien. Mehr Forschung, die zu mehr Vergleichbarkeit führen könnte, wäre entsprechend wünschenswert.

Zudem agitierten nur wenige Einzelpersonen über das halböffentliche Medium, indem sie durch Durchstreichen und/oder Überschreiben Ansprüche auf Territorium deklarierten. Dieser Nichtbefund ist gleichzeitig ein interessanter Befund über die politische Kommunikation und Verfasstheit der Bukowina. Sie zeigt, dass die Lage im östlichsten Kronland Cisleithaniens deutlich befriedeter war als in anderen Teilen der österreichischen Reichshälfte.

Dabei sollte nicht übersehen werden, dass in der Bukowina häufig der Teil der Bevölkerung schrieb, der sich mit den bestehenden politischen Verhältnissen arrangieren konnte. Deutschsprachige Postkartenkommunikation war überrepräsentiert, und deutsche Sprachkenntnisse und sozialer Aufstieg bedingten einander in der Habsburger Monarchie über lange Zeit. Eine Geschichte der politischen Öffentlichkeiten, die eine breitere Quellenbasis umfasst als die Qualitätspresse, kann Befunde zu den multiethnischen politischen Öffentlichkeiten neu perspektivieren. Mit solchen medialen Mosaiken kann eine Mediengeschichte des östlichen Europa, die nicht die Rückständigkeitsparameter fokussiert, weitergeschrieben werden.

Ökonomien der Desintegration in der Bukowina – oder Perspektiven auf Bildmedienproduktion in multiethnischen Räumen um 1900 und deren Nachwirkungen

Der postkartalische Umgang mit Multiethnizität, Multireligiösität und Multilingualität hatte mehrere Dimensionen. So gehörte die sakrale und säkulare Architektur ganz selbstverständlich zum vorzeigbaren touristischen Erbe – unabhängig von den ethnischen/ethnisierten Kollektiven, die mit den Bauten in Zusammenhang standen. Zumindest produzentenseitig kann von einer fast gleichberechtigten Wiedergabe der Architektur gesprochen werden, die sich an der ästhetischen Qualität der Gebäude bemaß. Lediglich die Abwesenheit ruthenischer Orte fällt ins Auge und spiegelt die Schwäche der ruthenischen Nationalbewegung wider. Die Postkartendarstellungen der Bauten, die mit religiösen und/oder ethnisch-nationalen Gruppen verknüpft waren, transportierten keine Urteile. Auch die Schreibenden machten an den Bauten keine Emotionen fest – beides, Produktion und Rezeption, war bei Personendarstellungen deutlich anders.

Denn die editorischen Institutionen produzierten Bilder von Menschen, die ethnisch markiert wurden. Als »Typenbilder« setzten nun die Ansichtskarten die Ethnizität als das bezeichnete wesentliche Differenzkriterium – und nicht etwa den Berufsstand, die soziale Schicht, das Alter oder das Geschlecht. Multiple Rollen, etwa als Bauer, Dorfvorsteher, Vater usw., klammerten sie aus. Die Postkarten trugen damit nicht zuletzt zur Essentialisierung ethnischer Zuschreibungen bei. Denn die mit ihnen zirkulierenden Fotografien bildeten ethnische Gruppen nicht unmittelbar ab, sondern waren zentrales Medium ihrer Konstruktion. Jüngere Ansätze der Nationalismus- und Ethnizitätsforschung betonen für das östliche Europa und dort vor allem für periphere

Regionen, dass Ethnizität sich gerade nicht in als feststehend beschriebenen ethnischen Gruppen zeigte, sondern vielmehr in dem Bestreben politischer Akteure, diese herzustellen. Dieser Prozess war jedoch vielschichtig und brachte Phänomene sowohl wechselnder Loyalitäten als auch nationaler Indifferenz hervor.[107] Das Paradigma der Ethnizität wurde von politischen Akteuren der Zeit durchgesetzt und nicht zuletzt von den Bildagenten. Jene hatten mitunter politische Interessen, stets aber ökonomische. Denn die Akteure der Bildmedienproduktion waren zwar in diskursive Netzwerke des Nationalen eingebunden und strickten an diesen fleißig mit. Zentraler Grund der Herstellung von Ethniendarstellungen und nationalistischen Postkarten war aber vor allem eines: das Geschäft. Postkarten machten nicht nur Ethnizität und nationale Identifizierungen zur Ware, sondern deren Herstellung und Vertrieb operierten auch in sich zunehmend nationalisierenden Märkten und ökonomischen Netzwerken, die einerseits nationale wie ethnische Grenzen transzendierten und andererseits durch diese bedingt waren. Eine vergleichende Geschichte der Bildmedienproduzenten im östlichen Europa um 1900 zwischen Nationalismus und Ökonomie könnte so zu einer multiperspektivischen Geschichte der multiethnischen Räume beitragen und vor allem auch neue Akteure der nationalistischen Desintegration bestimmen.

Für die »Typenbilder« griffen Czernowitzer Verleger überwiegend auf Fotografien von Privatpersonen zurück, die in den Ateliers der Zeit die wichtigste Einnahmequelle darstellten. Die Praxis in der Bukowina wich damit deutlich von der Wiener Bildproduktion ab, wo auf arrangierte Modelle zurückgegriffen wurde. Die Postkartenproduzenten in der Peripherie nahmen es in diesen Fällen mit der Rechtslage ebenso wenig genau wie bei anderen Fragen des Urheberrechts, das damals ein wichtiges Rechtsfeld wurde. Postkartenplagiate stellten in der damaligen Zeit keine Seltenheit dar.

Die Karten trugen zur Vorstellung einer nach ethnischen Gruppen geordneten Welt bei. Sie transportierten Wertigkeitsdiskurse, in manchem ähnlich, in manchem anders als die Kolonialpostkarten, die von der Forschung früh in den Blick genommen wurden. Auch in der Bukowina ging es um eine »Exotik der Orte und der Menschen«,[108] wobei dem exotisierenden Blick allerdings nur jene ethnisierten Kollektive ausgesetzt wurden, die entweder zu den kleinsten Gruppen mit spezifischen Gebräuchen gehörten (Huzulen, Lipowaner) oder eher zu den bäuerlichen (Rumänen, Ruthenen), aus deren Reihen sich die Eliten des Kronlandes kaum rekrutierten. Die Abbildungen boten sie zum »Konsum des Fremden« an, und binnenkoloniale Muster verleiteten einige Postkartenschreiber*innen zur Auswahl der Ethnienpostkarten. Nachfrage und Angebot waren dabei aneinandergekoppelt. Die Bildwelten standen in einem diskursiven Netz und hatten mediale Nachbarschaften. Der »Konsum des Fremden« umfasste allerdings nicht die lokalen Frauen. Sexuell motivierter Voyeurismus, der auf den Kolonialpostkarten verbreitet war, fand sich auf den bukowinischen Postkarten nicht.

Die Erzählung der Bukowina, die durch diese »Typenbilder« vermittelt wurden, ist die eines von Traditionen geprägten Raumes. Berichteten die Stadtansichten und die Gebäudeaufnahmen von der unbedingten Modernisierung oder Modernität des Kronlandes, so sind die Karten der »Volkstypen« als eine konsumkompatible Erzählung des (vermeintlich) Ursprünglichen in der Region zu deuten. Ein weiteres Mal zeigt sich daran die Warenförmigkeit der kleinen Karten, denn beide visuellen Narrative entsprachen den Erwartungshorizonten der Kaufenden. Man interessierte sich für den Fortschritt und für die Bräuche, wobei ersteres entpersonalisiert und letzteres essentialisiert wurde. Es lässt sich darüber nachdenken, ob dieses dichotome Bildprogramm der Moderne – massenhaft verbreitet – Folgen hatte. Personengruppen symbolisierten das Traditionelle, wobei die Deutungsangebote zwischen faszinierender Exotik und zu wertender bzw. abzuwertender Kultur lagen. Auf den Bildern der Moderne gab es jene Menschen nicht, sie schienen davon losgelöst. Sickerte das Bildprogramm der visuellen Massenmedien in das europäische Bewusstsein? Was machte dies mit dem Menschenbild, dem Blick auf diejenigen Gruppen, die als traditionell/exotisch/ rückständig markiert wurden, wenn die Fortschrittlichkeit in einer Zeit der Hochmoderne, in der (technischer) Wandel immer zentraler wurde, ohne sie, vielleicht sogar gegen sie, erzählt wurde?

Weiter produzierten Bildakteure der Region antisemitische Postkarten, allen voran der Verleger Schiller, der sich auch in dem lokalen deutschnationalen Verein engagierte. Zum Spott taugte fast alles auf den Postkarten Schillers, wobei die vermeintlichen Rollen der Judenheiten in Handel und Gewerbe und die vermeintliche Feigheit die zwei dominanten Topoi waren. Dabei handelte es sich nicht um eine spezifisch bukowinische Version des Antijudaismus oder Antisemitismus, sondern

Schiller schrieb von der Peripherie aus an einer gesamteuropäischen Bilderzählung maßgeblich mit. Seine Bilder wanderten auch weiter nach Westen. Jene Postkarten mit jüdischen Themen waren nicht einfach eine Subkategorie der Postkarten mit Ethniendarstellungen, sondern hatten eine andere Qualität. Klaus Holz hat mit Blick auf das deutsche Kaiserreich von einem »nationalen Antisemitismus« gesprochen, indem er argumentierte, dass bei allen chauvinistischen Äußerungen über andere Nationen jenen Kollektiven das Recht zur Nationsbildung zumeist zugestanden wurde, der Gruppe der Juden allerdings nicht, weshalb sich der (deutsche) Nationalismus über den Antisemitismus konstituiere. Auch in den bildlichen Erzählungen im Osten Cisleithaniens zeigte sich, dass in der Nationalisierungsphase die Judenheiten visuell anders – hasserfüllter – erzählt wurden als andere Ethnien. Zahlreiche Käufer*innen wählten die antisemitischen Spottkarten gezielt aus und nahmen direkt auf die antisemitischen Deutungsangebote Bezug. Andere kauften die Karten nicht explizit, um ihre Liebsten über die präjudizierte und von ihnen geteilte Sichtweise auf die jüdische Bevölkerung vor Ort teilhaben zu lassen, was als Beiläufigkeit interpretiert werden kann, die die gesellschaftliche Akzeptanz des Antijudaismus/Antisemitismus offenbart.

Eine visuelle Geschichte kann dabei zeigen, dass sich die zeitgenössische Abwertung an konkrete Körper bindet. Die Menschen wurden durch die Bilder ausgestellt und der Beurteilung freigegeben, nicht die materialisierte Kultur. »Kulturleistungen« der unterschiedlichen Konfessionen und Religionen, wie sie auf den Postkarten der Sakralbauten festgehalten wurden, haben von Seiten der Schreibenden in keinem einzigen Fall einen negativen Kommentar hervorgerufen. Negative Projektionen brauchten offenbar konkrete Körper, die ihnen die Produzenten von Bildmedien feilboten.[109] Insbesondere das semiöffentliche Medium der Postkarte, das Raum für individuelle Aneignung gab, bot dabei die Möglichkeit, Chauvinismen und Rassismen selbst schriftlich zu äußern und zu verbreiten. In früheren Hochphasen der Bildmedien, als Flugblätter wichtiges Medium des politischen Diskurses waren, fehlte diese schriftliche Aneignungskomponente. Die kleinen Medien entwickelten Zentrifugalkräfte, indem sie die Desintegration der multiethnischen Gesellschaft beschleunigten. Sie brachten ethnisierte Kollektive für die Masse der Bevölkerung hervor, machte sie sicht-, und so in einem weiteren Schritt auch angreifbar. Sie erlaubten, Emotionen an Körpern festzumachen, sich diesen einzuschreiben. Ähnlich wie heute den sozialen Medien vorgeworfen wird, dass sie die niedrigschwellige Möglichkeit zur Artikulation des Hasses erst schaffen, mag über die Postkarten nachgedacht werden. Zu fragen wäre, ob sich hier politischer Diskurs insofern verändert hat, als dass abschätzige Urteile bis Hassbotschaften schriftlich formuliert wurden – in einer gewissen Analogie zu jüngeren Debatten über die Diskursentgrenzungen durch Social Media. Sie brachten den Meinungen zwar nicht eine solche Prominenz, aber gingen doch durch viele Hände, waren mindestens semi-öffentlich. Eine Emotionsgeschichte der Mediengeschichte wird als eines der Desiderate für das Verständnis von gesellschaftlicher Kommunikation beschrieben[110] und muss – wie dieses Beispiel zeigt – weitergeschrieben werden.

Die Essentialisierung auf den »Typenpostkarten« hatte auch eine Langzeitwirkung: In der *longue durée* funktionierten Postkarten im mitteleuropäischen Raum als Komplizen der Nationalisierung. Denn die Falle des Binärcode des Nationalismus schnappt auch Jahrzehnte später beim Betrachten der Postkarten noch zu – nationale Indifferenz, wechselnde Loyalitäten oder protonationales Denken verschwinden hinter der visuellen Demonstration ethnonationaler Zugehörigkeiten. Als mediale Spur verlockt die Postkarte die Betrachtenden mit diesen Abbildungen dazu, der Erzählung der nationalen Identifikation und der ethnonationalen Strukturiertheit der Region um 1900 zu folgen. Und auch in den Erinnerungspraktiken einzelner Gruppen von Nachkommen zeigen sich diese Desintegrationen der einst multiethnischen Gesellschaften. Doch die Nachgeschichte der Bilder ist nochmal ein eigenes Thema.

Anmerkungen

1 Jaworski, Alte Postkarten, S. 89. Etwas anders bei Kyrou, L'Âge, der die Jahre 1900 bis 1925 angibt.

2 Brocks, Christina: Die bunte Welt des Krieges. Bildpostkarten aus dem Ersten Weltkrieg 1914–1918. Frieden und Krieg. Essen 2008, S. 29.

3 Czernowitz. Mit Gott für Kaiser und Vaterland. Czernowitz: Moritz Gottlieb, 1916 In: BI, Slg. E.K., 1.1.1 [Signatur alt 01_0001_a].

4 Vgl. Lewalter, Hannes: »Der Kampf ist hart. Wir sind härter!« Die Darstellung deutscher Soldaten im Spiegel der Bildpropaganda beider Weltkriege und die Konstruktion des »Neuen Helden«. Tübingen 2010; May, Deutsch sein heißt treu sein, S. 610–653.

5 Moritz, Verena: »Schauermärchen« und »Greueldichtungen«, »Barbarei« und »Massenmord«. Die Behandlung von Kriegsgefangenen als Gegenstand der österreichischen Pressepropaganda 1914–1918. In: Zeitgeschichte 45/1 (2018), S. 35–56. So etwa jüngst BÜRGSCHWENTNER, Multiethnische Mobilisierung, S. 269–294; BAMBERGER-STEMMANN/JAWORSKI, Postkartenpropaganda.

6 Vgl. ČKM, 1200, IHB II-23048. Vgl. weitere Beispiele in der Slg. S. O.

7 Oesterr. -ungar. Artillerie in den Kämpfen bei Czernowitz. o. O.: o. Verl., o. J. In: BI, Slg. E.K., 1.16.3 [Signatur alt BI-Kasp_01_0071].

8 Vgl. weitere Beispiele in Svitova vijna u poštovych lystivkach [Der Weltkrieg auf Postkarten]. Hg. v. Sergij OSAČUK und Ivan SNIHUR. Černivci 2001, S. 73, 80, 104.

9 Ukrainische Volksidylle. In: Slg. S. O., o. Sig.

10 EIDEN, Christina: »Wenn doch einmal Friede kommen würde« – Kriegspostkarten der Bukowina. In: RÖGER/DIES., #Postkartenfieber, S. 33–34, hier S. 33.

11 Feldpostkarte Johann an Josef Kaminski, 1916. In: OSAČUK/SNIHUR, Svitova vijna, S. 134.

12 Vgl. Unleserlich, Czernowitz, an Olga Baliţca in Bessarabien, D. ul. In: ČKM, 11992-II-22040. Im Original auf Ukrainisch.

13 Bad Dorna. Johannes Quelle. Bad Dorna: Verlag der Buchhandlung Rosenfeld, 1914. In: ČKM, 33296_II-22759. Markian T. Lewkowytsch an die Herrschaften Pauliks in Bila bei Czernowitz, 1915.

14 Olesch an H. Proschuk in Sanok, 1916. In: BI, Slg. VINO, 1397. Im Original auf Karpathoukrainisch. Ich bedanke mich bei Erzhena Dorzhieva für die Hilfe.

15 Hans, Czernowitz, an »Weibi« in Graz, 1917. In: Slg. G. J., o. Sig.

16 Vgl. Czernowitz. Kinderspital. Czernowitz: Verlag A. Tennenbaum. In: Slg. G. J., o. Sig. Karl an Fini in Böhmen, 1918.

17 Feldpostkarte, Peter an Amalia Paulucka, 1916. In: OSAČUK/SNIHUR, Svitova vijna, S. 135.

18 Bukowina. Jagdschloss. o. O.: o. Verl., o. J. In: BI, Slg. VINO, 1391. Vetter Fr. Ahrends an Martha Sieburg in Bremen, 1917.

19 Vgl. Bukowinaer Bauerntypen. Czernowitz: A. Tennenbaum, Papierhandlung, o. J. In: BI, Slg. VINO, 1678. Adam an Dini Scharf in Mitterdorf, Steiermark, 1914. Auch ihr Bruder schrieb ihr aus der Bukowina. Er wählte eine Aufnahme einer Rumänischen Bauernfamilie aus, eine der wenigen Ethnienpostkarten, die im Freien aufgenommen wurden. Etwa Gruß aus der Bukowina – Rumänische Bauernfamilie. Czernowitz: Leon König, Buch- und Papierhandlung, o. J. In: BI, Slg. Vino, 1683.

20 Victor, Wien, an Dr. Wittner in Radautz, 1915. In: Slg. S. O., o. Sig.

21 Victor, Wien, an Dr. Wittner in Radautz, 1915. In: Slg. S. O., o. Sig.

22 Vgl. Österreichischer Sanitätszug in der Bukowina. Weltkrieg 1914–1916. Wien: Kilophot, 1916. In: BI, Slg. E.K., 1.11.4 [Signatur alt BI-Kasp_01_0052_b]. Hans an Mitzi in Wien, 1917.

23 Sogar intramilitärische Kommunikation über topografische Postkarten ist überliefert, etwa Fragen der Eingruppierung und des Urlaubs wurden verhandelt. Columburg, Czernowitz an Hermann Gregor, K.u.k. Feldwebel, in Purgstall, Kriegsgefangenenlager 1915. In: ČKM, 12498-II-21963.

24 Vgl. HEIMEL, Charlotte: Touristen an der Front. Das Kriegserlebnis 1914–1918 als Reiseerfahrung in zeitgenössischen Reiseberichten. Berlin 2007, S. 29.

25 Czernowitz. Gr. Or. Erzb. Residenz. Czernowitz: Moritz Gottlieb, o. J. In: ČKM, 12968-II-9855. Vanja an Wasili Stepanowitsch Terechow in der Provinz Wjatka, 1917. Im Original auf Russisch.

26 Bukowinaer Bauerntypen. Czernowitz: Verlag Moritz Gottlieb, o. J. In: BI, Slg. VINO, 1394. Arno an Martha Sieler in Chemnitz, 1915.

27 Unleserlich, Korbach an Herrn Küchel in Aachen, 1917. In: BI, Slg. VINO, 1367.

28 Rückzug der Russen aus der Bukowina. o. O.: E.P & Co., A. G., L mit Genehmigung der Illustrirten Zeitung, Leipzig, 1915. In: BI, Slg. E.K., 1.10.1 [Signatur alt: BI-Kasp_01_0045_b, 1913]. Kathar. an Fräulein Maria Dammez [?] in Oberkammlach, 1915.

29 Erzbischöfliche Residenz. Czernowitz: A. Tennenbaum, 1918. In: BI, Slg. E.K. 3.13.2 [Signatur alt: BI-Kasp_03_0050_a]. Unleserlich an Josa Suppan, 1918.

30 Vgl., o. V.: Die Buch- und Papierhandlung Leon König, Ringplatz Nr. 6. In: Czernowitzer Allgemeine Zeitung und Czernowitzer Tagblatt Kriegsausgabe, 4. 11. 1917, S. 4.

31 Der Absatz greift maßgeblich zurück auf FISHER/RÖGER, Bukowina.

32 Es gab die Regelung, dass Firmen nur Konzessionen bekamen, wenn 60 Prozent des Kapitals von rumänischen Bürgern stammte. Vgl. HAUSLEITNER, Mariana: Die Rumänisierung der Bukowina. Die Durchsetzung des nationalstaatlichen Anspruchs Großrumäniens 1918–1944. München 2011, S. 135.

33 Diese Verlage sind mit Ansichtskarten in der Sammlung vertreten, jeweils dann beschriftet mit rumänischem Verlagsnamen und in der Zwischenkriegszeit gelaufen.

34 Vgl. beispielhaft GASSAUER, Robert: Contribuţiuni la istoria Sucevei şi a împrejurimilor [Beiträge zur Geschichte Suceavas und Umgebung]. Suceava 1927; und DERS.: Suceava muzicală de altădată [Das musikalische Suceava von einst]. Suceava 1938.

35 So verstarb etwa Romuald Schally am 30. 5. 1918 in Czernowitz. Angabe nach: Genealogischer Fragebogen seiner Tochter Margarethe Samuely. In: BI, Nachlass Herbert Mayer, 19, Genealogischer Fragebogen S, Sch, St, nicht paginiert.

36 Vgl. Die Bildsammlung des ČKM. Dort erschließt sich auch die überwiegend schlechte Qualität der Karten der Zwischenkriegszeit.

37 Vgl. GRILJ, Deskription, S. 7.

38 Vgl. Am Brunnen. Czernowitz: Verlag v. Leon König, Buch- und Papierhandlung, o. J. In: BI, Skg. E.K., 6.36.6 [Signatur alt BI-Kasp_06_0145]; Rumänische Bauern. Czernowitz: Verlag v. Leon König, Buch- und Papierhandlung, o. J. In: BI, Slg. E.K., 6.37.3 [Signatur alt BI-Kasp_06_148]; Gruss aus Czernowitz – Hotel Schwarzer Adler. Czernowitz: Verlag Leon König, Buch- und Papierhandlung. In: BI, Slg. E.K. 6.6.4 [BI-Kasp_06_0024]. König druckte noch einen Stadtplan von 1941. Vgl. LIENEMEYER, S. 257.

39 Vgl. Cernăuţi. Strada Universităţii. Cernăuţi: Editura Friedrich Rieber, o. J. In: ČKM, 3477-II-2190.

40 Für den Hinweis auf Eitel Knittel danke ich Gaëlle Fisher. Beim Erstautor, Vlad Bănăţeanu, könnte es sich um den Sprachwissenschaftler und Armenologen gehandelt haben, der an der Universität Cernăuţi studiert hatte. Vgl. MIHAIH: Bănăţeanu, Vlad (1900–1963). In: Personalităţi Armene. Dicţionar de armeni din România, http://personalitati.araratonline.com/banateanu-vlad-1900-1963/ (zuletzt geprüft am 15. 5. 2023). Da weitere Angaben im Reiseführer nicht zu finden sind, bleibt dies eine Vermutung.

41 Vgl. BĂNĂŢEANU, Vlad/EITEL, Knittel: Führer durch die Stadt Cernăuţi. Cernăuţi 1939, S. 16 und S. 41.

42 Vgl. BĂNĂŢEANU, Vlad/EITEL, Knittel: Ghidul turistic, istoric şi balnear al Bucovinei. Cernăuţi 1940, S. 8. Der 1923 erschienene zweisprachige Bukowina-Reiseführer aus der Feder von Bruno Skrehunetz, Hauptschriftleiter der *Czernowitzer Deutschen Tagespost*, der sich in der Zwischenkriegszeit deutlich radikalisieren sollte, verzichtet weitgehend auf Bilder. SKREHUNETZ, Bruno: Ghid pentru Bucovina şi Cernăuţi. În anexă cu detalii asupra staţiunilor balneare precum şi asupra comerţului şi industriei din Bucovina = Illustrierter Führer durch die Bukowina und Czernowitz. Czernowitz 1925.

43 Cernăuţi Monumentul Unirii. o. O.: o. Verl., o. J. In: ČKM, 12498-II-21999; Cernăuţi, Monumentul Unirei cu Casa de Economie. Czernowitz, Vereinigungsdenkmal und Sparkasse. Bucureşti: Agenţia Română Hachette, o. J. In: ČKM, 3553-II-22004.

44 Vgl. Koziura, Karolina: The Spaces of Nostalgia(s) and the Politics of Belonging in Contemporary Chernivtsi, Western Ukraine. In: East European Politics and Societies: and Cultures 33/1 (2019), S. 218–237, hier S. 230–231.

45 Unleserlich an Neremias Rosenberg, 1920. In: ČKM, 12498-II-21999. Cernăuți Monumentul Unirii. o.O.: o.Verl., o.J. In: ČKM, 12498-II-21999, auch Slg. S.O., o.Sig.

46 Vgl. etwa ČKM, 11992-II-21894, 3477_II2190, 12498_II-21903.

47 Salutărĭ din România. Custume din Campu-Lung. Bucureşti: Editura Ad. Maier & D. Stern, o.J. In: VKW, Fotothek, 4780.

48 Filotti, Eugen: Zum Geleit. In: Reiseführer durch Rumänien. Hg. v. Alexander Cicio Pop und Zoltán Németh. Bucureşti 1932, S. V–VI, hier S. V.

49 Vgl. Reiseführer durch Rumänien. Hg. v. Alexander Cicio Pop und Zoltán Németh. Bucureşti 1932, S. XVI; Für die französischsprachige Ausgabe siehe Guide de la Roumanie. Hg. v. Alexandru Cicio Pop u. a. Bucarest 1939.

50 Kartenbeschriftung 1926, nicht gelaufen. In: ČKM, 3552-II-21972. Vgl. beispielhaft Unleserlich, Jakobeni an Lieserl Fischbach in Cernăuți, 1927. In: ČKM, 6381-II-22939.

51 P. Wilhelm an Dr. Alfons Schinke in Bielau, 1938. In: Slg. S.O. o.Sig.

52 Cernăuți Catedrala. o.O.: o.Verl., o.J. In: ČKM, 3606-II-21943. Musa an Rânja Dumitru in Bessarabien, 1940; Piața Unirii. Palatul Primărie. o.O.: o.Verl., o.J. In: ČKM, 12498-III-6507. Unleserlich an Herrn Sarloi in Cernăuți, 1938.

53 Cernăuți. Str. Regele Ferdinand. o.O.: o.Verl., o.J. In: ČKM, 11992-II-21834. Unleserlich an Frau Jenica in Bukarest, 1923. Im Original auf Rumänisch.

54 Willi und Feli an Frau Samariter in Berlin, 1939. In: BI, Slg. VINO, 1365.

55 Einzelne Namen finden sich im Mitteilungsblatt der Landsmannschaft in Israel wieder, doch kann aus den kurzen Mitteilungen selten zweifelsfrei eruiert werden, ob es sich um die gleichen Personen handelt. Vgl. etwa die Notiz, dass A. Katz in Curacao leben würde. Vgl. o. V.: Zu Besuch in Israel. In: Die Stimme XIV/103 (1958), S. 6.

56 Vgl. o. V. Familiennachrichten. In: Der Südostdeutsche, 8/18, 1957, S. 4. Dort auch die interessante Nachricht, dass eine Tochter von ihm in der rumänischen Zeit einen rumänischen Oberst geheiratet habe; nun aber in »dürftigen Verhältnissen« hier lebe.

57 Vgl. Beispiele in Oprea, Suceava. Cronică Ilustrată, S. 35–42. Zudem gab es Ansichtskarten der mittelalterlichen Türme. Vgl. dazu etwa Turnurile Medievale ale Sucevei. Suceava: Muzeul Județean, o.J. In: BI, Touristische Sammlung, BI-TSP-RM-102/1.

58 Vgl. beispielhaft o.T. o.O.: Editura Meridiane, o.J. In: BI, Touristische Sammlung, BI-TSP-RM-057/1; o.T.: O.O.: I.P.F.T., o.J. In: BI, Touristische Sammlung BI-TSP-RM-058/1 und o.T. o.O.: Editura Meridiane, o.J. In: BI, Touristische Sammlung, BI-TSP-RM-059/1.

59 Vgl. Republica Populară Romînă. Cîmpulung-Moldovenesc. Fabrica de lapte praf »Rarăul«. o.O.: Editura Meridiane, o.J. In: BI, Touristische Sammlung, BI-TSP-RM-043/1. Meridiane war ein Verlag aus Bukarest, der zahlreiche der Ansichtskarten in der Südbukowina herstellte.

60 Vgl. zum Umgang nach 1945 Fisher, Gaëlle / Röger, Maren: Bukovina. A Borderland Region in (Trans-)national Historiographies after 1945 and 1989–1991. In: East European Politics and Societies: and Cultures 33/1 (2019), S. 176–195.

61 Vatra Dornei. Izvorul de apă minerală »23 August«. o.O.: I.P.F.T., o.J. [aber in sozialistischer Zeit]. In: BI, Touristische Sammlung, BI-TSP-RM-066/1.

62 Vgl. zahlreiche Einzelkarten und Sets in BI, Touristische Sammlung, Rumänien, diverse Signaturen.

63 Vgl. Verdery, Katherine: National Ideology under Socialism. Identity and Cultural Politics in Ceausecus's Romania. Berkeley u. a. 1995.

64 Vgl. Monoranu, Octav u.a.: Suceava. Bucureşti 1980; Bojoi, Ion u.a.: Reiseführer durch den Kreis Suceava. Bukarest 1982, insbesondere die Einträge zu Geschichte.

65 Voroneţ 1488 1988. Suceava: Muzeu Judeţean, 1988. In: BI, Touristische Sammlung, BI-TSP-RM-074/1.

66 Suceava: parcul Cetăţii. Statuia lui Ştefan cel Mare. Suceava: Muzeu Județean, o.J. In: BI, Touristische Sammlung, BI-TSP-RM-093/1.

67 Vgl. BI, Touristische Sammlung, Rumänien, diverse Signaturen.

68 Sehr deutlich wurde dies auch in den Texten der Reiseführer. Vgl. Monoranu u.a., Suceava; Bojoi u.a., Reiseführer.

69 Vgl. dazu auch Fisher/Röger, Bukovina, S. 176.

70 Vgl. dazu eine Miniserie in der Slg S.O. o. Sig.

71 Vgl. die Masterarbeit von Dorzhieva, Erzhena: Bilder einer sowjetukrainischen Stadt. Touristische Repräsentation der Stadt Černivci von 1945 bis 1991. Masterarbeit. Augsburg 2020.

72 Protokol. Zasidannja Černivec'koho Povitvykonkomu vid 15/VIII.40 r. [Protokoll. Sitzung des politischen Exekutivkomitees Černivci vom 15. 8. 1940]. In: DAČO, F. P-3, Opis 1, sprava 10, S. 124–127. Auf diese Quelle wies mich Serhij Osacuk hin, der mir auch dankenswerter Weise eine Fotokopie des Protokolls zur Verfügung stellte.

73 Gedächtnisprotokoll des Gesprächs mit Jankovskyj.

74 Fisher/Röger, Bukovina.

75 Vgl. o.V. Familiennachrichten, S. 4; Vgl. Horniker, Utis: Weisst Du es noch? In: Die Stimme XXIX/279 (1973), S. 13.

76 Vgl. zum Interesse der Nachgeborenen dazu Heymann, Florence: Le Crépuscule des lieux. Identités juives de Czernowitz [Die Dämmerung des Ortes. Jüdische Indentitäten von Czernowitz]. Paris 2003; Hirsch, Marianne / Spitzer, Leo: Ghosts of Home. The Afterlife of Czernowitz in Jewish Memory. Berkeley–Los Angeles 2010; Fisher, Resettlers and Survivors; Dies. Looking Forwards through the Past: Bukovina's »Return to Europe« after 1989–1991. In: East European Politics and Societies 33/1 (2019), S. 196–217.

77 Vgl. beispielhaft Gruss aus Czernowitz. Set bestehend aus sieben Postkarten. Czernowitz: o.Verl. 2000. In: Slg. S.O.; und Vitannja z Černivciv. Vydy Černivciv na starovynnych poštivkach. Nabir poštivok z privatnoï kolekciï M. M. Salahora [Grüße aus Czernowitz. Ansichten von Czernowitz auf altertümlichen Postkarten. Serie von Postkarten aus privater Sammlung von M. M. Salahor]. Černivci: V. M. Moskaljuk, vmtl. 2017.

78 o.V.: Postkarten vom alten Czernowitz. In: Der Südostdeutsche, 50/10 (1999), S. 5.

79 Vgl. Knoch, Habbo: Die Tat als Bild. Fotografien des Holocaust in der deutschen Erinnerungskultur, Hamburg 2001, S. 23.

80 Abgedruckt in Gruss aus Czernowitz. Set bestehend aus sieben Postkarten. Czernowitz 2000. In: Slg. S.O.

81 Salahor, Mykola: Vitannja z Černivciv.

82 Vgl. Salahor, Vitannja z Černivciv, S. 479–532. Die beschriebene Postkarte findet sich auf S. 519, Karte 2.

83 Alle Fotografien aus dem Stadtraum stammen vom August 2019, angefertigt von der Verfasserin.

84 Vgl. weitere Informationen unter: »Černivci – Czernowitz« U Černivcjach vidkrysja turystyčno-informacijnyj Centr [In Černivci wurde ein Touristeninformationszentrum eröffnet]. In: ASS. Informacijne agenstvo (7.6. 2017), https://acc.cv.ua/news/chernivtsi/chernivci-czernowitz-u-chernivcyah-vidkrivsya-turistichno-informaciyniy-centr-foto-9526 (zuletzt geprüft am 3.4.2023); und Na vulyci Bohdana Chmel'nic'koho u Černivcjach vidkryly mural avtorstva vidomoho chudožnyka [In der Bohdan Khmelnytsky Straße in Černivci wurde das Wandgemälde eines berühmten Künstlers enthüllt]. In: ASS. Informacijne agenstvo (22.5.2017), https://molbuk.ua/

chernovtsy_news/128435-na-vulyci-bogdana-khmelnyckogo-u-chernivcyakh-vidkryly-mural-avtorstva-vidomogo-khudozhnyka-foto.html (zuletzt geprüft am 3.4.2023).

85 Vgl. zum City-Branding die Aufsätze von BERNSAND, Nikals: Returning Chernivtsi to the Cultural Map of Europe. The Meridian Czernowitz International Poetry Festival. In: East European Politics and Societies: and Cultures 33/1 (2019), S. 238–256; und KOZIURA, Spaces of Nostalgia(s), S. 228–230.

86 So eine Erfahrung bei Konferenzen mit Kolleg*innen aus Černivci, die aus der multiethnischen Prägung in der Vergangenheit eine bis heute überdurchschnittliche Toleranz im Umgang miteinander ableiteten.

87 Zahlen nach KOTZIAN, Ortfried: Die Umsiedler. Die Deutschen aus West-Wolhynien, Galizien, der Bukowina, Bessarabien, der Dobrudscha und in der Karpatenukraine. München 2005, S. 142.

88 Zahlen nach: Deržavnyj Komitet Statystyky Ukraïny [Staatliches Statistikkomitee der Ukraine]: Pro kil'kist' ta sklad naselennja Ukraïny za pidsumkamy Vseukraïns'koho perepisu naselennja 2001 roku [Über die Anzahl und Zusammensetzung der Bevölkerung der Ukraine nach den Ergebnissen der gesamtukrainischen Volkszählung von 2001], http://2001.ukrcensus.gov.ua/results/general/nationality/ (zuletzt geprüft am 6.4.2023). Für die Recherche danke ich Yuliia Levina. Deutsche wurden bei dieser Zählung nicht mehr angeführt.

89 Unter dem Reiter »Suceava früher« finden sich einige visuelle Medien, ohne genauere Bezeichnung der Zeit: Orașul Suceava, https://orasulsuceava.ro/fotografii/suceava-de-altadata/ (zuletzt geprüft am 6.4.2023).

90 Târguri din Bucovina 1999. Siret. Bestehend aus 9 Ansichtskarten. Tiparul: Terra design Gura Humorlului, o.J. In: BI, Touristische Sammlung, BI-TSP-RM-086/1.

91 Vatra Dorna. o.O.: Crist, o.J. In: BI, Touristische Sammlung, BI-TSP-RM-064/1.

92 Postkartenset »Bine ați venit în Bucovina – România!«. Bestehend aus 12 Ansichtskarten. Suceava: Compania de Turism si Tranzacții »Juventus«, o.J. In: BI, Touristische Sammlung, BI-TSP-RM-025/1; Postkartenset »Mănăstiri din Bucovina«. Bestehend aus 10 Ansichtskarten. Suceava: Mușatinii, o.J. In: BI, Touristische Sammlung, BI-TSP-RM-026/1.

93 Suceava – Bucovina. Cetatea de Scaun. Suceava: Mușatinii, o.J. In: BI, Touristische Sammlung, BI-TSP-RM-099/1.

94 Ruinele cetății Suceava. Cetatea de Scaun a Sucevei înaintea acțiunii de împădurire realizată de silvicultori la mijlocul secolui trecut. Suceava: Mușatinii, o.J. In: BI, Touristische Sammlung, BI-TSP-RM-098/1.

95 Postkartenset »Suceava. Bucovina«. Bestehend aus 12 Ansichtskarten. Suceava: Mușatinii, o.J. In: BI, Touristische Sammlung, BI-TSP-RM-087/1.

96 BI, Touristische Sammlung, Rumänien, diverse Signaturen.

97 Vgl. eindrücklich Patrauti. Romania. Patrimonio Mundial. Patrimoine Mondial. World heritage. Gura Homorului, 2012. In: BI, Touristische Sammlung, BI-TSP-RM-046/1.

98 Ich, selbst keine Facebook-Nutzerin, danke Alexander Weidle für den Hinweis auf die Gruppe und ihre Verwendung von historischen Ansichtskarten.

99 Siehe zu Lob und Kritik die Debatten auf der Mailinglist im März 2021. Für den Hinweis danke ich Gaëlle Fisher.

100 Vgl. OSTERKAMP, Imperium.

101 PAUL, Gerhard: BilderMACHT. Studien zur »Visual History« des 20. und 21. Jahrhunderts. Göttingen 2013, S. 631.

102 LIENEMEYER, Stadtentwicklung, S. 92.

103 Ausdruck übernommen von SEMMERLING, Tim Jon: Israeli and Palestinian Postcards. Presentations of National Self. Austin 2010, S. 203.

104 In Anlehnung an die Argumentation zum Russländischen Reich von FEHRENBACH, Bildfabriken, S. 317.

105 TROPPER, Medialität, S. 111.

106 Vgl. FEHRENBACH, Bildfabriken, S. 306.

107 Vgl. ZAHRA, Tara: Imagined Noncommunities. National Indifference as a Category of Analysis. In: Slavic Review 69/1 (2010), S. 93–119; HASLINGER, Peter/PUTTKAMER, Joachim von: Staatsmacht, Minderheit, Loyalität – konzeptionelle Grundlagen am Beispiel Ostmittel- und Südosteuropas in der Zwischenkriegszeit. In: Staat, Loyalität und Minderheiten in Ostmittel- und Südosteuropa. Hg. v. DIES. München 2007, S. 1–16.

108 STURANI, Fremde, hier S. 13–14.

109 Dass Körper wissenschaftlich definiert und als different markiert wurden, begann bereits seit dem ausgehenden 18. Jahrhundert. Nach wie vor prägend zur Körpergeschichte PLANERT, Ute: Der dreifache Körper des Volkes: Sexualität, Biopolitik und die Wissenschaften vom Leben. In: Körpergeschichte 26/4 (2000), S. 539–576, hier S. 546. Einführend zu den Emotionen von Begegnungen vgl. Encounters with Emotions. Negotiating Cultural Differences Since Early Modernity. Hg. v. Benno GAMMERL u.a.: New York–Oxford 2019.

110 Vgl. PLAMPER, Jan: Geschichte und Gefühl. Grundlagen der Emotionsgeschichte. München 2021, S. 338.

Anhang

Quellen und Literatur

Quellen

▪ Archive und Sammlungen

Archiv des Bukowina-Instituts an der Universität Augsburg (BI)
· Digitale Sammlung
· Sammlung Eduard Kasparides (Slg. E. K.)
· Sammlung VINO
· Touristische Sammlung

Arthur Langerman Archiv für die Erforschung des visuellen Antisemitismus an der Technischen Universität Berlin (ALAVA)
· Sammlung Arthur Langerman (Slg. L.)

Blavatnik Archive

Bundesarchiv Berlin (BArch)

Černivec'kyj muzej istoriï ta kul'tury jevreïv Bukovyny (ČMIKJB) [Museum für jüdische Geschichte und Kultur der Bukowina]
· Bildsammlung

Černivec'kyj oblasnyj chudožnij muzej (ČOChM) [Regionales Kunstmuseum Černivci]

Černivec'kyj oblasnyj krajeznavčyj muzej (ČKM) [Ethnologisches Museum Černivci]
· Bildsammlung

Deržavnyj archiv Černivec'koï oblasti (DAČO) [Staatsarchiv Černivci]
· Bukowiner Landesausschuss
· k.k. Bukowiner Landes-Regierung
· K.k. Polizeidirektion in Czernowitz
· k.k. Landesgericht
· Regionalgericht Czernowitz
· K.k. Staatsanwaltschaft Czernowitz
· Israelitische Kultusgemeinde

Jüdischen Museum Wien (JMW)
· Sammlung Eli Stern (Slg. E. S.)
· Sammlung Martin Schlaff (Slg. M. S.)

Museum für angewandte Kunst in Wien (MAK)
· Vollbildersammlung

Österreichische Nationalbibliothek (ÖNB)
· Bildarchiv

Österreichisches Staatsarchiv (ÖStA)
· Allgemeines Verwaltungsarchiv
· Handelsministerium

Sammlung Gennadij Jankovskyj (Slg. G. J.)

Sammlung Ivan Snihur

Sammlung Serhij Osačuk (Slg. S. O.)

Volkskundemuseum Wien (VKW)
· Fotothek, Bestand Kaindl

▪ Periodika

Amtsblatt zur Wiener Zeitung und Zentral-Anzeiger für Handel und Gewerbe

Archiv für Post und Telegraphie

Bukowina. Landes-Zeitung des Herzogthums Bukowina

Bukowinaer Landwirthschaftliche Blätter. Zeitschrift für die Gesamtinteressen der Land- und Forstwirtschaft, des Gartenbaues sowie der einschlägigen Industrien. Offizielles Organ des Landeskultur-Vereines für das Herzogtum Bukowina

Bukowinaer Nachrichten. Organ des »Deutschen Volksbundes in der Bukowina«

Bukowinaer Post

Bukowinaer Rundschau

Bukowiner Bote. Zeitschrift des Vereines der christlichen Deutschen in der Bukowina

Czernowitzer Allgemeine Zeitung

Czernowitzer Presse

Czernowitzer Tagblatt

Czernowitzer Zeitung

Die Fackel

Der Südostdeutsche. Buchenlanddeutsche Zeitung mit ständigen Berichten über die Südostdeutschen, über und aus Südost- sowie Osteuropa und über die Bukowiner in aller Welt

Die Stimme. Mitteilungsblatt für die Bukowiner

Der Volksfreund. Unabhängige Zeitung für das christliche Volk der Bukowina

Die Wahrheit

Der Tag. Organ für die Interessen der Stadt Czernowitz, der Bucovina und des Reiches

Genossenschafts- und Vereinszeitung. Unabhängiges Organ

Neue Freie Presse

Neues Wiener Tagblatt

Österreichische Touristen-Zeitung. Mitteilungen des Österreichischen Touristenklubs

Papier- und Schreibwaren-Zeitung. Fachorgan für Papier- und Schreibwaren-Handel und -Industrie, Buchbinderei, Kartonage-Fabrikation, Buchdruckerei, Buchhandel und verwandte Branchen

Wiener Zeitung

▪ Gedruckte Quellen

Adressbuch von Czernowitz samt Vorstädten. Czernowitz 1909.

BAEDEKER, Karl: Österreich-Ungarn. Handbuch für Reisende. Leipzig [23]1892.

BAEDEKER, Karl: Österreich-Ungarn. Handbuch für Reisende. Leipzig [25]1898.

BAEDEKER, Karl: Österreich-Ungarn. Handbuch für Reisende. Leipzig [26]1903.

BAEDEKER, Karl: Österreich-Ungarn. Nebst Cetinje, Belgrad, Bukarest. Handbuch für Reisende. Leipzig [28]1910.

BAEDEKER, Karl: Österreich-Ungarn. Nebst Cetinje, Belgrad, Bukarest. Handbuch für Reisende. Leipzig [29]1913.

BĂNĂȚEANU, Vlad/EITEL, Knittel: Führer durch die Stadt Cernăuți. Cernăuți 1939.

BĂNĂȚEANU, Vlad/EITEL, Knittel: Ghidul turistic, istoric și balnear al Bucovinei, Cernăuți 1940.

BLANK, Hans: Die neue Gewerbeordnung. Auf Grund der Gewerbenovelle vom 5. Februar 1907 im Zusammenhang mit den geltenden Gewerbegesetzen. Prag 1907.

BOJOI, Ion/CÂRLAN, Nicolae/COCUZ, Ioan/IACOBESCU, Mihai/IOAN, Iosep/MONORANU, Octav/POPESCU-ARGEȘEL, Ion/URSULESCU, Nicolae: Reiseführer durch den Kreis Suceava. Bukarest 1982.

BUTZ, Adolf: 25 Jahre deutscher Schutzvereinsarbeit im Buchenlande. 1897–1922. Festschrift, gewidmet dem Vereine der Christlichen Deutschen in der Bukowina aus Anlaß der Gedenkfeier seines 25-jährigen Bestandes. Czernowitz 1922.

EFFENBERGER, Eduard: Aus alten Postakten. Quellen zur Geschichte d. österr. Post, ihrer Einrichtungen u. Entwicklung. Wien 1918.

FILOTTI, Eugen: Zum Geleit. In: POP, Alexander Cicio/NÉMETH, Zoltán (Hg.): Reiseführer durch Rumänien. București 1932, S. V–VI.

FRANZOS, Karl Emil: Aus Halb-Asien. Culturbilder aus Galizien, der Bukowina, Südrussland und Rumänien. Leipzig 1876.

GASSAUER, Robert: Contribuțiuni la istoria Sucevei și a împrejurimilor [Beiträge zur Geschichte Suceavas und Umgebung]. Suceava 1927.

GASSAUER, Robert: Suceava muzicală de altădată [Musikalisches Suceava von einst]. Suceava 1938.

Gewerbeordnung, erlassen mit dem Kaiserlichen Patente vom 20. Dezember 1859. Wien 1859.

Jenny, Rudolph von: Handbuch für Reisende in dem österreichischen Kaiserstaate. Reisehandbuch durch das Erzherzogtum Oesterreich mit Salzburg, Obersteyermark und Tirol. Büns–Leipzig 1834.

k.k. statistische Central-Commission (Hg.): Oesterreichische Statistik. Bd. 32, Heft 1. Wien 1892.

k.k. statistische Central-Commission (Hg.): Oesterreichische Statistik. Bd. 1. Wien 1902.

k.k. statistische Zentralkommission (Hg.): Gemeindelexikon der Bukowina. Wien 1907.

k.k. statistische Zentralkommission (Hg.): Gemeindelexikon von Galizien. Wien 1907.

k.k. statistische Zentralkommission (Hg.): Oesterreichische Statistik. Neue Folge. Bd. 1. Wien 1912.

Kochanowska, Auguste: Bukowinaer Jahrmärkte. In: Zeitschrift für österreichische Volkskunde XIV (1908), S. 199–207.

Mittelmann, Hermann (Hg.): Illustrierter Führer durch die Bukowina. Czernowitz 1907.

Mittelmann, Hermann: Illustrierter Führer durch die Bukowina Hg. von Helmut Kusdat. Wien 2004.

Monoranu, Octav/Iacobescu, Mihai/Paulencu, Dragomir: Suceava. București 1980.

Munk, Leo: Das oesterreichische Patentgesetz. Kommentar zu dem Gesetz vom 11. Jänner 1897, betreffend den Schutz von Erfindungen. Berlin 1901.

Nussbaum: Dr. Nussbaum's Allgemeiner Wohnungs-Anzeiger nebst Handels- und Gewerbe-Adressbuch für die Landeshauptstadt Czernowitz und Vororte. Czernowitz 1898.

Pop, Alexander Cicio/Németh, Zoltán (Hg.): Reiseführer durch Rumänien. București 1932.

Pop, Alexandru Cicio/Puscariu, Valeriu/Bădăuță, Alexandru (Hg.): Guide de la Roumanie. Bucarest 1939.

Reichsgesetzblatt für die im Reichsrathe vertretenen Königreiche und Länder. Wien 1895.

Rudolf, Erzherzog: Die österreichisch-ungarische Monarchie in Wort und Bild [kurz: Kronprinzenwerk]. Bd. 20. Bukowina. Wien 1899.

Skrehunetz, Bruno: Ghid pentru Bucovina și Cernăuți. În anexă cu detalii asupra stațiunilor balneare precum și asupra comerțului și industriei din Bucovina = Illustrierter Führer durch die Bukowina und Czernowitz. Czernowitz 1925.

Verein der christlichen Deutschen für die Bukowina (Hg.): Deutscher Kalender für die Bukowina auf das Jahr 1912. Czernowitz o. J.

Wood, Ruth Kedzie: Honeymooning in Russia. London 1912.

Veröffentlichte Quellen

Jankovskyj, Gennadij: Černivci na poštovych lystivkach 1896–1918 [Czernowitz auf Postkarten 1896–1918]. Černivci 2009.

Osačuk, Serhij/Snihur, Ivan (Hg.): Svitova vijna u poštovych lystivkach. [Der Weltkrieg auf Postkarten]. Černivci 2001.

Salahor, Mykola (Hg.): Vitannja z Bukovyny. Mista, sela ta žyteli kraju na starovynnych poštivkach [Gruß aus der Bukowina. Städte, Dörfer und Bewohner der Region auf alten Postkarten]. Černivci 2017.

Salahor, Mykola (Hg.): Vitannja z Černivciv. Vulyci, plošči ta mistjany na starovynnych poštivkach [Gruß aus Czernowitz. Straßen, Plätze und Bürger auf alten Postkarten]. Černivci 2018.

Internetquellen

Einwohner von Czernowitz – mit Ausschluss der Dienstboten – für das Jahr 1898 (Stadt und Vorstädte), abzurufen als Tabelle unter hauster.de/data/Cz1898Total.xls (zuletzt geprüft am 4. 4. 2023).

Gruss aus Czernowitz. Tempel. Czernowitz: Verlag Leon König. Papierhandlung, o. J. In: Delcampe, https://delcampe-static.net/img_large/auction/000/790/594/472_001.jpg?v=3 (zuletzt geprüft am 27. 4. 2021).

Gruss aus der Bukowina. Bethaus des Wunderrabi in Sadagora. o. O.: o. Verl., o. J. In: Wikimedia Commons, https://commons.wikimedia.org/wiki/File:Sadigura_kloiz.jpg (zuletzt geprüft am 15. 5. 2023).

Gruß aus Sadagóra. Palais des Großrabbi. o. O.: o. Verl., o. J. In: Wikimedia Commons, https://commons.wikimedia.org/wiki/File:Sadigura_rebbe%27s_palace.jpg (zuletzt geprüft am 6. 4. 2023).

Ich hob nicht mojre. Kraków: Wydawn. sal. mal. Polsk., 1904. In: Instazu, www.instazu.com/media/2044368110913581836 (zuletzt geprüft am 11. 3. 2020).

Sekundärliteratur

Forschungsliteratur

Albers, Patricia C.: Symbols, Souvenirs and Sentiments. Postcard Imagery of Plains Indians, 1898–1918. In: Geary, Christraud M./Webb, Virginia-Lee (Hg.): Delivering Views. Distant Cultures in Early Postcards. Washington D.C. 1998, S. 64–89.

Alloula, Malek: Haremsphantasien. Aus dem Postkartenalbum der Kolonialzeit. Freiburg 1994.

Almasy, Karin: The Linguistic and Visual Portrayal of Identifications in Slovenian and German Picture Postcards (1890–1920). In: Austrian History Yearbook 49 (2018), S. 41–57.

Almasy, Karin/Tropper, Eva: Postkarten anders lesen. Zum Quellenwert eines Alltagsmediums in mehrsprachigen Regionen. In: Almasy, Karin/Pfandl, Heinrich/Tropper, Eva (Hg.): Bildspuren – Sprachspuren. Postkarten als Quellen zur Mehrsprachigkeit in der späten Habsburger Monarchie. Histoire. Bielefeld 2020, S. 9–21.

Anderson, Benedict R.: Die Erfindung der Nation. Zur Karriere eines folgenreichen Konzepts. Frankfurt am Main 1996.

Andruchowytsch, Juri [Andruchovyč, Jurij Ihorovyč]/Ohlbaum, Isolde: Czernowitz & Lemberg. In Fotos und Text. Heidelberg 2017.

Axster, Felix: Koloniales Spektakel in 9 × 14. Bildpostkarten im Deutschen Kaiserreich. Bielefeld 2014.

Backhaus, Fritz/Gold, Helmut (Hg.): Abgestempelt. Judenfeindliche Postkarten. Heidelberg 1999.

Bajohr, Frank: Bäder-Antisemitismus. In: Benz, Wolfgang (Hg.): Handbuch des Antisemitismus. Berlin 2010, S. 37–40.

Baldwin, Brooke: On the Verso: Postcard Messages as a Key to Popular Prejudices. In: Journal of Popular Culture 22/3 (1988), S. 15–28.

Bamberger-Stemmann, Sabine/Jaworski, Rudolf (Hg.): Die polnische Frage in der Postkartenpropaganda des Ersten Weltkriegs. Sprawa polska na propagandowych kartkach pocztowych z czasów I wojny światowej. Hamburg 2018.

Banaś, Paweł (Hg.): Aksjosemiotyka karty pocztowej. Wrocław 1992.

Bartetzky, Arnold/Jaworski, Rudolf (Hg.): Geschichte im Rundumblick. Panoramabilder im östlichen Europa. Köln u. a. 2014.

Bauer, Franz J.: Das »lange« 19. Jahrhundert (1789–1917). Profil einer Epoche. Ditzingen 42017.

Bayerdörfer, Hans-Peter/Dietz, Bettina/Heidemann, Frank/Hempel, Paul: Einleitung. In: Dies. (Hg.): Bilder des Fremden. Mediale Inszenierung von Alterität im 19. Jahrhundert. Berlin 2007, S. 7–16.

Becker, Peter: Stolpersteine auf dem Weg zum kooperativen Imperium. In: Osterkamp, Jana (Hg.): Kooperatives Imperium. Politische Zusammenarbeit in der späten Habsburgermonarchie. Göttingen 2018, S. 23–53.

Becker, Tobias/Niedbalski, Johanna: Die Metropole der tausend Freuden. Vergnügungskultur um 1900. In: Becker, Tobias/Littman, Anna/Niedbalski, Johanna (Hg.): Die tausend Freuden der Metropole. Vergnügungskultur um 1900. Bielefeld–Berlin 2011, S. 7–20.

Békési, Sándor: Die topographische Ansichtskarte: Zur Geschichte und Theorie eines Massenmediums. In: Relation 1 (2004), S. 403–426.

Belk, Samuel B.: A memória e a história do ›Shteitl‹ na canção popular judaica [Die Erinnerung und die Geschichte des ›Schtetls‹ im jüdischen Volkslied]. São Paulo 2003.

Bernhardt, Markus: Visual History. Einführung in den Themenschwerpunkt. In: Zeitschrift für Geschichtsdidaktik 12/1 (2013), S. 5–8.

Bernsand, Niklas: Returning Chernivtsi to the Cultural Map of Europe. The Meridian Czernowitz International Poetry Festival. In: East European Politics and Societies: and Cultures 33/1 (2019: Fisher, Gaëlle/Röger, Maren (Hg.): Special Section: Bukovina and Bukovinians after the Second World War: (Re)shaping and (re)thinking a region after genocide an ›ethnic unmixing‹, S. 176–256), S. 238–256.

Bieri, Susanne/Piatti, Barbara: Ansichtskarten. Landschaften im Taschenformat. Cartes postales ou le monde en poche. Basel 2003.

Blumauer, Reinhard: Die Fotosammlung des Wiener Museums für Volkskunde als Knotenpunkt einer typologisierenden Bilderproduktion zwischen 1895 und 1918. In: Justnik, Herbert (Hg.): Gestellt. Fotografie als Werkzeug in der Habsburgermonarchie. Wien 2014, S. 20–30.

Österreichischen Nationalbibliothek (Hg.): Handbuch österreichischer Autorinnen und Autoren jüdischer Herkunft. 18. bis 20. Jahrhundert. München 2002.

Bogdal, Klaus-Michael: Europa erfindet die Zigeuner. Eine Geschichte von Faszination und Verachtung. Berlin 2011.

Bösch, Frank: Mediengeschichte. Vom asiatischen Buchdruck zum Fernsehen. Frankfurt am Main–New York ²2019.

Brenner, Peter J.: Die Erfahrung der Fremde. Zur Entwicklung einer Wahrnehmungsform in der Geschichte des Reiseberichts. In: Ders. (Hg.): Der Reisebericht. Die Entwicklung einer Gattung in der deutschen Literatur. Frankfurt am Main ²1992, S. 14–49.

Brix, Emil: Das Kronland Galizien und Lodomerien. In: Kohl, Irene/Brix, Emil/Beitl, Klaus (Hg.): Galizien in Bildern. Die Originalillustrationen für das »Kronprinzenwerk« aus den Beständen der Fideikommissbibliothek der Österreichischen Nationalbibliothek. Wien 1997, S. 7–10.

Brix, Emil: Geschenke für den Mythos. Kaiser Franz Joseph I. als übernationale Integrationsfigur. In: Fischer-Westhauser, Ulla (Hg.): Geschenke für das Kaiserhaus. Huldigungen an Kaiser Franz Joseph und Kaiserin Elisabeth. Wien 2007, S. 48–77.

Brocks, Christina: Die bunte Welt des Krieges. Bildpostkarten aus dem Ersten Weltkrieg 1914–1918. Essen 2008.

Brubaker, Rogers: Ethnicity without Groups. In: European Journal of Sociology 43 (2002), S. 163–189.

Brubaker, Rogers: Ethnizität ohne Gruppen. Hamburg 2007.

Bürgschwentner, Joachim: Multiethnische Mobilisierung in der Habsburgermonarchie am Beispiel der Kriegsbildkarten. In: Almasy, Karin/Pfandl, Heinrich/Tropper, Eva (Hg.): Bildspuren – Sprachspuren. Postkarten als Quellen zur Mehrsprachigkeit in der späten Habsburger Monarchie. Bielefeld 2020, S. 269–294.

Burkhardt, Johannes: Das Reformationsjahrhundert. Deutsche Geschichte zwischen Medienrevolution und Institutionenbildung 1517–1617. Stuttgart 2000.

Burri, Monika: Die Welt im Taschenformat. Die Postkartensammlung Adolf Felle. Zürich 2011.

Butschek, Felix: Österreichische Wirtschaftsgeschichte. Von der Antike bis zur Gegenwart. Wien 2011.

Carline, Richard: Pictures in the Post. The Story of the Picture Postcard. Bedford 1959.

Chapman, Jane: Comparative Media History. An Introduction. 1789 to the Present. Cambridge 2005.

Chartier, Roger: Kulturgeschichte zwischen Repräsentation und Praktiken. In: Mahler, Andreas/Mulsow, Martin (Hg.): Texte zur Theorie der Ideengeschichte. Stuttgart 2014, S. 298–317.

Corbea-Hoişie, Andrei: Ein deutsch-österreichischer Missionär in »Halb-Asien«. Karl Emil Franzos. In: Csáky, Moritz/Zeyringer, Klaus (Hg.): Ambivalenz des kulturellen Erbes. Vielfachcodierung des historischen Gedächtnisses. Innsbruck 2000, S. 151–164.

Corbea-Hoişie, Andrei: Czernowitz 1892. Die imagologische Projektion einer Epochenschwelle. In: Fischer, Wladimir/Heindl, Waltraud/Millner, Alexandra (Hg.): Räume und Grenzen in Österreich-Ungarn 1867 bis 1918. Tübingen 2010, S. 35–46.

Corbea-Hoişie, Andrei: »Wie die Juden Gewalt schreien«. Aurel Onciul und die antisemitische Wende in der Bukowiner Öffentlichkeit nach 1907. In: East Central Europe 39 (2012), S. 13–60.

Corbea-Hoişie, Andrei: Die Bukowina und Czernowitz – hybrider Kulturraum und Faszinosum. In: Stachel, Peter/Thomsen, Martina (Hg.): Zwischen Exotik und Vertrautem. Zum Tourismus in der Habsburgermonarchie und ihren Nachfolgestaaten. Berlin–Bielefeld 2014, S. 113–122.

Corbea-Hoişie, Andrei/Rubel, Alexander (Hg.): »Czernowitz bei Sadagora«. Identitäten und kulturelles Gedächtnis im mitteleuropäischen Raum. Konstanz 2006.

Cornelissen, Christoph/Holec, Roman/Kunstat, Miroslav: Medien und Öffentlichkeit. Zur nationalen und transnationalen Wirkungsmacht von Massenmedien im Spannungsfeld zwischen Tschechen, Slowaken und Deutschen. In: Bohemia 51/1 (2011), S. 3–20.

Cybenko, Larissa: »Vielvölkerstaat« vs. »Völkerkerker« im Schaffen der ›österreichischen Ukrainer‹ um 1900. In: Müller-Funk, Wolfgang/Plener, Peter/Ruthner, Clemens (Hg.): Kakanien revisited. Das Eigene und das Fremde (in) der österreichisch-ungarischen Monarchie. Tübingen 2002, S. 254–270.

Dabrowski, Patrice M.: »Discovering« the Galician Borderlands. The Case of the Eastern Carpathians. In: Slavic Review 64/2 (2005), S. 380–402, hier S. 401.

Dabrowski, Patrice M.: The Carpathians. Discovering the Highlands of Poland and Ukraine. Ithaca u. a. 2021.

Deinet, Ulrich/Reutlinger, Christian: Das Aneignungskonzept der kritischen Psychologie – mögliche Anknüpfungspunkte und Weiterführung aus der heutigen Sicht. In: Dies. (Hg.): »Aneignung« als Bildungskonzept der Sozialpädagogik. Beiträge zur Pädagogik des Kindes- und Jugendalters in Zeiten entgrenzter Lernorte. Wiesbaden 2004, S. 8–15.

Dejung, Christof/Lengwiler, Martin: Ränder der Moderne. Neue Perspektiven auf die Europäische Geschichte. In: Dies. (Hg.): Ränder der Moderne. Neue Perspektiven auf die Europäische Geschichte (1800–1930). Köln u. a. 2015, S. 7–35.

Dienes, Gerhard M.: Fellner & Helmer. Die Architekten der Illusion. Theaterbau und Bühnenbild in Europa. Graz 1999.

DIPPER, Rachel: »Einmal muss der Mensch ins Bad!«. Grüsse aus Karlsbad und Marienbad. In: BACKHAUS, Fritz/GOLD, Helmut (Hg.): Abgestempelt. Judenfeindliche Postkarten. Heidelberg 1999, S. 194–204.

DOMMANN, Monika: Der Apparat und das Individuum. Die Verrechtlichung technischer Bilder (1860–1920). In: HESSLER, Martina (Hg.): Konstruierte Sichtbarkeiten. Wissenschafts- und Technikbilder seit der Frühen Neuzeit. München 2006, S. 347–367.

DORZHIEVA, Erzhena: Bilder einer sowjetukrainischen Stadt. Touristische Repräsentation der Stadt Černivci von 1945 bis 1991. Masterarbeit. Universität Augsburg 2020.

DUDA, Eugeniusz/SOSENKO, Marek (Hg.): Dawna pocztówka żydowska. Ze zbiorów Marka Sosenki. Old Jewish Postcards from Marek Sosenko's Collection. Kraków 1998.

DUDA, Eugeniusz/SOSENKO, Marek: Wprowadzenie/Introduction. In: DIES. (Hg.): Dawna pocztówka żydowska. Ze zbiorów Marka Sosenki. Old Jewish Postcards from Marek Sosenko's Collection. Kraków 1998, S. 5–16.

DUDA, Eugeniusz/SOSENKO, Marek: Dawna pocztówka żydowska [Alte jüdische Postkarte]. In: SKOTNICKI, Aleksander B./SOSENKO, Marek (Hg.): Salon Malarzy Polskich Henryka Frista (1885–1939). Wydawnictwo pocztówek krakowskich, artystycznych i patriotycznych [Henryk Frists Salon Polnischer Maler (1885–1939). Kraków 2018, S. 16–17.

EIDEN, Christina: »Wenn doch einmal Frieden kommen würde« – Kriegspostkarten der Bukowina. In: RÖGER, Maren/EIDEN, Christina (Hg.): #Postkartenfieber. Schwaben und die Bukowina in den Social Media um 1900. Backnang 2019, S. 33–34.

FALKENBERG, Hans: Gruß von der Bahnfahrt. Ein Beitrag zur Kulturgeschichte Bahnfahrt auf Ansichtskarten und Werbemarken. Nürnberg 1985.

FAULSTICH, Werner: Die Mediengeschichte des 20. Jahrhunderts. München 2012.

FEEST, David/HÄFNER, Lutz (Hg.): Die Zukunft der Rückständigkeit. Chancen – Formen – Mehrwert: Festschrift für Manfred Hildermeier zum 65. Geburtstag. Köln u. a. 2016.

FEHRENBACH, Lenka: Bildfabriken. Industrie und Fotografie im Zarenreich (1860–1917). Paderborn 2020.

FEICHTINGER, Johannes: Habsburg (post)-colonial. Anmerkungen zur Inneren Kolonisierung in Zentraleuropa. In: CSÁKY, Moritz/FEICHTINGER, Johannes/PRUTSCH, Ursula (Hg.): Habsburg postcolonial. Machtstrukturen und kollektives Gedächtnis. Innsbruck 2003, S. 13–31.

FEICHTINGER, Johannes: Modernisierung, Zivilisierung, Kolonisierung als Argument. Konkurrierende Selbstermächtigungsdiskurse in der späten Habsburgermonarchie. In: DEJUNG, Christof/LENGWILER, Martin (Hg.): Ränder der Moderne. Neue Perspektiven auf die Europäische Geschichte (1800–1930). Köln u. a. 2015, S. 147–181.

FELLNER, Günter: Vom Judenhut zum Trachtenhut? Diskurse über Kleidung und Politik in Salzburg (1800–1900). In: Archiv für Kulturgeschichte 83/2 (2001), S. 331–376.

FENZ, Werner: »Hier ist es unbeschreiblich schön!«. Eine kleine Phänomenologie der Ansichtskarte. In: DERS. (Hg.): Sight.Seeing. 4th Austrian Triennial on Photography. Salzburg 2003, S. 48–63.

FISCHER-WESTHAUSER, Ulla: Allergnädigster Kaiser und Herr! Allergnädigste Kaiserin! Über die Huldigungsadressen in der Österreichischen Nationalbibliothek. In: DIES. (Hg.): Geschenke für das Kaiserhaus. Huldigungen an Kaiser Franz Joseph und Kaiserin Elisabeth. Wien 2007, S. 10–39.

FISCHER-WESTHAUSER, Ulla: Huldigungen als Selbstdarstellungen der Wirtschaft. Widmungsexemplare aus der Industrie als Repräsentationsform. In: DIES. (Hg.): Geschenke für das Kaiserhaus. Huldigungen an Kaiser Franz Joseph und Kaiserin Elisabeth. Wien 2007, S. 174–197.

FISCHER-WESTHAUSER, Ulla: Vorwort. In: DIES. (Hg.): Geschenke für das Kaiserhaus. Huldigungen an Kaiser Franz Joseph und Kaiserin Elisabeth. Wien 2007, S. 7–9.

FISHER, Gaëlle: Looking Forwards through the Past. Bukovina's »Return to Europe« after 1989–1991. In: East European Politics and Societies: and Cultures 33/1 (2019), S. 196–217.

FISHER, Gaëlle: Resettlers and Survivors. Bukovina and the Politics of Belonging in West Germany and Israel, 1945–1989. New York–Oxford 2020.

FISHER, Gaëlle/RÖGER, Maren: Bukovina. A Borderland Region in (Trans-)national Historiographies after 1945 and 1989–1991. In: East European Politics and Societies: and Cultures 33/1 (2019), S. 176–195.

FISHER, Gaëlle/RÖGER, Maren: Bukovina. In: OME. Online-Lexikon zur Kultur und Geschichte der Deutschen im östlichen Europa (17. 6. 2020), https://ome-lexikon.uni-oldenburg.de/regionen/bukowina (zuletzt geprüft am 3. 4. 2023).

FRITZ, Walter: Kino in Österreich 1896–1930. Der Stummfilm. Wien 1981.

FRYSZTACKA, Clara: Zeit-Schriften der Moderne. Zeitkonstruktion und temporale Selbstverortung in der polnischen Presse (1880–1914). Berlin–Boston 2019.

FUCHS, Inga: Familienbild in der Fotografie. In: BEESTERMÖLLER, Gerhard/GOLDSCHMIDT, Nils/STEGER, Gerhard (Hg.): Die Zukunft der Familie und deren Gefährdungen. Norbert Glatzel zum 65. Geburtstag. Münster 2002, S. 165–188.

FÜLEMILE, Agnes: Dress and Image. Visualizing Ethnicity in European Popular Graphics – Some Remarks on the Antedecents of Ethnic Caricature. In: DEMSKI, Dagnosław (Hg.): Images of the Other in Ethnic Caricatures of Central and Eastern Europe. Warszawa 2010, S. 28–59.

GAMMERL, Benno/NIELSEN, Philipp/PERNAU, Margrit (Hg.): Encounters with Emotions. Negotiating Cultural Differences Since Early Modernity. New York–Oxford 2019.

GASTL, Daniela: Benno Straucher. In: Bukowina Portal, www.bukowina-portal.de/de/ct/173-Benno-Straucher (zuletzt abgerufen am 3. 4. 2023).

GEISTHÖVEL, Alexa/KNOCH, Habbo (Hg.): Orte der Moderne. Erfahrungswelten des 19. und 20. Jahrhunderts. Frankfurt am Main 2005.

GERHARD, Sybille: »Vogelfrei«. Die österreichische Lösung der Urheberrechtsfrage in der zweiten Hälfte des 19. Jahrhunderts. In: AMANN, Klaus/LENGAUER, Hubert/WAGNER, Karl (Hg.): Literarisches Leben in Österreich. 1848–1890. Wien u. a. 2000, S. 200–249.

GÖTTSCH, Silke: »Die schwere Kunst des Sehens«. Zur Diskussion über Amateurfotografie in Volkskunde und Heimatbewegung um 1900. In: LIPP, Carola (Hg.): Medien populärer Kultur. Erzählung, Bild und Objekt in der volkskundlichen Forschung. Frankfurt am Main–New York 1995, S. 395–405.

GOLD, Hugo (Hg.): Geschichte der Juden in der Bukowina. Tel Aviv 1962.

GOLD, Helmut: Stimmungsbilder. Die Postkarte als Medium des (frühen) Antisemitismus. In: BACKHAUS, Fritz/GOLD, Helmut (Hg.): Abgestempelt. Judenfeindliche Postkarten. Heidelberg 1999, S. 13–19.

GOOD, David F.: Der wirtschaftliche Aufstieg des Habsburgerreiches 1750–1914. Wien 1986.

GRABBE, Katharina/KÖHLER, Sigrid G./WAGNER-EGELHAAF, Martina: Das Imaginäre der Nation. Einleitung. In: DIES. (Hg.): Das Imaginäre der Nation. Zur Persistenz einer politischen Kategorie in Literatur und Film. Bielefeld 2012, S. 7–24.

GRILJ, Benjamin M.: Heterogene Deskription von/mit/durch »Gruss aus Czernowitz«. Vortrag. Augsburg 18. 10. 2019.

GRILJ, Benjamin M.: Nationalisierung, Segregation und Exklusion in der Bukowina. Der (Allgemeine) Deutsche Schulverein und die Rumänische Kulturliga im Vergleich. In: WINKLER, Markus (Hg.): Partizipation und Exklusion. Zur

Habsburger Prägung von Sprache und Bildung in der Bukowina. 1848–1918–1940. Regensburg 2015, S. 77–96.

GUMBRECHT, Hans Ulrich: Modern, Modernität, Modern. In: BRUNNER, Otto/CONZE, Werner/KOSELLECK, Reinhart (Hg.): Geschichtliche Grundbegriffe. Historisches Lexikon zur politisch-sozialen Sprache in Deutschland. Mi – Pre. Stuttgart 1978, S. 93–131.

HAAGEN, Manfred: Die Entfaltung politischer Öffentlichkeit in Russland 1906–1914. Wiesbaden 1982.

HABERKORN, Katharina: Steinerne Ränder gesellschaftlicher Umbrüche. Grabsteine und Todeszeichen in der Bukowina zwischen 1900 und 1941. Dissertation. Andrassy Universität Budapest 2017.

HÄGELE, Ulrich: Foto-Ethnographie. Die visuelle Methode in der volkskundlichen Kulturwissenschaft. Mit einer Bibliographie zur visuellen Ethnographie 1839–2007. Tübingen ²2007.

HAGENOW, Elisabeth von: Die Postkarte als Medium der Politik. In: DIES. (Hg.): Politik und Bild. Die Postkarte als Medium der Propaganda. Hamburg 1994, S. 9–21.

HAIBL, Michaela: Zerrbild als Stereotyp. Visuelle Darstellungen von Juden zwischen 1850 und 1900. Berlin 2000.

HALL, Murray G.: Publishers and Institutions in Austria, 1918–45. In: KOHL, Katrin/ROBERTSON, Ritchie (Hg.): A History of Austrian Literature 1918–2000. Rochester, NY 2010, S. 75–86.

HARDING, Colin: Fotografie für jedermann. In: HACKING, Juliet (Hg.): Fotografie. Die ganze Geschichte. Köln 2012, S. 156–157.

HASLINGER, Peter/HEIN-KIRCHER, Heidi/JAWORSKI, Rudolf (Hg.): Heimstätten der Nation. Ostmitteleuropäische Vereins- und Gesellschaftshäuser im transnationalen Vergleich. Marburg 2013.

HASLINGER, Peter/PUTTKAMER, Joachim von: Staatsmacht, Minderheit, Loyalität. Konzeptionelle Grundlagen am Beispiel Ostmittel- und Südosteuropas in der Zwischenkriegszeit. In: DIES. (Hg.): Staat, Loyalität und Minderheiten in Ostmittel- und Südosteuropa 1918–1941. München 2007, S. 1–16.

HAUSLEITNER, Mariana: Die Rumänisierung der Bukowina. Die Durchsetzung des nationalstaatlichen Anspruchs Grossrumäniens 1918–1944. München 2001.

HAUSLEITNER, Mariana: Fünf verschiedene Vereinshäuser in Czernowitz und ihre Entwicklung bis 1914. In: HASLINGER, Peter/HEIN-KIRCHER, Heidi/JAWORSKI, Rudolf (Hg.): Heimstätten der Nation. Ostmitteleuropäische Vereins- und Gesellschaftshäuser im transnationalen Vergleich. Marburg 2013, S. 89–112.

HAUSLEITNER, Mariana: Von der Ansiedlung bis zur Umsiedlung. Institutionen und Akteure der Deutschen in der Bukowina. In: RÖGER, Maren/WEIDLE, Alexander (Hg.): Bukowina-Deutsche. Erfindungen, Erfahrungen und Erzählungen einer (imaginierten) Gemeinschaft seit 1775. Danubiana Carpathica. Berlin–Boston 2020, S. 21–37.

HAX, Iris: Abgestempelt! Antisemitismus auf Gruß- und Propagandapostkarten um 1900. In: PAUL, Gerhard (Hg.): Das Jahrhundert der Bilder. Göttingen 2009, S. 60–67.

HEIL, Johannes: »Deutschland den Deutschen«. Judenvertreibungen und Vertreibungsphantasien im Postkartenformat. In: BACKHAUS, Fritz/GOLD, Helmut (Hg.): Abgestempelt. Judenfeindliche Postkarten. Heidelberg 1999, S. 241–250.

HEIMEL, Charlotte: Touristen an der Front. Das Kriegserlebnis 1914–1918 als Reiseerfahrung in zeitgenössischen Reiseberichten. Berlin 2007.

HERTLEIN, Beata/KULKE, Wolfgang-Heinrich: »Preisend mit viel schönen Reden«. Die Darstellung des Juden als Trödler, Hausierer und Kleinhändler. In: BACKHAUS, Fritz/GOLD, Helmut (Hg.): Abgestempelt. Judenfeindliche Postkarten. Heidelberg 1999, S. 187–193.

HEYMANN, Florence: Le crépuscule des lieux. Identités juives de Czernowitz. Paris 2003.

HICKETHIER, Knut: Zwischen Gutenberg-Galaxis und Bilder-Universum. Medien als neues Paradigma, Welt zu erklären. In: Geschichte und Gesellschaft 25/1 (1999), S. 146–171.

HIRSCH, Marianne/SPITZER, Leo: Ghosts of Home. The Afterlife of Czernowitz in Jewish Memory. Berkeley, Los Angeles 2010.

HOERNER, Ludwig: Zur Geschichte der fotografischen Ansichtspostkarten. In: Fotogeschichte. Beiträge zur Geschichte und Ästhetik der Fotografie 7/26 (1987), S. 29–44.

HÖHNE, Stefan/CORBEA-HOIȘIE, Andrei/MATIYCHUK, Oxana/WINKLER, Markus (Hg.): Handbuch der Literaturen aus Czernowitz und der Bukowina. Stuttgart voraussichtlich 2023.

HOLZ, Klaus: Nationaler Antisemitismus. Wissenssoziologie einer Weltanschauung. Hamburg 2001.

HOLZ, Klaus: Gemeinschaft und Identität. Über den Zusammenhang nationaler und antisemitischer Semantiken. In: BENZ, Wolfgang (Hg.): Der Hass gegen die Juden. Dimensionen und Formen des Antisemitismus. Berlin 2008, S. 197–217.

HOLZER, Anton: ›Zigeuner‹ sehen. Fotografische Expeditionen am Rande Europas. In: UERLINGS, Herbert/PATRUT, Iulia-Karin (Hg.): ›Zigeuner‹ und Nation. Repräsentation – Inklusion – Exklusion. Frankfurt am Main 2008, S. 401–420.

HORNEMANN, Andreas: Antijüdische Satire auf Postkarten in polnischer und tschechischer Sprache. In: BACKHAUS, Fritz/GOLD, Helmut (Hg.): Abgestempelt. Judenfeindliche Postkarten. Heidelberg 1999, S. 319–336.

HORNEMANN, Andreas/LAABS, Annegret: »Bär aus Galizien«. Die Angst vor dem Fremden. Der »Ostjude«. In: BACKHAUS, Fritz/GOLD, Helmut (Hg.): Abgestempelt. Judenfeindliche Postkarten. Heidelberg 1999, S. 176–186.

HOYER, Vincent/RÖGER, Maren: Völker verkaufen. Politik und Ökonomie der Postkartenproduktion im östlichen Europa um 1900. Dresden 2023.

HROCH, Miroslav: Die Vorkämpfer der nationalen Bewegung bei den kleinen Völkern Europas. Eine vergleichende Analyse zur gesellschaftlichen Schichtung der patriotischen Gruppen. Prag 1967.

HROCH, Miroslav: Sozialgeschichtliche Aspekte nationaler Identitätsbildung. Nationalismus der »kleinen Leute« vs. Nationalismus der Eliten. In: MAIER, Robert (Hg.): Die Präsenz des Nationalen im (ost)mitteleuropäischen Geschichtsdiskurs. Hannover 2002, S. 44–55.

HRYABAN, Viktoriya: Ambivalente Wissensproduktion. Die Volkskunde der Bukovina zwischen Ethnonationalismus und Habsburgpatriotismus. In: FISCHER, Wladimir/HEINDL, Waltraud/MILLNER, Alexandra (Hg.): Räume und Grenzen in Österreich-Ungarn 1867 bis 1918. Tübingen 2010, S. 243–292.

JÄGER, Jens: Photographie: Bilder der Neuzeit. Einführung in die historische Bildforschung. Tübingen 2000.

JAWORSKI, Rudolf: Alte Postkarten als kulturhistorische Quellen. In: Geschichte in Wissenschaft und Unterricht 51/2 (2000), S. 88–102.

JAWORSKI, Rudolf: Deutsche und tschechische Ansichten. Kollektive Identifikationsangebote auf Bildpostkarten in der späten Habsburgermonarchie. Innsbruck 2006.

JAWORSKI, Rudolf: Nationale Botschaften im Postkartenformat. Aus dem Bildarsenal deutscher und tschechischer Schutzvereine vor 1914. In: HASLINGER, Peter (Hg.): Schutzvereine in Ostmitteleuropa. Vereinswesen, Sprachenkonflikte und Dynamiken nationaler Mobilisierung 1860–1939. Marburg 2009, S. 142–157.

JAWORSKI, Rudolf: Einführung in Fragestellung und Themenfelder. In: STACHEL, Peter/THOMSEN, Martina (Hg.): Zwischen Exotik und Vertrautem. Zum Tourismus in der Habsburgermonarchie und ihren Nachfolgestaaten. Berlin–Bielefeld 2014, S. 11–30.

JELINEK, Thomas: Metamorphosen der »Lebenden Photographien«. Kino in Österreich vor 1919. In: KIENINGER, Ernst/LOACKER, Armin/

Wostry, Nikolaus (Hg.): Archiv der Schaulust. Eine Geschichte des frühen Kinos in der K.u.K. Ära 1896–1918. Wien 2016, S. 77–94.

Jobst, Kerstin S./Obertreis, Julia/Vulpius, Ricarda: Neuere Imperiumsforschung in der Osteuropäischen Geschichte. Die Habsburgermonarchie, das Russländische Reich und die Sowjetunion. In: Comparativ. Zeitschrift für Globalgeschichte und vergleichende Gesellschaftsforschung 18/2 (2008), S. 27–56.

Jost, Herbert: Selbst-Verwirklichung und Seelensuche. Zur Bedeutung des Reiseberichts im Zeitalter des Massentourismus. In: Brenner, Peter J. (Hg.): Der Reisebericht. Die Entwicklung einer Gattung in der deutschen Literatur. Frankfurt am Main ²1992, S. 490–507.

Judson, Pieter M.: The Habsburg Empire. A New history. Cambridge, MA–London, England 2016.

Jung-Diestelmeier, Maren: »Das verkehrte England«. Visuelle Stereotype auf Postkarten und deutsche Selbstbilder 1899–1918. Göttingen 2017.

Justnik, Herbert (Hg.): Gestellt. Fotografie als Werkzeug in der Habsburgermonarchie. Wien 2014.

Justnik, Herbert: Vorneweg. In: Ders. (Hg.): Gestellt. Fotografie als Werkzeug in der Habsburgermonarchie. Wien 2014, S. 15–22.

Kainz, Christine: Österreichs Post. Vom Botenposten zum Postboten. Wien 1995.

Kammerhofer-Aggermann, Ulrike: »Eine reiche Auswahl der herrlichsten Volkskostüme und der schönsten Menschentypen«. Etappen der Entstehung unseres gegenwärtigen Begriffs von Tracht. In: Justnik, Herbert (Hg.): Gestellt. Fotografie als Werkzeug in der Habsburgermonarchie. Wien 2014, S. 57–192.

Kappeler, Andreas (Hg.): Die Ukraine. Prozesse der Nationsbildung. Köln u.a. 2011.

Kappeler, Andreas: Der schwierige Weg zur Nation. Beiträge zur neueren Geschichte der Ukraine. Köln u.a. 2003.

Kieninger, Ernst/Loacker, Armin/Wostry, Nikolaus (Hg.): Archiv der Schaulust. Eine Geschichte des frühen Kinos in der K.u.K. Ära 1896–1918. Wien 2016.

Knoch, Habbo: Die Tat als Bild. Fotografien des Holocaust in der deutschen Erinnerungskultur. Hamburg 2003.

Knoch, Habbo/Morat, Daniel: Medienwandel und Gesellschaftsbilder 1880–1960. Zur historischen Kommunikologie der massenmedialen Sattelzeit. In: Dies. (Hg.): Kommunikation als Beobachtung. Medienwandel und Gesellschaftsbilder 1880–1960. München 2003, S. 9–34.

Kohl, Katrin/Robertson, Ritchie (Hg.): A History of Austrian Literature 1918–2000. Rochester, NY 2010.

Kos, Wolfgang: Das Malerische und das Touristische. Über die Bildwürdigkeit von Motiven – Landschaftsmoden im 19. Jahrhundert. In: Residenzgalerie Salzburg (Hg.): Faszination Landschaft. Österreichische Landschaftsmaler des 19. Jahrhunderts auf Reisen. Salzburg 1995, S. 7–26.

Kotzian, Ortfried: Die Umsiedler. Die Deutschen aus West-Wolhynien, Galizien, der Bukowina, Bessarabien, der Dobrudscha und in der Karpatenukraine. München 2005.

Koziura, Karolina: The Spaces of Nostalgia(s) and the Politics of Belonging in Contemporary Chernivtsi, Western Ukraine. In: East European Politics and Societies: and Cultures 33/1 (2019), S. 218–237.

Krause, Peter (Hg.): Bildpostkarten-Katalog. Schutzvereine und verwandte Organisationen bis 1938. Wien ²2006.

Kusdat, Helmut: Habsburgs Osterweiterung – das österreichische Czernowitz. In: Afsafari, Arianne (Hg.): Mythos Czernowitz. Eine Stadt im Spiegel der Nationalitäten. Potsdam 2008, S. 14–47.

Kyrou, Ado: L'Âge d'or de la carte postale. Encyclopédie de la carte postale illustrée en noir et en couleurs. Paris 1966.

Labisch, Alfons: Stadt und Krankenhaus. Allgemeine Krankenhaus in der kommunalen Sozial- und Gesundheitspolitik des 19. Jahrhunderts. In: Ders. (Hg.): »Einem jeden Kranken in einem Hospitale sein eigenes Bett«. Zur Sozialgeschichte des Allgemeinen Krankenhauses in Deutschland im 19. Jahrhundert. Frankfurt am Main 1996, S. 253–296.

Lang, Raimund (Hg.): Czernowitz in alten Ansichten. 49 alte Postkarten aus der Sammlung Eduard Kasparides München. Innsbruck 2001.

Lang, Raimund: Ad hoc. In: Ders. (Hg.): Czernowitz in alten Ansichten. 49 alte Postkarten aus der Sammlung Eduard Kasparides München. Innsbruck 2001, S. 5.

Lang, Raimund: Eine kurze Geschichte der Postkarte. In: Ders. (Hg.): Czernowitz in alten Ansichten. 49 alte Postkarten aus der Sammlung Eduard Kasparides München. Innsbruck 2001, S. 6–8.

Lang, Raimund (Hg.): Czernowitzer Studentenlieder. Manifeste einer Subkultur. Wien 2001.

Lang, Raimund/Osačuk, Serhij (Hg.): »Hundert Jahre ›Deutsches Haus‹ in Czernowitz«. Eine Jubiläumsschrift. Innsbruck 2010.

Lebeck, Robert/Kaufmann, Gerhard: Viele Grüße. Eine Kulturgeschichte der Postkarte. Dortmund 1985.

Leclerc, Herbert: Ansichtskarten über Ansichtskarten. In: Archiv für deutsche Postgeschichte 2 (1986), S. 5–65.

Lessing, Hans-Erhard: Das Fahrrad. Eine Kulturgeschichte. Stuttgart 2018.

Lewalter, Hannes: »Der Kampf ist hart. Wir sind härter!«. Die Darstellung deutscher Soldaten im Spiegel der Bildpropaganda beider Weltkriege und die Konstruktion des »Neuen Helden«. Dissertation. Eberhard-Karls-Universität Tübingen 2010.

Lienemeyer, Julia: Stadtentwicklung und Architektur in Czernowitz. Eine stadtmorphologische Untersuchung. Berlin 2019.

Loebel, Arthur: Geschichtliche Entwicklung des Eisenbades Dorna/Evoluția istorică a băilor feroase Dorna. Iași 2012.

Maase, Kaspar: Massenmedien und Konsumgesellschaft. In: Haupt, Heinz-Gerhard/Torp, Claudius (Hg.): Die Konsumgesellschaft in Deutschland 1890–1990. Ein Handbuch. Frankfurt am Main 2009, S. 62–78.

Maner, Hans-Christian: Galizien. Eine Grenzregion im Kalkül der Donaumonarchie im 18. und 19. Jahrhundert. München 2007.

Manikowska, Ewa: Photography and Cultural Heritage in the Age of Nationalisms. Europe's Eastern Borderlands (1867–1945). London 2018.

Mannová, Elena: Vom »Völkerkerker« zur »Völkerfamilie«? Das Bild der Habsburgermonarchie in der slowakischen Historiographie seit 1918. In: Hadler, Frank/Mesenhöller, Mathias (Hg.): Vergangene Größe und Ohnmacht in Ostmitteleuropa. Repräsentationen imperialer Erfahrung in der Historiographie seit 1918/Lost Greatness and Past Oppression in East Central Europe. Representations of the Imperial Experience in Historiography since 1918. Leipzig 2007, S. 263–275.

Matis, Herbert: Die Habsburgermonarchie (Cisleithanien) 1848–1918. In: Fischer, Wolfram/Armengaud, André (Hg.): Europäische Wirtschafts- und Sozialgeschichte von der Mitte des 19. Jahrhunderts bis zum Ersten Weltkrieg. Stuttgart 1985, S. 474–511.

Matis, Herbert: Österreichs Wirtschaft 1848–1913. Konjunkturelle Dynamik und gesellschaftlicher Wandel im Zeitalter Franz Josephs I. Berlin 1972.

May, Otto: Deutsch sein heißt treu sein. Ansichtskarten als Spiegel von Mentalität und Untertanenerziehung in der Wilhelminischen Ära (1888–1918). Hildesheim 1998.

May, Otto: Zur Geschichte der Propaganda-Postkarte. Hildesheim 2012.

Mayer, Herbert: Die Entwicklung des Postwesens in der Bukowina nach deren Angliederung an Österreich. In: Kaindl-Archiv. Mitteilungen der Raimund Friedrich Kaindl Gesellschaft 3 (1982), S. 34–37.

Melischek, Gabriele/Seethaler, Josef: Presse und Modernisierung in der Habsburgermonarchie. In: Rumpler, Heinrich/Urbanitsch, Peter (Hg.): Die Habsburgermonarchie 1848–1918. Bd. VIII/2: Politische Öffentlichkeit und Zivilgesellschaft. Die Presse als Faktor der politischen Mobilisierung. Wien 2006, S. 1535–1714.

Mel'nyk, Ihor/Ščerbanjuk, Lesja/Ljubkivskyj, Oleh: Czernowitz. Istoryčni vulyci, budynky ta vydatni osobystosti. Urbanistyčni eseï. Černivci 2015.

Mente, Michael: Ansichtskarten sind Ansichtssache. Bilder, Grüsse und Metadaten. Über den Wert topografischer Ansichtskarten in Archivbeständen und Einsichten in Fragen ihrer archivalischen Erschliessung. Chur 2016.

Mentel, Rainer: Anwälte der Moderne. Die Bildpolemik gegen Journalisten, Fachärzte und Rechtsanwälte. In: Backhaus, Fritz/Gold, Helmut (Hg.): Abgestempelt. Judenfeindliche Postkarten. Heidelberg 1999, S. 227–235.

Merki, Christoph Maria: Verkehrsgeschichte und Mobilität. Köln u. a. 2008.

Mick, Christoph: Reisen nach »Halb-Asien«. Galizien als binnenexotisches Reiseziel. In: Stachel, Peter/Thomsen, Martina (Hg.): Zwischen Exotik und Vertrautem. Zum Tourismus in der Habsburgermonarchie und ihren Nachfolgestaaten. Berlin–Bielefeld 2014, S. 95–112.

Moritz, Verena: »Schauermärchen« und »Greueldichtungen«, »Barbarei« und »Massenmord«. Die Behandlung von Kriegsgefangenen als Gegenstand der österreichischen Pressepropaganda, 1914–1918. In: Zeitgeschichte 45/1 (2018), S. 35–56.

Motyl, Alexander J.: Imperial End. The Decay, Collapse, and Revival of Empires. New York 2001.

Müller, Susanne: Die Welt des Baedeker. Eine Medienkulturgeschichte des Reiseführers 1830–1945. Frankfurt am Main 2012.

Münkel, Daniela/Seegers, Lu: Einleitung. Medien und Imagepolitik im 20. Jahrhundert. In: Dies. (Hg.): Medien und Imagepolitik im 20. Jahrhundert. Deutschland, Europa, USA. Frankfurt am Main 2008, S. 9–21.

Nitschke, August/Ritter, Gerhard A./Peukert, Detlev J. K./Bruch, Rüdiger vom: Einleitung zu »Jahrhundertwende«. In: Dies. (Hg.): Jahrhundertwende. Der Aufbruch in die Moderne. 1880–1930. Bd. 1. Reinbek bei Hamburg 1990, S. 9–12.

Oguy, Oleksandr D./Pivovarov, Serhiy: Czernowitzer Gutscheine von 1914 als Resultat der wirtschaftlichen Probleme in den Zeiten des 1. Weltkrieges. In: Mitteilungen der Österreichischen Numismatischen Gesellschaft 48/4 (2008), S. 206–217.

Oișteanu, Andrei/Schippel, Larisa: Konstruktionen des Judenbildes. Rumänische und ostmitteleuropäische Stereotypen des Antisemitismus. Berlin 2010.

Onken, Hinnerk: Ambivalente Bilder. Fotografien und Bildpostkrten aus Südamerika im Deutschen Reich. Boston 2019.

Oprea, Nicolai: Suceava. Cronică Ilustrată. Suceava 2004.

Oprea, Nicolai: Bucovina. Cronică Ilustrată. Suceava 2007.

Osačuk, Serhij: Anthropologia urbana. Homo Czernoviciensis. Černivci 2008.

Osačuk, Serhij: Das Deutsche Haus in Czernowitz. Mittelpunkt des national-kulturellen Lebens der Bukowina-Deutschen. In: Lang, Raimund/Osačuk, Serhij (Hg.): »Hundert Jahre ›Deutsches Haus‹ in Czernowitz«. Eine Jubiläumsschrift. Innsbruck 2010, S. 9–42.

Osačuk, Serhij/Salahor, Mykola (Hg.): Černivci. Antikvarni narysy [Czernowitz. Antiquarische Essays]. Černivci 2019.

Osterhammel, Jürgen: Die Verwandlung der Welt. Eine Geschichte des 19. Jahrhunderts. München ⁵2013.

Osterkamp, Jana (Hg.): Kooperatives Imperium. Politische Zusammenarbeit in der späten Habsburgermonarchie. Göttingen 2018.

Paul, Gerhard (Hg.): Visual History. Ein Studienbuch. Göttingen 2006.

Paul, Gerhard: Bilder, die Geschichte schrieben. Medienikonen des 20. u. beginnenden 21. Jahrhunderts. In: Ders. (Hg.): Bilder, die Geschichte schrieben. 1900 bis heute. Göttingen 2011, S. 7–17.

Paul, Gerhard: BilderMACHT. Studien zur »Visual History« des 20. und 21. Jahrhunderts. Göttingen 2013.

Paul, Gerhard: Visual History. Version: 3.0. In: Docupedia-Zeitgeschichte (13. 3. 2014), https://docupedia.de/zg/Visual_History_Version_3.0_Gerhard_Paul (zuletzt geprüft am 6. 4. 2023).

Paul, Gerhard: Das visuelle Zeitalter. Punkt und Pixel. Göttingen 2016.

Pfandl, Heinrich: Slowenische Identität(en) auf Ansichtskarten der Monarchie zwischen 1890 und 1918. Am Beispiel des österreichischen Kronlandes Steiermark. In: Deutschmann, Peter/Munz, Volker A./Pavlenko, Ol'ga (Hg.): Konfliktszenarien um 1900. Politisch – sozial – kulturell. Österreich-Ungarn und das Russische Imperium im Vergleich. Wien 2011, S. 251–288.

Pieske, Christa: Das ABC des Luxuspapiers. Herstellung, Verarbeitung und Gebrauch 1860–1930. Berlin 1983.

Pinwinkler, Alexander: Raimund Friedrich Kaindl (1866–1930). Geschichte und Volkskunde im Spannungsfeld zwischen Wissenschaft und Politik. In: Hruza, Karel (Hg.): Österreichische Historiker. Lebensläufe und Karrieren 1900–1945. Wien 2008, S. 125–154.

Plamper, Jan: Geschichte und Gefühl. Grundlagen der Emotionsgeschichte. München 2012.

Planert, Ute: Der dreifache Körper des Volkes. Sexualität, Biopolitik und die Wissenschaften vom Leben. In: Körpergeschichte 26/4 (2000), S. 539–576.

Pollack, Martin: Kaiser von Amerika. Die große Flucht aus Galizien. München ²2015.

Ponstingl, Michael: Die Photographische Gesellschaft in Wien. Ein bürgerliches Netzwerk im Zeitenwandel. In: Ders. (Hg.): Die Explosion der Bilderwelt. Die Photographische Gesellschaft in Wien 1861–1945. Wien 2011, S. 32–79.

Ponstingl, Michael: Das Wiener Straßenleben als fotografische Postkartenserie. Oder: vom Serien-Basteln. In: Starl, Timm/Tropper, Eva (Hg.): Format Postkarte. Illustrierte Korrespondenzen, 1900 bis 1936. Wien 2014, S. 88–109.

Ponstingl, Michael: Medienökonomische Betrachtungen zur Fotografie im 19. Jahrhundert. In: Justnik, Herbert (Hg.): Gestellt. Fotografie als Werkzeug in der Habsburgermonarchie. Wien 2014, S. 31–50.

Premzl, Primož/Tovornik, Magdalena: Gruss aus Maribor. Die Stadt auf Ansichtskarten von 1892 bis 1945. Murska Sobota 1992.

Pretzel, Ulrike: Die Literaturform Reiseführer im 19. und 20. Jahrhundert. Untersuchungen am Beispiel des Rheins. Frankfurt am Main 1995.

Prutsch, Ursula: Habsburg postcolonial. In: Csáky, Moritz/Feichtinger, Johannes/Prutsch, Ursula (Hg.): Habsburg postcolonial. Machtstrukturen und kollektives Gedächtnis. Innsbruck 2003, S. 33–43.

Purin, Bernhard: Die Welt der jüdischen Postkarten. Wien 2001.

Rechter, David: Becoming Habsburg. The Jews of Austrian Bukovina 1774–1918. Oxford 2013.

RECKWITZ, Andreas: Die Gesellschaft der Singularitäten. Zum Strukturwandel der Moderne. Berlin 2019.

REDL, Dagmar: Zwischen Wien und Czernowitz. Zu Werdegang und Wirken historischer Architekten der k.k. Monarchie. In: Mitteilungen der Gesellschaft für vergleichende Kunstforschung in Wien 54 (2002), S. 2–12.

REINHARDT, Winfried: Geschichte des Öffentlichen Personenverkehrs von den Anfängen bis 2014. Mobilität in Deutschland mit Eisenbahn, U-Bahn, Straßenbahn und Bus. Wiesbaden 2015.

ROBIONEK, Bernd: Ethnische Ökonomie im politischen Spannungsfeld. Das deutsche Genossenschaftswesen in der Vojvodina (1922–1941). Hamburg 2019.

RÖGER, Maren: Ethnopolitisches Engineering im Zeitalter des Nationalismus. Identitätsstiftung und ihre Grenzen bei den Bukowina-Deutschen. In: RÖGER, Maren/WEIDLE, Alexander (Hg.): Bukowina-Deutsche. Erfindungen, Erfahrungen und Erzählungen einer (imaginierten) Gemeinschaft seit 1775. Berlin–Boston 2020, S. 39–56.

RÖGER, Maren/EIDEN, Christina (Hg.): #Postkartenfieber. Schwaben und die Bukowina in den Social Media um 1900. Backnang 2019.

RÖGER, Maren: Regionalismus, Nationalismus, Antisemitismus. Visuelle Erzählungen der Kronländer Galizien-Lodomerien und Bukowina. In: HOYER, Vincent/RÖGER, Maren (Hg.): Völker verkaufen. Politik und Ökonomie der Postkartenproduktion im östlichen Europa um 1900. Dresden 2023, S. 46–61.

ROTHKOEGEL, Anna: Die Mütter der Nationen – Bilder, Mythen, Rituale. Vortrag. Potsdam 22.4.2020, https://fis.uni-bamberg.de/handle/uniba/40099 (zuletzt geprüft am 3.4.2023).

ROWLEY, Alison: Open Letters. Russian Popular Culture and the Picture Postcard, 1880–1922. Toronto 2013.

RUMPLER, Heinrich/URBANITSCH, Peter (Hg.): Die Habsburgermonarchie 1848–1918. Bd. IX/1: Soziale Strukturen. Von der feudal-agrarischen zur bürgerlich-industriellen Gesellschaft. Wien 2010.

RYMLIANSKYI, Andrii: Zwischen Europäisierung und Isolation. Geschichte und Gegenwart der Infrastrukturpolitik in der Nordbukowina. Masterarbeit. Universität Augsburg 2018.

SABAR, Shalom: Between Poland and Germany: Jewish Religious Practices in Illustrated Postcards of the Early Twentieth Century. In: STEINLAUF, Michael C./POLONSKY, Antony: Polin: Studies in Polish Jewry. Volume 16: Focusing on Jewish Popular Culture and Its Afterlife. Oxford–Portland 2003, S. 137–166.

SABOL, Harieta Mareci: Depicting Childhood. The Innocence of the Age as Captured in Photographs and Postcards from Bucovina (1880–1920). In: Codrul Cosminului 17/2 (2011), S. 65–74.

SABOL, Harieta/PURICI, Ştefan: »Reading the Image«. Identity and Modernization reflected in Postcards from Bukovina. Vortrag. Augsburg 18.10.2019.

SAGNE, Jean: Porträts aller Art. Die Entwicklung des Fotoateliers. In: FRIZOT, Michel (Hg.): Neue Geschichte der Fotografie. Köln 1998, S. 120–122.

SAILER, Gerhard: Josef Hlavka und die K.K. Central-Commission. In: Österreichische Zeitschrift für Kunst und Denkmalpflege XLIV/1 (1990), S. 151–155.

SANDGRUBER, Roman: Ökonomie und Politik. Österreichische Wirtschaftsgeschichte vom Mittelalter bis zur Gegenwart. Wien 1995.

SATCO, Emil: Enciclopedia Bucovinei. Iaşi 2004.

SCHÄFER, Julia: Vermessen – gezeichnet – verlacht. Judenbilder in populären Zeitschriften 1918–1933. Frankfurt am Main 2005.

SCHARR, Kurt: Die Landschaft Bukowina. Das Werden einer Region an der Peripherie 1774–1918. Wien u. a. 2010.

SCHARR, Kurt: Die Entwicklung des »ländlichen Raumes« am Beispiel der Ansiedlerorte Fontinaalba und Klimoutz. In: RUMPLER, Helmut/SCHARR, Kurt/UNGUREANU, Constantin (Hg.): Der Franziszeische Kataster im Kronland Bukowina Czernowitzer Kreis (1817–1865). Statistik und Katastralmappen. Wien u. a. 2015, S. 56–68.

SCHEER, Tamara: Garnisonswechsel. Arbeitsmigration und deren Auswirkungen auf das österreichisch-ungarische Offizierskorps (1868–1914). In: BETHKE, Carl (Hg.): Migrationen im späten Habsburgerreich. Tübingen 2020, S. 79–100.

SCHENK, Frithjof Benjamin: Russlands Aufbruch in die Moderne? Konzeptionelle Überlegungen zur Beschreibung historischen Wandels im Zarenreich im 19. Jahrhundert. In: DEJUNG, Christof/LENGWILER, Martin (Hg.): Ränder der Moderne. Neue Perspektiven auf die Europäische Geschichte (1800–1930). Köln u. a. 2015, S. 183–203.

SCHLÖGEL, Karl: Czernowitz – City upon a Hill. In: DERS. (Hg.): Das Wunder von Nishnij oder die Rückkehr der Städte. Frankfurt am Main 1991, S. 80–115.

SCHLÖGEL, Karl: Im Raume lesen wir die Zeit. Über Zivilisationsgeschichte und Geopolitik. München 2004.

SCHMIDT, Alexander: Reisen in die Moderne. Der Amerika-Diskurs des deutschen Bürgertums vor dem Ersten Weltkrieg im europäischen Vergleich. Berlin 1997.

SCHOR, Naomi: Cartes postales. Representing Paris 1900. In: MENDELSON, Jordana/PROCHASKA, David (Hg.): Postcards. Ephemeral Histories of Modernity. Refiguring modernism. University Park, PA 2010, S. 1–23.

SCHWARTZ, Vanessa R./PRZYBLYSKI, Jeannene M.: Visual Culture's History. Twenty-First Century Interdisciplinarity and Its Nineteenth-Century Objects. In: DIES. (Hg.): The Nineteenth Century Visual Culture Reader. New York, NY 2004, S. 3–14.

SEEWALD, Michaela: Rathaus – Bahnhof – Museum. Auswirkungen ausgewählter kommunaler und privater Einrichtungen auf das soziale Leben der Bevölkerung in Czernowitz zur Zeit der Habsburgermonarchie. In: Historia scribere 9 (2017), S. 167–196.

SEITER, Josef: »Blutigrot und silbrig hell…«. Bild, Symbolik und Agitation der frühen sozialdemokratischen Arbeiterbewegung in Österreich. Köln–Wien 1991.

SEMMERLING, Tim Jon: Israeli and Palestinian Postcards. Presentations of National Self. Austin 2010.

SKOTNICKI, Aleksander B./SOSENKO, Marek: Henryk Frist – jak niedoszły malarz stał się wydawcą kart pocztowych [Henryk Frist – wie aus einem Möchtegernmaler ein Postkartenverleger wurde]. In: DIES. (Hg.): Salon Malarzy Polskich Henryka Frista (1885–1939). Wydawnictwo pocztówek krakowskich, artystycznych i patriotycznych. Kraków 2018, S. 231.

SKOTNICKI, Aleksander B./SOSENKO, Marek (Hg.): Salon Malarzy Polskich Henryka Frista (1885–1939). Wydawnictwo pocztówek krakowskich, artystycznych i patriotycznych [Henryk Frists Salon Polnischer Maler (1885–1939). Ein Verlag für künstlerische und patriotische Postkarten in Krakau]. Kraków 2018.

SKOTNICKI, Aleksander B./SOSENKO, Marek: Wstęp. Krótka historia pocztówki i »Salonu Malarzy Polskich« w Krakowie [Einleitung. Eine kurze Geschichte der Postkarte und des »Salons Polnischer Maler« in Krakau]. In: SKOTNICKI, Aleksander B./SOSENKO, Marek (Hg.): Salon Malarzy Polskich Henryka Frista (1885–1939). Wydawnictwo pocztówek krakowskich, artystycznych i patriotycznych. Kraków 2018, S. 3.

SNIHUR, Ivan: Bukovyna i bukovynci. Pobut, davnij odjag [Bukowina und Bukowiner: Lebensweise, Trachten]. Černivci 2017.

SOLLORS, Werner: Kleine Reise in die Baedeker-Vergangenheit. In: FEICHTINGER, Johannes/GROSSEGGER, Elisabeth/MARINELLI-KÖNIG, Gertraud/STACHEL, Peter/UHL, Heidemarie (Hg.): Schauplatz Kultur – Zentraleuropa. Transdisziplinäre Annäherungen. Innsbruck–Wien–Bozen 2006, S. 215–223.

SOLOMON, Francisca: Sprache und Identität. Zu den theoretischen und typologischen Dimensionen der »jüdischen Presse« in Galizien und in der Bukowina während der Habsburger Zeit. In: CORBEA-HOIȘIE, Andrei/LIHACIU, Ion/WINKLER, Markus (Hg.): Zeitungsstadt Czernowitz. Studien zur Geschichte der deutschsprachigen Presse der Bukowina (1848–1940). Kaiserslautern 2014, S. 53–67.

SONNTAG, Werner: Gruß von der Bahn. Die Eisenbahn auf alten Postkarten. Stuttgart 1978.

SONNTAG, Werner: Oldtimergrüße. Das Automobil auf alten Postkarten. Stuttgart 1981.

SPINEI, Cristina: Zur kulturellen und literarischen Landschaft der Bukowinaer Post. In: CORBEA-HOIȘIE, Andrei/LIHACIU, Ion/WINKLER, Markus (Hg.): Zeitungsstadt Czernowitz. Studien zur Geschichte der deutschsprachigen Presse der Bukowina (1848–1940). Kaiserslautern 2014, S. 69–81.

STACHEL, Peter/THOMSEN, Martina: Vorwort. In: STACHEL, Peter/THOMSEN, Martina (Hg.): Zwischen Exotik und Vertrautem. Zum Tourismus in der Habsburgermonarchie und ihren Nachfolgestaaten. Berlin–Bielefeld 2014, S. 9–10.

STARL, Timm: Lexikon zur Fotografie in Österreich 1839 bis 1945. Wien 2005.

STARL, Timm: Bildbestimmung. Identifizierung und Datierung von Fotografien 1839 bis 1945. Marburg 2009.

STARL, Timm/TROPPER, Eva: Identifizieren und Datieren von illustrierten Postkarten. Wien 2014.

STETSEVYCH, Kateryna: Heilig-Geist-Kathedrale. In: Bukowina Portal, www.bukowina-portal.de/de/ct/256-Heilig-Geist-Kathedrale (zuletzt geprüft am 4.4.2023).

STIEBER, Nancy: Postcards and the Invention of Old Amsterdam around 1900. In: MENDELSON, Jordana/PROCHASKA, David (Hg.): Postcards. Ephemeral Histories of Modernity. Refiguring modernism. University Park, PA 2010, S. 24–41.

STRASZEWSKA, Anna: Moda ślubna w Polsce [Hochzeitsmode in Polen]. In: Muzeum w Rybniku (Hg.): Ślubuje Ci miłość. Moda i fotografia ślubna w latach 1850–1950. [Schwören Sie sich Ihre Liebe. Hochzeitsmode und -Fotografie in den Jahren 1850–1950]. Rybnik 2007, S. 5–14.

STRUVE, Kai: Bauern und Nation in Galizien. Über Zugehörigkeit und soziale Emanzipation im 19. Jahrhundert. Göttingen 2005.

STURANI, Enrico: Das Fremde im Bild. Überlegungen zur historischen Lektüre kolonialer Postkarten. In: Fotogeschichte. Beiträge zur Geschichte und Ästhetik der Fotografie 21/79 (2001), S. 13–24.

SZKLARCZUK-MIRECKA, Joanna: Dzieje ruchu filokartystów w Polsce [Geschichte der Philokartiebewegung in Polen]. In: BANAŚ, Paweł (Hg.): Aksjosemiotyka karty pocztowej [Die Axiosemiotik der Postkarte]. Wrocław 1992, S. 77–87.

TARCHOV, Sergej A.: 100 Jahre elektrischer Nahverkehr in der ehemaligen Landeshauptstadt Tschernowitz. Oslo 1997.

TAXIS, Katharina: »Ich mach mir die Welt, wie sie mir gefällt«. Bildbearbeitung in der Postkartenproduktion um 1900. In: RÖGER, Maren/EIDEN, Christina (Hg.): #Postkartenfieber. Schwaben und die Bukowina in den Social Media um 1900. Backnang 2019, S. 18–19.

THER, Philipp: Die dunkle Seite der Nationalstaaten. Ethnische Säuberungen im modernen Europa. Göttingen 2011.

TILL, Wolfgang: Alte Postkarten. München 1983.

TOMENENDAL, Kerstin: Das Türkenbild in Österreich-Ungarn während des ersten Weltkriegs im Spiegel der Kriegspostkarten. Klagenfurt 2008.

TORP, Claudius/HAUPT, Heinz-Gerhard: Einleitung. Die vielen Wege der deutschen Konsumgesellschaft. In: DIES. (Hg.): Die Konsumgesellschaft in Deutschland 1890–1990. Ein Handbuch. Frankfurt am Main 2009, S. 9–24.

TROPPER, Eva: Medialität und Gebrauch oder Was leistet der Begriff des Performativen für den Umgang mit Bildern? In: MUSNER, Lutz/UHL, Heidemarie (Hg.): Wie wir uns aufführen. Performanz als Thema der Kulturwissenschaften. Wien 2006, S. 103–130.

TROPPER, Eva: Bild/Störung. Beschriebene Postkarten um 1900. In: Fotogeschichte. Beiträge zur Geschichte und Ästhetik der Fotografie 30/118 (2010), S. 5–16.

TROPPER, Eva: 86-mal Prater-Hauptallee. Die verblüffende Wanderung eines Postkartenmotivs. In: STARL, Timm/TROPPER, Eva (Hg.): Format Postkarte. Illustrierte Korrespondenzen, 1900 bis 1936. Wien 2014, S. 110–115.

TROPPER, Eva: Anschlüsse. Fotografierte Bahnhöfe auf Postkarten. In: Fotogeschichte. Beiträge zur Geschichte und Ästhetik der Fotografie 34/132 (2014), S. 37–44.

TROPPER, Eva: Illustrierte Postkarten. Ein Format entsteht und verändert sich. In: STARL, Timm/TROPPER, Eva (Hg.): Format Postkarte. Illustrierte Korrespondenzen, 1900 bis 1936. Wien 2014, S. 10–41.

TURCZYNSKI, Emanuel: Geschichte der Bukowina in der Neuzeit. Zur Sozial- und Kulturgeschichte einer mitteleuropäisch geprägten Landschaft. Wiesbaden 1993.

TURCZYNSKI, Emanuel: Vereine, Interessenverbände und Parteien in der Bukowina. In: RUMPLER, Helmut/URBANITSCH, Peter (Hg.): Die Habsburgermonarchie 1848–1918. Bd. VIII/1: Politische Öffentlichkeit und Zivilgesellschaft. Vereine, Parteien und Interessenverbände als Träger der politischen Partizipation. Wien 2006, S. 859–908.

UNGUREANU, Constantin: Școlile secundare din Bucovina (1808–1918). Chișinău 2016.

UNOWSKY, Daniel: Dynastic Symbolism and Popular Patriotism. Monarchy and Dynasty in Late Imperial Austria. In: LEONHARD, Jörn/HIRSCHHAUSEN, Ulrike von (Hg.): Comparing Empires. Encounters and Transfers in the Long Nineteenth Century. Göttingen ²2012, S. 237–265.

URRY, John: The Tourist Gaze. Leisure and Travel in Contemporary Societies. London ²2002.

VERDERY, Katherine: National Ideology under Socialism. Identity and Cultural Politics in Ceausescu's Romania. Berkeley u.a. 1995.

VOWINCKEL, Annette: Agenten der Bilder. Fotografisches Handeln im 20. Jahrhundert. Göttingen 2016.

VYORAL-TSCHAPKA, Margaret: Der Einfluss der Otto-Wagner-Schule auf die Czernowitzer Architektur des frühen 20. Jahrhunderts. In: Mitteilungen der Gesellschaft für vergleichende Kunstforschung in Wien 54 (2002), S. 13–21.

WALTER, Karin: Postkarte und Fotografie. Studien zur Massenbild-Produktion. Würzburg–München 1995.

WALTER, Karin: Die Ansichtskarte als visuelles Massenmedium. In: MAASE, Kaspar/KASCHUBA, Wolfgang (Hg.): Schund und Schönheit. Populäre Kultur um 1900. Köln–Wien 2001, S. 46–61.

WALTER, Karin: Eine Kamelherde geht auf Reisen. Weltpostverein und Postverbindungen. In: KÜMIN, Beatrice/KUMSCHICK, Susanne (Hg.): Gruss aus der Ferne. Fremde Welten auf frühen Ansichtskarten. Zürich 2001, S. 40–43.

WECKEL, Ulrike: Plädoyer für Rekonstruktionen der Stimmenvielfalt. In: Geschichte und Gesellschaft – Zeitschrift für Historische Sozialwissenschaft 45/1 (2019), S. 120–150.

WECZERKA, Hugo: Ethnien und öffentliches Leben in der Bukowina 1848–1914. In: Südostdeutsches Archiv 42–43 (1999–2000), S. 23–40.

WECZERKA, Hugo: Czernowitz. Städtebauliche Entwicklung in österreichischer Zeit. Wien 2000.

WEICHMANN, Anna: Städterepräsentant, Nachrichtenübermittler und Werbemittel. Die Funktion der Postkarten um 1900. In: RÖGER,

Maren/EIDEN, Christina (Hg.): #Postkartenfieber. Schwaben und die Bukowina in den Social Media um 1900. Backnang 2019, S. 20–21.

WEIDLE, Alexander/FISHER, Gaelle: Tagungsbericht: Die Geschichte der Bukowina nach dem Visual Turn, 17.10.2019–19.10.2019 Augsburg. In: H-Soz-Kult (21.2.2020), www.hsozkult.de/conferencereport/id/tagungsberichte-8664 (zuletzt geprüft am 3.4.2023).

WENDLAND, Anna Veronika: Imperiale, koloniale und postkoloniale Blicke auf die Peripherien des Habsburgerreiches. In: KRAFT, Claudia/LÜDTKE, Alf/MARTSCHUKAT, Jürgen (Hg.): Kolonialgeschichten. Regionale Perspektiven auf ein globales Phänomen. Frankfurt am Main 2010, S. 211–235.

WILSON, Andrew: The Ukrainians. Unexpected Nation. New Haven–London 2000.

WINKLER, Markus: Deutschsprachige Presse und Öffentlichkeit in Czernowitz vor 1918. In: DERS. (Hg.): Presselandschaft in der Bukowina und den Nachbarregionen. Akteure – Inhalte – Ereignisse (1900–1945). München 2011, S. 13–24.

WINKLER, Markus: Heinrich Mittelmann. In: Bukowina Portal, www.bukowina-portal.de/de/ct/477-Hermann-Mittelmann (zuletzt geprüft am 3.4.2023).

WINKLER, Markus: Hermann Czopp. In: Bukowina Portal, www.bukowina-portal.de/de/ct/75-Hermann-Czopp (zuletzt geprüft am 3.4.2023).

WINKLER, Markus (Hg.): Presselandschaft in der Bukowina und den Nachbarregionen. Akteure – Inhalte – Ereignisse (1900–1945). München 2011.

WISCHERMANN, Clemens: Einleitung: Der kulturgeschichtliche Ort der Werbung. In: BORSCHEID, Peter/WISCHERMANN, Clemens (Hg.): Bilderwelt des Alltags. Werbung in der Konsumgesellschaft des 19. und 20. Jahrhunderts. Festschrift für Hans Jürgen Teuteberg. Stuttgart 1995, S. 8–19.

WISZNIOWSKI, Franz: Radautz. Die deutscheste Stadt des Buchenlandes. Waiblingen 1966.

WOODY, Howard: International Postcards. Their History, Production, and Distribution (circa 1895 to 1915). In: GEARY, Christraud M./WEBB, Virginia-Lee (Hg.): Delivering Views. Distant Cultures in Early Postcards. Washington D.C. 1998, S. 13–45.

WYRWA, Ulrich: Rezension zu: HOLZ, Klaus: Nationaler Antisemitismus. Wissenssoziologie einer Weltanschauung. Hamburg 2001. In: H-Soz-Kult (19.11.2003), www.hsozkult.de/publicationreview/id/reb-3823 (zuletzt geprüft am 4.4.2023).

ZAHRA, Tara: Imagined Noncommunities. National Indifference as a Category of Analysis. In: Slavic Review 69/1 (2010), S. 93–119.

ZIELIŃSKI, Jerzy: Filokartystyka i »Salon Malarzy Polskich« Henryka Frista [Philokartie und Henryk Frists »Salon Polnischer Maler«]. In: SKOTNICKI, Aleksander B./SOSENKO, Marek (Hg.): Salon Malarzy Polskich Henryka Frista (1885–1939). Wydawnictwo pocztówek krakowskich, artystycznych i patriotycznych. Kraków 2018, S. 4–6.

ZIERENBERG, Malte: Die »Macht der Bilder«. Infrastrukturen des Visuellen im 20. Jahrhundert. In: SABROW, Martin (Hg.): ZeitRäume. Potsdamer Almanach des Zentrums für Zeithistorische Forschung 2009. Göttingen 2010, S. 219–227.

ZIERENBERG, Malte/RAMSBROCK, Annelie/VOWINCKEL, Annette: Bildagenten und Bildformate. Ordnungen fotografischer Sichtbarkeit. In: DIES. (Hg.): Fotografien im 20. Jahrhundert. Verbreitung und Vermittlung. Göttingen 2013, S. 7–20.

■ Online-Ressourcen

AHRMFRAU, Andreas: »Irgendetwas an mir muss verhext sein«. In: ZEIT online (18.1.2006), www.zeit.de/2006/03/oe_millio/komplettansicht (zuletzt geprüft am 24.3.2020).

Bukovina Interest Group. In: Facebook (20.10.2020), www.facebook.com/photo?fbid=4902789413072494&set=g.338320083045093 (zuletzt geprüft am 3.4.2023).

DEGEN, Milan: The History of Prague Picture Postcards. In: Old Prague on Old Postcards, www.old-prague.com/history-prague-postcards.php (zuletzt geprüft am 3.4.2023).

Frauen in Bewegung 1848–1938, https://fraueninbewegung.onb.ac.at/organisationen/ (zuletzt geprüft am 6.4.2023).

HABERMALZ, Christiane: Neuausrichtung der Berliner Antisemitismus-Forschung. In: Deutschlandfunk (10.10.2017), www.deutschlandfunk.de/langerman-sammlung-neuausrichtung-der-berliner.691.de.html?dram:article_id=398640 (zuletzt geprüft am 3.4.2023).

KOVALSKA, Areta: Lederer & Popper Montage Postcards of Galicia and Beyond. In: Forgotten Galicia. Remnants of the Past Found in Lviv, Galicia & the Former Austrian Empire (2.10.2017), https://forgottengalicia.com/lederer-popper-montage-postcards-of-galicia-and-beyond/ (zuletzt geprüft am 3.4.2023).

LUERS, Helmfried: Regel & Krug. In: The Postcard Album. Postcard Printer & Publisher Research, www.tpa-project.info/html/body_regel___krug.html (zuletzt geprüft am 6.4.2023).

MIHAIH [Vor- und Nachname unbekannt]: BĂNĂȚEANU, Vlad (1900–1963). In: Personalități Armene. Dicționar de armeni din România (12.2.2014), http://personalitati.araratonline.com/banateanu-vlad-1900-1963/ (zuletzt geprüft am 15.5.2023).

Orașul Suceava, https://orasulsuceava.ro/fotografii/suceava-de-altadata/ (zuletzt geprüft am 6.4.2023).

o.V.: Burech Bendit. In: Poemas del río Wang (31.12.2012), http://riowang.blogspot.com/2012/ (zuletzt geprüft am 3.4.2023).

o.V.: Denkmäler in Czernowitz. In: StudyLib, http://studylibde.com/doc/2152877/denkm%C3%A4ler-in-czernowitz-austria-denkmalausf%C3%BChrlich-unter (zuletzt geprüft am 6.4.2023).

o.V.: Na vulyci Bohdana Chmel'nic'koho u Černivcjach vidkryly mural avtorstva vidomoho chudožnyka [In der Bohdan Khmelnytsky Straße in Černivci wurde das Wandgemälde eines berühmten Künstlers enthüllt]. In: ASS. Informacijne agenstvo (22.5.2017), https://molbuk.ua/chernovtsy_news/128435-na-vulyci-bogdana-khmelnyckogo-u-chernivcyakh-vidkryly-mural-avtorstva-vidomogo-khudozhnyka-foto.html (zuletzt geprüft am 3.4.2023).

o.V.: »Černivci – Czernowitz«. U Černivcjach vidkryvsja turystyčno-informacijnyj Centr [In Černivci wurde ein Touristeninformationszentrum eröffnet]. In: ASS. Informacijne agenstvo (7.6.2017), https://acc.cv.ua/news/chernivtsi/chernivci-czernowitz-u-chernivcyah-vidkrivsya-turistichno-informaciyniy-centr-foto-9526 (zuletzt geprüft am 3.4.2023).

Deržavnyj Komitet Statystyky Ukraïny [Staatliches Statistikkomitee der Ukraine]: Pro kil'kist' ta sklad naselennja Ukraïny za pidsumkamy Vseukraïns'koho perepisu naselennja 2001 roku [Über die Anzahl und Zusammensetzung der Bevölkerung der Ukraine nach den Ergebnissen der gesamtukrainischen Volkszählung von 2001], http://2001.ukrcensus.gov.ua/results/general/nationality/ (zuletzt geprüft am 6.4.2023).

TUBerlinTV: Die Arthur-Langerman-Sammlung an der TU Berlin. In: YouTube (17.5.2019), www.youtube.com/watch?v=_8wcJ3RUlTY (zuletzt geprüft am 6.4.2023).

WEIDLE, Alexander: Deutsches Volkshaus in Czernowitz. In: Exkursionsreiseführer. Lemberg und Czernowitz: Multikulturelle Städte im Osten Europas, 2017, www.philhist.uni-augsburg.de/lehrstuehle/volkskunde/Exkursionen/Ukraine/Deutsches-Volkshaus-in-Czernowitz/ (zuletzt geprüft am 3.4.2023).

Bildnachweis

1 Einleitung
Abb. 1 Serhij Osačuk, August 2019.

2 Ein globales Bildmedium, regional geprägt – Postkartenproduktion in der Habsburger Peripherie
Abb. 1 Gruss aus Czernowitz. Leipzig: Regel & Krug, 1897. In: Archiv des Bukowina-Instituts an der Universität Augsburg (BI), Sammlung Eduard Kasparides (Slg. E.K.), 7.19.3 [Signatur alt BI-Kasp_07_0075_a]; Abb. 2 Gruss aus Kimpolung, Bukowina. Wien: Karl Schwidernoch, 1900. In: BI, Slg. E.K., 4.20.3 [Signatur alt BI-Kasp_04_0079_a]; Abb. 3 Beste Grüsse aus Czernowitz. Czernowitz: vorm. Octavian Müller, o.J. In: BI, Slg. E.K., 1.31.1 [Signatur alt BI-Kasp_01_0129_a]; Abb. 4 T. Bahrynowicz. Czernowitz, o.J. In: BI, Slg. VINO, 1689; Abb. 5 Czernowitz. Austriaplatz. Czernowitz: Romuald Schally, 1909. In: BI, Slg. E.K., 5.12.4 [Signatur alt BI-Kasp_05_0044_a]; Abb. 6 Czernowitz Austriaplatz, o.Verl.: o.O., o.J. In: BI, Slg. E.K., 5.12.3 [Signatur alt BI-Kasp_05_0043_a]; Abb. 7 Czernowitz. Rathausstrasse. Czernowitz: Leon König, o.J. In: Jüdisches Museum Černivci (JMČ) KB 83/1-A12; Abb. 8 Czernowitz. Rathausstraße. o.O.: o. Verl., o.J.: JMČ KB 83/6/A-17; Abb. 9 o.V.: Anzeige. In: Czernowitzer Allgemeine Zeitung, 2.3.1910, S. 7; Abb. 10 o.V.: Anzeige. In: Czernowitzer Allgemeine Zeitung, 30.12.1906, S. 12; Abb. 11 o.V.: Anzeige. In: Czernowitzer Allgemeine Tageszeitung, 20.12.1908, S. 13; Abb. 12 Pappbehälter für ein Siegel aus dem Hause Leon König. In: Sammlung Serhij Osačuk (Slg. S.O.), o. Sig.; Abb. 13 Gebrüder König. Czernowitz: Photographische Atelier Gebrüder König, o.J. In: BI, Slg. VINO, 1690; Abb. 14 o.V.: Anzeige von Leon König. In: Bukowinaer Post, 2.12.1898, S. 10; Abb. 15 o.V.: Anzeige von Leon König. In: Bukowinaer Rundschau, 25.11.1898, S. 4; Abb. 16 Gruss aus Czernowitz. Tomaszczuk Denkmal. Hauptstrasse mit Ringplatz und Rathaus und Electr. Strassenbahn. Czernowitz: Leon König, 1898. In: BI, Slg. E.K., 7.2.2 [Signatur alt BI-Kasp_07_0006_a]; Abb. 17 Gruss aus Czernowitz. Czernowitz: Romuald Schally, 1898. In: BI, Slg. E.K., 7.1.4 [Signatur alt BI-Kasp_07_0004_a]; Abb. 18 o.V.: Anzeigen von E. v. Schiller. In: Bukowinaer Post, 10.10.1897, S. 8.

3 Modernisierung kartieren: (Selbst-)Bilder in der Zeit des Landesausbaus
Abb. 1 Czernowitz – Neuer Hauptbahnhof. Czernowitz: Sigmund Jäger, o.J. In: BI, Slg. E.K., 7.7.4 [Signatur alt BI-Kasp_07_0028_a]; Abb. 2 Bahnbrücke bei Nepolokoutz. Czernowitz: Leon König, 1899. In: BI, Slg. E.K., 7.28.3 [Signatur alt BI-Kasp_07_0108_a]; Abb. 3 Dorna Watra. Einweihung und Eröffnung des Postgebäudes in Bad Dorna. o.O.: Verl.ul., J.ul. In: Volkskundemuseum Wien (VKW), Fotothek 40.316; Abb. 4 Czernowitz in der Zukunft. Czernowitz: Josef Horowitz, 1904. In: BI, Slg. E.K., 7.5.4 [Signatur alt BI-Kasp_07_0020_a]; Abb. 5 Gruss aus Czernowitz. Ringplatz. Czernowitz: Simon Gross, o.J. In: BI, Slg. E.K., 6.15.1 [Signatur alt BI-Kasp_06_0057_a]; Abb. 6 Gruss aus Czernowitz – Ringplatz. Czernowitz: Leon König, 1910. In: BI, Slg. E.K., 6.2.3 [Signatur alt BI-Kasp_06_0007_a]; Abb. 7 Czernowitz. Landeskrankenanstalt. Simon Gross: Czernowitz, o.J. In: BI, Slg. E.K., 7.16.4 [Signatur alt BI-Kasp_07_0064_a]; Abb. 8 Gruss aus Czernowitz. K.k. Staatsgewerbeschule. Czernowitz: Leon König, 1902. In: BI, Slg. E.K., 6.11.1 [Signatur alt BI-Kasp_06_0041_a]; Abb. 9 Czernowitz. Stadttheater mit Schiller-Denkmal: o.Verl., o.J. In: BI, Slg. E.K., 5.17.1 [Signatur alt BI-Kasp_05_0061_a]; Abb. 10 Czernowitz. Stadttheater mit Schillerdenkmal: o.Verl., o.J. In: BI, Slg. E.K., 5.16.4 [Signatur alt BI-Kasp_05_0060_a]; Abb. 11 Czernowitz. Hotel Bristol. Czernowitz: Leon König, 1916. In: BI, Slg. E.K., 5.25.4 [Signatur alt BI-Kasp_05_0096_a]. Unbekannt an Frau Hermine in Wien, 1916; Abb. 12 Gruss aus Czernowitz. Sparcasse-Gebäude, S. Kiesler: Czernowitz, 1902. In: BI, Slg. E.K., 6.3.1 [Signatur alt BI-Kasp_06_0009]; Abb. 13 Gruss aus Czernowitz. Bukowiner Handels- und Gewerbekammer mit Kaiser-Café, Friedrich Rieber: Czernowitz, 1910. In: BI, Slg. E.K., 5.20.1 [Signatur alt BI-Kasp_05_0075]; Abb. 14 Jakobeny: Säge Ortlieb. Czernowitz: Leon König, o.J. In: BI, Slg. E.K., 6.35.3 [Signatur alt BI-Kasp_06_0140_a]; Abb. 15 Gruß aus Russ.-Moldawitza. Dampfsäge. Russ-Moldawitza: Mechel Schaffer, o.J. In: BI, Slg. E.K., 6.31.3 [Signatur alt BI-Kasp_06_0124_a]; Abb. 16 Czernowitz. Justizpalast. Czernowitz: E. Kanarski, o.J. In: BI, Slg. E.K., 5.13.1 [Signatur alt BI-Kasp_05_0045_a]; Abb. 17 Gruss aus Zastawna. Bezirksgericht. Czernowitz: Moritz Gottlieb, o.J. In: BI, Slg. E.K., 3.8.4 [Signatur alt BI-Kasp_03_0032_a]; Abb. 18 Gruss aus Kurort Solka. K.k. Bezirksgericht. Solka: Mechlowicz, 1912. In: BI, Slg. E.K., 5.9.4 [Signatur alt BI-Kasp_05_0034_a]; Abb. 19 Czernowitz. Austriaplatz, Schaar & Dathe: Trier, 1903. In: Library of the Institute of Ethnology Academy of Sciences of Ukraine, Lviv, Urban Media Archive, Center for Urban History of East Central Europe, ID 1568; Abb. 20 Czernowitz. Austriaplatz, Romuald Schally: Czernowitz, 1909. In: BI, Slg. E.K., 5.12.3 [Signatur alt BI-Kasp_05_0044]; Abb. 21 Kriegerdenkmal. Gruss aus Czernowitz, Leon König: Czernowitz, 1905. In: BI, Slg. E.K., 6.11.2 [Signatur alt BI-Kasp_06_0044]; Abb. 22 Czernowitz. Erzherzog Albrecht Kaserne. Militär Casino. Bahnhof Czernowitz, Leon König: Czernowitz, o.J. In: BI, Slg. E.K., 7.3.3 [Signatur alt BI-Kasp_07_0003]; Abb. 23 Gruss aus der Bukowina. Kloster Suczawitza. Czernowitz: Leon König, o.J. In: BI, Slg. E.K., 3.20.4 [Signatur alt BI-Kasp_03_0080_a]; Abb. 24 Salutare din Putna. Czernowitz: Leon König, o.J. In: BI, Slg. E.K., 1.9.2 [Signatur alt BI-Kasp_01_0042_a]; Abb. 25 Salutări din Suceava. Biserica Mirăuțiior înainte de restaurare: Edit. și Tip. Soc. »Școala Română«, 1905. In: BI, Slg. E.K., 6.39.3 [Signatur alt BI-Kasp_06_0156_a]; Abb. 26–28 Ansichten aus der Bukowina. Postkartenalbum für Kaiser Franz Josef I. Leon König: Czernowitz, 1908. In: Österreichische Nationalbibliothek (ÖNB), Bildarchiv PK 1275; Abb. 29 Czernowitz, Synodensaal in der erzbischöfl. Residenz. Czernowitz: E. Karnarski, 1908. In: BI, Slg. E.K., 3.10.3 [Signatur alt BI-Kasp_03_0039_a]; Abb. 30 Gruss aus Czernowitz. Gr. or. Erz. Residenz. Czernowitz: Leon König, 1906. In: BI, Slg. E.K., 1.3.3 [Signatur alt BI-Kasp_01_0011_a]; Abb. 31 Gruss aus der Bukowina. Prügelweg bei Colbu. Czernowitz: Leon König, 1899. In: BI, Slg. E.K., 2.11.2 [Signatur alt BI-Kasp_02_0042_a]; Abb. 32 Salutări din Bucovina. Petrile Doamnei. Czernowitz: Leon König, 1899. In: BI, Slg. E.K., 6.32.4 [Signatur alt BI-Kasp_06_0129_a]; Abb. 33 Sălutări [sic!] din Vatra-Dornei. Baia Nouă: Verlag Warenhaus Schaffer, o.J. In: BI, Slg. E.K., 1.28.1 [Signatur alt BI-Kasp_01_0117]; Abb. 34 Gruss aus Solka. Waldallee. Czernowitz: Leon König, 1905. In: BI, Slg. E.K., 5.10.2 [Signatur alt BI-Kasp_05_0036_a]; Abb. 35 Gruss aus Curort Solka. Wien: Schneider & Lux, 1897. In: BI, Slg. E.K., 5.8.1 [Signatur alt BI-Kasp_05_0027_a]; Abb. 36 Czernowitz – Hauptstrasse. Czernowitz: Moritz Gottlieb, o.J. In: BI, Slg. E.K., 1.32.1 [Signatur alt BI-Kasp_01_0133_a]; Abb. 37 Gruss aus Czernowitz. Enzenberg-Hauptstrasse. Czernowitz: David Gross, o.J. In: Ethnologisches Museum Černivci (ČKM), 3480-VI-522/II-21905; Abb. 38 Gruss aus Kimpolung. Herrengasse. Czernowitz: Leon König, o.J. In: BI, Slg. E.K., 6.22.1 [Signatur alt BI-Kasp_06_0086_a]; Abb. 39 Gruss aus Kotzman. Bahnstraße. Pokliy z Kicmayja. Kotzman: M. Gottesmann, 1911. In: BI, Slg. E.K., 1.7.3 [Signatur alt BI-Kasp_01_0027a]; Abb. 40 Gruss aus der Bukowina. Sadagóra. Czernowitz: Leon König, o.J. In: Slg. S.O., o. Sig.

4 Bukowinismus im Kleinformat? Darstellung und Aneignung von Multiethnizität
Abb. 1 Deutsches Bauernhaus in Hliboka (Bukowina). Czernowitz: Verlag d. Vereins der christl. Deutschen in der Bukowina, o.J. In: BI, Slg. E.K., 4.24.4 [Signatur alt BI-Kasp_04_0096_a]; Abb. 2 Deutsches Bauernhaus in Hliboka (Bukowina). Czernowitz: Verlag d. Vereins der christl. Deutschen in der Bukowina, o.J. In: BI, Slg. E.K., 4.24.4 [Signatur alt BI-Kasp_04_0096_b]; Abb. 3 Verein der christlichen Deutschen in der Bukowina. o.O.: o.Verl., o.J. In: Vitannja z Bukovyny. Mista, sela ta žyteli kraju na starovynnych poštivkach [Gruß aus der Bukowina. Städte, Dörfer und BewohnerInnen der Region auf alten Postkarten. Hg. v. Mykola SALAHOR. Černivci 2017, S. 123, Karte 2; Abb. 4 Uniți să fim în cugete. Uniți în Dumnezeu. Cernăuți, BUK S.P., o.J. In: SALAHOR, Vitannja

z Bukovyny, S. 77, Karte 1; Abb. 5 Treudeutscher Gruss aus Czernowitz. Berlin/Dresden: Stengel & Co. o. J. In: Osačuk, Serhij: Das Deutsche Haus in Czernowitz. Mittelpunkt des national-kulturellen Lebens der Bukowina-Deutschen. In: Hundert Jahre ›Deutsches Haus‹ in Czernowitz. Eine Jubiläumsschrift. Hg. v. Raimund Lang und Serhij Osačuk. Wien 2010, S. 9–42, hier S. 14; Abb. 6 Gruss aus Kimpolung. Salutare din Campolung [sic!]. Hauptstrasse. o. O.: O. Kreindler, 1907. In: BI, Slg. E. K., 4.21.1 [Signatur alt BI-Kasp_04_0081_a]; Abb. 7 Salutare din Bucovina. Țěrance romăne Czernowitz: Leon König, 1898. In: BI, Slg. E. K., 1.33.3 [Signatur alt BI-Kasp_01_0139_a]; Abb. 8 Salutare din Cernăuți »Palatul National«. Czernowitz. A. Katz, 1908. In: BI, Slg. E. K., 6.6.3 [Signatur alt BI-Kasp_06_0023_a]; Abb. 9 Gruss aus Czernowitz. Salutare din Cernăuți. Czernowitz: Leon König, Papierhandlung, o. J. In: Oprea, Nicolai: Bucovina: Cronică ilustrată. Suceava 2007, S. 24, Karte 3; Abb. 10 Gruss aus Czernowitz. Bahnhof. Czernowitz: Leon König, Papierhandlung, o. J. In: Oprea, Bucovina, S. 82, Karte 1; Abb. 11 Bukowinaer Bauerntypen. Czernowitz: David Gross, 1916. In: BI, Slg. E. K., 3.2.4 [Signatur alt BI-Kasp_03_0008_a]; Abb. 12 Bukowiner Typen. Czernowitz: A. Katz, o. J. In: BI, Slg. E. K., 3.5.1 [Signatur alt BI-Kasp_03_0017_a]; Abb. 13 »Huzule«. Czernowitz: Leon König, 1904. In: BI, Slg. E. K., 5.1.2 [Signatur alt BI-Kasp_05_0002_a]; Abb. 14 J. Dutkiewicz. Kołomy. In: VKW, Fototek, Bestand Kaindl Duktiewicz, Pos. 64.019; Abb. 15–16 Gebrüder König. Czernowitz: Photographische Atelier Gebrüder König, o. J. In: BI, Slg. VINO, 1690; Abb. 17–18 T. Bahrynowicz. Czernowitz: T. Bahrynowicz, o. J. In: BI, Slg. VINO, 1689; Abb. 19 Gruss aus Czernowitz. Ruthanisches Brautpaar in Nationaltracht. Czernowitz: Josef Horowitz, o. J. In: BI, Slg. E. K., 3.18.1 [Signatur alt BI-Kasp_03_0069_a]; Abb. 20 Ruthenisches Bauernmädchen. Ruska dziewczyna. Czernowitz: E. v. Schiller, 1899. In: BI, Slg. E. K., 3.19.4 [Signatur alt BI-Kasp_03_0076_a]; Abb. 21 Bucowiner Bauern. Czernowitz: Simon Gross, 1902. In: BI, Slg. E. K., 3.1.4 [Signatur alt BI-Kasp_03_0004_a]; Abb. 22 Bukowinaer Bauerntypen. Czernowitz: A. Tennenbaum, o. J. In: BI, Slg. E. K., 3.4.3 [Signatur alt BI-Kasp_03_0015_a]; Abb. 23 Gruss aus der Bukowina. Czernowitz: Sigmund Jäger, o. J. In: BI, Slg. E. K., 3.1.1 [Signatur alt BI-Kasp_03_0001_a]; Abb. 24 Rumänische Landsleute in ihrer Tracht. In: Die österreichisch-ungarische Monarchie in Wort und Bild. Bd. 20. Bukowina. Wien 1899, S. 193; Abb. 25 Rumänische Hirten. Bukarest: Horowitz, o. J. In: BI, Slg. VINO, 1029; Abb. 26 Gruss aus der Bukowina. Rumänisches Milchweib. Czernowitz: Leon König, 1899. In: Salahor, Vitannja z Bukovyny, S. 122, Karte 1; Abb. 27 Hucułka na koniu. Huculka na koni. Kosów: M. Senkowski, 1927. In: BI, Slg. E. K., 5.4.3 [Signatur alt BI-Kasp_05_0015_a]; Abb. 28 Huzulen in Sommerkleidung am Werktag. In: Kronprinzenwerk, S. 275; Abb. 29 Ruthenisches Bauernmädchen. Ruska Dziewczyna. Czernowitz: E. v. Schiller, 1899. In: BI, Slg. E. K., 3.19.4 [Signatur alt BI-Kasp_03_0076_a]; Abb. 30 Podolischer Bauer. Chlop z podola. Czernowitz: E. v. Schiller, 1899. In: VKW, Fotothek, 7275. M. L. an Robert Arnold, Beamter der Hofbibliothek, Privatdozent an der Universität Wien in Wien, 1900; Abb. 31 Bukowinaer Bauerntypen. Czernowitz: S. W., 1918. In: BI, Slg. E. K., 3.3.2 [Signatur alt BI-Kasp_03_0010_a]; Abb. 32 Bukowiner Typen. Czernowitz: A. Katz, o. J. In: BI, Slg. E. K., 3.3.1 [Signatur alt BI-Kasp_03_0009_a]; Abb. 33 Gruss aus der Bukowina. Lipowaner Mönche. Czernowitz: Leon König, 1916. In: BI, Slg. E. K., 3.9.4 [Signatur alt BI-Kasp_03_0036_a]; Abb. 34 Gruss aus der Bukowina. Czernowitz: Leon König, 1899. In: BI, Slg. E. K., 3.28.1 [Signatur alt BI-Kasp_03_0109_a]; Abb. 35 Bukowinaer Bauerntypen. o. O.: o. Verl., o. J. In: BI, Slg. E. K., 3.4.4 [Signatur alt BI-Kasp_03_0016_a]; Abb. 36 Betender Jude. Modlacy się żyd. Czernowitz: Fotografische Kunstanstalt E. v. Schiller, 1899. In: Jüdisches Museum Wien (JMW), 017483_10; Abb. 37 Talmud chochem. Czernowitz: Fotografische Kunstanstalt Schiller, 1899. In: JMW, 017483_02; Abb. 38 Jeschiwe Bocher Szajgiec. Czernowitz: Fotografische Kunstanstalt Schiller, 1900. In: JMW, 017483_01; Abb. 39 Jude im Stramel. Żyd w szabasówce. Czernowitz: E. v. Schiller, 1900. In: Salahor, Vitannja z Bukovyny, S. 118, Karte 3; Abb. 40 Git Schabes. Czernowitz: E. v. Schiller, o. J. In: JMW, Sammlung Martin Schlaff (Slg. M. S.) 017478_5 recto; Abb. 41 Git Schabes. Czernowitz: E. v. Schiller, o. J. In: JMW, 017483_09; Abb. 42 Schulem leichem. Nakładem Niemojowskiego we Lwowie. Czernowitz: E. v. Schiller, Czernowitz, o. J. In: JMW, 017483_04; Abb. 43 Schulem leichem. Czernowitz: E. v. Schiller, Czernowitz, o. J. In: JMW, 017483_07. Carl, in Horodenka, an Unbekannt, vmtl. 1899; Abb. 44 Alter Dales. Detailist. Czernowitz: E. v. Schiller, 1900. In: BI, Slg. VINO, 1677; Abb. 45 Vermischter Warenhandel. Handel pomieszanych towarów. Czernowitz: E. v. Schiller, 1899. In: JMW, 017483_05; Abb. 46 Commerzieller Vortrag. o. O.: o. Verl. (raubkopiert von Schiller), o. J. In: JMW, 017483_08; Abb. 47 Firma: Wolf Hirsch et Schlamasel. Czernowitz: E. v. Schiller, 1899. In: JMW, Slg. M.S., 017483_03; Abb. 48 Nehmen Sie Platz Herr Ehrlich, – danke, bin eben 3 Monate gesessen. Czernowitz: E. v. Schiller, o. J. In: JMW, Slg. M. S., 12087 recto; Abb. 49 Moritz! kratz mich auf 35. Czernowitz: E. v. Schiller, o. J. In: JMW, Slg. M. S., 11706 recto; Abb. 50 Am Anstand – Na placówie. Czerniowce: E. Schiller, 1895–1908. In: TU Berlin, Alava, Slg. L., ANTM.00457; Abb. 51 Wekslarze krakowscy – Krakauer Geldwechsler. Czerniowce: E. Schiller, 1895–1908. In: TU Berlin, Alava, Sammlung Langerman (Slg. L). ANTM.00140; Abb. 52 Ich hob nicht mojre. o. O.: Schiller S.M.P. Kr, o. J. In: TU Berlin, Alava, Slg. L. Inventarnummer 3305; Abb. 53 A gite viele Woche! Życzę szczęśliwego tygodnia. Czernowitz: E. v. Schiller, o. J. In: Salahor, Vitannja z Bukovyny, S. 119, Karte 3; Abb. 54 Czołem. Czernowitz: Zakład artystyczno fotograficzny E. v. Schiller, o. J. In: JMW, 12088; Abb. 55 Gruss aus der Bukowina. Czernowitz: Leon König, 1899. In: BI, Slg. E. K., 3.1.3 [Signatur alt BI-Kasp_03_0003_a]; Abb. 56 Czernowitz. Paraskewa-Kirche. Czernowitz: Leon König, 1910. In: BI, Slg. E. K., 5.25.2 [Signatur alt BI-Kasp_05_0094_a]; Abb. 57 Czernowitz. Czernowitz: Moritz Gottlieb, o. J. In: BI, Slg. E. K., 7.15.4 [Signatur alt BI-Kasp_07_0060_a].

5 Schluss

Abb. 1 Czernowitz. Mit Gott für Kaiser und Vaterland. Czernowitz: Moritz Gottlieb, 1916. In: BI, Slg. E. K., 1.1.1 [Signatur alt 01_0001_a]; Abb. 2 Czernowitz. Universitätsgasse, o. Verl.: o. O., 1900. In: BI, Slg. E. K., 1.24.2 [Signatur alt BI-Kasp_01_0094_a]; Abb. 3 Salutări din România. Custume din Campu-Lung. Bucureşti: Editura Ad. Maier & D. Stern, o. J. In: VKW, Fotothek, 4780; Abb. 4 Voroneţ 1488 1988. Suceava: Muzeul Județean, 1988. In: BI, Touristische Sammlung, BI-TSP-RM-074/1; Abb. 5 Historische Postkarten auf Fassaden im Stadtraum. Černivci 2019. Alle Fotografien aus dem Stadtraum stammen vom August 2019, angefertigt von der Verfasserin; Abb. 6 Historische Postkarten auf Fassaden im Stadtraum. Černivci 2019. Abb. 7 Patrauti. Romania. Patrimonio Mundial. Patrimoine Mondial. World heritage. Gura Homorului, 2012. In: BI, Touristische Sammlung, BI-TSP-RM-046/1; Abb. 8 Screenshot in der Bookovina Interest Group mit der Postkarte Gruss aus Czernowitz. Czernowitz: Leon König: 1901. In: Facebook (20.10. 2020) URL: www.facebook.com/photo?fbid=4902789413072494&set=g.338320083045093 (zuletzt geprüft am 3. 4. 2023).